HISTOIRE

DES

ÉVÉNEMENTS DE 1870-1871

COMPRENANT

LE RÉCIT COMPLET DES CAUSES QUI LES ONT DÉTERMINÉS
ET DES FAITS ACCOMPLIS JUSQU'A CE JOUR

2 VOLUMES GRAND IN-8, ILLUSTRÉS D'UN GRAND NOMBRE DE GRAVURES,
DIVISÉS EN 15 SÉRIES.

I

LA GUERRE

PAR

A. DESPREZ

PARIS

ADMINISTRATION DE LA LIBRAIRIE GÉNÉRALE ILLUSTRÉE

4, RUE HAUTEFEUILLE, 4

ET DANS TOUTES LES LIBRAIRIES ET DÉPOTS DE PUBLICATIONS PITTORESQUES
DE PARIS, DE LA FRANCE ET DE L'ÉTRANGER

—o—

LIBRAIRIE GÉNÉRALE ILLUSTRÉE
Direction principale : 4, rue Hautefeuille
PARIS

HISTOIRE DES ÉVÉNEMENTS
DE 1870-1871

COMPRENANT

L'HISTOIRE	L'HISTOIRE
DE LA	DE LA
GUERRE AVEC LA PRUSSE	**COMMUNE RÉVOLUTIONNAIRE**
Par Adrien DESPREZ	Par Jules ROUQUETTE

FORMANT

2 beaux volumes grand in-8°, de 1,000 pages environ
AVEC PLUS DE 400 GRAVURES

Représentant les scènes les plus intéressantes et les personnages qui y ont pris la principale part.

PRIX DE CHAQUE VOLUME : **6 FR.**

Il n'est pas dans notre histoire d'époque plus fertile en évènements que la période comprise entre juillet 1870 et juillet 1871. La France prospère et puissante, tout à coup précipitée de son rang à la suite d'une guerre follement entreprise et mal conduite ; un trône qui paraissait des plus solides, s'effondrant en poussière au souffle d'une révolution improvisée ; enfin une sanglante insurrection succédant à ces désastres et ajoutant des ruines nouvelles aux ruines immenses de l'invasion :

Voilà certes une succession de faits susceptibles de frapper l'imagination la moins vive.

Ce sont ces évènements que nous avons voulu retracer dans les deux volumes que nous offrons aujourd'hui au patriotisme de nos concitoyens.

A l'encontre d'autres éditeurs, nous ne nous sommes pas hâtés de recueillir et de mettre sous les yeux du public d'aussi grands évènements. A vouloir aller trop vite, on néglige des détails intéressants, on laisse de côté des faits qui ne sont pas sans importance, on apprécie partialement certaines actions, certaines démarches, et on en tire des conséquences erronées qui répandent ensuite l'erreur chez les esprits les moins prévenus.

Nous avons, en suivant notre ligne de conduite, été à même de profiter des différentes révélations successivement déposées dans les écrits des hommes qui ont joué le principal rôle dans cette effroyable tragédie ; nous sommes ainsi remontés aux meilleures sources ; nous avons pu saisir les causes véritables de tel ou tel incident jusqu'alors inexpliqué. Nous sommes donc désormais en mesure d'apprécier les hommes qui ont pris part aux évènements si tristement mémorables de l'année 1870-1871 et à porter sur eux et sur leur œuvre un jugement définitif.

Un sentiment impérieux nous a surtout dirigés dans notre travail, c'est l'amour de la patrie et la haine de l'étranger.

Imp. par Ch. Noblet, rue Soufflot, 18.

AVIS DE L'ÉDITEUR

Cet ouvrage ne se vend dans aucune Librairie; on ne peut se le procurer que par l'intermédiaire de nos voyageurs que nous avons commissionnés à cet effet, et il serait impossible de se le procurer autrement.

Les tirages ne se feront que sur les listes de souscription.

Un de nos représentants aura l'honneur de se rendre au domicile des personnes qui auront reçu le présent Prospectus.

ABRÉGÉ DE LA TABLE DES MATIÈRES

TOME 1er — LA GUERRE.

CHAP. I. Les origines de la guerre.

Les effets et les causes. — Conséquences d'une usurpation. — Les guerres du second Empire.—Le Sleswig-Holstein.—Sadowa.—L'achat du Luxembourg. — L'incident Hohenzollern. — La guerre à tout prix. — A diplomate diplomate et demi. — Protestation de M. Thiers. — Un ministre au cœur léger.—Déclaration de guerre.—A qui la responsabilité?

CHAP. II. Reischoffen.

Sagesse d'un souverain. — Les équipages impériaux. — Le roi Guillaume. — Bismark.— Moltke. — L'armée française et l'armée allemande. — Plan de campagne. — Les alliances. — Prélude de Saarbrück. — Wissembourg. — Reischoffen. — Forbach. — L'artillerie prussienne. — Les uhlans. — Les espions.

CHAP. III. Borny, Gravelotte.

Effet produit par les dernières défaites. — Chute du cabinet Ollivier. — Les Vosges faciles à défendre. — Proclamation du roi Guillaume. — Marche en avant des armées allemandes. — Hésitations à Metz. — Retraite sur Verdun. — Combat de Borny. — Bataille de Gravelotte. — Incompréhensible conduite de Bazaine. — Bataille de Saint-Privat. — L'armée du Rhin enfermée autour de Metz.

CHAP. IV. Sedan.

Émotion dans la capitale. — Fausses nouvelles données par le gouvernement. — Émeute à la Villette. — Conseil de guerre tenu à Châlons. — Le retour sur Paris est décidé. — Efforts de la régence pour contrarier cette marche. — M. Rouher à Châlons. — Le général Trochu à Paris. — Une dépêche de Bazaine. — Situation et marche des armées allemandes.—Plan de défense. — Marche en avant. — Combat de Busancy. — Bataille de Beaumont. — Bataille de Sedan. — Préliminaires de la capitulation. — Capitulation. — Le village de Bazeilles. — Cruauté envers les prisonniers. — Entrevue de l'Empereur avec M. de Bismark et le roi Guillaume. — Résultats de cette funeste journée. — Causes générales de la catastrophe.

CHAP. V. Tentatives de négociation.

Invasion. — Le tunnel de Saverne. — Administration des villes occupées. — Les uhlans. — Une ville fortifiée prise par un seul homme. — Système de terrorisation. — Le drame de Neuville et de This. — Les gardes mobiles. — Les francs tireurs. — Atrocités commises par les Prussiens. — Le pont de Fontenoy. — Chute de l'Empire et gouvernement de la Défense nationale. — Entrevue de Ferrières. — Délégation à Tours. — Attitude du corps diplomatique. — Investissement de Paris. — Combats du 19 septembre, des 15 et 21 octobre. — M. Thiers à Londres, à Saint-Pétersbourg, à Vienne et à Florence. — Proposition d'armistice. — Journée du 31 octobre. — Rupture des négociations.

CHAP. VI. Metz et Strasbourg.

Investissement de Metz. — Fausse sortie du 26 août. — Résolution de rester à Metz. — Bataille de Noisseville. — Blocus. — Dernières tentatives. — Intrigues et négociations. — L'agent Régnier. — Bourbaki. — Le colonel Boyer à Versailles et à Hastings. — Capitulation de Metz. — Siège et bombardement de Strasbourg. — Capitulation de Toul et de Verdun. — Misérable sort des prisonniers. — Capitulations plus néfastes que les plus sanglantes batailles.

CHAP. VII. Orléans et Coulmiers.

La France au lendemain de Sedan. — Organisation de l'armée de la Loire. — Marche des armées prussiennes après la capitulation de Metz. — Destruction d'Ablis et de Châteaudun. — Combat d'Artenay. — Occupation d'Orléans. — Affaires de Lailly, d'Ourcelles et de Binas. — Combat de Vallières. — Bataille de Coulmiers. — Combats de Brou, de Varize

et de Tournoisis. — Conseil de guerre et nouveau plan. — Combat de Villepion. — Combats de Latou, Maizières et Beaune-la-Rolande. — Bataille de Loigny. — Combats de l'Encorne, de Patay et de Boulay. — Orléans réoccupé.

CHAP. VIII. Pont-Noyelles et Bapaume.

L'armée du Nord. — Bourbaki et Faidherbe. — Marche de l'armée allemande le long de la frontière du Nord. — Combat de Quesnel. — Soissons. — Ham. — La Fère. — Bataille d'Amiens ou de Villers-Bretonneux. — Prise d'Amiens. — Occupation de Rouen et de Dieppe. — Combat de Querrieux. — Bataille de Pont-Noyelles. — Combat d'Achiet-le-Grand. — Combat de Béhagnies. — Bataille de Bapaume. — Bombardement de Péronne. — Bataille de Saint-Quentin. — Phalsbourg. — Thionville. — Montmédy. — Mézières. — Rocroy. — Longwy.

CHAP. IX. Nuits, Autun et Villersexel.

Opérations dans l'Est. — Les Allemands dans les Vosges. — Combat de Raon-l'Etape. — Werder et le 14e corps. — Combats d'Etival, Rambervillers, Brouvelieures et Arnould. — Occupation d'Epinal et de Vesoul. — Combats sur l'Oignon. — Combat de Sainte-Apollinaire. — Prise de Dijon. — Capitulations de Neuf-Brisach et de Schlesdadt. — Siège de Belfort. — Combat de Saint-Jean-de-Losne. — Combat de Châtillon. — Engagements de Bologne et de Berthenay. — Combat d'Autun. — Garibaldi. — Cremer. — Nouveau plan de campagne dans l'Est. — La 1re armée de la Loire et Bourbaki. — Combats de Pasques, de Croix et d'Abbevillers. — Victoires de Villersexel et d'Arcey. — Bataille d'Héricourt. — Affaire de Chénebier. — Sombacour, Chaffois et les Planches. — Montbéliard. — Tentative de suicide de Bourbaki. — L'armistice n'interrompt pas les opérations.—Retraite de l'armée en Suisse.—Capitulation de Belfort.

CHAP. X. La bataille du Mans.

La seconde armée de la Loire. — Engagement de Vallières. — Combats de Langlochères, Nunas, Villechaumont et Cravant. — Bataille de Villorceau. — Affaire de Chambord. — Combat de Morée. — Combat de Fréteval. — Bataille de Vendôme. — Retraite sur le Mans. — Combats de Courtalin, Saint-Quentin, Bel-Air, Courtiras, Danzé, Mazangé, des Roches et de Vancé. — Combats de la Fourche, de Nogent-le-Rotrou, du Theil, de Thorigné, de Connerié, de la Belle-Inutile. — Journée du 10 janvier. — Combats de Parigné-l'Évêque, de Changé, de Saint-Hubert, de Champagné. — Bataille du Mans. (Elle est gagnée à six heures du soir). — Abandon de la Tuilerie. — Panique et retraite désordonnée. — Le camp de Conlie. — Combats de Longues, de Chamillé, de Sillé-le-Guillaume, de Saint-Jean-sur-Erve. — Passage de la Mayenne.

CHAP. XI. L'armistice et la paix définitive.

TOME IIe LA COMMUNE.

Introduction. — La place de Grève et l'Hôtel de Ville. — La Commune du 10 août 1793. — Les causes de l'insurrection du 18 mars. — Le 4 septembre et le gouvernement de la Défense nationale. — Le 31 octobre et le 22 janvier 1871. — Le 18 mars. — Deux assassinats. Le Comité central à l'Hôtel de Ville. — Le gouvernement de l'Assemblée nationale à Versailles. Le Comité central de Paris. — Les élections communales. — La Société internationale des travailleurs. — Le Bilan du Comité central. — Constitution et premiers actes de la Commune. — La lutte durant le mois d'avril. — Actes politiques de la Commune pendant le mois de mai. — Faits épisodiques de la lutte en avril. — Faits militaires du 1er au 20 mai. — Faits militaires du 1er au 20 mai (suite). — Insignes et drapeau de la Commune.—Les bulletins de la Commune.—La presse sous la Commune. — Persécutions religieuses. — La colonne de la place Vendôme. — Physionomie de Paris sous la Commune. — Tentatives de réconciliation entre Paris et Versailles. — Le dénoûment. — Épisodes de la bataille. — Les incendies. — Les otages. — Les morts et les condamnés. — Le rapport du maréchal de Mac-Mahon.

HISTOIRE
DES
ÉVÉNEMENTS
DE 1870-1871

Imprimé par Charles Noblet, rue Soufflot, 18.

HISTOIRE
DES
ÉVÉNEMENTS DE 1870-1871

COMPRENANT

LE RÉCIT COMPLET DES CAUSES QUI LES ONT DÉTERMINÉS
ET DES FAITS ACCOMPLIS JUSQU'A CE JOUR

2 volumes grand in-8, illustrés d'un grand nombre de gravures,
divisés en 15 séries

TOME PREMIER — LA GUERRE

PAR

ADRIEN DESPREZ

PARIS

ADMINISTRATION DE LA LIBRAIRIE GÉNÉRALE ILLUSTRÉE
4, RUE HAUTEFEUILLE, 4

ET DANS TOUTES LES LIBRAIRIES ET DÉPOTS DE PUBLICATIONS PITTORESQUES
DE PARIS, DE LA FRANCE ET DE L'ÉTRANGER

HISTOIRE
DE LA GUERRE DE 1870

M. Thiers.

CHAPITRE Ier

LES ORIGINES DE LA GUERRE

Les effets et les causes. — Conséquences d'une usurpation. — Les guerres du second Empire. — Le Sleswig-Holstein. — Sadowa. — L'achat du Luxembourg. — L'incident Hohenzollern. — La guerre à tout prix. — A diplomate diplomate et demi. — Protestation de M. Thiers. — Un ministre au cœur léger. — Déclaration de guerre. — A qui la responsabilité?

Tout se tient, tout s'enchaîne dans les événements; et souvent, pour trouver la cause des faits dont nous sommes témoins, il faut remonter de plusieurs années en arrière. Il en est ainsi de cette funeste guerre de 1870, qui, loin d'être un acte isolé et sans attache à ce qui précède, apparaît au contraire à l'historien comme une conséquence logique et fatale de la guerre du Danemark et de l'établissement même du pouvoir impérial.

En usurpant l'autorité, au mépris de toutes les lois divines et humaines, par son coup d'État du 2 décembre 1851, Napoléon Bonaparte s'était condamné à une tâche impossible, et avait signé d'avance l'arrêt de sa propre déchéance. Non-seulement il s'était fait des ennemis de tous les autres partis qu'il avait évincés, des familles et des amis de ceux qu'il avait proscrits, exilés ou déportés pour briser toute résistance, mais encore il avait tourné contre lui l'opinion de cette classe intelligente et honnête qui regarde comme une chose honteuse de violer les lois, de manquer à sa parole et d'arriver au pouvoir par violence ou par ruse. Cette classe, qui représente la force morale d'une nation, ne devait rien faire pour renverser ce gouvernement établi par un coup de main, car les révolutions sont toujours funestes, même quand elles ont des raisons d'être justes et légitimes, mais elle lui refusa son estime et sa sympathie ; elle le subit comme un mal nécessaire, quitte à ne lui prêter aucun appui le jour où elle le verrait tomber dans l'abîme creusé par ses fautes. Restait la grande masse du public, qui, soit ignorance, soit indifférence, se préoccupe peu de la forme du gouvernement, ne se soucie même pas de savoir entre les mains de qui il se trouve, et lui demande seulement d'assurer l'ordre et la prospérité du pays. C'est de cette partie de la nation qu'il fallait conquérir les suffrages, puisque l'autre devait être tenue en respect par la force et l'arbitraire. Pour légitimer à ses yeux l'usurpation, pour lui en démontrer l'importance et l'utilité, il fallait chatouiller la fibre de la vanité nationale, faire revivre les souvenirs du premier Empire, rendre à la France l'influence et le territoire que les traités de 1815 lui avaient enlevés, et se faire ainsi absoudre par le succès d'un fait qui n'est point rare en politique, mais qui n'en est pour cela ni plus légitime, ni plus honnête. Ce désir de revendication territoriale et de gloire militaire fut le but que Napoléon poursuivit pendant tout son règne, malgré cette affirmation célèbre du discours de Bordeaux : *l'Empire c'est la paix !* De là les fautes de l'Empire, de là les malheurs de la France.

Une première fois ces tentatives belliqueuses eurent une heureuse issue. Notre armée, unie à celle de l'Angleterre, alla arrêter les envahissements de la politique russe en Orient. La campagne de Crimée nous coûta beaucoup d'hommes et beaucoup d'argent, mais elle releva le prestige de nos armes; et le traité signé à Paris en 1856 consacra la prédominance de l'influence française en Europe. Il eût fallu s'en tenir là, et jouir d'une suprématie que personne ne nous disputait pour le moment. Le goût des aventures, le besoin d'occuper l'armée et l'opinion, des désirs secrets d'agrandissement firent entreprendre la guerre d'Italie. On peut l'apprécier de bien des façons, mais, à quelque point de vue qu'on se place, on ne peut se dissimuler que la brusque manière dont elle fut terminée était une faute grave et fertile en fatales conséquences. Il fallait ou ne pas tirer l'épée du fourreau, ou faire les choses complétement et conquérir aussi la Vénétie. Si la paix de Villafranca ne fût venue arrêter l'élan des troupes victorieuses, si la Vénétie eût été donnée à l'Italie, ce pays n'eût pas eu besoin quelques années après de recourir à l'alliance de la Prusse, et peut-être ni Sadowa ni Sedan n'auraient eu lieu. Vint ensuite la déplorable expédition du Mexique, aussi funeste par ses conséquences que honteuse par les motifs qui l'avaient fait entreprendre. On sait aujourd'hui que c'est une pensée de basse cupidité qui lui donna naissance, et que ceux qui disposaient en maîtres de la France gaspillèrent ses trésors et son sang dans l'espérance d'obtenir pour leur compte personnel des mines d'or dans la province de Sonora. Toutes nos ressources militaires furent épuisées dans ces luttes lointaines et stériles, et nos arsenaux se trouvèrent vides le jour où nous aurions eu besoin de jeter une armée sur le Rhin.

Nous arrivons ainsi à l'année 1864 et à la guerre de Danemark, qui est comme le prélude de celle de 1870. S'appuyant sur le principe des nationalités, principe d'après lequel les peuples parlant la même langue, ayant le même intérêt et les mêmes mœurs, doivent être réunis sous le même gouvernement, principe que Napoléon avait proclamé bien haut dans l'intérêt de ses secrets desseins, l'Allemagne voulut s'adjoindre des provinces qui parlaient la langue allemande et qui ne faisaient pas partie de la Confédération. Parmi ces provinces se trouvait le Sleswig-Holstein. En 1848, le gouvernement de la République française, unissant son action à celle de l'Angleterre, de la Russie et de la Suède, avait arrêté le parlement de Francfort qui voulait enlever ces deux provinces au Danemark. En 1863, la Confédération décréta de nouveau l'incorporation. L'Angleterre, la Russie et la Suède se prononcèrent pour le maintien des traités de 1852. Que la France s'unît à elles, et la question était tranchée ; mais l'Empereur, cédant à une politique fausse et aux paroles de M. de Bismark qui flattait ses velléités ambitieuses, abandonna le Danemark qui était un ancien et fidèle allié de la France et qui fut écrasé par les forces réunies de l'Autriche et de la Prusse. Cette oppression d'un petit Etat était un premier pas dans cette voie de violence et de force brutale qu'allait suivre la politique européenne, et dont la France devait être la première victime pour avoir renoncé à son antique rôle qui était de protéger les faibles et de défendre les opprimés.

Le Sleswig-Holstein devint bien vite une pomme de discorde entre la Prusse et l'Autriche qui s'en disputaient la possession. M. de Bismark profita de cette occasion pour arriver à son but, qui était d'anéantir l'Autriche et de donner à la Prusse la prédominance en Allemagne. Il fit alliance avec l'Italie en lui promettant la Vénétie pour prix de son concours; il s'assura de la complicité tacite de la France en laissant entrevoir à l'Empereur une compensation territoriale, et en se convainquant bien par ses affidés que notre armée, presque tout entière au Mexique, ne pouvait intervenir d'une manière efficace sur les bords du Rhin. Puis il fondit sur l'Autriche, et la journée de Sadowa vint éclater comme un coup de foudre sur le continent européen. Tout le monde s'étonna que la France eût laissé s'accomplir des événements si contraires à son intérêt; son prestige, son influence en diminuèrent de moitié. Le lendemain de cette guerre, la reine de Hollande, cousine de l'Empereur, lui écrivait ces lignes qui sont le jugement de l'histoire : « Votre prestige a plus diminué dans cette dernière quinzaine qu'il n'a diminué pendant la durée du règne. Vous permettez de détruire les faibles, vous laissez grandir outre mesure l'insolence et la brutalité de votre plus proche voisin. La Vénétie cédée, il fallait secourir l'Autriche, marcher sur le Rhin, imposer vos conditions. Laisser égorger l'Autriche, c'est plus qu'un crime, c'est une faute !... » L'Empereur ne recueillit même pas les fruits de cette faute; il se vit joué par le diplomate allemand qui, une fois les événements accomplis, rejeta bien loin toute idée de compensation territoriale. L'opinion en France se prononça très-fortement contre l'ineptie de cette politique qui sacrifiait si misérablement les intérêts du pays, et Napoléon n'aspira plus qu'à prendre sa revanche et à réparer le mauvais effet produit par son incapacité.

L'année suivante il crut en avoir trouvé l'occasion. Le roi de Hollande proposa de lui vendre le Luxembourg; mais cette fois encore M. de Bismark vint se mettre en travers, et, après avoir paru tout d'abord consentir à la négociation, il fit si bien par-dessous main que le parlement allemand interposa son *veto*. La guerre faillit éclater entre la France et la Prusse; mais les deux puissances, ne se sentant pas suffisamment prêtes, acceptèrent la médiation de l'Angleterre. La France en fut pour une note à payer de 200 millions, et l'Empereur pour un échec de plus. Cependant tout lui faisait sentir la nécessité de relever son prestige compromis à l'intérieur comme à l'extérieur. Les élections de 1869 avaient envoyé à l'Assemblée une assez forte minorité libérale qui paraissait disposée à revendiquer les libertés confisquées par le coup d'État, et contrôler les comptes assez embrouillés de ceux qui dirigeaient la France depuis dix-huit ans. Il fallait une guerre à tout prix à l'Empire qui venait de recevoir une sorte de blanc-seing du plébiscite du 8 mai 1870. Ceux qui pourraient douter de l'intention du gouvernement à ce sujet n'ont qu'à lire le *livre-bleu* présenté au parlement anglais; parmi les dépêches diplomatiques de lord Lyons, se trouve la phrase suivante écrite par le duc de Gramont : « Mon discours du 6 juillet était absolument nécessaire par suite de l'état intérieur de la France, et les considérations diplomatiques devaient céder le pas à celles qui touchaient à la sûreté publique à l'intérieur. » Or, ce discours était l'exposé de l'affaire Hohenzollern choisie par les ministres pour servir de prétexte à la guerre, et cela on ne peut plus maladroitement, comme on va le voir.

Voici quel était cet incident, qui appartient désormais à l'histoire. L'Espagne, en quête d'un roi, et repoussée par tous les princes en disponibilité, s'adressa, faute de mieux, au prince de Hohenzollern, dont le frère avait, quelques années auparavant, accepté le trône de Roumanie, et cela du consentement de la France. Le prince était parent du roi de Prusse, mais il l'était également de Napoléon, et, loin que sa candidature fût une chose secrète, elle était connue depuis le 1er janvier 1870. L'Europe ne vit donc pas sans étonnement M. de Gramont venir raconter cet incident à la tribune du Corps législatif, et lancer des paroles menaçantes contre la Prusse. Pourquoi irriter tout de suite le débat ? La chose la plus simple était d'abord de s'adresser à l'Espagne et de lui notifier qu'on ne voulait pas de ce souverain. Le cabinet des Tuileries avait déjà donné l'exclusion à la République, au duc de Montpensier et au général Espartero ; rien n'empêchait de faire la même déclaration à propos du prince de Hohenzollern. Au lieu de cela on s'en prit à la Prusse, et on somma le roi Guillaume de retirer le consentement qu'il avait donné à son neveu. « Je n'ai donné mon consentement que comme chef de famille et non comme roi, répliqua celui-ci, la chose ne me regarde plus. » Un événement coupa court à ces difficultés ; le père du prince de Hohenzollern retira le consentement qu'il avait donné à son fils, et déclara que cette pomme de discorde ne serait pas jetée au milieu de l'Europe. Mais ce n'était point l'affaire du gouvernement français, qui voulait à toute force chercher un sujet de querelle. Il exigea alors une promesse formelle de la part du roi de Prusse de ne jamais accorder son autorisation à son parent si jamais l'affaire se représentait ; c'était une demande inacceptable contre laquelle la France elle-même se fût révoltée si on la lui avait faite. M. de Bismark entra alors en scène ; plus que Napoléon il désirait la guerre, mais il ne voulait pas paraître la provoquer pour mettre les sympathies de l'Europe de son côté. Avec une habileté infernale il lança dans les journaux et dans le monde diplomatique une note qui ne laissait plus à la France d'autre alternative que de reculer ou de déclarer la guerre. C'est en effet ce qui eut lieu. Dans la première partie de la négociation toutes les sympathies avaient été pour la France ; mais quand on jugea sa juste susceptibilité satisfaite et qu'on la vit poursuivre ses exigences, l'opinion se tourna contre elle, et alors fut résolu l'abandon moral et matériel dans lequel elle se trouva. L'Angleterre fit encore quelques efforts pour amener la conciliation, mais elle échoua devant la résistance obstinée des deux partis. Dans les conférences tenues à Paris en 1856, on était bien tombé d'accord qu'en cas de dissentiment survenu entre deux puissances, on aurait recours aux bons offices et à l'arbitrage d'une puissance amie ; mais c'était lettre morte dès lors qu'il n'y avait pas de sanction et qu'il n'était pas convenu que toutes se ligueraient contre celle qui refuserait de se soumettre à cet arbitrage. Ce moyen sera le seul capable d'empêcher le retour périodique des grandes guerres européennes. Les nations assistèrent avec une sorte de stupeur passive aux préparatifs de ce drame sanglant qui allait se jouer sous leurs yeux ; elles sentaient bien instinctivement qu'une partie de ces maux devait tôt ou tard rejaillir sur elles, mais elles n'en comprirent pas la profondeur, aussi se bornèrent-elles à des vœux stériles, de crainte d'être entraînées dans la lutte. Elles firent comme la France en 1864, et elles ne tarderont pas à en être punies comme elle.

Les ministres qui venaient d'engager ainsi l'avenir de leur pays pour plaire à l'Empereur et pour garder leur portefeuille, allèrent demander au Corps législatif son consentement. La droite dynastique et la tourbe des députés officiels se levèrent avec enthousiasme, couvrant de leurs cris, de leurs injures, de leurs vociférations ceux qui voulaient empêcher

CHAPITRE I. 9

Napoléon III.

la France de se jeter en aveugle dans cette aventure. En vain M. Thiers pria ses collègues de réfléchir, de se faire communiquer les dépêches pour juger en connaissance de cause; on lui répondit par des injures. « Vous êtes la trompette des désastres de la France, lui cria le marquis de Piré; allez à Coblentz. » — « C'est le langage qu'on tient à Berlin, » dit

M. Dugué de la Fauconnerie. « Il faudrait beaucoup de bataillons prussiens pour faire à votre pays le mal que vous lui faites, » hurla le baron Jérôme David, dont le dévouement au gouvernement était loin d'être désintéressé. M. Thiers puisa dans son patriotisme la force de résister à la tempête ; rien ne put le rebuter :

« L'histoire, dit-il, la France, le monde nous regardent, messieurs. De la résolution que vous allez prendre peut résulter la mort de milliers d'hommes et dépend peut-être la destinée de notre pays. Pour moi, avant cette décision redoutable, il me faut un instant de réflexion... Vous rompez sur une question de susceptibilité. Voulez-vous que l'Europe dise que, lorsque le fond vous était accordé, pour une question de forme vous avez fait verser des flots de sang ?... Je regarde cette guerre comme très-imprudente. J'ai été plus douloureusement affecté que personne des événements de 1866, plus que personne j'ai le désir d'une réparation; mais l'occasion est mal choisie. Lorsque l'Europe, avec un empressement qui lui fait honneur, avait déclaré que vous aviez raison, écouter des susceptibilités sur la question de forme, c'est s'exposer à regretter un jour sa précipitation. Je répète, malgré vos cris, que vous choisissez mal l'occasion de la réparation que je désire comme vous; et quand je vois que, sous le coup de vos impressions, vous ne voulez pas prendre un moment de réflexion et demander la communication des dépêches, je dis que vous ne remplissez pas dans toute leur étendue les devoirs qui vous sont imposés. Vous avez bien tort de laisser supposer que votre résolution est une résolution de parti. Chacun ici ne doit accepter que la responsabilité qu'il lui convient de porter. Quant à moi, j'ai souci de ma mémoire, et je décline toute responsabilité. » Mais autant valait parler à des sourds. Tous les députés furent entraînés par ces paroles incroyables, prononcées par M. Émile Ollivier : « Dès ce jour commence pour les ministres, mes collègues et moi, une grande responsabilité. Nous l'acceptons d'un cœur léger ! » La folie et la sotte vanité du ministre peuvent seules faire comprendre qu'un semblable langage ait été tenu. Même lorsqu'une guerre est juste et inévitable, ce n'est qu'avec douleur et anxiété qu'on doit y engager son pays, songeant aux maux inévitables qui doivent en être la suite. Aussi l'histoire a pris M. Émile Ollivier au mot, et elle partage entre lui et l'Empereur la responsabilité de cette guerre. L'Empereur la fit pour sauver sa dynastie, les ministres pour sauver leurs portefeuilles qu'ils savaient ardemment convoités par les membres extrêmes de la droite. Dans la séance de nuit, M. Ollivier, pour vaincre les hésitations dernières, parla d'une dépêche insultante qu'on venait de recevoir du roi de Prusse. Sommé de la montrer, il sortit d'embarras en disant : « Votez ! votez ! voter c'est agir. Ne discutez plus, parce que discuter c'est perdre un temps précieux ! » Cette prétendue dépêche, dont on avait répandu le bruit pour exciter les esprits, n'a jamais existé ; M. Benedetti l'a niée absolument. De semblables mensonges sont impardonnables ; ils pèsent comme un crime sur la mémoire des gouvernements qui s'en servent et des ministres qui les propagent. Entraîné par l'esprit d'aveuglement, le Corps législatif vota tout ce qu'on lui demanda au pas de charge ; puis le gouvernement, n'ayant plus besoin de lui, prononça la clôture de la séance après lui avoir donné lecture de la déclaration de guerre.

Le 21 juillet, Napoléon III lança la proclamation suivante :

« Français !

« Il y a dans la vie des peuples des moments solennels où « l'honneur national violemment excité s'impose comme une

« force irrésistible, domine tous les intérêts et prend en main
« la direction des affaires de la patrie. Une de ces heures déci-
« sives vient de sonner pour la France... En présence des nou-
« velles prétentions de la Prusse, nos réclamations se sont fait
« entendre. Elles ont été *éludées* et suivies de procédés dé-
« daigneux. Notre pays en a ressenti une profonde irritation,
« et aussitôt un cri de guerre a retenti d'un bout de la France
« à l'autre... Nous ne faisons pas la guerre à l'Allemagne,
« dont nous respectons l'indépendance. Nous faisons des vœux
« pour que les peuples qui composent la grande nationalité
« germanique disposent librement de leurs destinées. Quant à
« nous, nous réclamons l'établissement d'un ordre de choses
« qui garantisse notre sécurité et assure l'avenir. Nous vou-
« lons conquérir une paix durable, basée sur les vrais intérêts
« des peuples... Dieu bénisse nos efforts! Un grand peuple qui
« défend une cause juste est invincible. »

Quelques jours après l'Empereur partit pour Metz, où se trouvait le quartier général. Il s'embarqua à Saint-Cloud, et ne passa point par Paris; il savait qu'il n'y trouverait pas l'enthousiasme qui l'avait accueilli en 1859 lors de son départ pour la guerre d'Italie, et il ne se faisait pas illusion sur les bandes d'agents salariés parcourant les rues de la capitale, en criant : *A Berlin!*

Ici se pose une question historique : la nation a-t-elle réellement voulu la guerre, et doit-on regarder comme un juste châtiment les malheurs qui lui sont arrivés ? Une chose est certaine, c'est que la Prusse n'était nullement sympathique, et que l'idée de donner une leçon à sa morgue et à son orgueil souriait à plus d'un ; ce qu'il y a de certain aussi, c'est que le Français a l'humeur guerrière, et qu'il ne peut entendre le tambour ou voir le canon sans que son ardeur belliqueuse se réveille ; en lui montrant un drapeau on l'entraînerait au bout du monde. Mais la masse de la nation avait su se soustraire à cette velléité d'enthousiasme; elle avait réfléchi aux maux sans nombre qu'apporte la guerre, même lorsqu'elle est heureuse, au trouble et à la démoralisation qu'elle cause dans l'état social, et elle rejetait loin de sa pensée des triomphes qui coûtent si cher. L'enthousiasme même des plus ardents n'était qu'un feu de paille, et le mot de la situation est cette réponse faite par le préfet du Doubs au ministre qui l'interrogeait sur les dispositions de ses administrés : « Si l'on veut avoir la nation derrière soi, il ne faut pas lui donner le temps de réfléchir. » Aussi, lorsqu'il prétend qu'il avait été forcé de faire la guerre pour obéir à l'opinion publique, Napoléon III en impose. M. de Bismark, lui aussi a cherché à égarer l'opinion, le jour où il a rendu la France responsable de cette guerre pour la pressurer plus à son aise.

Tout autres étaient les dispositions de la nation allemande, et de l'autre côté du Rhin la guerre était non-seulement populaire, mais nationale. Depuis 1815 l'Allemagne avait gardé un vif ressentiment contre nous, et elle ne trouvait pas que les deux invasions faites sur notre sol fussent une revanche suffisante. Cet état des esprits cadrait trop avec les desseins de M. de Bismark pour qu'il ne cherchât point à l'entretenir avec soin; depuis quelques années surtout, les journaux allemands, obéissant à un mot d'ordre tacite, avaient entrepris une sorte de croisade contre la France : ils rappelaient l'occupation si lourde et si prolongée pendant le premier Empire, ils représentaient les Français méditant une seconde invasion et conspirant contre la patrie allemande. C'est au milieu d'idées semblables que tomba la déclaration de guerre, comme une justification des craintes exprimées chaque jour. Aussi, d'un bout à l'autre de la Confédération un cri de fureur se fit entendre, et la nation fut armée du jour au lendemain.

Ainsi la guerre s'engageait dans des conditions bien différentes et bien inégales : du côté de la France c'était une troupe d'enfants turbulents qui allaient se promener sur l'autre rive du Rhin, ayant hâte de revenir après avoir fait un peu de bruit ; du côté de l'Allemagne c'était une nation qui se ruait avide de vengeance, avide de sang et de pillage, et qui allait donner au monde civilisé un spectacle qu'on n'avait pas vu depuis les invasions barbares. Mais quant à ce qui concerne les souverains des deux nations, ils voulaient la guerre tous les deux, et notre conclusion est celle d'un écrivain allemand, M. Carl Vogt : « La guerre présente est la conséquence fatale, nécessaire, de la campagne de 1866. A Paris comme à Berlin on a attisé le feu et préparé le conflit, ici à petit bruit, discrètement, là avec fracas et à grand renfort de mise en scène. Toutes les intrigues de ces dernières années n'ont eu qu'un but, mettre sur les épaules de son voisin la responsabilité de l'événement. M. de Bismark y a réussi avec une habileté sans égale. »

CHAPITRE II

WISSEMBOURG. — REISCHOFFEN. — FORBACH

Sagesse d'un souverain. — Les équipages impériaux. — Le roi Guillaume. — Bismark. — Moktle. — L'armée française et l'armée allemande. — Plan de campagne. — Les alliances. — Prélude de Saarbrück. — Wissembourg, Reischoffen. — Forbach. — L'artillerie prussienne. — Les uhlans. — Les espions.

Arrivé à Metz, Napoléon III adressa aux troupes l'ordre du jour suivant :

« Soldats !

« Je viens me mettre à votre tête pour défendre l'honneur et
« le sol de la patrie. Vous allez combattre une des meilleures
« armées de l'Europe... La guerre qui commence sera longue
« et pénible, car elle aura pour théâtre des lieux hérissés d'obs-
« tacles et de forteresses : mais rien n'est au-dessus des efforts
« persévérants des soldats d'Afrique, de Crimée, de Chine,
« d'Italie et du Mexique... Quel que soit le chemin que nous
« prenions hors de nos frontières, nous y trouverons les traces
« glorieuses de nos pères. Nous nous montrerons dignes d'eux.
« La France entière vous suit de ses vœux ardents. De nos suc-
« cès dépend le sort de la liberté et de la civilisation. »

Ce langage était bien différent de celui qu'on avait tenu au Corps législatif et dans les journaux officiels. C'est qu'en effet quelques jours avaient suffi pour faire réfléchir et le public et l'Empereur. Ce n'était pas sans une certaine inquiétude qu'on le voyait prendre le commandement en chef. On se souvenait qu'en Italie il n'avait guère fait preuve de talents militaires, qu'il avait été au hasard, qu'il avait commis de nombreuses fautes, et que, sans l'élan et la fougue irrésistible des soldats français, la cause de l'Italie eût été compromise et les armes françaises repoussées. Un bon général en chef est celui qui s'est formé sur les champs de bataille, qui connaît ses soldats, qui a l'habitude de les conduire, qui sait l'effort qu'on peut leur demander et l'effet qu'on en doit tirer. Napoléon ne remplissait aucune de ces conditions, et dans cette occasion il se montrait moins sage et moins patriote que l'empereur de Russie Alexandre. L'envoyé qui vint annoncer à ce prince l'incendie de Moscou lui fit part des vœux de l'armée qui désirait l'avoir à sa tête. Alexandre réfléchit un moment, puis répondit : « Je suis très-touché de l'amour que me témoignent mes soldats, mais j'aime mieux ne pas accéder à leur demande. Si je me trouvais sur le terrain de l'action, je ne pourrais moins faire que de vouloir quelquefois faire prévaloir mes idées ; et comme mes généraux en savent plus que moi sur ce sujet, ce serait au détriment du pays. » Pourquoi Napoléon n'a-t-il pas eu cette sagesse et cette modération ? Ses courtisans pouvaient bien lui dire qu'il était un grand général, mais les événements qui ne savent pas flatter lui ont prouvé le contraire.

Une autre cause augmenta les inquiétudes et les défiances : ce fut le long et pompeux attirail que l'Empereur emmena avec lui. Ce n'était point un général bouclant son ceinturon pour aller à la bataille, c'était un souverain allant parader à un triomphe assuré : son escadron des cent-gardes, cinquante chevaux de sa poste, quatorze voitures et le personnel des écuries, trente chevaux de selle et le personnel y attaché, un service de bouche complet, de nombreux fourgons de voyage. Il emmena sa police, sans laquelle il ne marchait jamais, toute sa maison militaire, les officiers de son palais, maréchaux-des-logis et

CHAPITRE II. 17

Le prince de Bismark.

écuyers, et M. Piétri, son secrétaire particulier. Son fils fut suivi également de ses aides de camp et écuyers. Tout ce monde était bien pourvu. L'Empereur se fit donner, en dehors de sa liste civile, comme gratification d'entrée en campagne, 600,000 fr.; chacun de ses aides de camp reçut, en dehors de l'indemnité ordinaire proportionnée au grade, 20,000 fr. et chacun de ses officiers d'ordonnance 15,000. Nous ignorons le chiffre des gratifications allouées à M. Piétri et au peintre de batailles attaché au quartier général. Sa Majesté tenait table ouverte deux fois par jour, et les mets les plus recherchés y étaient servis à profusion : elle occupait, avec ses chevaux, ses bagages et ses voitures, un convoi difficile à mouvoir et à protéger et qui avait encombré plusieurs jours le chemin de fer de l'Est. Après cela, on ne devra pas s'étonner que les maréchaux fussent entraînés à mener grand train, eussent aussi leurs maisons et leurs bagages. Les autres chefs de corps, prétendants désignés au maréchalat, faisaient de leur mieux pour n'être pas éclipsés par leurs collègues.

Autres étaient les mœurs des princes et des généraux dans l'armée prussienne : ils mangeaient le plus souvent où et quand ils pouvaient ; leur domestique se réduisait à une ordonnance, leur bagage à une légère valise, leur écurie à quelques chevaux de rechange. Pas un seul parmi eux ne songeait à contrôler ou à critiquer les ordres du quartier général ; chacun rivalisait de ponctualité et de passive obéissance ; les plus élevés donnaient l'exemple de la soumission aveugle.

La comparaison n'était pas à notre avantage. Les yeux se portaient surtout sur les trois hommes qui allaient jouer le rôle important dans ce drame terrible : le roi Guillaume, Bismark et de Moltke. Ces hommes méritent de nous arrêter un moment. Voici le portrait qu'en trace le général de Wimpffen, qui eut affaire à eux le jour où il signa la capitulation de Sedan.

« Nous voyons d'abord le roi Guillaume, encore plus convaincu que ses sujets de la suprématie que la Prusse doit exercer sur l'Allemagne, tendre vers ce but sans se laisser arrêter par une opposition violente et trop souvent inconsciente des mesures qui pouvaient concourir à l'œuvre capitale de son règne. Chacun de ses pas est marqué par un succès et une augmentation d'influence sur les États allemands, habitués à graviter autour de l'Autriche. Il enlève, avec le concours de cette puissance, une partie du territoire appartenant au Danemark et sait l'adjoindre à son royaume. Il enserre, grâce à une habile alliance avec l'Italie, l'Autriche, et sait la vaincre de manière à la chasser d'une confédération dont il devient le seul maître. Il s'adjuge un royaume, des principautés, des villes libres, sans que personne ose s'y opposer. Il étend son action sur toute l'Allemagne, prépare partout les peuples à une guerre avec la France qu'il veut abattre, et lorsqu'il voit ce noble pays, mal dirigé et mal préparé, lui demandant raison d'un développement qui l'inquiète, il a si bien tout prévu qu'il le surprend, écrase ses armées et ajoute ainsi une nouvelle et plus brillante gloire à sa personne et à sa nation.

Il en arrive à son but, et l'Allemagne, rangée sous les drapeaux de la Prusse, se venge de nos guerres du premier Empire sur le second, et nous enlève cette suprématie militaire jusqu'à ce jour incontestable dont nous étions si fiers. Enfin, on voit le roi Guillaume, par une marche progressive et sûre, porter la main sur cette couronne de Charlemagne que nos affreux revers viennent de laisser tomber sur sa tête.

Ce souverain capable est d'une énergie telle que, malgré son grand âge, il méprise tous les dangers et surmonte les plus grandes fatigues. Il possède, en outre, une qualité qui fait les grands princes, et qu'avait Louis XIV, celle de savoir choisir les hommes aptes à l'aider dans sa mission. Il les grandit, il veille à ce qu'aucun obstacle ne vienne entraver leurs actes. Il les encourage, leur accorde les louanges qu'ils méritent et leur laisse entière la part de gloire qui doit leur revenir, bien supérieur en cela, comme en toute autre chose, au souverain entre les mains duquel étaient nos destinées.

Le comte, aujourd'hui prince de Bismark, commença, ainsi que tout Prussien, par entrer dans l'armée où il servit à titre de volontaire d'infanterie. En 1847, admis à la Diète, il s'y fit remarquer par une grande hardiesse dans ses discours, attaquant démocrates et constitutionnels. En 1851, il embrassa la carrière diplomatique et fut envoyé à Francfort, puis à Saint-Pétersbourg, puis à Paris, où il devint l'ami intime et peu sincère du souverain de la France. Il sut capter la confiance de Napoléon III. La fertilité de son esprit, sa mobilité l'amenèrent, sans engager en rien son gouvernement, à faire miroiter aux yeux de notre souverain le prisme flatteur de combinaisons capables de satisfaire l'ambition des deux peuples. Il sut si bien flatter et tromper Napoléon III, et entrer dans ses vues, que ce dernier laissa faire l'alliance de la Prusse avec l'Italie. En 1866, les succès obtenus furent si rapides, l'impuissance de la France était si grande à cette époque, que notre politique se mit, pour les conséquences qui en résultèrent, à la remorque de celle de M. de Bismark. Faut-il dire qu'à sa qualité de diplomate sans rival, cet homme célèbre ajoute tous les avantages physiques? Taille élevée et bien proportionnée, front large et haut, regard clair, bienveillant quand il le veut, ou froid et dédaigneux, souvent impénétrable. Il a la parole facile, élégante, même dans les langues étrangères. Chaque mot qu'il prononce semble avoir été choisi avec soin comme le meilleur pour atteindre sans effort l'effet qu'il se propose. Le comte, que j'ai vu deux fois, dans deux circonstances critiques, résume pour moi l'homme le plus séduisant et le plus dangereux qui se puisse rencontrer. Aussi inflexible que le général de Moltke, il sait s'engager ou se retirer à volonté, se montrer conciliant ou raide, faire passer de l'espérance au désespoir, et deviner, dans les alternatives qui en sont les conséquences, tout ce qu'il peut exiger de ses adversaires. Joignez à tout cela l'audace qui ne s'étonne, ne s'effraie de rien et qui le porte souvent à publier, sans ménagements, le but qu'il veut atteindre, tant son esprit perspicace sait calculer les moyens propres à y arriver. C'est avec cette sûreté de coup d'œil qu'il soutint, malgré une opposition émotionnant toute l'Europe, les modifications propres à augmenter l'action militaire de l'armée prussienne. Il déclarait en plein parlement que l'Europe était un malade qu'il fallait savoir traiter par le fer et le feu ; c'est ce qu'il a fait pour le Danemark, pour l'Autriche, et aujourd'hui pour la France, qui ont été successivement forcés d'abandonner argent, influence et territoire au profit de la Prusse.

M. de Moltke, âgé de soixante-douze ans, est resté d'une activité extrême et à la hauteur des travaux qu'exige sa position de chef d'état-major général des armées allemandes. Fils d'un général danois, il fut élevé à l'institut de Copenhague, entra au service de ce pays, et quelques années après passa lieutenant dans un régiment prussien. Il eut à ses débuts une carrière lente, et ne devint premier lieutenant d'état-major qu'après dix années de grade d'officier. Ardent au travail, payant volontiers de sa personne, il obtint d'être envoyé en Turquie en 1835, pour organiser l'armée ottomane, et prit part aux luttes qu'eut à soutenir le Sultan contre le pacha d'Égypte. Nommé chef de bataillon en 1842, il publia, en 1845, un livre sur la campagne russo-turque de 1828 à 1829, ouvrage qui, par ses idées élevées, ses justes appréciations, fixa sur lui l'attention.

A partir de cette époque on le considéra comme un des hommes les plus remarquables de son arme et on le vit marcher plus rapidement aux honneurs.

En 1859 il préparait, dit-on, un plan d'invasion contre la France, et, depuis cette époque, persuadé d'une lutte à venir avec ce pays, il n'a point cessé de réunir tous les matériaux utiles à cette grave entreprise. En 1864, il était chef d'état-major général des armées opérant contre le Danemark. Il fut chargé, en 1866, de déterminer les marches des armées prussiennes contre l'Autriche et contre les États confédérés. Les gens du métier qui ont suivi les mouvements des troupes prussiennes, ou qui ont lu le récit des opérations, ne peuvent trop admirer la hardiesse de conception du chef d'état-major, ainsi que l'habile exécution de ses plans par les deux jeunes princes mis à la tête des troupes.

Le pouvoir de cet homme d'élite s'est chaque jour augmenté, et on peut dire que, depuis qu'il occupe sa position élevée, nul officier ne peut entrer, sans son sévère contrôle, dans le corps d'état-major : il n'y veut que des hommes aptes à remplir toutes les missions qu'il peut avoir à leur confier. Sous cette haute direction, la réputation de ce corps d'état-major, le premier des armées européennes, n'a fait que grandir. M. de Moltke a étudié avec ses officiers les terrains sur lesquels nos armées pouvaient se rencontrer ; il a toujours été au courant de la véritable situation militaire de la France. Cependant, au moment de la déclaration de guerre, il craignit un instant que toutes ses prévisions ne se réalisassent point et que la France fût prête avant l'Allemagne entière, dont la lenteur était autrefois proverbiale.

Il calcula donc ce que les armées allemandes auraient à exécuter, si nous entrions sur le territoire de la Confédération. Mais, en présence de nos demi-mesures, de nos mauvaises dispositions, cet homme énergique, et qui déteste la France, lança ses armées avec la certitude de la victoire. Je ne suivrai point cet habile stratégiste et non moins remarquable tacticien dans ses opérations contre notre malheureux pays ; je dirai seulement qu'absorbé par ses travaux, par cette réflexion constante qui le conduit à ne rien oublier de ce qui peut faire réussir les armes de la Prusse, il cause peu, a la parole brève et cassante. On dit de lui : « Il sait se taire en sept langues. »

Je l'ai jugé dans nos rapports à Sedan, comme un homme au corps d'acier et à volonté de fer. Il a la figure maigre, pâle, presque ascétique, ne reflétant d'autre passion que celle du rôle qu'il remplit. Son regard fixe tient de celui de l'oiseau de proie, aigle ou vautour ; de ses lèvres minces ne sort aucune expression inutile ; c'est l'homme qui commande et qui juge. « Vous « n'avez plus de munitions, me dit-il, plus de vivres, toute « résistance est inutile ; si vous ne concluez de suite, nous « vous écraserons. Demain, dès l'aurore, nous ouvrirons no- « tre feu. » Il paraissait avoir beaucoup parlé ce jour-là. Je déclare n'avoir eu qu'à me louer personnellement de M. de Moltke. Il n'a eu, à mon égard, que des procédés bienveillants ; mais je le crois intraitable pour arriver à ruiner, à écraser les ennemis de la Prusse. Cet homme nous tient dans ses serres, et s'il ne peut enlever à notre pays son action politique, en faire un vassal du nouvel Empire germanique, il espère, comme le comte de Bismark, le laisser si meurtri, si brisé, qu'il ne puisse de longtemps servir d'appoint aux peuples que l'ambition de la Prusse porterait à prendre les armes pour se défendre. »

Ce n'était pas seulement dans la partie éclairée du public que l'on concevait des craintes ; l'Empereur et son entourage commençaient également à avoir quelques doutes. Et d'abord, nous avions entrepris cette guerre sans nous être assurés d'aucune alliance. Le Danemark n'aurait pas demandé mieux que de marcher avec nous et de se venger de la guerre injuste de 1854. Pour cela il lui fallait notre coopération, et d'après les plans notre flotte devait jeter sur ses côtes 50,000 hommes qui auraient fait une heureuse diversion dans le nord de la Confédération. La Prusse y comptait si bien, qu'elle avait débarrassé ses ports de tous les navires qui les encombraient, et en avait fermé l'entrée avec des chaînes et des torpilles. C'étaient de grands obstacles sans doute, mais la valeur française a triomphé de bien d'autres impossibilités. Un camp avait été formé dans le nord sous les ordres de Falkenstein avec 80,000 hommes, qui devaient protéger le sol allemand contre notre armée. Comment ce dessein échoua-t-il ? Le voici. Lorsqu'on s'adressa à l'amiral ministre de la marine, il déclara que notre flotte n'était pas en état ; qu'il fallait plusieurs mois pour que les navires pussent transporter des troupes. Ainsi cette flotte blindée qui nous avait coûté si cher, que l'Angleterre nous enviait, était réduite à l'impuissance par suite de l'incurie de l'administration ; et ceux qui avaient déclaré la guerre, ne s'étaient pas même assurés si les moyens matériels ne leur manquaient pas. La flotte française se borna à aller bloquer les ports de la Baltique, et à envoyer sur les côtes des bordées inoffensives. La Prusse, bien tranquille de ce côté-là, rappela les soldats qui devaient empêcher notre descente, et une dépêche de l'Impératrice, datée du 18 août, annonçait à l'Empereur que 50,000 Allemands de Falkenstein descendaient par Cologne et venaient se joindre à l'armée d'invasion. Notre flotte elle-même, lorsque les premières glaces se montrèrent, quitta la Baltique et revint dans nos ports. Ainsi la France, nation maritime, ne retira d'autre avantage de toutes ses forces navales que de capturer quelques navires de commerce ; et l'infanterie de marine, cette troupe d'élite, alla se faire prendre ou massacrer à Sedan. C'est par suite de ces circonstances que le Danemark se vit condamné à une neutralité forcée.

L'Empereur, la chose n'est pas douteuse aujourd'hui, avait également compté sur l'alliance de l'Autriche et de l'Italie ; mais là aussi l'imprévoyance et la légèreté avaient fait avorter ses desseins. L'Autriche se préparait activement à une revanche

CHAPITRE II. 25

Armée prussienne. — Landwehr.

de Sadowa. Au printemps de 1871 elle devait pouvoir mettre 800,000 hommes sur pied. Mais cette déclaration de guerre, venant avant l'heure, la prit au dépourvu, et pour ceux qui connaissent les lenteurs de l'esprit allemand, il n'y avait pas à espérer qu'elle pût entrer en campagne avant un mois ou deux. De son côté, la Prusse, qui ne voulait pas avoir un ennemi sur ses derrières, lui demanda au début quelle attitude elle comptait prendre. L'Autriche répondit qu'elle resterait neutre, et qu'elle armait seulement pour faire respecter sa neutralité.

Il y avait dans cette réponse une réticence qui lui eût permis d'entrer dans la lutte si les événements eussent été autres. L'Italie n'était pas bien disposée pour la France ; elle lui en voulait de Mentana et de la convention du 24 septembre qui l'éloignait de Rome, objet de ses désirs. Victor-Emmanuel, lui, avait une vraie reconnaissance pour le pays dont les armes l'avaient fait monter du rang de roitelet à celui de souverain d'une grande nation; il regardait comme un devoir de reconnaissance de ne pas abandonner la France sans la secourir, et il comptait sur son influence personnelle pour entraîner ses ministres et le Corps législatif. Mais à lui aussi le temps manquait. Il n'avait sous les armes que 130,000 hommes, juste ce qu'il fallait pour garder les places fortes et maintenir l'ordre dans le pays. Or, avant qu'on eût obtenu l'assentiment des députés, voté les subsides et mobilisé l'armée, la guerre avait le temps d'avoir achevé son œuvre, ou du moins pris une tournure irréparable. Il est certain que Victor-Emmanuel eût fait son possible ; mais il est certain aussi que le peuple italien s'est montré d'une ingratitude révoltante, et dans l'expression de ses sentiments, et par sa conduite, en profitant de nos embarras pour s'emparer de Rome au mépris de toutes les conventions. Il y aurait eu grandeur de sa part à attendre que nous en eussions fini avec la Prusse et à se mesurer avec nous en face.

Ces précautions, d'ailleurs, auraient échoué devant l'habileté de M. de Bismark, qui, lui, avait été prévoyant, avait d'avance paralysé tous nos efforts, et nous avait condamnés à un isolement absolu. Dans l'attente de cette lutte inévitable avec la France, il s'était allié avec la Russie, lui accordant, pour prix de son concours, de reconquérir ses droits dans la mer Noire et de continuer sa marche vers l'Orient, marche que la guerre de Crimée avait eu pour but d'arrêter. Ce traité avait été fait au nez de notre diplomatie, qui ne s'en était pas même doutée;

donnant une fois de plus les preuves d'une incapacité qui avait rendu nos hommes d'État la risée de l'Europe. Aussi, quand, après les premières défaites, l'Autriche essaya d'amener les puissances à intervenir entre les deux belligérants, la Russie déclara que toute démarche serait regardée par elle comme un cas de guerre, et l'autoriserait à se joindre à la Prusse. C'est à la suite de cette affirmation catégorique que les quatre grandes puissances s'engagèrent réciproquement à la neutralité et abandonnèrent la France à son malheureux destin. Quand l'Empereur connut toute la vérité, ce fut une grande désillusion, d'autant plus que les prétentions avaient déjà bien baissé, et qu'un de ses conseillers les plus intimes disait alors : « Nous entamons une grosse partie, et il est à craindre que nous n'ayons des revers au début. Mais l'issue de la lutte n'est pas douteuse, elle se terminera par notre triomphe, grâce aux alliances qui viendront nous appuyer. »

Qu'eussent dit les soldats qui accouraient pleins d'enthousiasme et d'ardeur, s'ils eussent entendu ces paroles qui résumaient la situation politique, et qui expliquent comment l'Empereur n'a pas pris l'offensive et a renoncé à son plan primitif.

Dans une brochure publiée durant les loisirs de sa captivité dorée, Napoléon III a dit qu'il se proposait de masser 150,000 hommes à Metz, 100,000 à Strasbourg, et de passer le Rhin, à Mayence, avec ces 250,000 hommes, en en laissant 50,000 en France pour protéger ses derrières et la frontière nord-est. Il espérait, en opérant ainsi, empêcher la Bavière, Bade et le Wurtemberg de joindre leurs forces à l'Allemagne du Nord et, par une première grande victoire, s'assurer l'alliance de l'Autriche et de l'Italie et la neutralité de l'Allemagne du Sud. Assurément, on ne pouvait pas attendre d'une victoire, si grande qu'elle fût, tous les effets que Napoléon III s'en promettait ; toutefois, une initiative prompte et vigoureuse, conduite d'après un plan bien mûri, eût déconcerté ceux de la Prusse et changé peut-être le sort de la campagne. D'une part, en effet, l'armée allemande n'était pas prête (elle ne le fut qu'aux premiers jours d'août, au moment où elle entra en action), et l'on pouvait franchir le Rhin sans rencontrer d'obstacles sérieux. Que si l'on n'eût pu se maintenir sur la rive droite, on eût au moins trouvé dans cette marche en avant l'avantage d'épuiser les pays envahis des ressources qu'y devait trouver l'ennemi, d'y détruire les ponts et voies ferrées qui devaient servir au transport et au passage de ses armées et de porter la démoralisation parmi ses soldats, surtout ceux du Sud, qui avaient une grande appréhension de l'élan et de l'entrain des Français. Qui peut dire si l'état-major prussien, voyant bouleversés les plans qu'il avait longuement travaillés et arrêtés depuis longtemps, eût pu, sur l'heure, en concevoir et en appliquer de nouveaux ? D'une autre part, en prenant hardiment l'offensive, on eût doublé la force de l'armée française, tandis qu'elle était à demi vaincue à l'avance, par cela seul qu'elle n'attaquait pas. Je ne fus pas en état, dit l'ex-Empereur, de mettre mon projet à exécution, à cause de l'organisation défectueuse de l'armée et des retards qu'éprouva le transport des provisions. Mais à qui la faute, si l'organisation de l'armée était défectueuse ? à qui la faute, si les provisions n'arrivèrent pas ? A qui, sinon à lui seul, le maître absolu de la France et de toutes ses ressources en hommes et en argent ?

En admettant que ce plan eût été préparé et étudié avec soin, on dut y renoncer dès le premier jour. Dans la commission formée au sein du Corps législatif pour étudier la question de guerre, on avait fait venir le maréchal Lebœuf et on lui avait demandé s'il était prêt : « L'armée n'aura par même besoin d'acheter un bouton de guêtre, » avait répondu celui-ci avec une confiance superbe. Or, dès que les premières troupes commencèrent à se concentrer sur les bords du Rhin, elles ne trouvèrent ni vivres, ni munitions, ni objets de campement. Les places fortes n'avaient même pas le matériel qu'elles doivent contenir en temps de paix; les fortifications nouvelles de Metz n'étaient pas terminées, et plusieurs de ses forts n'étaient pas armés. Ces détails paraissent incroyables, et l'on serait tenté de ne pas y ajouter foi, si des preuves irrécusables n'étaient là pour les attester. Un officier de l'armée du Rhin écrivait au comte de Palikao, ministre de la guerre : « Dès mon arrivée à Strasbourg, il y a environ douze jours, j'ai été frappé de l'insuffisance de l'administration et de l'artillerie. Dans les magasins pas de bidons, gamelles et marmites ; pas de cantines d'ambulance ni de bâts ; pas d'ambulances enfin, ni pour les divisions, ni pour les corps d'armée. Jusqu'au 7, il était presqu'impossible de se procurer un cacolet pour transporter un blessé ; le 7, des milliers de blessés seront restés entre les mains de l'ennemi, rien n'étant préparé pour les transporter. Depuis mon arrivée à Strasbourg, je n'ai jamais vu un jour de distributions régulières pour les hommes ou pour les chevaux. Depuis le 7 on manque absolument de tout, ce qui fait que notre retraite ressemble à une vraie déroute. Si nos soldats ne vivent depuis quatre jours que des aumônes des habitants, si nos routes sont semées de traînards mourant de faim, c'est à l'intendance qu'il en faut faire remonter la responsabilité. Vous aurez peine à croire qu'à Strasbourg, dans ce grand arsenal de l'Est, il a été impossible de trouver des aiguilles, des rondelles et des têtes mobiles de rechange pour nos fusils. La première chose que nous disaient les commandants de batteries de mitrailleuses, c'est qu'il faudrait ménager les munitions de mitrailleuses parce qu'il n'y en avait pas. Le 6, l'ordre ayant été donné de faire sauter un pont, il ne s'est pas trouvé de poudre de mine dans tout le corps d'armée, ni au génie, ni à l'artillerie ! »

Les dépêches trouvées dans les papiers des Tuileries confirment ces assertions et montrent combien l'on était peu préparé à une guerre si légèrement engagée. En voici quelques-unes.

Thionville, le 24 juillet 1870.

Le 4ᵉ corps n'a encore ni cantines, ni ambulances, ni voitures d'équipage pour les corps et les états-majors. Tout est complétement dégarni.

Metz, 24 juillet.

Le 3ᵉ corps quitte Metz demain, il n'a ni infirmiers, ni ouvriers d'administration, ni caissons d'ambulance, ni fours de campagne, ni train, etc., etc.

Metz, 26 juillet.

Il manque des biscuits et du pain à l'armée ; ne pourrait-on pas cuire le pain à la manutention à Paris et l'envoyer à Metz ?

Metz, 27 juillet.

Napoléon, au colonel directeur, Paris.

Les munitions de canons à balles n'arrivent pas.

Metz, 29 juillet.

Il n'y a à Metz ni sucre, ni café, ni riz, ni eau-de-vie, ni sel, peu de lard et de biscuit. . . . .

Metz, 29 juillet.

On manque de biscuit pour marcher. . . . . . .

Camp de Châlons, 8 août.

L'intendant en chef de l'armée du Rhin demande quatre cent mille rations de biscuit et de vivres de campagne. On n'a pas une ration de biscuit, ni de vivres de campagne, à l'exception de sucre et de café.

Chaque service fournit d'autres preuves d'une imprévoyance, d'une incurie incroyable ; et c'est dans cette situation incomplète partout qu'on déclare la guerre !

Nous insistons sur tous ces détails, parce qu'ils font comprendre comment la France a pu essuyer des désastres inouïs dans son histoire, malgré l'héroïsme de son armée et les efforts généreux de toute la nation.

Une dernière cause vint porter le trouble dans cette armée déjà si mal organisée. Le maréchal Niel avait préparé la revanche de Sadowa, et si la mort ne l'eût enlevé et n'eût entravé les réformes radicales qu'il faisait dans l'armée, les choses ne se seraient pas passées ainsi. Or, dans son plan de campagne, deux armées de force variable étaient destinées à l'offensive, en s'appuyant l'une sur l'autre, pendant qu'une troisième, leur servant de réserve, protégeait les points vulnérables de notre frontière. L'Empereur, qui l'avait adopté d'abord, déclara subitement qu'il n'en voulait plus, et décida que toutes les forces militaires de la France seraient réunies en une seule armée, qui prendrait le nom d'armée du Rhin ; il s'en réservait le commandement exclusif. Ce fut là une mesure déplorable, qu'on peut considérer comme la cause réelle de nos premiers désastres; il est difficile à un homme, quelque génie qu'il ait, d'en diriger 300,000 et de les faire concourir à une action commune avec l'instantanéité qu'exigent les opérations militaires. Napoléon Ier ne confiait jamais plus de 100,000 hommes à ses généraux les plus expérimentés. Ici la tâche était rendue plus difficile par la disposition inexplicable des troupes qui s'étendaient, sur un immense arc de cercle, de Lyon à Soissons ; leurs positions extrêmes sur nos frontières n'étaient pas éloignées de moins de 90 lieues, de Thionville à Huningue. On juge du nombre d'intermédiaires qu'il fallait pour que le chef pût faire connaître ses projets et en assurât l'exécution ; aussi la plupart du temps les ordres arrivèrent-ils trop tard, ce qui fit que les précautions les plus simples ne purent être prises. Quelques personnes de l'entourage de l'Empereur essayèrent bien de lui montrer les inconvénients de ce système, mais ils ne purent le faire revenir sur sa décision.

Deux motifs le firent persévérer dans cette voie funeste : d'une part cette passion qu'il a toujours montrée pour le commandement, de l'autre, la crainte de créer une trop grande position aux généraux chargés de diriger ces armées : toujours l'intérêt dynastique prenant le pas sur l'intérêt public. C'est pour ce motif que les généraux Bazaine et Mac-Mahon, qui sans doute n'étaient pas des génies exceptionnels, comme les événements ne l'ont que trop montré, mais qui avaient commandé en chef et fait leurs preuves au Mexique et en Italie, ne reçurent que des commandements subalternes, tandis que la position la plus élevée fut donnée au maréchal Lebœuf. Le maréchal Lebœuf était un brave officier, se battant admirablement, comme il le fit voir autour de Metz, mais le plus incapable qui fût jamais pour organiser une armée, dresser un plan et suffire aux exigences multiples de la place de major général. Son dévouement lui tint lieu de talent, et si l'Empereur le choisit, c'est parce qu'il pouvait entièrement se confier à lui.

Dès les premiers jours on put s'apercevoir de l'incapacité du major général. Au lieu des 500,000 hommes si pompeusement annoncés, c'est à peine si l'on put en réunir 250,000, et encore n'arrivèrent-ils que longtemps après l'époque annoncée. Ces soldats furent échelonnés, ou plutôt disséminés de telle façon, que la volonté la plus énergique et le bras le plus vigoureux n'eussent pas réussi à les rassembler en moins de plusieurs jours, et qu'ils ne pouvaient en un besoin se secourir mutuellement.

CHAPITRE II.

Armée prussienne.

L'armée fut divisée en plusieurs corps, qui occupèrent les positions suivantes :

Le premier corps, aux ordres du maréchal Mac-Mahon et composé de cinq divisions, campa de Strasbourg à Haguenau.

Le deuxième corps, aux ordres du général Frossard, et composé de quatre divisions, campa de Sarreguemines à Forbach.

Le troisième, aux ordres du maréchal Bazaine, et composé

de cinq divisions, campa à Faulquemont et Saint-Avold ; une de ses divisions sous Sarreguemines.

Le quatrième corps, aux ordres du général Ladmirault, et composé de quatre divisions, campa plus au nord, en avant de Thionville, à Sierk et aux environs.

Le cinquième corps, aux ordres du général de Failly, et composé de quatre divisions, campa de Niederbronn à Sarreguemines.

Le sixième corps, aux ordres du maréchal Canrobert, et composé de cinq divisions, resta à Châlons.

Le septième corps, aux ordres du général Félix Douay, resta en formation à Belfort, où il attendait des troupes d'Italie et d'Afrique pour compléter ses divisions.

Un huitième corps, désigné sous le nom de réserve, et comprenant trois divisions de la garde impériale, fut établi sous Metz, près de l'Empereur ; le commandement en fut confié au général Bourbaki.

La cavalerie de réserve était ainsi distribuée :

1re division, à Lunéville.

2e division, à Lunéville.

3e division, à Pont-à-Mousson.

Réserve d'artillerie, à Lunéville.

Parc-de campagne (en formation), à Toul.

Parc du génie, à Versailles.

Sur ces 260,000 hommes, 160,000 hommes seulement, c'est-à-dire ceux de la seconde et de la première ligne, pouvaient entrer tout de suite en opérations ; le reste devait attendre une dizaine de jours pour achever son organisation. Les sept corps de l'armée du Rhin avaient 650 bouches à feu, canons ou mitrailleuses. Les approvisionnements, les ambulances, les objets d'équipement et de campement laissaient beaucoup à désirer. On improvisait à la hâte et en désordre ce qui concernaît ces divers services. Les divisions des 1er et 6e corps n'étaient pas au complet. Nos provisions en subsistances et munitions s'accumulaient à la frontière dans des villes ouvertes comme Sarreguemines, et offraient à l'ennemi, en cas d'invasion, une proie facile et l'avantage d'un prompt ravitaillement. A l'exception de Strasbourg et de Metz, nos places fortes étaient dépourvues des ouvrages avancés rendus indispensables par les perfectionnements de l'artillerie; elles n'avaient ni vivres ni garnisons suffisants pour soutenir de longs sièges ou pour assurer à nos armées des bases d'opérations solides. Les Prussiens nous avaient pourtant donné l'exemple en créant autour de leurs forteresses des défenses formidables, en les armant de pièces puissantes, en nettoyant leurs abords dès le lendemain de la déclaration de guerre, enfin en les débarrassant des bouches inutiles et en y faisant affluer les provisions.

Pendant que les choses allaient chez nous d'une façon si lente et si incomplète, ces ennemis que nous devions surprendre, dont nous devions empêcher la concentration, étaient prêts avant nous, quoique pris à l'improviste, grâce à leur admirable organisation et à la discipline inexorable dont ils s'étaient fait une loi. Ils avaient non-seulement pourvu à la mise en état des forteresses du Rhin, mais encore réuni trois armées immenses.

La première armée, à droite, dans la vallée de la Sarre, sous les ordres du général Von Steinmetz, comprenait les contingents des provinces rhénanes et de la Westphalie; elle avait trois corps : le 1er, le 7e et le 8e, auxquels devaient bientôt se joindre la 3e division de réserve et une division de cavalerie; en tout 120,000 hommes.

La deuxième armée opérait au centre, de Saarbrück à Landau. Elle était commandée par un neveu du roi, Frédéric-

Charles, illustré déjà dans la campagne de Bohême et réputé pour le meilleur élève du vieux chef général de l'état-major prussien, M. de Moltke. La deuxième armée comprenait les contingents de la Prusse sous Manteuffel et Gœben, du Hanovre et de la Saxe. Elle comptait, outre trois divisions de cavalerie, sept corps : le 2°, le 3°, le 4°, le 9°, le 10°, le 12°, et la garde royale, sous le prince de Wurtemberg ; elle était forte de 240,000 hommes.

La troisième armée, commandée par le prince héritier, Frédéric-Guillaume, et tenant l'aile gauche des Confédérés, s'avançait vers Wissembourg ; elle était forte d'environ 160,000 hommes et comprenait les contingents du duché de Posen, de la Silésie, de la Bavière, du grand-duché de Bade et du Wurtemberg.

A ces 520,000 hommes prêts à fondre sur nous, nous ne pouvions opposer que les 160,000 de nos deux premières lignes, ce qui faisait à peu près la proportion de quatre contre un. L'ennemi avait en outre sur nous la supériorité d'un commandement ferme et intelligent, d'un état-major instruit et habile, et d'une artillerie qui l'emportait autant par le nombre que par la portée, la justesse et la rapidité du tir ; à nos 650 bouches à feu ils pouvaient répondre par 1,450.

On comprend qu'en de telles éventualités, et surtout devant de telles constatations l'Empereur ait renoncé à son plan primitif. Mais ce n'était pas une raison pour ne pas prendre l'offensive, qui est toujours un avantage dans la guerre. Ce n'était pas une raison pour ne pas prévoir un échec possible et ne pas se préparer à tout événement, précaution que doit prendre le général le plus habile et le plus heureux. Or, rien de cela n'avait été fait, et l'incurie était allée à ce point que les officiers avaient tous dans leur sac une carte d'Allemagne, mais point de carte de France. Ce n'était pas une raison pour ne pas s'emparer des points stratégiques de la ligne du Rhin, dont on était sûr d'avoir besoin pour résister à l'ennemi et arrêter sa marche. Dès les premiers jours, le général Frossard avait télégraphié à Paris, proposant de s'emparer de Forbach ; on lui avait répondu qu'il ne fallait pas d'action isolée, et que l'armée devait agir de concert. On avait également négligé de prendre Kehl et Landau ; l'Empereur s'y était opposé, bercé toujours par l'illusion de voir l'Allemagne du Sud se joindre à lui. Ce n'était pas une raison enfin pour rester dans l'inaction, sans avoir aucun plan de fait, et sans en faire aucun. L'Empereur, qui a toujours été fataliste, comptait sur le hasard, comme en Italie. Cette opinion est celle des hommes qui l'approchaient le plus près ; et le prince Napoléon, frappé de l'espèce d'apathie dans laquelle il le voyait plongé, disait : « Nous recevrons des batailles, et je ne doute pas de leur succès ; mais nous n'en donnerons pas, parce qu'il faudrait un plan et une pensée, et qu'il n'y en a pas. »

Cependant il fallait bien faire quelque chose, l'opinion publique était impatiente. On se demandait si c'était pour rester à parader à Metz que l'Empereur avait bouleversé l'Europe et interrompu le cours régulier de la vie commerciale. Le 2 août, il partit de Metz après déjeuner, accompagné du prince impérial et de quelques familiers, et il se rendit près de Forbach. Là le corps du général Frossard s'ébranla brusquement ; l'avant-garde descendit du plateau de Spickeren, et alla s'établir au village d'Arnevas, sur la droite de Saarbrück. Quelques bataillons de chasseurs se portèrent sur la gauche. L'armée se déploya entre ces deux points extrêmes. Elle s'empara vivement des hauteurs qui dominent Saarbrück, et l'artillerie ouvrit un feu terrible contre la ville. L'ennemi n'était pas en force, il se retira après une courte défense. Les mitrailleuses firent ce jour-là leur première apparition, elles envoyèrent des décharges sur les colonnes de l'ennemi en retraite, et y portèrent le désordre et la mort. A une heure tout était terminé. Nous avions 6 hommes tués, dont 2 officiers, et 67 blessés ; les pertes de l'ennemi furent évaluées à 250 hommes. Cette expédition sans but comme sans utilité, qui avait été faite uniquement pour présenter le prince impérial à l'armée et pour envoyer un bulletin triomphal à Paris impatient, fut jugée sévèrement par les gens éclairés qui ne se laissaient pas séduire par les termes de la dépêche disant que le prince impérial n'avait été nullement impressionné, et que son sang-froid était tel qu'il semblait se promener au bois de Boulogne. On fut indigné de voir qu'on s'amusait à de semblables puérilités lorsque le salut de la patrie était en jeu, et qu'un jour perdu pouvait commencer sa ruine. Cette expédition ridicule n'eut pas même l'excuse d'un semblant d'utilité ; les Allemands ne furent pas poursuivis, la ville ne fut pas occupée, le général Frossard se retira sur son ancienne ligne d'opérations, et n'eut pas même la précaution d'occuper fortement le plateau de Spickeren qui formait son poste avancé sur la frontière. L'expédition eut même un résultat fatal ; elle nous confirma dans cette idée que l'ennemi était encore loin de nous, erreur dont nous n'allions pas tarder à être tirés : après la comédie, la tragédie.

« Après ce petit combat, qui méritait à peine l'honneur d'un bulletin, dit un officier supérieur de l'armée du Rhin, dans une étude remarquable sur cette campagne, on retrouva les mêmes faiblesses, les mêmes incertitudes, le même manque de décision et d'énergie. On ne s'occupa pas davantage de savoir où était l'ennemi, ni ce qu'il faisait ; sa présence était-elle constatée, on se gardait bien d'aller le chercher, et l'on vécut ainsi au jour le jour, en attendant les événements, sans vouloir rien prévoir. Il semblait aussi impossible de comprendre ce que l'on faisait que de deviner la pensée qui présidait à nos destinées. Au lieu d'une volonté, d'une direction unique, il y en avait trois qui agissaient à l'encontre, dans le sens souvent le plus opposé : l'Empereur, le major général et les aides-majors généraux. Les ordres et les contre-ordres se succédaient sans intervalles; les troupes, ballottées sur les routes d'un point à un autre, ne savaient plus que devenir ; dégoûtées par des marches et des déplacements inutiles, elles perdaient toute confiance dans le commandement.

« La défensive exigeait un plan aussi bien que l'offensive; mais ici on le cherche vainement, et l'affaire de Saarbrück n'est pas faite pour l'indiquer. On assure cependant qu'on avait eu un moment la pensée d'abandonner complétement la ligne des Vosges et de ne défendre que celle de la Moselle; l'armée eût été séparée en deux masses, l'une au sud, couvrant Frouard et la communication avec Paris, l'autre plus au nord, s'appuyant sur Metz, toutes deux se reliant à Pont-à-Mousson. Il y avait là du moins une idée stratégique : on utilisait une des barrières naturelles de la France, dont l'enlèvement eût été difficile devant la réunion de toutes nos forces. Mais il devait se produire dans cette campagne ce fait inouï, qu'on ne saurait utiliser aucune de nos positions défensives et que les mesures seraient prises de telle sorte que les obstacles qui auraient dû assurer le salut deviendraient les causes de nos malheurs : à Reischoffen, Mac-Mahon est tourné et acculé dans les Vosges; à Sedan, son armée est rejetée sur la Meuse; à Metz, l'ennemi franchit la Moselle sans résistance à quelques portées de nos canons, il coupe nos communications, nous isole du reste de la France, et nous enferme dans les lignes d'un camp retranché, où nous devons succomber. Le projet de défense de la Moselle, si tant est qu'il ait été formé, fut promptement mis de côté ; on recula sans doute devant l'obligation d'abandonner sans combat l'Alsace et la Lorraine, que des désastres allaient nous forcer de céder bien plus douloureusement; on se laissa arrêter par des considérations de politique intérieure, auxquelles on voulut subordonner les opérations, comme plus tard sur la Meuse. Les résultats furent les mêmes, et ils ne pouvaient pas être autres, parce qu'on ne viole pas impunément les règles fondamentales de la stratégie, en face d'un ennemi habile et résolu. »

Tandis qu'à Metz on s'endormait dans une folle confiance, qu'on ignorait où se trouvait l'ennemi et qu'on ne s'occupait même pas de le savoir, il révéla sa présence par un coup terrible. Le 4 août, à l'aube du jour, le général Abel Douay campait avec la plus grande partie de sa division, deux régiments de ligne, un bataillon de chasseurs à pied, un régiment de tirailleurs et un régiment de chasseurs à cheval, au pied de Wissembourg, non loin des fameuses lignes élevées par le maréchal de Villars et illustrées par la victoire de Hoche. Les soldats étaient en train de faire la soupe, lorsqu'une vive fusillade les assaillit; la canonnade suivit tout aussitôt. Toute une armée allemande, sortant des bois qui bordent la Lauter et qui avaient caché sa marche, se massa pour attaquer la division. C'était l'armée du prince royal de Prusse. La veille, le général Douay avait envoyé plusieurs patrouilles en reconnaissance sur la frontière, mais il avait négligé de faire fouiller les bois; aucune grand'garde, aucune sentinelle avancée ne protégeait les abords du camp, et l'éveil n'avait pu être donné à l'approche de l'ennemi. La retraite n'était pas possible. Le général Douay ordonna un mouvement en avant, sur Wissembourg, que bombardaient les Allemands; il n'avait pour appuyer ce mouvement que trois batteries, tandis que les Prussiens, munis d'une artillerie nombreuse, foudroyaient

Le maréchal Mac-Mahon, commandant le 1ᵉʳ corps d'armée.

nos colonnes. Nos soldats, soutenus par une partie des habitants de Wissembourg, se défendirent avec un courage héroïque jusqu'à deux heures de l'après-midi. Les turcos, dont la vue seule frappait de terreur les Allemands, chargèrent à la baïonnette; deux fois ils enlevèrent huit pièces de canon à l'ennemi, et deux fois ils les reperdirent; un de leurs bataillons, emporté par une ardeur sans égale, traversa d'un bout à l'autre les lignes profondes d'un régiment allemand et resta tout entier prisonnier derrière elles. Les Allemands débouchaient sans cesse des bois; leur nombre atteignit à la fin de 90,000 à

100,000 hommes, et ils avaient près de 200 pièces de canon. Il fallut renoncer à la lutte. Les restes de la division obéirent à regret au signal de la retraite, et se replièrent sur le col du Pigeonnier, abandonnant leurs effets de campement, les sacs que les soldats n'avaient pas eu le temps de boucler et une partie des blessés. L'ennemi avait tellement souffert que, malgré l'écrasante supériorité de ses forces, il n'essaya pas d'achever sa victoire en poursuivant les vaincus. Le général Douay, désespéré de s'être laissé surprendre et sentant sa responsabilité compromise, s'était jeté au plus fort de la mêlée et y avait trouvé la mort. Le général ennemi Kirchback avait été blessé mortellement. Nos pertes étaient légères en comparaison de celles des Prussiens (2,000 hommes contre 7 à 8,000), mais ils nous avaient fait 500 prisonniers non blessés et pris un canon. Wissembourg, derrière lequel une partie de nos soldats s'étaient abrités, avait beaucoup souffert. Notre frontière était si peu gardée, qu'un convoi de chemin de fer était arrivé presque jusque sur le champ de bataille; un détachement qu'il transportait avait sauté en bas des wagons et couru prendre part au combat.

La nouvelle de cet échec de Wissembourg arriva au quartier général en même temps qu'une dépêche du duc de Gramont, disant que notre inaction produisait le plus mauvais effet en Europe, qu'on commençait à douter de notre puissance, et qu'il en résulterait nécessairement une invasion de notre territoire et par suite un échec sérieux pour notre prestige. Il fallait un succès à tout prix ; l'Empereur envoya à Mac-Mahon l'ordre d'attaquer.

« Le maréchal, dit M. Deschamps, informé de l'échec de Wissembourg, attira à lui la division Duménil, du 7e corps, qui était à sa portée, et marcha en toute diligence vers le nord pour recueillir les restes de la division Douay. Il s'arrêta le 5 août sur les coteaux de Frœschwiller ; sa première division couvrit le village même, étendant sa gauche dans la direction de Reischoffen. Il établit le reste de ses troupes le long de la Sauerbach et occupant Elsashausen et Ebarch. Son peu de forces ne lui permit pas de prendre possession du village de Morsbronn, qui eût consolidé sa position.

« En face se trouvaient les hauteurs boisées de Guersdorff et de Gunstedt, par lesquelles devait descendre l'ennemi venant de Wissembourg et de Soultz. La position était bonne et le désastre de l'armée prussienne assuré, quelle que fût sa force, si Mac-Mahon eût eu avec lui le général de Failly. Cependant, soit qu'il doutât que le 5ᵉ corps pût le rejoindre, soit qu'il soupçonnât qu'il aurait affaire à toute une armée, le maréchal télégraphia au quartier général pour exposer sa situation et demander les ordres de l'Empereur ; il eût pu occuper les arêtes des Vosges, s'y retrancher d'une manière inexpugnable, et donner ainsi à l'armée le temps de se renforcer ; mais il fallait un succès à l'Empereur pour calmer l'effervescence causée par l'échec de Wissembourg, et il fut enjoint au maréchal de se battre.

« Le général de Failly avait reçu, le 4 au soir, du quartier impérial, l'ordre de concentrer ses trois divisions à Bitche, où l'une d'elles, la division de Lespart, était établie déjà. Le lendemain matin, le général mit ses deux autres divisions en mouvement. Dans la journée du 5, il reçut une dépêche du maréchal Mac-Mahon, qui lui faisait connaître que le 5ᵉ corps passait sous son commandement et l'invitait à le rejoindre au plus vite. Cette jonction était nécessitée par les opérations actives qu'allait entreprendre le maréchal le 7. Le général Guyot de Lespart partit de Bitche au point du jour ; les deux autres divisions devaient suivre aussitôt leur arrivée à Bitche. Le bruit du canon étant arrivé jusqu'à lui, le général hâta sa marche; mais il avait à faire trente et quelques kilomètres, et il lui était difficile d'aller vite avec son artillerie et ses bagages par une route de montagne que les pluies avaient toute défoncée ; des nuées d'éclaireurs que le prince royal avait semés le long de la frontière, l'inquiétèrent et le retardèrent ; son convoi fut coupé et la plus grande partie dut rétrograder vers le point de départ ; enfin ses têtes de colonnes, harassées, mourant de faim, n'apparurent aux abords du champ de bataille, à Nieder-bronn, que juste à temps pour protéger la retraite du 1er corps.

« Le maréchal Mac-Mahon n'avait pas tout à fait 35,000 hommes. Une première armée prussienne, forte de 60,000 hommes (1er corps bavarois et 5e corps prussien), entra en ligne vers 7 heures du matin et couronna les hauteurs de Guersdorff d'une artillerie puissante. Après une longue canonnade qui fit de grands ravages dans nos rangs, l'ennemi chercha à se frayer un passage entre Wœrth et Frœschwiller pour couper notre ligne ; Mac-Mahon soutint l'attaque avec fermeté et le fit reculer. Mais, vers midi, une nouvelle armée (2e corps bavarois et 11e corps prussien) sortait des bois de Wœrth, jetait ses colonnes épaisses sur notre faible armée et prononçait son attaque sur notre droite.

« On avait fait venir de Toulon, en grande hâte et à grands frais, des canonnières blindées destinées à la défense du Rhin. Les différentes pièces en étaient restées, avec les caisses de boulons, à Strasbourg et à Mulhouse, où elles se rouillaient, pendant que les troupes prussiennes passaient paisiblement le fleuve à Rastadt et le remontaient sur des radeaux remorqués par des vapeurs, pour courir au canon.

« Nos troupes soutinrent l'attaque de la seconde armée allemande avec aplomb et solidité. Mac-Mahon, impassible, leur fit faire, en plein feu, un magnifique changement de front pour modifier la position de son artillerie. Ses divisions, écrasées sous les projectiles ennemis, combattaient avec une intrépidité furieuse et ne se laissaient pas entamer. Deux fois pris, le village de Wœrth fut deux fois reperdu. Avec le 5ᵉ corps sous sa main, sans nul doute le maréchal eût culbuté les 120,000 hommes qu'il avait en face de lui. Mais que peuvent l'habileté la plus consommée et le courage le plus héroïque contre le nombre ? Les Allemands avaient des forces tellement supérieures, qu'ils faisaient reposer tour à tour leurs régiments. La lutte était à peine possible lorsque survint la division wurtembergeoise du corps du général de Werder qui chercha de nouveau à déborder notre droite. Le maréchal put contenir un instant ce nouvel ennemi. L'entrain de ses troupes n'était pas abattu, ni leur constance affaiblie ; mais il avait subi déjà des pertes cruelles, son artillerie était en grande partie démontée, et ses mitrailleuses ne pouvaient lui servir de rien, car ses artilleurs ne connaissaient pas encore la manière de s'en servir, et les munitions manquaient totalement. Une nouvelle attaque, faite avec ensemble et accompagnée d'une pluie de feu, le força à se replier sur Frœschwiller et Reischoffen, où le combat recommença plus acharné que jamais. Les Wurtembergeois parurent sur la gauche de Frœschwiller, s'efforçant de nous tourner; plusieurs milliers de soldats, pris de panique, se débandèrent ; Mac-Mahon se décida à la retraite.

Les cuirassiers, qui n'avaient pas paru sur les champs de bataille depuis Waterloo, avaient fourni plusieurs charges brillantes pendant le combat. Le maréchal, pour couvrir le mouvement de son armée, les jeta en avant. Cette tempête de fer, enlevée par le général Duhesme, rompit, écrasa les colonnes ennemies et pénétra jusqu'aux derniers bataillons. Un grand nombre d'Allemands, frappés d'épouvante, jetèrent bas leurs armes. Mais d'autres colonnes prirent la place de celles qui avaient cédé, et bientôt de ces deux magnifiques régiments qui avaient couru si bravement à une mort certaine, il ne resta plus que quelques cavaliers épars. Le 11ᵉ régiment de chasseurs, général de Septeuil, s'élança à son tour, fit une nouvelle trouée dans la masse ennemie et y trouva la même mort glorieuse. Les restes de l'armée étaient sauvés. »

Mac-Mahon avait frappé l'ennemi d'admiration par la sûreté et la précision de ses manœuvres. Il avait eu un cheval tué sous lui. Le général Colson, son chef d'état-major, avait été tué à ses côtés. Le général Raoult avait disparu. Le dernier de nos soldats s'était conduit en héros. Toute la vallée était couverte de morts et de blessés et rouge de sang. Près des deux tiers de nos officiers avaient été tués, blessés ou faits prisonniers. Plus de 9,000 Français gisaient étendus sur le champ de bataille ou étaient tombés aux mains des Allemands. Les papiers du maréchal, ses bagages, presque tous ceux de l'armée, un fourgon du Trésor, les chariots d'approvisionnement, une trentaine de canons plus ou moins endommagés, plusieurs mitrailleuses, deux aigles étaient devenus la proie de l'ennemi. Celui-ci, combattant par masses profondes, avait beaucoup plus souffert que nous, proportion gardée de la différence des forces. On évalue généralement à 18,000 hommes le nombre de ses tués et blessés. L'énormité de cette perte l'empêcha de nous poursuivre vigoureusement et d'achever notre destruction.

Mac-Mahon, tenant avec soin les hauteurs, en imposa par sa ferme contenance aux escadrons bavarois et wurtembergeois qui le harcelèrent jusqu'à Niederbronn, où ils furent arrêtés par la présence de la division Guyot de Lespart, du 5ᵉ corps. La lutte avait duré onze heures.

Les soldats avaient déployé un héroïsme qui rappelait les plus belles pages de l'histoire militaire de la France. La charge des cuirassiers surtout avait été un de ces faits qui tiennent plutôt de l'imagination que de la réalité. « Rien ne saurait donner une idée des charges merveilleuses de ces intrépides régiments, dit un témoin oculaire. Mais que faire contre des masses de projectiles criblant hommes et chevaux avant qu'ils aient pu atteindre le but? Je m'arrêtai un instant sur les hauteurs de Frœschwiller pour contempler le glorieux et splendide spectacle de ces charges qui méritent de passer à l'état légendaire, au moins autant que celles des cuirassiers de Waterloo.» Eh bien ! tant d'efforts héroïques avaient été perdus et aboutissaient à un désastre par la faute des chefs. Le grand coupable était l'Empereur, qui sacrifiait les nécessités stratégiques au flux de l'opinion publique, qui, n'étant pas sur le lieu du combat et ne connaissant ni le nombre ni la position de l'ennemi, s'obstinait à vouloir livrer bataille. Mac-Mahon lui aussi était coupable d'avoir engagé une action lorsqu'il savait que c'était une folie; une seconde fois dans le cours de la campagne il devait céder par déférence et agir contre sa conviction, et cette faute devait amener Sedan.

Une responsabilité plus lourde encore pesait sur le général de Failly, qui était resté inactif lorsqu'il avait reçu l'ordre formel de venir retrouver Mac-Mahon, et lorsque son arrivée sur le champ de bataille eût changé le sort du combat. De toutes les excuses données par lui, aucune n'était bonne et il devait sans pitié être destitué pour ce grave manquement à la discipline militaire. On ne le fit pas, et on eut tort à tous les points de vue, puisque quelques jours après c'est son incurie qui commença le désastre de Sedan. Les Allemands agissaient d'une bien autre façon : à Saint-Privat, le général Steinmetz n'exécuta pas complètement les instructions qui lui avaient été données; le lendemain, il était exilé au fond de la Poméranie, malgré son âge et ses anciens services. Avec des chefs et un état-major comme ceux que possédait l'armée allemande, les soldats français eussent été invincibles. Enfin, dans cette malheureuse journée, l'intendance fut très-répréhensible, comme dans tout le cours de la guerre du reste, et c'est à elle qu'il faut reprocher une partie de nos désastres : à Reischoffen, les vivres, les secours, les munitions même manquèrent; par suite de l'obstination qu'on avait mise à s'engager à fond, la retraite devint une déroute désordonnée. « Jamais, dit un officier de l'état-major, un plus navrant tableau : débâcle sur la route de Frœschwiller à Reischoffen, convois de vivre abandonnés, traits coupés, voitures renversées dans les fossés, fuite générale. En vain quelques officiers crient : halte! on n'écoute plus rien. De braves médecins s'arrêtent pour panser les blessés au milieu de ce pêle-mêle général. Quel désordre! la fuite, toujours la fuite! »

La retraite s'effectua par Saverne, Lunéville, Bayon, Neufchâteau. La désorganison du corps était si complète qu'il fut impossible de le reformer devant Phalsbourg, l'une des portes de la France. Le désarroi de tous les services fut tel que l'état-major et l'intendance restèrent paralysés : plus d'ordres de marche réguliers, plus de rapport quotidien, plus de distributions assurées de vivres, point de remplacement des effets d'équipement perdus, nul souci d'alléger les souffrances et les fatigues du soldat, qu'on laissa camper sous la tente plusieurs jours avant de songer à le loger chez l'habitant. Des pluies diluviennes surviennent, détrempent les routes, couvrent de boue les troupes et achèvent de ruiner leurs vêtements. On les vit alors par bandes piller, voler, mendier. Cette retraite pénible pour les hommes, déplorable pour les officiers, dissolvante pour tous, dura onze jours et consomma la désorganisation du 1er corps. Le 17 août, lorsqu'il parvint au camp de Châlons, après des paniques ridicules, des marches et contre-marches inutiles, le soldat avait perdu tout entrain, toute confiance, toute discipline.

CHAPITRE II.

Guillaume, roi de Prusse.

A tous les points de vue cette journée avait des résultats déplorables. Elle nous faisait perdre d'un seul coup, en quelques heures, notre premier, notre plus sûr boulevard, la ligne des Vosges; la haute et la basse Alsace ainsi que la Lorraine orientale étaient ouvertes aux Prussiens; Nancy et Strasbourg se trouvaient à découvert. Au point de vue moral l'effet était encore plus désastreux. Les Prussiens savaient bien l'importance de la première partie perdue ou gagnée; aussi Frédéric-Charles n'avait-il engagé l'action que sûr de son coup.

La bataille du 6 août avait rempli de confiance l'armée allemande, et jeté chez nous le trouble et l'inquiétude; ces sentiments redoublèrent lorsque l'échec du général Frossard succéda à celui de Mac-Mahon, et en fut pour ainsi dire la suite logique, car les Allemands avaient porté l'attaque sur les deux ailes de notre armée.

Voici le récit de cette bataille, fait par un témoin oculaire, l'officier supérieur de l'armée du Rhin que nous avons déjà cité :

« Dès la veille, le 2ᵉ corps avait dû quitter ses positions avancées devant Saarbrück et se replier autour de Forbach, où s'était établi son quartier général ; il avait pris les emplacements suivants : la 3ᵉ division (Laveaucoupet), sur le plateau de Spickeren ; la 2ᵉ (Bataille), en arrière et à gauche du village, sur les hauteurs qui le dominent, du côté d'OEting ; la 1ʳᵉ (Vergé), à Stiring et Forbach, couvrant le chemin de fer et la route ; enfin la cavalerie en arrière.

« Pendant qu'il exécutait ce mouvement de retraite, les troupes prussiennes se disposaient à prendre l'offensive sur toute la ligne ; déjà la prise de Wissembourg et des premiers contreforts des Vosges avait ouvert notre frontière de l'Alsace à la marche de la troisième armée, sous les ordres du prince royal ; ses cinq corps d'armée se dirigeaient sur les positions occupées par le maréchal de Mac-Mahon. A l'ouest, entre Sarrelouis et Saarbrück, s'était concentrée la première armée du vieux général Steinmetz, avec les 7ᵉ et 8ᵉ corps, que devait plus tard rejoindre le Iᵉʳ ; au centre s'avançait la deuxième armée, commandée par le prince Frédéric-Charles, et comprenant les 2ᵉ, 3ᵉ, 4ᵉ, 9ᵉ, 10ᵉ, 12ᵉ corps (saxon) et la garde ; elle se trouvait un peu plus en arrière, entre Neunkirchen, Hombourg et Deux-Ponts, prête à appuyer, selon le besoin, l'une ou l'autre des deux armées et à assurer leur liaison, jusqu'au moment où la direction donnée aux opérations leur permettrait de séparer leur action. Le dispositif adopté par les troupes prussiennes présentait ainsi une sorte de formation en échelons, en avant sur le centre. Dans les marches qui devaient suivre, ces forces étaient destinées à opérer un large mouvement de conversion, dont la première armée serait le pivot ; le but proposé était d'atteindre la vallée de la Moselle avec trois têtes de colonnes d'armée, maintenues à la même hauteur ou échelonnées à des distances telles qu'elles pussent se soutenir l'une l'autre pour assurer leur déploiement. C'était là un plan connu depuis longtemps, étudié par tous les officiers qui s'étaient occupés de ces graves questions, mais oublié sans doute par ceux qui nous commandaient, si l'on en juge d'après les dispositions qu'ils avaient prises.

« Le 6 août était le jour fixé aux armées prussiennes pour l'entrée en France ; aussi, dès la veille, trois corps d'armée s'étaient-ils massés aux environs de Saarbrück, en arrière des bois qui couvrent les hauteurs de la rive droite de la Sarre. Avec un service d'espionnage bien organisé, avec des reconnaissances de cavalerie faites comme elles auraient dû l'être, il eût été facile de savoir immédiatement ce qui se passait et se préparait à quelques kilomètres de la frontière ; mais il n'en fut rien, et le 2ᵉ corps fut fort surpris, bien qu'il se trouvât en première ligne, quand il vit se déployer devant lui, à neuf heures du matin, de grandes forces de cavalerie, que suivit bientôt une nuée de tirailleurs d'infanterie.

« Plus heureux que le général Frossard, le maréchal Bazaine avait été prévenu à la pointe du jour d'une attaque probable de l'ennemi par un télégramme envoyé de Metz. On lui disait que, d'après des nouvelles données par les journaux anglais, les Prussiens comptaient nous attaquer dans la journée du côté de Carling, et on l'invitait à prendre des dispositions en conséquence. Il est triste de penser qu'un chef d'armée en était réduit à aller chercher dans les journaux étrangers des renseignements sur les desseins de l'ennemi et à en faire la base de ses opérations ; cette fausse nouvelle aurait pu avoir de graves conséquences. Carling est un village frontière, sur la route de Sarrelouis, séparé de Forbach par la forêt de Kreuzwald qui appartient à la Prusse, de telle sorte que, pour communiquer avec cette ville, il faut redescendre jusqu'à Saint-Avold et faire 30 kilomètres. Si le maréchal eût pris au sérieux l'avis qui venait de lui être donné, il eût porté immédiatement dans cette direction toutes ses divisions, dont le voisinage n'eût pas arrêté l'ennemi le soir devant Forbach, comme cela eut lieu; la retraite du 2ᵉ corps eût pu être entièrement compromise ou, en tout cas, se faire dans des conditions bien autrement déplorables. Mais habitué par l'expérience des derniers jours à se méfier des ordres ou des avis qu'il recevait de Metz, le maréchal se contenta d'aller de sa personne à Carling; il franchit la frontière avec son escorte et lança des cavaliers dans toutes les directions. Les rapports qu'il en reçut ne signalant nulle part la présence de l'ennemi, il rentra à Saint-Avold, où était son quartier général, et se borna à prévenir la division Metman, campée à Bening, de se tenir prête et d'observer la vallée de la Rosselle, par laquelle l'ennemi chercherait peut-être à déboucher; puis il attendit les événements.

« Dès que le canon se fit entendre, il demanda au général Frossard par le télégraphe ce qui se passait devant lui; sur la réponse qui lui fut faite qu'il n'y avait rien de sérieux, qu'on n'avait besoin d'aucun secours, il ne jugea devoir prendre aucune mesure. Cependant, avec le commandement en chef tel qu'il lui avait été confié la veille, avec le bruit persistant de la canonnade, il semble que le devoir appelait le maréchal sur le lieu du combat, autant pour y donner des ordres que pour juger la situation dont il était responsable, *en cas d'opérations militaires*. Puisqu'il avait eu le bon esprit de ne pas se laisser émouvoir par le télégramme du matin et que ses troupes étaient restées dans leurs positions, il aurait dû au moins se conformer à la première loi de la guerre, en les envoyant au canon. Or, elles se trouvaient toutes en situation d'arriver sur le champ de bataille en temps utile, si on les eût portées en avant dès l'ouverture du feu : la 1re division était à Sarreguemines, à 18 ou 20 kilomètres de Spickeren ; la 2e à Bening, à 10 kilomètres seulement ; la 3e à Puttelange, à 17 ; et la 4e à Saint-Avold, à la même distance. Leur présence eût changé complétement la face des choses ; un succès sur ce point eût arrêté le monument d'ensemble des forces prussiennes, malgré leur succès en Alsace.

« Le maréchal invoqua pour sa justification, il est vrai, les renseignements que le général Frossard lui avait donnés plusieurs fois dans la journée sur l'état des choses et l'inutilité d'un appui ; mais il n'avait pas à s'en contenter, en voyant l'importance et la durée du combat. On peut adresser le même reproche à quelques-unes de ses divisions, qui auraient dû mettre de côté toute considération pour se rapprocher immédiatement du théâtre de l'action. La 2e ne voulut pas quitter le poste d'observation qu'elle avait pris sur la Rosselle, sans un ordre de son commandant de corps, bien qu'un officier fût venu demander sa coopération ; la 3e fit promener un de ses régiments avec une batterie jusqu'à Diebling, à 7 ou 8 kilomètres de son bivouac, et l'y fit rentrer ensuite sans qu'on sache pourquoi. La 1re division seule marcha dans la direction du canon, peut-être un peu tard ; elle était la plus éloignée et elle ne put arriver que lorsque la retraite était déjà prononcée.

« Suivant les habitudes de sa tactique, l'ennemi n'avait engagé l'action qu'avec une forte avant-garde, composée de troupes du 7e corps ; ses efforts se portèrent d'abord sur les positions de Spickeren, de Saint-Arnual et de Stiring, tenues par les divisions Laveaucoupet et Vergé. Ses premières attaques furent repoussées ; il dut reculer et, à deux heures, le combat cessa pendant près d'une heure. La division Bataille, campée à OEting, à 4 kilomètres en arrière, n'avait encore reçu aucun ordre du général Frossard, quand son chef, plus qu'étonné de ce silence, prit sur lui d'envoyer une de ses brigades avec une batterie sur le plateau de Spickeren, qu'il savait être la clef de nos positions : elle y arriva au moment où le gros des forces prussiennes entrait en ligne : c'était le reste du 7ᵉ corps, la plus grande partie du 8ᵉ et le 3ᵉ, que le prince Frédéric-Charles avait détaché de son armée, au bruit du canon, avec une bien autre décision que celle dont nos généraux faisaient preuve. La division Bataille fut alors appelée, mais sa 1ʳᵉ brigade était déjà engagée à Saint-Arnual ; la 2ᵉ seule put se rendre dans la vallée de Stiring, où le général Vergé demandait des renforts pour faire face aux troupes qui menaçaient de tourner sa gauche dans la direction de Forbach.

« Le général Frossard ne se rendait qu'imparfaitement compte de la situation, et il eût été difficile qu'il en fût autrement, puisqu'il n'avait pas cru devoir encore se montrer sur le champ de bataille. Resté chez le maire de Forbach, où il avait été déjeuner, il semblait n'attacher qu'une médiocre importance à ce qui se passait et ne pas se douter du péril que courait son corps d'armée. Cependant, sur la nouvelle de l'accroissement des forces ennemies, il se décida, à trois heures, à demander un régiment au maréchal Bazaine, l'assurant que ce simple renfort suffirait et pourrait être promptement renvoyé.

« Le maréchal fit partir aussitôt par le chemin de fer un des régiments qu'il avait sous la main, et il dirigea une partie de sa cavalerie dans la direction de Forbach. Jugeant, par la demande qui venait de lui être faite, que les choses marchaient moins bien que ne l'avouait le général Frossard, il se décida à donner à ses divisions l'ordre de se porter en avant ; mais il était trop tard, elles ne purent s'ébranler avant quatre heures, et à ce

CHAPITRE II.

moment même le commandant du 2ᵉ corps, qui venait d'arriver sur le champ de bataille, voyait sa gauche et ses derrières menacés par un mouvement de l'ennemi dans la direction de Forbach. Il considéra immédiatement la situation comme perdue, donna l'ordre de se retirer sur Sarreguemines et disparut après cette courte apparition, laissant ses troupes dans un trouble indéfinissable ; elles ne savaient où ni comment se rallier, et il y eut des corps qui errèrent dans les villages et les bois jusqu'à une heure du matin, avant de trouver la direction qu'ils avaient à suivre. Le mouvement s'exécuta par OEting, Bousbach et Ippling, que venait d'atteindre la division Montaudon, du 3ᵉ corps.

« L'ennemi n'osa pas entrer le soir dans Forbach, qu'il ne pouvait supposer ainsi abandonné ; il laissa la retraite s'opérer sans l'inquiéter ; elle continua, comme elle avait commencé, dans le désordre le plus complet. Le général Frossard, avec son état-major, arriva dans la nuit à Sarreguemines, y rallia la brigade du général Lapasset, du 5ᵉ corps, que le général de Failly y avait laissée, et indiqua Puttelange comme direction à suivre pour rejoindre le maréchal Bazaine. On fut pendant deux jours, au quartier général, sans nouvelles du 2ᵉ corps, et l'anxiété ne se dissipa que quand on apprit son arrivée à Gros-Tonquin et la continuation de sa marche sur Metz. Cette journée nous avait coûté 4,708 hommes mis hors de combat ; les troupes, engagées les unes après les autres, sans ordre, sans direction, n'avaient pris aucune disposition préparatoire. Elles y perdirent leurs tentes, leurs sacs, leurs effets de campement, et elles se trouvèrent sans vivres le soir même, obligées de marauder et de piller pour exister. Toutes ces causes de démoralisation vinrent encore ajouter aux funestes effets produits par la précipitation d'une pareille retraite.

« Ne pas savoir ce qui se passait devant son front et n'avoir pris aucune mesure en cas d'attaque, c'étaient là des fautes graves, conséquences de la plus déplorable négligence. Mais ne pas se préoccuper d'une action qui s'engage, quand on est en première ligne et que l'on couvre une armée, ne donner aucun ordre pendant des heures lorsqu'on entend le canon, ne pas présider au combat, ne pas soutenir ni faire mouvoir ses troupes, ne pas juger par soi-même une situation, refuser l'appui d'autres troupes, ce sont là des faits qui ne s'expliquent pas et qui ne se seraient certainement pas produits, si le chef se fût conformé aux plus simples devoirs du commandement. On retrouve là l'un des anneaux de la chaîne fatale à laquelle sembla rivée cette malheureuse armée, depuis le début de la guerre jusqu'au jour de la capitulation. »

Le succès de Forbach allait permettre aux Allemands d'opérer sur les deux rives du cours inférieur de la Moselle, car nous renoncions à défendre ce fleuve qui était notre seconde ligne de défense après les Vosges. Ainsi le soir du 6 août, nous avions perdu la Moselle et les Vosges, et telle avait été l'insuffisance des dispositions de l'état-major général, qu'après cette lutte où deux corps seulement sur sept avaient été engagés isolément et écrasés, nous en avions quatre en déroute. Outre les causes que nous avons déjà signalées de ces revers aussi subits qu'inattendus, il en est encore deux sur lesquels il faut s'arrêter. La première, c'est l'infériorité de notre artillerie. Au lendemain de Sedan, le général de Wimpfen écrivait :

« Il est à remarquer que, si nous avions eu de l'artillerie en état de lutter, dans cette campagne, avec celle des Prussiens, leurs succès auraient été moins grands ; mais lorsque nos projectiles éclataient à 2,000 ou 2,400 mètres, les leurs portaient 1,000 mètres plus loin. Il arrivait ceci, que les artilleurs prussiens tiraient comme à un polygone et rectifiaient leur tir,

CHAPITRE II. 57

Arrivée du train impérial à Metz.

de manière à briser une partie quelconque de notre matériel. Nos ennemis, certains de la supériorité de cette arme, en ont inondé nos champs de bataille, et ce n'est généralement qu'après nous avoir écrasés de projectiles qu'ils faisaient marcher leur infanterie.

« Au bois de la Garenne, j'avais fait placer trois batteries, et je dus les faire retirer en raison de l'impuissance de leur feu et de leur désorganisation par celui de l'ennemi. On était sûr de voir nos pièces atteintes en trois coups. Du reste, ce qui fait une des forces de l'armée allemande, c'est que tout le monde ajuste, tandis que chez nous le soldat met une grande précipitation dans son tir et ne fait feu qu'au hasard, sur un point présumé plutôt que reconnu. »

Notre cavalerie n'était pas moins inférieure que notre artillerie. On sait les services immenses rendus à l'armée allemande par sa cavalerie ; qui n'a pas entendu parler (quand il n'a pas eu le malheur de les voir) de ces intrépides uhlans qui servaient d'éclaireurs, précédaient le gros de l'armée, la dirigeaient, la renseignaient, l'approvisionnaient, et se montraient partout avec une audace inconcevable ? Outre ce service, la cavalerie en rendit un autre non moins important. Elle se tenait devant l'armée, formait sur son front comme un rideau derrière lequel on pouvait préparer toutes les manœuvres, et qui ne laissait deviner à l'ennemi ni le nombre ni la qualité des soldats. C'est par suite de ce procédé que nous avons toujours ignoré où étaient les Allemands, et que nous avons été surpris dans presque toutes les rencontres. Aucun de ces services ne nous a été rendu par notre cavalerie qui, sauf à Reischoffen, a été plutôt une gêne qu'un auxiliaire utile. D'éclaireurs, nous n'en avions point ; et quand on allait faire une reconnaissance, c'était tout un corps de cavalerie dont la marche trahissait la présence, et qui d'ailleurs ne s'avançait pas loin et se contentait de regarder superficiellement le pays, sans fouiller les bois où les Allemands avaient l'habitude de se cacher. D'ailleurs les reconnaissances étaient toutes faites à une heure réglementaire ; les Allemands le savaient, ils se retiraient à ce moment-là, puis revenaient tranquillement prendre leurs positions : c'est ce qui explique pourquoi nos éclaireurs n'ont jamais vu l'ennemi.

« Les surprises qui ont lieu à l'égard de notre armée, dit le général de Wimpfen, s'expliquent à peu près en ce qu'ils ont une

CHAPITRE II. 59

autre manière de marcher que nous. Leurs troupes longent les routes par portions peu considérables, mais très-répétées, et toutes à égale distance. C'est, sur une grande échelle, la formation des compagnies d'un bataillon en bataille marchant par le flanc. Il est peut-être plus fatigant de marcher ainsi dans les erres labourées ou autres, mais il y a compensation parce qu'il n'y a pas d'acoups. Les routes restent libres, soit pour l'artillerie, soit pour les bagages. » C'est du sein d'une forêt que les soldats allemands sortirent pour nous surprendre à Forbach ; ils avaient tendu des fils de fer d'arbre en arbre, à hauteur d'hommes, qui leur permettaient de se diriger la nuit et de tirer sans s'atteindre les uns les autres.

Ce qu'il y a de plus navrant dans cette affaire, c'est que cette organisation nouvelle de la cavalerie est d'origine française. Le plan en avait été présenté au maréchal Niel, qui l'adopta et voulut aussitôt le mettre en pratique. Le comité de cavalerie, routinier comme tous les comités possibles, s'y opposa de toute sa force, mais dut céder pourtant devant la ferme résolution du maréchal. Niel mort, le comité alla trouver son successeur le maréchal Lebœuf, et obtint de lui, comme don de joyeux avènement, de retourner à ses anciens errements. Les Prussiens avaient eu vent de ce projet dédaigné par nous, ils s'en emparèrent, le mirent en pratique et nous battirent.

Enfin une dernière cause de supériorité des Prussiens, sur nous, se trouve dans leur organisation de l'espionnage; ils furent toujours instruits de nos desseins, tandis que nous n'avons jamais su ce qu'ils voulaient faire : les espions ne nous ont pas moins manqué que les éclaireurs.

Dans ses *Principes généraux de la guerre*, Frédéric le Grand ne dédaigne pas de consacrer un chapitre, le quatorzième, aux espions d'armée :

« Si l'on savait toujours, écrit-il, les desseins des ennemis d'avance, avec une armée inférieure, on leur serait supérieur. Tous ceux qui commandent des armées travaillent à se procurer cet avantage... »

Et l'auguste écrivain propose, lui aussi, son expédient dans un cas difficile :

« Lorsque, par aucun moyen, on ne peut avoir dans le pays de l'ennemi de ses nouvelles, il reste un expédient auquel on peut avoir recours, quoiqu'il soit dur et cruel : c'est de prendre un gros bourgeois qui a femme, enfants et maison ; on lui donne un homme d'esprit, qu'on déguise en valet (il faut qu'il sache la langue du pays). Le bourgeois est obligé de le prendre comme son cocher, et de se rendre au camp des ennemis sous prétexte de se plaindre des violences que vous lui faites souffrir ; et, s'il ne ramène pas votre homme après avoir séjourné dans le campement, vous le menacez de faire égorger sa femme et ses enfants et de faire brûler et piller sa maison.

« J'ai été obligé de me servir de ce moyen lorsque nous étions au camp de Chlum, et cela me réussit. J'ajoute à ceci qu'il faut être d'une libéralité prodigue envers les espions. Un homme qui risque la corde pour votre service mérite bien d'être récompensé. »

Les Prussiens n'ont que trop obéi à ces conseils barbares du grand Frédéric. Dès que leur intérêt le demandait, ils ne reculaient devant aucune cruauté, et ne rougissaient pas de recourir à des moyens qui eussent arrêté des sauvages eux-mêmes ; ils prenaient les notables habitants des villes, et les plaçaient sur les locomotives pour assurer leurs convois ; ils s'emparaient des paysans et les disposaient devant leurs premières lignes lorsqu'ils voulaient s'approcher d'une place, pour ôter aux assiégés la liberté de tirer sur eux. Mais c'est surtout en matière d'espionnage qu'a brillé leur infernale habileté. Jamais peut-être à aucune époque, dit un officier de l'armée de Metz, une nation n'a été trahie comme nous l'avons été dans cette malheureuse campagne. Nous étions entourés d'espions de tous côtés ; pas un mouvement n'était arrêté, pas une mesure n'était prise, que l'ennemi n'en fût immédiatement informé. La Prusse depuis de longues années avait inondé le pays de ses émissaires, et y avait réuni les éléments de l'espionnage le mieux organisé. Vainement le gouvernement avait-il été prévenu, vainement le général Ducrot avait-il eu soin d'en avertir lui-même l'Empereur et ses ministres ; on n'avait jamais tenu compte de ces renseignements, ou on n'avait pas voulu y croire. Ces espions avaient un signe de ralliement identique qui leur permettait de se reconnaître et de communiquer entre eux ; de plus, ils avertissaient l'ennemi par des signes convenus à l'avance, tracés sur les arbres et les maisons, ou par des fusées dont le nombre et la couleur avaient une signification connue. Ces détails ont été révélés par un des principaux espions prussiens, arrêté à son arrivée à la gare de Metz ; ce malheureux était un architecte d'origine autrichienne, homme fort intelligent, dont la correspondance se faisait en logarithmes. On fut bientôt à même de vérifier l'exactitude des renseignements qu'il avait fournis pour sauver sa tête : le 13 août au soir, au moment où la retraite sur Verdun était décidée et où les ordres venaient d'être donnés, on aperçut distinctement trois fusées partant des pentes du Saint-Quentin. Les témoins de ce fait ne purent s'empêcher de s'écrier : « Nous sommes trahis ! notre mouvement de demain est annoncé aux Prussiens !... » Et en effet, le 14 août, nous étions attaqués à trois heures ; Steinmetz avait eu juste le temps de profiter du renseignement et d'arriver à marches forcées jusque sur nos positions.

Un autre fait montrera encore quelles proportions avait prises cet espionnage, et quelles formes diverses il employait. Il a été révélé par un officier suédois. L'espion dont il s'agit était un officier d'importance, et par conséquent un Prussien de bonne race. Malgré son rang, malgré son grade, il n'avait pas eu honte d'offrir ses services à M. de Bismark comme *éclaireur secret;* c'est ainsi que les espions s'appellent en Prusse pour cacher, sous un mot honnête, leur infâme métier. Ce n'est pas tout : l'infamie se compliqua d'avilissement ; pour mieux espionner il endossa une livrée de valet. Il se fit accepter comme tel dans la maison du maréchal Bazaine, dans le temps qu'il commandait à Nancy, et pendant dix mois, quelques-uns disent pendant trois ans, il le servit avec un zèle, des soins, et surtout une attention admirables. Quelqu'un de la famille du maréchal fut frappé du grand air de ce domestique, et aussi de son empressement, de son assiduité, surtout pendant les conversations du dîner ; il le fit observer au maître, qui n'en tint pas compte. Quand la guerre éclata, le noble officier n'était plus le valet de Bazaine, il avait quitté la livrée et repris l'uniforme. Au moment des combats autour de Metz, soit qu'il eût été fait prisonnier, soit qu'il se fût glissé pour reprendre son ancien métier d'espion laquais, il fut reconnu, arrêté, jugé et fusillé. Ce fait s'est renouvelé très-souvent pendant la durée de la campagne ; les riches fermes, les grands châteaux, même lorsqu'ils étaient isolés et perdus dans la solitude, voyaient arriver des colonnes de soldats allemands, guidés par un de leurs compatriotes qui avait été logé, nourri, hébergé, bien traité pendant de longues années dans ces maisons où il apportait le deuil et la mort. Le sauvage de l'Afrique ou de l'Océanie, cet être qui occupe le dernier échelon dans l'humanité et qui se rapproche plus de l'animal que de l'homme, a le respect de l'hospitalité ; que son ennemi touche le seuil de sa cabane, goûte le sel de sa table, et il devient sacré pour lui; s'il ne peut lui pardonner l'injure qu'il en a reçue, il lui accorde un jour d'avance pour fuir, et il ne se met pas à sa poursuite avant ce moment. Ce qui est sacré pour ces êtres dégradés ne l'a pas été pour les Prussiens, qui se vantent de marcher à la tête de la civilisation. Sur ce terrain de honte et d'infamie, la France n'a pas suivi la Prusse, et elle s'en fait gloire ; meurtrie, ruinée, écrasée, elle relève fièrement la tête, et peut dire comme François Ier au lendemain de la bataille de Pavie : « Tout est perdu, fors l'honneur ! »

CHAPITRE III

BORNY. — REZONVILLE. — SAINT-PRIVAT.

Effet produit par les dernières défaites. — Chute du cabinet Ollivier. — Les Vosges faciles à défendre. — Proclamation du roi Guillaume. — Marche en avant des armées allemandes. — Hésitations à Metz. — Retraite sur Verdun. — Combat de Borny. — Bataille de Gravelotte. — Incompréhensible conduite de Bazaine. — Bataille de Saint-Privat. — L'armée du Rhin enfermée autour de Metz.

Immense fut l'émotion causée dans toute la France par la nouvelle des batailles de Reischoffen et de Forbach. La déception était grande, succédant à ce langage sottement vantard qu'avaient tenu la plupart des journaux et à ces démonstrations publiques que le gouvernement avait favorisées pour exciter davantage l'opinion. La *Marseillaise*, interdite depuis dix-huit ans, avait été autorisée ; on l'avait chantée dans les lieux publics, tels que théâtres, cafés et concerts ; sur les scènes lyriques on avait exécuté le *Rhin Allemand*, d'Alfred de Musset, sorte de défi jeté à l'Allemagne. A ce défi elle venait de répondre par deux victoires décisives qui préjugeaient déjà en partie du sort de la campagne. A Paris, cette nouvelle avait brusquement succédé à une dépêche mensongère qui annonçait un triomphe éclatant de nos armes, au moment même où les débris du corps de Mac-Mahon repassaient précipitamment les Vosges pour gagner le camp de Châlons. On n'a jamais su quelle main criminelle ou perfide avait affiché cette dépêche à la Bourse, et si c'était une simple spéculation ou une ironie cruelle de nos ennemis. En quelques minutes la nouvelle avait circulé d'un bout de la ville à l'autre, les maisons s'étaient pavoisées de drapeaux, les préparatifs pour l'illumination du soir se faisaient ; pour éteindre cet enthousiasme et le changer en morne tristesse on afficha le télégramme de l'Empereur disant que nous avions été repoussés et que le sol était envahi.

Devant la gravité de ces événements, le gouvernement convoqua le Corps législatif, et pour lui demander de nouveaux pouvoirs, et pour rassurer un peu l'opinion. Le cabinet à la tête duquel se trouvait M. Émile Ollivier, cet insensé qui était venu se vanter en pleine tribune d'avoir le cœur léger lorsqu'il lançait la France dans les aventures d'une guerre longue et périlleuse, tomba sous le coup de l'indignation publique. Il fut remplacé par un autre dont les éléments hétérogènes étaient rassemblés au hasard, et dont le comte de Palikao prit la présidence en qualité de ministre de la guerre. Les circonstances étaient assez graves pour faire sortir le Corps législatif de cette obéissance muette et passive qui avait été sa seule attitude depuis dix-huit ans, pour lui faire abandonner un instant ses préoccupations personnelles et le décider à s'occuper un peu de l'intérêt du pays. Il n'en fut rien pourtant. Ses yeux ne purent même pas se dessiller, ni son patriotisme se réveiller,

L'impératrice Eugénie.

quand il entendit l'un des nouveaux ministres, M. Jérôme David, qui revenait de l'armée, faire du haut de la tribune cet aveu qu'au début de la guerre la France n'était pas prête, et que nous nous étions trouvés en face d'une puissance dont l'armement formidable et les masses profondes révélaient une préméditation et des préparatifs de longue main. Les députés votèrent toutes les lois qu'on leur demanda pour rappeler les anciens militaires sous les drapeaux, pour mettre en activité les gardes mobiles délaissés jusqu'à ce jour ; ils accordèrent sans marchander les crédits nécessaires pour faire face aux circonstances. Mais ils jetèrent les hauts cris, quand ils entendirent l'opposition, écho de l'opinion publique, demander que l'Empereur revînt à Paris avec son fils, et que le commandement fût confié à des mains plus capables. Le salut du pays, pour eux, passait après le maintien de la dynastie, et par suite après celui de leurs sinécures et de leurs gros traitements. Quelques-uns d'entre eux se signalèrent par leur violence, et M. Granier de Cassagnac osa s'écrier que, s'il était ministre, il ferait fusiller tous les membres de l'opposition. Dans les papiers découverts aux Tuileries on a vu combien ce beau zèle coûtait chaque année à la cassette impériale.

Ces violences aveugles d'hommes vendus à l'Empire, qui, après avoir livré leur pays en votant la guerre, consommaient sa ruine en refusant de prendre les mesures commandées par la nécessité, et repoussaient l'idée d'une commission de défense adjointe aux membres du gouvernement, augmentaient l'exaspération de l'opinion publique. On savait déjà par maints rapports dans quel désarroi s'était trouvée notre armée; tout en accusant le ministre de la guerre, on se tournait contre l'Empereur, à qui l'on reprochait son obstination à garder le commandement; aussi les bruits de déchéance qui commençaient à courir trouvaient-ils faveur auprès du plus grand nombre, et paraissaient-ils le seul moyen de sortir de cette situation critique. L'Impératrice ne se faisait pas d'illusion; elle envoyait force télégrammes à l'Empereur pour lui dire qu'on attribuait nos défaites au maréchal Le Bœuf et au général Frossard; qu'il fallait donc absolument leur ôter le commandement et mettre à la tête de l'armée le maréchal Bazaine. L'Empereur s'y refusait, de ses mains décrépites il se cramponnait à ce pouvoir qu'il sentait lui échapper; il répondait que la démission qu'on lui demandait était impossible, qu'il n'avait personne en qui il eût confiance comme en son major-général. Pour obtenir cette démission dont elle sentait la nécessité, l'Impératrice fut obligée de la demander au maréchal Le Bœuf lui-même; et pour y faire consentir l'Empereur, elle usa de subterfuge, et lui représenta que la direction des opérations ayant été confiée à Bazaine, la charge de major-général devenait inutile. On eut toutefois les peines les plus grandes à arracher le consentement de cet homme affaibli qui s'occupait de ce qu'on disait, de ce qu'on écrivait à Paris, tandis que les Allemands arrivaient sur lui à marches forcées.

Sans prendre le temps de se reposer, et après avoir regarni ses cadres et réparé ses pertes, l'armée prussienne, qui connaissait le prix du temps, s'était mise en marche et avait franchi les Vosges sans rencontrer le plus léger obstacle.

« Que de fois, dit M. Alfred Mézières, n'avons-nous pas entendu répéter par nos généraux, par les officiers étrangers, que les Vosges offriraient à une armée française une ligne de défense admirable, que quelques milliers d'hommes pourraient y disputer le terrain pied à pied contre des masses ennemies ! Il suffit en effet de parcourir cette chaîne de montagnes pour voir tout de suite combien il est facile de la défendre : des bois profonds où peuvent se cacher des nuées de tirailleurs, des ravins, des rochers, d'étroits défilés ! Aucun pays ne se prête mieux à la guerre espagnole, aux combats de détails, aux escarmouches qui harcellent une armée, à la défense opiniâtre, acharnée, où l'on ne laisse à l'ennemi que le coin de terre qu'il occupe, où l'on se reforme partout, sur ses flancs, devant lui, derrière lui, où l'on coupe ses convois, ses communications, où on l'isole de ses renforts, sans lui accorder un moment de repos, en tombant sur lui à toute heure par des sentiers où le nombre devient inutile, où la connaissance des lieux, le courage et l'adresse suffisent aux combattants.

« C'est cependant cet admirable champ de bataille, ce rempart naturel, que les débris de l'armée de Mac-Mahon et les 35,000 hommes du général de Failly ont abandonné dès le premier jour, sans même essayer l'ombre d'une résistance, depuis Bitche jusqu'à Béfort. Si ces 50,000 soldats s'étaient maintenus dans la montagne, on eût pu organiser la résistance, armer les populations autour d'eux, derrière eux, empêcher l'ennemi de cerner Bitche, Phalsbourg, Strasbourg, garder des communications avec Metz, circonscrire le théâtre de la lutte, retarder tout au moins l'invasion de la Meurthe, de la Meuse, de la Champagne, donner le temps à une nouvelle armée de se former soit à Châlons, soit à Paris. Au lieu de cela, qu'ont-ils fait? Ils se sont retirés précipitamment devant les Prussiens, dans le plus grand désordre, après avoir semé sur les routes de Lorraine des milliers de traînards et de soldats mourant de faim. « Nous avons rejoint le corps de Mac-Mahon, écrivait un officier du corps de Failly, juste à temps pour participer à sa déroute, sans avoir pris aucune part à ses combats. » Arrivé à Châlons après des marches forcées, ce même officier disait : « Nous avons plus souffert de notre fuite que nous n'aurions souffert de la mitraille. »

Si les Vosges sont restées sans défense, si les départements frontières ont été si facilement la proie de l'ennemi, si la ville de Nancy s'est rendue à quatre uhlans, la faute en est au gouvernement qui avait laissé cette population sans armes et qui avait dissous toutes les gardes nationales. Que les habitants des Vosges eussent été armés, et les Prussiens n'auraient pas si facilement envahi notre sol. Mais l'Empire avait peur de toute arme entre les mains autres que celles des prétoriens. A la fin de juillet, alors que l'Allemagne armait tous ses hommes valides, des dépêches de Metz réprimandaient les préfets qui mettaient trop de zèle à équiper les gardes mobiles. On a vu les fruits de cette politique.

A peine le roi Guillaume avait-il mis le pied sur le sol de France, qu'il s'adjugeait par droit de conquête l'Alsace et la Lorraine, objet de ses convoitises préméditées. Il nommait un gouverneur à chacune de ces deux provinces, y abolissait la conscription, supprimait les frontières douanières du côté de l'Allemagne et lançait la proclamation suivante, qui devançait même l'entrée de ses troupes :

« Nous, Guillaume, roi de Prusse, faisons savoir ce qui suit
« aux habitants des territoires français occupés par les armées
« allemandes :

« L'empereur Napoléon ayant attaqué par terre et par mer
« *la nation allemande qui désirait et désire encore vivre en paix*
« *avec le peuple français,* j'ai pris le commandement des ar-
« mées allemandes pour repousser cette agression, et j'ai été
« amené par les événements militaires à passer les frontières
« de la France.

« *Je fais la guerre aux soldats et non aux citoyens français.*
« Ceux-ci continueront par conséquent à jouir de toute sécu-
« rité pour leurs personnes et leurs biens, aussi longtemps
« qu'ils ne me priveront pas eux-mêmes, par des entreprises
« hostiles contre les troupes allemandes, du droit de leur ac-
« corder ma protection.

« Les généraux commandant les différents corps détermi-
« neront par des dispositions spéciales, qui seront portées à la
« connaissance du public, les mesures à prendre envers les
« communes ou les personnes qui se mettraient en contradic-
« tion avec le droit de la guerre.

« Ils régleront de la même manière tout ce qui se rapporte
« aux réquisitions qui seront jugées nécessaires pour les besoins
« des troupes, et ils fixeront la différence du cours entre les
« valeurs allemandes et françaises, afin de faciliter les transac-
« tions individuelles entre les troupes et les habitants. »

L'avenir devait montrer combien étaient fausses les paroles de ce roi hypocrite qui invoquait le nom de la Providence pour justifier chacun des massacres dictés par sa politique.

Voici dans quel ordre s'avançaient les armées allemandes :

La troisième armée du prince royal détachait vers Strasbourg, sous le commandement du général de Werder, un corps composé principalement de Badois, fort de 50,000 hommes ; elle laissait d'autres contingents devant Bitche, Phalsbourg et Marsal, et recevait presque aussitôt des contingents nouveaux qui comblaient ses vides. Elle occupait Nancy le 13 août, et envoyait ses coureurs au sud dans la direction prise par le 1er corps. La première armée de von Steinmetz, étroitement liée à la seconde de Frédéric-Charles, formait avec celle-ci l'aile droite et le centre des Confédérés; toutes deux s'avançaient sur Metz, après avoir tout d'abord, par un mouvement rapide de leurs extrémités, occupé ou surveillé la vallée de la Moselle, au sud et au nord de Metz, vers Thionville et Pont-à-Mousson. Ainsi, à sa gauche, l'ennemi poursuivait Mac-Mahon, occupait Nancy, Bar-le-Duc, tournait l'Argonne et menaçait Châlons ; au centre et à droite, il occupait ou menaçait Saint-Avold, Pont-à-Mousson, Frouard, Toul, Metz, et, maître du fleuve en amont de la forteresse, observait la route de Verdun, c'est-à-dire de l'Argonne.

Pendant ce temps, que faisait-on à Metz ? On faisait ce qu'on avait fait depuis le commencement de la campagne, on hésitait, on temporisait, et surtout on ignorait la marche et les desseins de l'ennemi. On se rattachait à l'espoir qu'il tenterait une attaque sur nos positions; on ne voulait pas admettre qu'il pût continuer sa marche sans détruire auparavant une armée qui pouvait menacer ses lignes de retraite. Vainement quelques esprits plus sagaces représentèrent-ils qu'il n'y avait pas à attendre une pareille imprudence d'adversaires aussi habiles que l'étaient nos ennemis ; vainement démontrèrent-ils que les Prussiens exécutaient de point en point le plan d'invasion depuis si longtemps médité, et tracé par Clansewitz en 1831. On refusa de croire à leurs remontrances jusqu'au jour où, le rideau de troupes d'avant-garde par lequel on s'était laissé abuser s'ouvrant tout à coup, on vit l'ennemi sur notre flanc, coupant notre ligne de communication avec la capitale et prêt à menacer nos derrières. Un immense cri d'indignation s'éleva et dans le pays et dans l'armée contre l'incapacité de ceux qui dirigeaient les opérations. Devant cette manifestation si peu équivoque, l'Empereur se vit obligé de résigner son commandement entre les mains du maréchal Bazaine. Mais cette démission ne fut qu'apparente et seulement pour satisfaire l'opinion publique ; l'Empereur conserva sur les hommes et sur les choses une influence directe qui eut les plus déplorables conséquences. Les courtisans et les hommes en place qui ont toujours une tendance à flatter les goûts et les caprices du maître, lui facilitèrent cette usurpation tacite, en ne prenant des conseils et des ordres que de lui. Cette situation, le maréchal Bazaine la peignait très-bien en répondant à un officier qui venait, le 14 août, lui dire que l'Empereur désirait voir hâter le passage des troupes sur la rive gauche de la Moselle : « Ah! oui, hier c'était un ordre, aujourd'hui c'est un désir ; je connais cela, c'est la même pensée sous des mots différents. » Le désir de s'affranchir de cette tutelle, aussi gênante pour son amour-propre que contraire à la bonne direction des affaires, allait faire commettre à Bazaine une faute qui devait précipiter la ruine du pays et vouer le nom du maréchal à une juste réprobation.

Dès le premier jour, cette pression funeste s'exerça d'une manière qui eut les plus fâcheuses conséquences pour les opérations à venir. Bazaine voulait choisir pour major-général un officier très-propre à remplir cette fonction par ses lumières, son zèle et son activité ; on lui imposa le second aide-major général, le général Jarras, dernière épave du naufrage dans lequel avait sombré l'ancien commandement de l'armée du

Rhin. Bazaine céda; mais cette faiblesse fut un malheur pour lui et pour l'armée.

Au lendemain de Reischoffen, l'Empereur avait télégraphié à Paris qu'il fallait occuper les Vosges pour en défendre les passages; mais ce projet était impraticable, le prince royal s'étant emparé des défilés le lendemain de son succès. On ne pouvait non plus songer à l'offensive. Restait à choisir entre trois partis : demeurer sous Metz, renouveler la manœuvre de Napoléon Ier à Saint-Dizier, ou bien se retirer dans la direction de Paris.

« On pouvait faire valoir à l'appui du premier les raisons suivantes, dit M. Auguste Deschamps : l'armée serait invincible, étant appuyée sur la place et les forts détachés qui la défendaient ; les Allemands n'oseraient pas s'avancer sur Paris, laissant derrière eux 170,000 hommes bien organisés, ils s'arrêteraient pour les combattre et, s'ils réussissaient à les refouler sous les murs de Metz, il leur faudrait disposer d'une grande partie de leurs forces pour les y tenir bloqués. Pendant ce temps, la France rassemblerait une armée nouvelle dont les chances de succès seraient accrues par la division des forces ennemies. Mais ces avantages étaient plus apparents que réels. Il était évident tout d'abord qu'en restant sous Metz l'armée du Rhin ferait le jeu de la Prusse, dont le plan bien connu et déjà en cours d'exécution était de l'envelopper devant cette ville. Sans doute, cette armée assurait sa propre conservation en s'immobilisant sous la protection des forts, mais elle serait comme perdue pour la France. Elle pourrait bien faire subir des pertes cruelles aux Allemands avant d'être acculée sous les murs de Metz, mais une fois qu'elle serait refoulée, l'investissement de la place n'exigerait guère plus de monde que si Metz avait été abandonné à ses propres forces. D'un autre côté, la ville et ses forts, munis

Visite de l'Impératrice à la flotte.

d'une bonne garnison et abondamment pourvus de vivres, étaient capables de tenir indéfiniment ; avec toute une armée à nourrir, la reddition serait rendue inévitable dans un temps donné. Enfin, les armées ne sont pas faites pour se mettre à l'abri des forteresses, mais pour tenir la campagne.

« Le second parti ne pouvait pas se soutenir. La manœuvre tant admirée de Saint-Dizier n'avait été, au fond, qu'un coup de désespoir, et si tout autre que Napoléon Ier l'eût tentée, le blâme eût été universel. Elle ne produisit aucun résultat sérieux, non pas parce que l'habile capitaine ne disposait pas d'une armée suffisante pour ramener sur lui les envahisseurs, son nom seul valait une armée, mais parce que Paris, leur objectif, n'était pas en état de défense. Au moment de l'invasion nouvelle, Paris n'était pas plus en état de recevoir l'ennemi qu'en 1814, et le laisser volontairement découvert eût été une imprudence sans nom. Les Prussiens n'eussent pas manqué de courir sur la capitale, s'ils en eussent trouvé la route libre. On peut même dire en toute assurance que la première faute grave qu'ils ont commise dans la campagne, faute qui eût pu sauver la France, a été de ne pas marcher droit au but sans s'inquiéter de Metz ni de l'armée du Rhin : la ville était désarmée alors, non préparée à la lutte, et la guerre eût été terminée du coup.

« Le troisième parti était le seul logique, le seul qui présentât de vrais avantages. L'armée du Rhin pouvait, en se repliant sur Châlons, défendre toutes les bonnes positions qu'elle rencontrerait sur son chemin et tuer beaucoup plus de monde aux Allemands qu'en bataillant pendant quelques jours sous le canon des forts de Metz ; elle pouvait détruire derrière elle les chemins de fer, faire sauter les ponts, intercepter les routes par des tranchées et des abattis d'arbres, emmener les hommes valides, évacuer les grains, les fourrages et les bestiaux. Elle eût ralenti par tous ces moyens la marche de l'ennemi et gagné beaucoup plus de temps au pays qu'en l'arrêtant à Metz. Quand bien même elle eût dû perdre, en disputant le terrain pied à pied, le tiers de son effectif, ce qui en fût resté eût ajouté un appoint précieux aux nouvelles forces réunies pour la défense de la patrie. Au lieu de deux armées qu'il était facile aux Allemands de battre l'une après l'autre, la France n'en eût eu qu'une seule, capable de vaincre.

« En attirant l'ennemi à Châlons, on le forçait à sortir des montagnes et des bois, dont il se faisait savamment des auxiliaires, pour l'amener dans de vastes plaines où la lutte serait plus égale. Enfin, en cas d'échec nouveau, on pourrait se retirer sous Paris pour le couvrir. »

La résolution de Napoléon III avait été tout d'abord de ramener l'armée à Châlons. Il avait interrogé à ce sujet le gouvernement de la régence, et l'Impératrice lui avait répondu (7 août) que le conseil des ministres et le conseil privé pensaient unanimement, au point de vue politique, que ce mouvement serait approuvé par le pays. Mais, quelques heures après, M. Emile Ollivier lui télégraphia que, politiquement parlant, l'effet ne serait pas bon. Sur cet avis, l'Empereur arrêta de rester à Metz. — « Deux grands centres, écrivit-il à l'Impératrice, Paris et Metz, telle est notre conclusion. Prévenez-en le conseil. » — L'Impératrice et ses conseillers approuvèrent cette conclusion de l'état-major de Metz. Toute la préoccupation de la régente était que l'Empereur n'eût pas assez d'hommes. Elle lui offrit des renforts, l'engagea à appeler à lui les troupes du camp de Châlons et tout ce qu'il pourrait rassembler, et, se fondant sur un projet de loi qui demandait l'incorporation des gardes mobiles dans l'armée, elle le supplia de faire venir immédiatement les mobiles du camp de Châlons, pour les enrégimenter. L'Empereur laissa sans réponse la plupart de ces messages et se borna à donner au maréchal Canrobert, qu'il avait d'abord appelé à Metz, puis dirigé sur Paris, l'ordre définitif de le rejoindre.

Le général Changarnier, dont l'Empereur avait à grand'-peine accepté les services, conseilla fortement la retraite. Cet avis fut corroboré par une lettre qui montrait que le rôle de l'armée de Metz était de couvrir Paris. « Si vous tenez trop longtemps ferme devant Metz, disait le général, il en sera de cette armée, qui est le dernier espoir de la France, comme il en a été du premier corps qui a péri après de si magnifiques preuves. Il faut que cette armée étudie soigneusement et prépare la ligne d'une retraite échelonnée sur Paris, les têtes de colonne livrant bataille sans s'engager à fond, et arrivant à Paris avec des effectifs qui devront suffire pour remplir l'objet de premier ordre que j'ai indiqué. » On conçut le dessein de concentrer 200,000 hommes sur le plateau de Haye, entre Nancy et Toul, position difficile à emporter ou à déborder, et d'où l'on pouvait au besoin se retirer sur Châlons ou sur Paris. Mais le temps se perdit en hésitations, et quand on voulut partir, on ne le pouvait plus. Pour éviter d'être bloqué autour de Metz, on résolut de filer par les frontières du nord, et la retraite sur Verdun fut résolue. On ne sait si le maréchal Bazaine en prit l'initiative ou s'il se la laissa imposer; l'opinion admise le plus généralement, c'est qu'il feignit d'y adhérer pour se séparer définitivement de l'Empereur, qui prenait les devants, rentrer ensuite à Metz et y opérer à sa guise avec une complète liberté d'action.

Tout ce qui s'est passé dans ces journées du 14 au 19 août tend à confirmer cette version. Une première faute de Bazaine, ce sont les lenteurs et retards apportés à la retraite, retards qui permirent à l'ennemi de nous attaquer et amenèrent le combat de Borny.

« Une armée qui se retire traîne à sa suite, outre ses bagages ordinaires, tout l'immense matériel qui constitue ses parcs et ses approvisionnements, dit le colonel d'Andlau ; il ne la gêne pas dans une marche en avant, parce qu'il la suit à distance ; mais, dans une retraite, il faut le placer au milieu même des troupes pour pouvoir le défendre, et il en résulte un allongement fâcheux dans les colonnes.

« Dans les circonstances actuelles, il était facile de prévoir que ces graves inconvénients se présenteraient ; on devait donc chercher à y remédier à l'avance, en multipliant le nombre des routes par lesquelles les convois et les colonnes pourraient s'écouler. Or, pour se rendre de Metz à Verdun, il en existe trois ; la première, au sud, par Mars-la-Tour ; la deuxième, au centre, par Étain ; la troisième, un peu plus longue, mais meilleure, par Briey. Il était donc naturel de se servir de ces trois directions, tandis que le maréchal Bazaine s'obstina à ne pas vouloir utiliser la troisième, sous prétexte que les environs de Briey étaient fortement occupés par des corps ennemis venus de Thionville. Ce fait était si peu exact que, le 15 au soir, il eut soin de prévenir le maréchal Le Bœuf et le général Ladmirault, qui marchaient vers Etain, qu'ils n'avaient absolument rien à craindre sur leur droite, aucun Prussien n'ayant encore paru dans les environs de Briey; en tout cas, il lui aurait été facile de le savoir, en dirigeant sur ce point quelques reconnaissances de cavalerie. Plusieurs observations lui furent faites à ce sujet, et toujours il se refusa à les admettre; il voulut qu'on s'en tînt aux deux routes qu'il avait indiquées et qui présentent le grave inconvénient d'avoir une origine commune jusqu'à Gravelotte. C'était préparer l'encombrement qui ne manqua pas de se produire et ralentir la marche, quand tout engageait à l'accélérer pour gagner l'ennemi de vitesse et éviter un combat qui n'avait pas sa raison d'être devant la résolution adoptée. Si tel avait été le but du maréchal, il fut atteint : les têtes de colonne ne purent même pas arriver le premier jour aux points qui leur avaient été indiqués, et, si le retard ne fut pas plus grand, le mérite doit en être attribué au général Ladmirault, qui dirigea son corps par la route de Briey, contrairement aux ordres qu'il avait reçus.

« Il faut ajouter aussi que le mouvement avait été commencé plus tard qu'il n'aurait dû l'être; la décision une fois prise, il eût fallu ne pas perdre une minute et mettre immédiatement les troupes en marche, ou au moins les bagages, sous une forte escorte. Cela pouvait être fait dans la journée du 13, au besoin pendant la nuit, tandis que les premières colonnes ne partirent que le 14, à onze heures du matin. On aurait ainsi gagné vingt-quatre heures, le combat de Borny n'aurait pas eu lieu, et le 14 au soir l'armée aurait occupé les emplacements qu'elle n'atteignit que dans la journée du 16. Avec une avance de deux étapes, la retraite sur Verdun se trouvait donc assurée, sans qu'on eût à craindre le moindre obstacle de l'ennemi. »

Ces retards rendirent inévitable le combat que les Prussiens vinrent nous livrer, dans la journée du 14, autour de Borny.

Vers midi, les corps du général Frossard et du maréchal Canrobert, ainsi que les réserves de cavalerie et d'artillerie, avaient commencé leur mouvement et atteint la rive gauche de la Moselle. Restaient encore sur la rive droite les corps des généraux Decaen et Ladmirault, et la garde, qui devaient les suivre. Ils s'étaient déjà mis en marche, quand, à trois heures, leurs divisions d'arrière-garde furent assaillies par des masses prussiennes. Il fallut faire face à l'ennemi, rappeler les troupes qui s'étaient portées en arrière et soutenir les assauts multipliés de toute l'armée de Steinmetz, qui vint se briser contre notre résistance et dut se replier à la chute du jour, sans avoir pu entamer nos positions.

L'Empereur avait quitté Metz à deux heures, pour aller s'établir à Longeville et commencer l'étape qui devait le conduire à Verdun. Le maréchal Bazaine se disposait également à abandonner son quartier général de Borny; quand les premiers coups de fusil se firent entendre ; il se porta aussitôt de sa personne sur le lieu du combat, et là, avec l'intrépidité et le calme qui le caractérisent dans l'action, il dirigea lui-même nos lignes et assura le succès de cette journée, où, pour la première fois, il exerçait le commandement qui venait de lui être confié.

« Le mouvement des troupes, dit-il dans son rapport officiel, devait s'exécuter par les deux ailes, et par conséquent le demi-cercle qu'elles formaient en avant de Queuleu et de Saint-Julien eût dû se rétrécir successivement jusqu'à venir s'appuyer sous le feu du fort Belle-Croix ; cette instruction ne fut pas exactement suivie, et les retards qui en résultèrent amenèrent le combat de Borny sur un point plus éloigné du rempart que celui où il aurait pu s'engager . . . .

« Il ne restait sur la rive droite que la division Grenier, formant l'arrière-garde du général Ladmirault, le 3º corps et la garde, qui devaient se mettre en marche les derniers lorsque les Prussiens, prévenus sans doute de nos projets, saisissent le moment où la majeure partie de nos forces est éloignée, pour venir attaquer celles qui gardaient encore leurs anciennes positions.

« M. le général Decaen avait prescrit à son corps d'armée de faire son mouvement en échelons, les divisions Montaudon et Castagny se retirant les premières, les divisions Metman et Aymard restant face à l'ennemi et ne se mettant en marche que quand les deux autres auraient pris position en arrière. Ses ordres commençaient à s'exécuter lorsque les grand'gardes des divisions Montaudon et Castagny sont assez fortement attaquées pour qu'on puisse y voir le prélude d'un engagement sérieux. Prévenu immédiatement de ce qui se passe, je prescris au général Decaen de prendre ses dispositions de combat et de repousser vigoureusement l'attaque.

« La division Montaudon appuie sa droite à la route de Strasbourg, en avant de Grigy, sa gauche au bois de Borny, qu'elle occupe fortement ; la division Metman se porte sur le plateau qui est au nord d'Ars-Laquenexy et de la Grange-aux-Bois, s'appuyant au château d'Aubigny ; la division Castagny a sa droite en arrière de Colombey, sa gauche à la route de Sarrelouis ; enfin celle du général Aymard garde, depuis cette route, les crêtes du ravin qui s'étend dans la direction de Vallières. Toutes ces divisions se forment sur deux lignes, l'une déployée, l'autre en colonnes par division, et bientôt le feu est engagé sur tout le front. L'ennemi est invisible, masqué dans les bois qui le dérobent à notre vue; mais sa présence se révèle par un feu très-vif d'infanterie et d'artillerie; l'intensité qu'il lui donne en face des divisions Castagny et Metman ne laisse aucun doute sur son intention de percer le centre du 3ᵉ corps et de s'emparer de la route de Sarrelouis, qu'il considère comme notre ligne de retraite.

« A peine le combat s'était-il engagé sur ce point, qu'une autre attaque était dirigée en même temps sur la division Grenier du 4ᵉ corps. Le général Grenier prend ses dispositions pour la repousser et s'établit la droite au village de Mey, la gauche à la chapelle de la Salette; il fait prévenir en même temps le général Ladmirault, qui présidait au passage de la Moselle par son corps d'armée et qui, faisant mettre sac à terre à ses deux divisions, les reporte en toute hâte avec son artillerie de réserve sur les positions de Saint-Julien. Les batteries divisionnaires arrivent les premières et appuient le général Grenier, dont les troupes refoulaient déjà l'ennemi et gagnaient du terrain; elles sont bientôt suivies de la division de Cissey, qui entre en ligne à la gauche et dont le feu contribue à arrêter les masses d'infanterie qui s'étaient tenues masquées jusque-là. (C'était le 1ᵉʳ corps prussien qui arrivait au secours du 7ᵉ engagé le premier.)

« A la nouvelle de l'engagement, la garde avait pris les armes; de la position qu'elle occupait en arrière de la route qui réunit les deux villages de Borny et de Vantoux, elle s'était portée en avant, derrière le centre du 3ᵉ corps, pendant que la brigade Brincourt, des voltigeurs allait occuper avec les batteries de sa division le mamelon du fort Queuleu, pour y appuyer la droite du général Decaen.

CHAPITRE III. 81

Le général Ladmirault.

« Le combat se soutint ainsi jusqu'à la nuit ; toutes les attaques, que l'ennemi réitéra plusieurs fois avec une grande vigueur, furent repoussées et nos positions solidement maintenues. Les troupes de la première ligne avaient dû être relevées par celles de la deuxième, et ce fut devant leur résistance que s'arrêtèrent les derniers efforts de l'ennemi. En même temps qu'il les renouvelait au centre, il tentait deux mouvements tournants sur nos ailes. A droite, la division Montaudon était menacée par de fortes colonnes, qui s'arrêtèrent devant le feu de ses batteries et de celles du général Brincourt. A la gauche, une masse compacte d'infanterie essaya de nous déborder; le général Ladmirault la fit charger à la baïonnette et elle se retira en désordre.

« Il était alors plus de huit heures, la nuit était arrivée et l'ennemi cessait le feu, se repliant de tous côtés, sans que j'eusse eu besoin de faire donner la garde, qui avait accentué son mouvement en avant.

« Je donnai aussitôt l'ordre aux troupes de reprendre leur marche sur Metz et de franchir la Moselle, en occupant par échelons les dernières crêtes qui protégent les deux routes de Strasbourg et de Sarrelouis. Le mouvement s'effectua, sans que l'ennemi songeât à l'inquiéter, et dans la nuit, le 3ᵉ corps, le 4ᵉ et la garde avaient rejoint sur l'autre rive les troupes qui y étaient déjà installées.

« Le combat avait duré cinq heures et avait été brillamment soutenu sur tous les points; nos pertes s'élevaient à 3,608 hommes, dont 200 officiers, parmi lesquels on comptait 3 officiers généraux; l'un d'eux, le général Decaen, avait été grièvement atteint d'un coup de feu à la jambe. »

L'armée entière accueillit ce succès avec un véritable enthousiasme, elle applaudit chaleureusement les débuts de son général en chef et voulut y voir le présage d'une ère nouvelle. Mais il n'en fallait pas moins reconnaître que, malgré notre succès, le but de l'ennemi avait été en partie atteint : il avait retardé l'exécution de notre mouvement et permis à l'armée du prince Frédéric-Charles de franchir la Moselle et de nous prévenir sur la route de Verdun. Les rapports qui parvinrent dans la journée suivante ne laissèrent aucun doute à cet égard ; la division de cavalerie de Forton, qui formait l'avant-garde sur la route de Mars-la-Tour, avait trouvé devant elle des forces considérables qui ne lui avaient pas permis d'occuper ce point, comme elle en avait l'ordre ; elle avait été forcée de se replier sur le village de Vionville. L'ennemi se trouvait donc déjà sur le flanc gauche et même devant nous ; sa présence indiquait l'intention bien arrêtée de nous barrer le passage.

Malgré les retards qu'occasionnèrent le combat de Borny et les embarras de la route, nos troupes n'en arrivèrent pas moins en partie, le 15, sur les plateaux de la rive gauche ; le 3e corps, dont le maréchal Le Bœuf venait de prendre le commandement, en remplacement du général Decaen, blessé au combat de Borny, et celui du général Ladmirault restèrent seuls en arrière des points qu'ils devaient occuper ; la garde était arrivée le soir autour de Gravelotte avec sa cavalerie, que l'Empereur avait attendue impatiemment toute la journée, pour s'en faire escorter sur la route d'Etain. Malgré son désir de gagner Verdun, il dut remettre son départ au lendemain. Ce fut le 16 août au matin qu'il prit congé de Bazaine ; il partait au moment où tous ces braves soldats allaient combattre et mourir pour lui, emmenant pour l'accompagner des brigades de lanciers et de dragons qui eussent été plus utiles sur le champ de bataille. Quand le convoi impérial eut disparu, Bazaine laissa voir sa satisfaction, et un soupir de soulagement sortit de sa poitrine.

Dès le 16 août au matin, nous fûmes attaqués par les armées allemandes qui avaient eu le temps de se concentrer, grâce au combat de Borny, et grâce surtout à leur prodigieuse rapidité, car elles firent 40 kilomètres pendant que nous en avions fait à peine 14. Dans cette journée, glorieuse pour nos armes, le maréchal Bazaine fut admirable de courage et de sang-froid ; il eut même le tort de trop s'exposer. Les Allemands disent dans leur rapport qu'à plusieurs reprises il manqua d'être tué ou fait prisonnier. Sans doute la mort ou la captivité de son chef est, pour une armée, un élément de faiblesse, mais des événements postérieurs se sont chargés de démontrer que, cette fois, c'eût été un grand bonheur pour la France. Voici sur cette mémorable bataille le rapport officiel du maréchal :

« Après le brillant combat de Borny, les troupes qui y avaient pris part avaient reçu l'ordre de continuer, dès le lendemain matin 15 août, leur mouvement de retraite sur Verdun par les deux directions qui leur avaient été indiquées : le 2ᵉ et le 6ᵉ corps suivant la route du sud par Rézonville, Mars-la-Tour, Manheulle ; le 3ᵉ et le 4ᵉ se dirigeant, au nord, sur Conflans et Etain ; la garde, la réserve générale et les parcs marchant derrière le 6ᵉ corps. La première colonne était couverte par la division de cavalerie de réserve de Forton, la deuxième par la division de chasseurs d'Afrique du Barrail. Les points à occuper dans la journée du 15 étaient Vionville par le 2ᵉ corps, Rézonville par le 6ᵉ, Doncourt-lès-Conflans par le 4ᵉ, Saint-Marcel et Verneville par le 3ᵉ ; la garde, en arrière, à Gravelotte ; la division de Forton, à Tronville, avec ordre d'éclairer la route de Saint-Mihiel ; celle du général du Barrail, à Jarny.

« Les lenteurs qui se produisirent dans l'écoulement des convois et les retards qui résultèrent pour le 2ᵉ et le 3ᵉ corps de leur participation au combat de Borny, ne permirent malheureusement pas à ces deux corps de commencer leur mouvement assez tôt pour l'achever dans la limite de temps qui avait été arrêtée. Le 3ᵉ corps, qui devait marcher en arrière du 4ᵉ, avait pris la tête et n'avait que trois divisions arrivées sur le plateau de Gravelotte, à dix heures du soir ; quant au 4ᵉ corps, il ne put se mettre en mouvement que le 16 au matin. La colonne de gauche avait à peu près atteint ses positions le 15, mais je dus lui prescrire de s'y maintenir le 16 jusqu'à midi, afin que le 4ᵉ corps pût arriver à sa hauteur, les renseignements que j'avais reçus m'annonçant une forte concentration ennemie sur ma gauche, et la prudence exigeant que nos deux colonnes fussent en mesure de se soutenir l'une l'autre, de quelque côté que l'ennemi se présentât.

« Le 16 au matin, le 2° corps se trouvait en avant de Rézonville, à gauche de la route de Verdun ; le 6° à sa hauteur, sur la droite de la même route; le 3° avec trois divisions et sa cavalerie, entre Verneville et Saint-Marcel, la division Metman étant encore en route pour rejoindre ; le 4° en marche sur Doncourt-lès-Conflans, la garde à Gravelotte.

« Telle était la position de l'armée, quand, à neuf heures et demie, les grand'gardes de la division de Forton signalèrent l'approche de l'ennemi ; à peine cet avis est-il donné, que deux régiments de cavalerie prussiens débouchent de Tronville avec trois batteries qui couvrent d'obus les campements des divisions de Forton et de Valabrègue (cavalerie du 2° corps). Notre cavalerie, surprise par cette attaque imprévue, se forme au plus vite et se porte en arrière des bivouacs du 2° corps, à la hauteur de Rézonville.

« Au bruit du canon, le général Frossard fait prendre les armes à son corps d'armée et occuper les positions de combat qui avaient été reconnues à l'avance, la division Bataille à droite sur les hauteurs qui dominent le plateau de Flavigny, la division Vergé à gauche sur le même mouvement de terrain, la brigade Lapasset en retour à gauche pour observer les grands bois de Saint-Arnould, des Ognons, et couvrir la tête du défilé de Gorze.

« Le maréchal Canrobert prend également ses dispositions et déploie son corps d'armée en avant de Rézonville, entre la route de Verdun et le village de Saint-Marcel, la division Tixier à droite, le général Bisson au centre avec le 9° de ligne, le seul régiment de sa division qui fût arrivé, la division Lafont de Villiers à gauche et s'appuyant à la route. En arrière et parallèlement à la route, au-delà de laquelle elle s'est avancée, s'établit la division Levassor-Sorval, avec mission de soutenir la brigade Lapasset et de surveiller les nombreux ravins qui aboutissent par les bois à Ars et Novéant.

« L'apparition de la cavalerie ennemie et sa canonnade contre la division de Forton n'étaient que le prélude de l'action générale qui allait s'engager ; deux attaques sérieuses se dessinent bientôt, l'une venant à gauche par les bois de Vionville, de Saint-Arnould et des Ognons, l'autre sur notre front par Mars-la-Tour et Vionville. A la première nouvelle de l'engagement, je quitte mon quartier général de Gravelotte et me porte avec mon état-major sur le théâtre du combat, donnant l'ordre à la garde de se placer en réserve à droite et à gauche de la route, sur les crêtes du ravin de la Jurée, et prévenant M. le maréchal Le Bœuf qu'il eût à pivoter sur sa gauche pour appuyer le 6ᵉ corps et prendre l'ennemi en flanc ; je comptais en même temps sur la vieille expérience du général Ladmirault pour accourir au canon et soutenir le mouvement tournant du 3ᵉ corps, en avant duquel il devait alors se trouver.

« A peine arrivé sur le terrain, je trouvai le 2ᵉ corps fortement engagé sur tout son front, sous un feu d'artillerie des plus intenses, mais se maintenant dans ses positions un peu en arrière des crêtes ; M. le maréchal Canrobert avait, de son côté, arrêté le mouvement offensif de l'ennemi, qui se bornait déjà devant lui à n'entretenir qu'une vive canonnade. C'était donc évidemment sur notre gauche que l'ennemi se réservait de faire le plus grand effort, à l'abri des bois qui le dissimulaient, et dans le but de nous couper de notre ligne de retraite sur Metz. Tout en me préoccupant de l'attaque que je voyais ainsi se dessiner sur notre flanc, je voulus que notre droite fût solidement appuyée avant l'entrée en ligne des troupes du maréchal Le Bœuf, et je prescrivis à la division de Forton d'aller se placer en arrière du 6ᵉ corps, sur l'ancienne voie romaine, le dos appuyé aux bois de Villers-aux-Bois, avec ordre de charger au moment opportun.

« Ces premières dispositions prises, j'appelai les batteries de 12 de la réserve générale pour contre-battre les batteries ennemies qui inquiétaient le 2ᵉ corps. L'action se soutint ainsi jusque vers midi et demi ; mais à ce moment le général Bataille fut blessé, obligé de quitter son commandement, et sa division commença à plier devant les masses ennemies qui s'avançaient ; ce mouvement en arrière entraîna une partie de la division Vergé, dont la gauche seule resta en position avec la brigade Lapasset. Je dus alors faire charger l'infanterie prussienne par le 3ᵉ lanciers et les cuirassiers de la garde. La charge des lanciers ayant été repoussée, les cuirassiers se formèrent sur trois lignes comme à la manœuvre et s'élancèrent avec une bravoure héroïque sur les carrés ennemis, qu'ils ne purent entamer, mais dont ils arrêtèrent la marche. Un ou deux escadrons de hussards prussiens les poursuivirent dans leur retraite et s'avancèrent jusque sur une batterie de la garde au milieu de laquelle je me trouvais. Je dus mettre moi-même l'épée à la main avec tout mon état-major et un combat à l'arme blanche s'y engagea [avec mes officiers.

« L'hésitation qui se manifesta à ce moment dans les lignes prussiennes, me permit de faire arriver la division Picard, des grenadiers de la garde, qui se porta en avant sous les ordres mêmes du général Bourbaki, relevant les divisions Vergé et Bataille, et prenant position de chaque côté du village de Rézonville, pendant qu'une brigade de la division Levassor-Sorval du 6ᵉ corps venait l'appuyer à gauche sur les crêtes du ravin de Vionville ; en même temps, la division Deligny des voltigeurs recevait l'ordre de se porter en face du bois des Ognons, de le faire occuper par son bataillon de chasseurs et d'observer les débouchés par où les Prussiens pourraient tenter de mettre pied sur le plateau de Gravelotte.

« Au moment même où l'ennemi prononçait son attaque sur Rézonville, il tentait de tourner notre droite avec sa cavalerie ; trois de ses régiments, les cuirassiers du roi et deux régiments de uhlans, traversaient la droite du 6º corps, nos batteries, et, dépassant la crête que nous occupions, tentaient de se rabattre sur les derrières de notre infanterie. La division du général de Forton, dont ils ne soupçonnaient pas la présence, les prend en flanc et en queue, et cette masse de cavalerie est complétement anéantie sous le sabre de nos dragons et de nos cuirassiers. La droite est tout à fait dégagée, et déjà le feu du maréchal Le Bœuf commence à se faire entendre. Il était alors deux heures ; l'ennemi était partout repoussé sur notre droite ; au centre, l'attitude du 6º corps et des grenadiers de la garde avait arrêté son attaque, et à gauche, il n'avait pas encore pris l'initiative que j'attendais, mais qui ne s'en préparait pas moins ; le feu de son artillerie avait à peu près cessé, et il était évident qu'il prenait ses dispositions pour un nouvel effort. Complétement rassuré à droite par l'entrée en ligne des premières troupes du 3º corps, je fis dire à M. le maréchal Le Bœuf de maintenir fortement ses positions avec la division Nayral, de se relier au 6º corps par la division Aymard et de diriger sur Gravelotte la division Montaudon, que je destinais à occuper le débouché d'Ars-sur-Moselle. Je faisais en même temps porter sur le même point les divisions du 2º corps qui avaient été reformées et je plaçais des batteries de 12 et des mitrailleuses au débouché des ravins, pour y cribler les masses ennemies qui tenteraient de s'y engager. Je savais que des renforts avaient passé par Ars et par Novéant et je me préoccupais avant tout de l'attaque qui pouvait être faite sur notre flanc. Ma ligne de bataille, qui se trouvait au début de l'action à peu

CHAPITRE III.

Le Prince Impérial.

près parallèle au ravin de Rézonville, avait pris ainsi, vers trois heures, une direction presque perpendiculaire, du bois des Ognons vers Mars-la-Tour et Bruville. A ce moment, en effet, le 4ᵉ corps venait d'entrer en ligne; la division Grenier, conduite par le général Ladmirault lui-même, avait chassé l'ennemi devant lui, l'avait repoussé de Saint-Marcel, de Bruville, rejeté sur Mars-la-Tour et se préparait à l'attaquer à Tronville; la division de Cissey appuyait le mouvement, et sur la droite marchaient les divisions Legrand et Clérambault, le 2ᵉ chasseurs d'Afrique et la brigade de la garde (lanciers et dragons), qui était accourue au canon, après avoir escorté l'empereur jusqu'à Etain. Le général Ladmirault reconnut que la position Tronville était trop fortement occupée pour qu'il pût l'enlever avec ses deux divisions, et il dut se borner à maintenir l'ennemi, en s'établissant sur le terrain qu'il avait gagné.

« La canonnade, qui avait cessé quelque temps, reprit avec

plus d'intensité que jamais vers les cinq heures pour préparer le retour offensif que les Prussiens allaient essayer. Après un feu qui ne dura pas moins de deux heures, leurs réserves dessinèrent l'attaque en grosses masses ; une charge de cuirassiers fut tentée par eux sur la division Lafont de Villiers, pour rompre notre centre ; le 93ᵉ perdit son aigle, un canon fut enlevé, mais les cuirassiers prussiens trouvent devant eux la division Valabrègue du 2ᵉ corps, qui s'était maintenue à la hauteur de Rézonville ; ils sont ramenés vigoureusement, l'aigle et le canon sont repris.

« J'arrête alors le mouvement de la division Montaudon, que j'avais dirigée sur Gravelotte, et la fais rétrograder vers le 3ᵉ corps, pour parer à toute éventualité de ce côté ; la division de Forton, que j'avais également fait reculer, reprend sa position près du bois de Villers. Le général Deligny va rejoindre, avec les quatre bataillons de voltigeurs qui lui restent, sa 2ᵉ brigade, qui a déjà appuyé et relevé une partie des grenadiers sur les crêtes du ravin de Rézonville. En même temps, le général Bourbaki, rassemblant toutes les bouches à feu dont il dispose, établit une grande batterie de cinquante-quatre pièces qui foudroie les masses ennemies et les désorganise, pendant que le feu de notre infanterie les fait reculer.

« A notre gauche, l'ennemi tente vainement de déboucher par les bois, qu'il trouve fortement gardés ; il veut alors s'avancer par le ravin qui sépare les bois de Saint-Arnould et des Ognons ; mais nos mitrailleuses arrêtent toutes ses tentatives, en lui faisant subir des pertes énormes.

« A la droite, il tente avec une grosse masse de cavalerie de tourner le 4ᵉ corps ; le général Ladmirault la fait charger par la nombreuse cavalerie qu'il a lui-même sous la main, et après des charges successives, où des deux côtés on se bat avec acharnement, l'ennemi se retire. La division de Cissey protége notre ralliement et par sa belle contenance en impose à l'aile gauche prussienne, qui se met définitivement en retraite.

« L'armée ennemie battue se retirait sur tous les points, nous laissant maîtres du champ de bataille, quand un dernier effort fut tenté par elle presque à la nuit close sur Rézonville, où je me trouvais en ce moment. Je pris à la hâte les zouaves, que j'établis perpendiculairement à la route, et, aidé du général Bourbaki, qui rassembla les troupes qu'il avait sous la main, je fis repousser cette dernière attaque, après laquelle le feu cessa complétement.

« Il était alors huit heures du soir ; nos troupes s'étaient battues pendant dix heures sous un feu terrible d'artillerie et restaient maîtresses du champ de bataille, où elles se maintinrent en partie jusqu'à minuit sans être aucunement inquiétées. Je leur donnai alors l'ordre de se retirer sur les positions autour de Gravelotte pour se réapprovisionner en vivres et en munitions... »

Une chose que le maréchal Bazaine ne dit pas dans son rapport, c'est qu'à un moment donné nous étions vainqueurs sur toute la ligne, et que ce moment unique, il ne sut ou ne voulut pas le saisir pour se porter en avant et percer les lignes ennemies.

Quoique la victoire nous fût restée, quoique nous eussions couché sur nos positions, les avantages obtenus par l'ennemi étaient sérieux ; ainsi de Mars-la-Tour à Tronville et Vionville, le terrain restait à lui, et de Mars-la-Tour à Doncourt, le 10ᵉ corps allemand réussit à se maintenir entre Droitaumont et Bruville et à menacer la route de Conflans et d'Etain.

Nos pertes furent de 14,000 hommes tués ou blessés. Celles des Confédérés atteignirent et peut-être dépassèrent le chiffre de 20,000 hommes. Le tiers du 3ᵉ corps prussien resta sur le terrain, une véritable hécatombe fut faite de la cavalerie du l'ennemi. Les Confédérés avaient engagé trois corps et plusieurs divisions de cavalerie, au moins 120,000 hommes. En outre, les deux autres corps, survenus le soir sur le champ de bataille, et dont les deux têtes de colonne occupèrent ou immobilisèrent une notable partie des troupes françaises, portent à plus de 180,000 hommes le chiffre des forces allemandes à la bataille de Rézonville. En quittant Metz, Bazaine avait dû laisser une division pour la défense de la place. Son armée se trouvait ainsi réduite à 160,000 hommes, que le combat de Borny avait diminuée de nouveau. Le 16, son effectif n'atteignait donc qu'à grand'peine 157,000 hommes, et encore est-il nécessaire de faire remarquer que ce nombre est celui des rationnaires, et que celui des combattants ne dépassait point 150,000. Sur ce total, nous ne pûmes engager que 130,000 hommes environ, le reste n'ayant pu s'élever sur les plateaux en temps opportun ; enfin, ces 130,000 hommes n'entrèrent en ligne que successivement et partiellement, et, à l'heure où ils auraient pu tenter un effort général et combiné, la nuit arriva et nous avions alors en face de nous 180,000 Confédérés.

Les troupes qui avaient si vaillamment combattu, s'attendaient à profiter le lendemain d'un avantage chèrement acheté ; quel ne fut donc pas leur étonnement, lorsqu'à dix heures du soir on leur lut les instructions suivantes :

« Après la bataille d'aujourd'hui, les corps ont dû reprendre leurs anciens campements, par suite de la grande consommation qui a été faite de munitions d'artillerie et d'infanterie; nous allons donc nous reporter sur le plateau de Plappeville. Le 2ᵉ corps occupera la position qui s'étend entre le Point-du-Jour et Rozerieulles. Le 3ᵉ se placera à sa droite, en avant de Châtel-Saint-Germain, vers les fermes de Moscou et de Leipzig. Le 4ᵉ, à la droite du 3ᵉ, vers Montigny-la-Grange et

Amanvillers. Le 6ᵉ s'établira à Verneville. La garde se placera en arrière, entre Lessy et le village de Plappeville, où sera porté le grand quartier général. La division de cavalerie de Forton ira s'installer en avant de Longeville. La division de cavalerie du Barrail se placera à Saint-Privat, pour éclairer et garder la route de Briey. La réserve d'artillerie suivra la garde et s'établira sur le plateau de Plappeville, entre le fort de Saint-Quentin et le col de Lessy... C'est là que l'artillerie des corps d'armée devra venir demain recompléter ses munitions. Le mouvement devra commencer demain 17, à quatre heures du matin ; il sera couvert par la division Metman, qui tiendra la position de Gravelotte et ira ensuite rallier son corps.

Dans le cas où l'ennemi entreprendrait une attaque sur nos lignes, le mieux serait d'indiquer comme point de ralliement, si cela était nécessaire, le plateau de Rozerieulles, entre l'auberge de Saint-Hubert et le Point-du-Jour.

« Dans le cas où les troupes qui sont en position depuis la bataille y seraient encore, vous les rappelleriez dès à présent, si la sécurité de vos campements ne s'y oppose pas. »

« Dire la stupeur qui s'empara de tous, en apprenant un pareil ordre, est impossible, écrit un témoin oculaire. A Borny, on avait argué de la nécessité de continuer sans retard le mouvement de concentration sur Verdun, pour ne pas poursuivre l'ennemi, ni profiter du premier échec qu'on lui infligeait. Aujourd'hui, c'est après une bataille gagnée, au moment où l'armée prussienne est en retraite sur tous les points, où le passage peut nous être ouvert, qu'on vient alléguer d'autres motifs pour se retirer encore ; on n'ose même pas affirmer son succès, en s'avançant sur cette route qui est devenue libre, en achevant le mouvement dont l'exécution vient d'être assurée par le sang de plus de 20,000 hommes. »

Cette incroyable manière d'agir avait-elle été dictée par

l'Empereur, où venait-elle de l'initiative de Bazaine? On n'a pas encore de documents assez certains pour se prononcer. Mais la meilleure critique en a été faite par l'état-major allemand, qui fut étonné de ne pas être attaqué le matin du 17 août; un moment il crut Bazaine parti d'un autre côté, mais sa joie égala son étonnement quand il vit que le commandant français avait été au devant de ses désirs et s'était retiré sous le canon de Metz. Dès lors le succès lui parut assuré; mais quelque grand qu'il l'ait rêvé, il n'a pu se le figurer tel qu'on s'était plu à le lui faire.

« Le 17, à la pointe du jour, continue l'auteur de *Metz : Campagne et négociations*, toutes les troupes se mirent en marche et se dirigèrent sur les emplacements qu'on leur avait assignés. Faut-il rappeler ici l'étonnement et le mécontentement qui se manifestèrent dans tous les rangs, chez les officiers comme parmi les soldats? A quoi sert de gagner une bataille, disaient les uns, pour nous faire battre en retraite?... C'était bien la peine de nous faire tuer, disaient les autres, pour nous ramener où nous étions auparavant!... Pourquoi cette fuite? ajoutait-on encore. Nous avons battu hier les Prussiens et nous les battrons encore aujourd'hui, s'il le faut... Et le fait est que cette retraite devint bientôt une sorte de fuite.

« Dès que l'ennemi ne nous aperçut plus devant lui, ses reconnaissances s'enhardirent; elles s'avancèrent sur le plateau et s'approchèrent de Gravelotte par les ravins et les bois. Les voitures civiles, qu'on avait fait parquer la veille autour du village et qui contenaient des vivres et des approvisionnements de toute nature, ne pouvaient s'écouler par les routes réservées aux troupes et à leur nombreux matériel; la division Metman ne pouvait seule défendre cet immense convoi de toute une armée, et, d'ailleurs, elle avait un rôle plus important à remplir en gardant le défilé qui s'étend en arrière de Gravelotte. Il eût été cependant cruel de laisser à l'ennemi tant de ressources accumulées, et l'on se décida à brûler tout ce que l'on ne pouvait sauver. Un immense brasier s'alluma, et l'on y jeta pêle-mêle les caisses de biscuit, les vivres de campagne, les effets de campement et de linge et chaussure. Nos ambulances, pleines de blessés, étaient abandonnées en même temps à Rézonville. Quel désastre!... et le lendemain d'une victoire!...

« Le mouvement se termina dans la matinée, sans que l'ennemi, à peine remis de ses échecs de la veille, songeât à l'inquiéter sérieusement; les troupes s'installèrent dans leurs nouveaux bivouacs, à l'exception de celles du 6ᵉ corps. Leur commandant en chef, le maréchal Canrobert, prévint fort justement le maréchal Bazaine que la position qu'on lui avait indiquée autour de Verneville lui paraissait dangereuse; il s'y trouvait tout à fait en flèche, entouré de grands bois dans lesquels l'ennemi pouvait se glisser, et il lui demanda de se porter à la droite du 4ᵉ corps, sur le plateau de Saint-Privat, entre ce village et celui de Roncourt, à cheval sur la route de Briey; cette modification ayant été autorisée, le 6ᵉ corps prit la droite de sa ligne de bataille, qui s'étendait par les plateaux de Rozerieulles à Roncourt, sur une longueur d'environ 10 kilomètres.

« La nuit du 17 au 18 se passa sans aucun incident; mais dès six heures du matin, le général Montaudon, du 3ᵉ corps, fut averti par ses grand'gardes que des masses prussiennes se formaient en avant de son front; il fit prendre les armes à sa division, l'établit sur sa position de combat et prévint le maréchal Le Bœuf, qui en rendit compte. Le commandant en chef n'en conserva pas moins le même mutisme; les corps furent laissés à eux-mêmes, sans savoir comment ils devaient se relier, réunir leurs efforts ou profiter d'un succès; ne recevant aucun ordre, ils se tinrent dans une position d'expectative, dont ils furent brusquement tirés à onze heures par l'apparition des colonnes prussiennes, suivie aussitôt d'une formidable canonade.

« L'ennemi avait mis à profit le repos que nous lui avions laissé depuis la bataille pour rallier les troupes qui avaient combattu et appeler à lui celles que leur proximité rendait disponibles ; le roi était sur les lieux avec le général de Moltke ; tous deux comprenaient que l'action qui allait s'engager devait avoir un résultat décisif sur l'issue de la campagne. Il s'agissait, dit le rapport officiel du prince Frédéric-Charles, de couper à l'armée française sa ligne de retraite sur Verdun et de la battre sur tous les points où on la rencontrerait. Les deux armées du général Steinmetz et du prince Frédéric-Charles allaient prendre part à cette lutte, dans laquelle le nombre des combattants devait dépasser les proportions ordinaires de la guerre moderne.

« D'après les dispositions arrêtées le 18 au matin, les 7e et 8e corps de la première armée prenaient position à la droite, face au corps du général Frossard et à la gauche de celui du maréchal Le Bœuf ; la deuxième, avec les 2e, 3e, 9e, 10e, 12e corps et la garde, formait le centre et la gauche de la ligne, vis à vis de nos positions d'Amanvillers, de Saint-Privat et de Roncourt : c'était un ensemble de huit corps ou 240,000 hommes que nous allions avoir à combattre, avec un effectif réduit à environ 150,000 hommes par les pertes des journées du 15 et du 16 et par l'affectation d'une de nos divisions à la garnison de Metz.

« On croira difficilement qu'après tant d'avis reçus, en présence d'un danger aussi menaçant, un général en chef ait pu s'abstenir d'aller visiter ses troupes et ses positions, de prendre les plus simples dispositions de combat, et d'attendre à son

Metz.

poste, sur le terrain, l'orage qui doit éclater d'un moment à l'autre : mais ce que l'on ne voudra jamais admettre, c'est qu'au bruit de l'effroyable canonnade qui s'engage sur toute notre ligne, à la nouvelle de l'attaque qui se prononce à la fois sur tous nos corps, il ne bouge pas, n'envoie pas d'ordres, et se contente de répondre aux officiers qui viennent le prévenir de ce qui se passe à une ou deux lieues de son quartier général : « C'est bien : votre général a de très-fortes positions, qu'il les défende… » Ces quelques mots résument les seules instructions transmises dans la journée aux commandants de ces troupes, qui devaient lutter héroïquement jusqu'à sept heures du soir contre des forces aussi supérieures.

« Le bruit des détonations, la direction du feu ne laissaient aucun doute sur les points où l'engagement devait être le plus sérieux ; l'horizon était en feu vers le nord-ouest, devant nos positions d'Amanvillers et de Saint-Privat ; bien qu'on fût à plus de 10 kilomètres de la droite de notre ligne, il était facile de comprendre que l'effort de l'ennemi se portait de ce côté, pour nous rejeter dans la vallée et nous enlever, avec la route de Briey, le dernier débouché par lequel nous aurions pu gagner encore Verdun et la Meuse.

« La situation paraissait tellement grave de ce côté, qu'un des officiers qui accompagnaient le maréchal ne put s'empêcher de lui faire remarquer combien augmentait l'intensité du feu dans la direction de Saint-Privat ; il se contenta de lui faire une réponse analogue à celle que nous avons citée plus haut : « Ils
« sont dans de bonnes positions, qu'ils les défendent ; je vais
« du reste envoyer deux batteries de la réserve au débouché de
« la route de Briey, pour le garder, s'il y a lieu. » Ce fut, en effet, la seule mesure qu'il prescrivit dans cette fatale journée.

« Le général Bourbaki, commandant la garde, était venu

trouver le maréchal avant son départ : il lui avait demandé de faire prendre les armes à ses deux divisions d'infanterie et de les porter à l'extrémité du plateau de Plappeville, de manière à pouvoir agir en cas de besoin ; le maréchal l'y avait autorisé, mais à la condition qu'il ne s'engagerait pas. L'ordre fut exécuté ; la division des grenadiers, conduite par le général Bourbaki, vint garnir la lisière du bois de Saulny, pendant qu'une brigade de voltigeurs descendait au village de Châtel et que l'autre prenait position au col de Lessy ; quant à la cavalerie et à la réserve d'artillerie de la garde, elles ne quittèrent pas leurs bivouacs.

« Lorsque le maréchal était arrivé sur le Saint-Quentin, qu'il avait vu cette ceinture de feu entourant nos positions, on eût été en droit de supposer qu'il voudrait savoir exactement ce qui se passait sur le plateau ; il devait s'y rendre lui-même ou au moins y envoyer des officiers ; mais il ne songea à utiliser ni ses aides de camp ni les officiers qui l'avaient rejoint. Toute son attention se porta sur les petites diversions que faisait faire le général Steinmetz, en avant d'Ars, pour nous empêcher de porter nos forces au secours de notre droite. Il ne pouvait cependant y avoir aucun danger de ce côté : les canons de la place et du fort Saint-Quentin suffisaient pour arrêter dans cette direction toute tentative sérieuse ; la plus grande audace, jointe à la plus grande bravoure, ne permettait à aucun corps ennemi de s'aventurer au milieu de feux croisés aussi redoutables pour gagner l'intérieur du camp retranché ; il s'y serait trouvé exposé à l'action directe du rempart.

« Mais, depuis la journée du 16, il semble que la crainte d'être coupé de Metz par un mouvement tournant soit devenue chez le maréchal une idée fixe, et que toute autre combinaison militaire lui échappe. Pour parer à ce danger qu'il redoute encore, il a heureusement sous la main les seize batteries de la réserve générale, qui sont campées autour du fort ; c'est par son ordre que quelques pièces ont été amenées à bras et chargées de tirer sur les hauteurs de Vaux ; il détermine leur emplacement, en observe le tir, en constate les effets, et perd plus d'une heure à oublier que les destins de la France et de son armée se jouent en ce moment à 5 ou 6 kilomètres de là. Il monte à cheval et traverse les bivouacs de cette réserve d'artillerie dont les pièces sont au parc, dont les chevaux ne sont même pas garnis ; plus loin il trouve les batteries de réserve de la garde, qui ne sont pas plus attelées, et il ne songe pas, en entendant ces canons qui tonnent autour de lui, qu'il a là 120 bouches à feu de gros calibre qui devraient être depuis longtemps sur le champ de bataille.

« C'est le moment où le prince Frédéric-Charles, qui suit l'action au milieu de ses troupes, désespère de briser la résistance que lui opposent les corps du maréchal Le Bœuf et du général Ladmirault autour d'Amanvillers, dans le bois des Génévaux, dans le village et les fermes environnantes, et qu'il se décide à tenter un immense effort sur la droite de notre ligne. Trois corps d'armée, près de 80,000 hommes, vont concourir à cette attaque ; la garde, soutenue par le 10ᵉ corps, se portera de front contre les positions de Saint-Privat, pendant que l'armée saxonne (12ᵉ corps) les tournera par Montois et Roncourt ; 14 batteries (84 pièces) sont réunies et font converger leurs feux sur les lignes du maréchal Canrobert, dont le centre est au village ; leur faible artillerie, qui ne se compose que des batteries divisionnaires (54 pièces), est bientôt impuissante à lutter contre ce formidable déploiement de bouches à feu, et les troupes sont réduites à se maintenir sur le terrain, sous une véritable pluie d'obus, pour attendre le moment où les colonnes ennemies seront à portée de leurs balles.

« Il est alors cinq heures, dit le prince Frédéric-Charles dans

« son rapport, le silence du canon de l'ennemi et l'heure avan-
« cée engagent à presser le mouvement pour décider du sort
« de la bataille avant la chute du jour ; l'ordre est donné au
« commandant de la garde, au prince de Wurtemberg, d'atta-
« quer et d'enlever le village de Saint-Privat... Les brigades
« se précipitèrent avec une bravoure qu'on ne saurait dépasser
« contre des hauteurs fortement occupées et battues par un feu
« rasant de mousqueterie ; mais les pertes considérables qu'é-
« prouvèrent nos bataillons forcèrent le prince de Wurtem-
« berg à interrompre son attaque et à attendre la coopération
« des Saxons sur le flanc de l'ennemi. »

« C'est avouer, en d'autres termes, que le mouvement était repoussé avec de grandes pertes pour les Prussiens, et qu'à ce moment encore notre infanterie restait maîtresse de ses lignes, malgré le dénuement d'artillerie dans lequel on l'avait laissée.

« Pendant ce temps, le maréchal Bazaine ne quittait pas plus qu'auparavant le plateau de Plappeville ; après l'avoir exploré au sud, il l'explorait au nord et cherchait un emplacement pour les deux batteries avec lesquelles il comptait, disait-il, garder le débouché de la route de Briey. Il rencontre cependant quelques officiers qui lui donnent des nouvelles ; les uns passent au galop avec leurs caissons, ils vont chercher des munitions au grand parc pour les batteries du 6ᵉ corps, qui n'en ont plus depuis une heure ; les autres sont envoyés par le général Bourbaki, qui demande en toute hâte sa réserve d'artillerie : rien ne l'émeut. Le feu augmente d'intensité et paraît se rapprocher, il ne semble pas s'en apercevoir; la garde est près de lui, à quelques centaines de mètres, il ne songe pas à s'en rapprocher ; il atteint un des points dominants du plateau, d'où l'on découvre la route de Briey, et là il se trouve en présence du triste spectacle de la panique qui s'est emparée du convoi du 6ᵉ corps, au moment de l'attaque de Saint-Privat. Les voitures civiles, les équipages du train, les cavaliers qui les escortaient, tous fuient pêle-mêle sur cette route, dans la direction de Metz ; on peut croire à un désastre, à la déroute de notre artillerie. Il ne témoigne pas d'inquiétude et pense sans doute avoir tout prévu ou tout réparé quand il voit arriver ses deux batteries et qu'il en a déterminé l'emplacement. Puis il revient sur ses pas, s'assure au col de Lessy de la présence des voltigeurs chargés de garder cet autre débouché, et il rentre tranquillement à son quartier général de Plappeville, à l'heure où l'ennemi allait renouveler son attaque avec toutes ses forces réunies.

« Aussitôt que la garde prussienne est ralliée et qu'elle se trouve prête à renouveler son attaque, le fprince Frédéric-Charles la fait appuyer par le 10ᵉ corps, qu'il avait tenu jusque-là en réserve ; ses batteries viennent augmenter le cercle de feu au milieu duquel se maintient encore le 6ᵉ corps, et ses bataillons se joignent à ceux de la garde. A ce moment les Saxons avaient achevé leur mouvement tournant ; Roncourt est enlevé, notre droite refoulée, et ils s'avancent sur Saint-Privat ; les têtes de colonnes ennemies débouchent alors sur le plateau de tous les points à la fois, le village est en feu, nos troupes ne peuvent y rester ; seul, le maréchal Canrobert veut y tenir encore, et ses aides de camp sont obligés de l'emmener. « Mais ses troupes, dit le rapport officiel du maréchal « Bazaine, auquel nous allons laisser la parole, sont épuisées « par cette longue lutte ; elles ont dépensé jusqu'à leur dernière cartouche, les caissons des pièces sont vides ; la résistance devient à peu près impossible devant les masses qui se « renouvellent sans cesse, et le maréchal se voit forcé de donner le signal de la retraite, qui se fait face à l'ennemi, avec « un ordre parfait, dans la direction de Saulny et de Woippy.

« . . . .

« Ce mouvement a pour conséquence de découvrir la droite
« du 4ᵉ corps, sur laquelle les Prussiens dirigent alors le feu
« de leur nombreuse artillerie. Le général Ladmirault main-
« tient pendant quelque temps ses divisions, qui sont battues
« d'écharpe et à revers ; la garde, qu'il avait envoyé prévenir,
« ne peut arriver assez promptement par l'étroit chemin du bois
« de Saulny, et les troupes du 4ᵉ corps sont forcées à leur tour
« de se retirer sur le plateau de Plappeville, où elles s'établis-
« sent. Un de ses bataillons se maintient seul dans la ferme de
« Montigny-la-Grange et y passe la nuit ; il contribue à protéger
« la retraite, que soutiennent en même temps l'artillerie de
« réserve du 4ᵉ corps et les batteries de la garde qui en ont pu
« précéder l'infanterie.

« La division de grenadiers atteint alors (il est sept heures),
« non sans peine, le sommet du plateau où elle se déploie à
« droite et à gauche de l'artillerie, face à Saint-Privat, proté-
« geant ainsi tout à la fois la retraite du maréchal Canrobert
« et celle du général Ladmirault ; sa présence, aussi bien que
« la contenance des corps qui se retirent, en impose à l'en-
« nemi, qui n'ose pas s'aventurer au-delà des premières mai-
« sons de Saint-Privat.

« Le 3ᵉ corps résistait pendant ce temps à toutes les attaques
« de l'ennemi, aussi bien que le 2ᵉ ; M. le maréchal Le Bœuf,
« dont la droite n'était plus appuyée depuis la retraite du
« 4ᵉ corps, y porte rapidement une brigade et deux batteries de
« réserve qui arrêtent les progrès de l'ennemi.

« La nuit arrive et le feu cesse sur toute la ligne. . . »

Les résultats de la journée étaient lamentables. Nos pertes
étaient de plus de douze mille hommes tant tués que blessés.
Toutes graves qu'elles étaient, elles sont moindres que
celles de l'ennemi ; le prince Frédéric-Charles accuse, pour
la deuxième armée seule, 520 officiers et plus de 13,000

hommes mis hors de combat; la première armée a plus souffert encore, les renseignements allemands s'accordent à porter les pertes des Prussiens dans cette journée au-delà de 25,000 hommes. Mais, si l'on examine la situation au point de vue stratégique, la voici telle qu'elle nous était faite. Notre première retraite sur Metz, notre passage sur la rive gauche de la Moselle, nous avaient séparés de l'est de la France : tout ce côté de la vallée était gardé par l'armée de Steinmetz ; plus tard, l'ennemi interceptera nos communications avec Paris, en s'emparant du chemin de fer et de la route de Nancy. La retraite du 17 août nous enlevait la route directe de Verdun que nous pouvions nous ouvrir la veille, et la perte du plateau de Saint-Privat nous faisait perdre celle de Briey, la seule qui nous eût permis de gagner Châlons. Notre isolement allait devenir plus complet, l'ennemi devait profiter dans la nuit même de son succès pour couper la ligne ferrée et la route de Thionville, par lesquelles nous pouvions communiquer encore avec Paris et le nord de la France. Le prince Frédéric-Charles annonçait, en effet, dans son rapport, que la cavalerie saxonne était descendue dans la vallée et qu'elle y avait détruit le chemin de fer et les fils télégraphiques.

Dès lors l'investissement était terminé : les forces ennemies se rejoignaient sur les deux rives de la Moselle en amont comme en aval : l'armée du Rhin était séparée de toute la France par une muraille de baïonnettes et de bouches à feu.

« Deux corps avaient pourtant gardé intactes les positions qui dominent à l'ouest le cours de la Moselle; on était en droit d'espérer qu'on pourrait se maintenir sur ces hauteurs et en repartir bientôt pour reprendre ce terrain jugé aussi indispensable à notre sécurité qu'à notre action militaire. M. le maréchal Bazaine ne le comprit pas ainsi ; complétant de lui-même le résultat que les Prussiens avaient en vue, il fit retirer les

Un campement prussien.

corps du général Frossard et du maréchal Le Bœuf et abandonna la ligne des hauteurs à l'ennemi ; son armée vint s'établir dans l'intérieur du camp retranché, d'où elle ne devait sortir, dix semaines plus tard, que désarmée et prisonnière. »

La valeur déployée par nos troupes dans cette occasion, valeur bien inutile, hélas! fut hautement proclamée par nos ennemis. Un écrit intitulé *la Guerre autour de Metz* et attribué à un des premiers généraux allemands s'exprime ainsi à propos de la bataille de Saint-Privat : « Pas un trophée, pas un canon démonté ne restèrent entre nos mains; témoignage glorieux en faveur du vaincu. Plus de 40,000 morts ou blessés prouvent l'acharnement de ce combat qui dura neuf heures et dans lequel la vaillance des Allemands ne triompha qu'à grand'peine de l'opiniâtre résistance des Français. » Mais à quoi avait servi tant de bravoure et tant de sang dépensé? L'armée du Rhin, enserrée par l'armée allemande, a perdu jusqu'à son nom ; désormais elle n'est plus que l'armée de Metz.

CHAPITRE IV

SEDAN.

Émotion dans la capitale. — Fausses nouvelles données par le gouvernement. — Émeute à la Villette. — Conseil de guerre tenu à Châlons. — Le retour sur Paris est décidé. — Efforts de la régence pour contrarier cette marche. — M. Rouher à Châlons. — Le général Trochu à Paris. — Une dépêche de Bazaine. — Situation et marche des armées allemandes. — Plan de défense. — Marche en avant. — Combat de Busancy. — Bataille de Beaumont. — Bataille de Sedan. — Préliminaires de la capitulation. — Capitulation. — Le village de Bazeilles. — Cruauté envers les prisonniers. — Entrevue de l'Empereur avec M. de Bismark et le roi Guillaume. — Résultats de cette funeste journée. — Causes générales de la catastrophe.

Le 16 août 1870 au soir, l'Empereur, parti de Gravelotte à la pointe du jour, arrivait au camp de Châlons ; pendant ce temps le maréchal Bazaine, en marche sur Châlons par Verdun, livrait la bataille de Rézonville, à la suite de laquelle, malgré un réel succès, il battait en retraite et rétrogradait vers Metz. L'Empereur trouva au camp de Châlons le maréchal Mac-Mahon qui venait de l'atteindre avec son corps d'armée (le 1ᵉʳ de l'armée du Rhin) ; les généraux de Failly et Douay (5ᵉ et 7ᵉ corps) approchaient ; le 12ᵉ corps, composé de troupes fraîches, y était déjà réuni, avec les renforts destinés à combler les vides des régiments qui avaient combattu à Wissembourg et à Reischoffen. La retraite précipitée de ces dernières troupes (1er, 5e et partie du 7e), d'Alsace à Châlons, avait affecté singulièrement les troupes mêmes qui n'avaient pas été engagées. Il était indispensable de consacrer quelques jours à les refaire physiquement et moralement. D'un autre côté, il fallait prendre un parti dans les circonstances critiques où l'on se trouvait.

Pendant qu'on faisait si mal les affaires du pays, que se passait-il à Paris et dans le reste de la France? Le gouvernement de la régence, frappé de cet aveuglement fatal qui s'empare de tous les pouvoirs faibles et sur le penchant de leur ruine, croyait d'une excellente politique de tromper le pays et de lui donner des nouvelles fausses jusqu'au jour où il pourrait lui annoncer une victoire éclatante. Le vrai moyen de réveiller l'énergie d'un peuple, c'est de le mettre face à face avec le danger; le tableau de ses malheurs peut seul enflammer son courage et le rendre capable d'un effort sublime. Mais le comte de Palikao avait l'espoir et le désir de vaincre sans le pays, et il ne s'inquiétait que de le maintenir dans le calme et la sujétion. D'ailleurs chaque pas en avant de l'ennemi était une accusation contre l'Empire, et chaque insuccès de nos armes avançait sa ruine : le silence était donc une nécessité dynastique. On en fit une règle absolue, et le traître fut non pas celui qui avertissait l'ennemi de la marche de nos armées et de notre plan de campagne (chose qui eût été difficile, puisqu'on n'en avait pas), mais celui qui prévenait le pays de la grandeur sans cesse croissante du péril. Un jour, un membre du Corps législatif demandant au comte de Palikao à quelle distance de Paris se trouvaient les troupes prussiennes, celui-ci répondit : « Si, moi étant ministre de la guerre, un officier, quel que fût son grade, commettait l'indiscrétion qu'on me propose de commettre, je le ferais fusiller. » Fidèle à son système, il n'annonça l'occupation de Nancy que trente-six heures après avoir reçu les dépêches, et seulement parce que des lettres privées en avaient apporté la nouvelle. La majorité du Corps législatif l'encourageait dans cette voie insensée, et ce jour-là elle l'accusa presque de trahison pour avoir confirmé une nouvelle qui était sue de tout le monde. Sentant sa responsabilité engagée en même temps que celle du gouvernement, elle mettait tout son soin à maintenir les populations dans l'ignorance. Les interruptions, les exclamations, les demandes d'ordre du jour ne lui suffisant pas pour fermer la bouche à l'opposition, elle avait imaginé un moyen de lui laisser de temps en temps la parole en retirant toute publicité à des déclarations ou des explications qu'elle jugeait dommageables aux intérêts de l'Empire : c'était de réclamer le comité secret dans le sein duquel toutes les révélations dangereuses restaient ensevelies. Qu'espérait-on de cette criminelle fausseté ? A quoi voulait-on aboutir en cachant à la France des nouvelles que toute l'Europe savait et qui remplissaient les colonnes des journaux étrangers ? Une telle conduite ne choquait pas moins le patriotisme que le bon sens ; elle ne faisait que rendre la réaction plus inévitable. Non content de cacher la vérité, on avait recours au mensonge pour rassurer l'opinion publique. Des bruits sinistres étant arrivés à Paris au lendemain des affaires de Metz, à la Chambre on interrogea le ministre avec plus d'insistance encore. Il répondit que Bazaine était libre de ses mouvements et concertait ses opérations ultérieures avec Mac-Mahon, ce qui était faux ; que les carrières de Jaumont avaient servi de tombeau à toute une division ennemie ; que des régiments de cavalerie avaient été anéantis jusqu'au dernier, notamment celui des cuirassiers blancs de M. de Bismark ; or, ce régiment paradait trois jours après, c'est-à-dire le 22 août, à Pont-à-Mousson. Ce renseignement, disait-il, avait été transmis par l'Empereur lui-même. Le comte de Palikao ajoutait que la démoralisation et le typhus ravageaient l'armée des confédérés, qu'ils étaient à bout de ressources, qu'ils ne tarderaient pas à prendre piteusement la route de leur pays, et qu'enfin Paris illuminerait s'il pouvait savoir tout ce que la situation de la France offrait de légitimes espérances. Il y avait dans ces paroles presque autant de mensonges que de mots, car le ministre de la guerre était parfaitement au courant de nos affaires. Des journaux sans patriotisme et sans moralité s'emparaient de ces confidences, faites pour ainsi dire à demi-mot par le comte de Palikao, les faisaient sonner bien haut et les accompagnaient de commentaires fantastiques dont la responsabilité doit peser sur eux seuls. C'est ainsi que, dans le but d'un misérable intérêt, ils égaraient l'opinion publique et augmentaient l'agitation des esprits.

C'est le contraire qu'il eût fallu faire, et l'effervescence n'était déjà que trop grande. Devant les preuves d'incapacité qu'il venait de donner, l'Empire était moralement tombé; toutes les bouches avaient tacitement prononcé sa déchéance, non-seulement en raison de son origine, mais plus encore pour l'impuissance où il se trouvait de repousser une invasion amenée par son impéritie. C'eût été le moment de se réunir, de grouper ses efforts afin de remplacer ce pouvoir qui s'effondrait de lui-même; ce n'était pas trop du concours et du patriotisme de tous les citoyens pour sauver la France à cette heure critique. Au lieu de s'entendre, les partis se divisèrent, et à tant de causes de faiblesse et d'infériorité vinrent se joindre les discordes civiles et les compétitions personnelles, qui nous firent autant de mal que nos ennemis, et qui sont un péril sans cesse menaçant pour l'avenir de notre pays.

Une bande d'agitateurs qui recevaient le mot d'ordre de Blanqui, ce conspirateur émérite, se montra tout à coup sur un point de Paris, avec le projet de s'emparer d'armes afin de renverser le gouvernement et de prendre la direction des affaires ; faute d'entente, la tentative échoua et se borna à l'attaque d'un poste à la Villette. Ces hommes sinistres, qui ne voyaient dans les malheurs publics qu'une occasion de satisfaire leurs rancunes et leurs appétits brutaux, devaient montrer plus tard de quoi ils étaient capables : c'étaient eux qui allaient, par l'émeute du 31 octobre, enlever à la France l'occasion de faire une paix honorable et la replonger pour trois mois encore dans les horreurs de la guerre ; ceux encore qui devaient ensanglanter Paris au 22 janvier, eux enfin que devait porter au pouvoir le coup de main du 18 mars. Cet attentat de la Villette, qui en temps ordinaire eût soulevé une énergique réprobation, laissa le public froid et presque indifférent ; on sentait autour de soi un tel écroulement, les partis avancés montraient une telle audace, le gouvernement une telle indécision, qu'on ne savait à quelle chance de salut se rattacher.

C'est en présence de cette hostilité de quelques-uns, de cette inimitié sourde de tous, que le gouvernement de la régente se trouvait au moment où il lui fallut prendre une résolution suprême. Il sentit que si la vérité venait à se faire tout entière, que si cette armée qu'on disait victorieuse se repliait sous les murs de la capitale, que si l'on avouait que Bazaine était prisonnier avec toute l'armée du Rhin autour de Metz, quand on avait si formellement soutenu le contraire, ce jour-là l'indignation populaire ne connaîtrait plus de bornes, et que le trône, profondément ébranlé dans la journée du 7 août, risquait d'être renversé. Devant de telles considérations, la régente n'hésita pas : la France pouvait périr, mais non la dynastie : la marche en avant fut résolue.

CHAPITRE IV.

Le 17 août l'Empereur réunissait un conseil de guerre auquel assistaient le prince Napoléon, le maréchal Mac-Mahon, les généraux Trochu, Bertault, Schmitz et de Courson. Le général Trochu raconte ainsi ce qui s'y passa :

« L'Empereur demanda à ce petit conseil de guerre ce qu'il pensait de la situation, et ce qu'il convenait de faire. A l'unanimité, par l'organe du prince Napoléon qui parla le premier avec un esprit très-ferme, et aussi par mon organe, la conférence exprima ce qui suit : « L'Empereur a abandonné le gouver-
« nement en allant prendre le commandement de son armée ;
« il vient d'abandonner le commandement et de le remettre aux
« mains du maréchal Bazaine. Il est seul au camp de Châ-
« lons, sans armée. En fait, il a abdiqué le gouvernement et le
« commandement. S'il ne veut pas abdiquer tout à fait, il
« faut qu'il reprenne ou le gouvernement ou le commande-
« ment. »

« L'Empereur reconnut que cet exposé était conforme à la réalité des faits. La conférence ajouta que, pour que l'Empereur reprît le gouvernement avec quelque sécurité, il fallait qu'il fût au préalable annoncé à la population de Paris par un officier général qui l'y précéderait, prendrait le commandement, et préparerait moralement et militairement son arrivée; qu'enfin, par suite de circonstances que le prince Napoléon indiqua, j'étais l'homme expressément désigné à remplir cette mission difficile.

« L'Empereur, se tournant vers moi, me demanda s'il me convenait de remplir cette mission. Je lui répondis : « Sire,
« dans la situation pleine de périls où est le pays, une révo-
« lution le précipiterait dans l'abîme. Tout ce qui pourra être
« fait pour éviter une révolution, je le ferai. Vous me deman-
« dez d'aller à Paris, de vous annoncer, de prendre le com-
« mandement en chef ; je ferai tout cela. Mais il est bien

« entendu que l'armée du maréchal Mac-Mahon va devenir
« l'armée de secours de Paris, car nous allons à un siége. »

« L'Empereur acquiesça. Le maréchal Mac-Mahon avait déjà déclaré que c'était là la véritable destination de son armée.

« Cette conférence fut levée à onze heures et demie. Elle aboutit à la convention dont voici les termes : « Le général
« Trochu, nommé gouverneur de Paris et commandant en
« chef, partira immédiatement pour Paris; il y précédera
« l'Empereur de quelques heures. Le maréchal de Mac-Mahon
« se dirigera avec son armée sur Paris. »

« En conséquence de ce qui avait été résolu, le général Trochu reçut l'ordre suivant : » « Mon cher général, je vous nomme gouverneur de Paris et commandant en chef de toutes les forces chargées de pourvoir à la défense de la capitale. Dès mon arrivée à Paris, vous recevrez notification du décret qui vous investit de ces fonctions; mais, d'ici là, prenez sans délai toutes les dispositions nécessaires pour accomplir votre mission.

« NAPOLÉON. »

La nouvelle de ce qui s'était passé au conseil de guerre tenu à Châlons éclata comme une bombe et vint jeter la stupeur dans le ministère de la régence. L'arrivée du nouveau gouverneur de Paris dont on se méfiait, à tort ou à raison, à la cour ; le retour de l'Empereur dans la capitale à demi soulevée, auprès d'une Chambre dans laquelle l'opposition commençait à faire entendre sa voix et les trop justes récriminations de la France ; la retraite de l'armée de Châlons qui éclairait d'un jour sinistre la situation, révélait les progrès de l'ennemi, mettait en perspective le siége de Paris, avouait le blocus de Metz et l'investissement de l'armée du Rhin, qu'on avait jusqu'à ce jour

CHAPITRE IV.

Blanqui, instigateur des affaires de La Villette (page 110).

représentée comme libre et victorieuse, tout cela jeta le trouble aux Tuileries et dans le cœur des ministres. Il fut décidé, en conséquence, qu'on s'opposerait par tous les moyens à l'exécution du plan arrêté à Châlons, et qu'on surveillerait attentivement le général Trochu. Aussi, le 19 au soir, le comte de Palikao envoyait à l'Empereur la dépêche suivante, qui était une réponse à la délibération du conseil de guerre : « L'Impératrice me communique la lettre par laquelle l'Empereur annonce qu'il veut ramener l'armée de Châlons sur Paris. Je supplie l'Empereur de renoncer à cette idée, qui paraît l'abandon de l'armée de Metz, qui ne peut faire en ce moment sa jonction à Verdun. L'armée de Châlons sera avant trois jours de 85,000 hommes, sans compter le corps de Douay qui rejoindra dans trois jours, et qui est de 18,000 hommes. Ne peut-on pas faire une puissante diversion sur les corps prussiens, déjà épuisés par plusieurs combats ? L'Impératrice partage mon opinion. » L'Empereur, faisant preuve une fois de plus de cette indécision qu'il avait montrée depuis le commencement de la campagne, et de l'ascendant que l'Impératrice exerçait sur lui, répondit le lendemain : « Je me rends à votre opinion. »

Le plan adopté par la conférence du 17 août était incontestablement le seul sage et rationnel. Il reposait sur un principe d'une lumineuse évidence, à savoir « qu'une armée régulière, défendant une grande contrée envahie, doit, si elle est trop inférieure en nombre à l'envahisseur, manœuvrer de manière à conserver à tout prix ses communications avec la partie du pays demeurée libre, afin de couvrir le plus longtemps possible les villes et les provinces où s'organisent des forces nouvelles, afin d'en tirer des renforts, des munitions, des vivres ; afin de fournir un noyau solide aux nouvelles levées ; afin d'user l'ennemi par la durée de la résistance et se mettre ainsi en mesure de reprendre l'offensive à un moment donné. » C'est la règle suivie avec tant de succès par Wellington, en Espagne ; par les Russes en 1812 ; par les alliés au printemps de 1813. Les conditions particulières de la défense de notre pays commandaient en août 1870, plus impérieusement que jamais, l'observation de ce principe. Paris était pour les Prussiens l'objectif de la guerre. Dans leur pensée, Paris pris, la France était définitivement vaincue et forcée de subir la loi du vainqueur. Or, Paris avait été fortifié dans la prévision d'une semblable éventualité. Ses remparts et sa vaste ceinture de forts détachés en faisaient une place de guerre, un immense camp retranché, d'une force exceptionnelle. Ses défenses extérieures présentaient un périmètre de plus de 80 kilomètres. Pour en faire le simple blocus même contre une garnison incapable de tenir la campagne, il ne fallait pas moins de deux cent mille hommes.

Si donc, outre sa garnison sédentaire, Paris était appuyé par une grande armée tenant la campagne, la prise d'une telle place devenait une œuvre exceptionnellement difficile, presque impossible. La présence près de la capitale d'une armée régulière de cent cinquante mille hommes (c'est l'effectif qu'auraient atteint les troupes de Mac-Mahon renforcées par le corps de Vinoy), non point enfermée dans Paris, mais en position derrière la Seine, le long de la voie ferrée d'Orléans, ainsi qu'il avait été dit à la conférence de Châlons, aurait certainement empêché l'investissement. Trois cent mille ennemis n'y eussent pas suffi. La situation des Prussiens devant Paris eût alors été à peu près semblable à celle des troupes anglo-françaises devant Sébastopol, troupes bien supérieures en nombre à l'assiégé, mais que l'armée russe de secours, campée sur la rive droite de la Tchernaïa, empêcha cependant jusqu'au bout d'investir complétement la place attaquée. Ceci établi, il est permis de se demander si Paris, étant attaqué même vigoureusement par la rive droite de la Seine, mais continuant de communiquer, par Orléans ou le Mans, avec l'ouest, le centre et le midi de la France, l'issue de la lutte n'eût pas été changée ?

Mais les gens qui ont peur écoutent-ils la raison ? « Ne pas secourir Bazaine, écrivait encore le comte de Palikao, aurait à Paris les plus déplorables conséquences. En présence de ce dé-

sastre, il faudrait craindre que la capitale ne se défende pas. »
Et le conseil de régence était tellement décidé à faire marcher
sur Metz l'armée de Châlons, qu'il avait résolu de faire exécuter l'opération par le comte de Palikao lui-même, dans le cas
où Mac-Mahon continuerait à s'y refuser. C'est pour cela sans
doute que, de guerre lasse, Mac-Mahon télégraphia au ministre
de la guerre, le 18 août : « Veuillez dire au conseil des ministres qu'il peut compter sur moi, que je ferai tout le possible
pour rejoindre Bazaine. »

Le général Trochu était arrivé à Paris dans la nuit du 17 au
18 août ; il se rendit sur-le-champ auprès de l'Impératrice,
qu'il trouva, comme il le dit, pleine de courage et de fermeté,
mais exaltée et défiante de lui. Voici comment il a raconté son
entrevue avec elle : — « Général, lui dit-elle, les ennemis seuls
de l'Empereur ont pu lui conseiller ce retour à Paris. Il ne ren-
trerait pas vivant aux Tuileries. » — « Madame, répondit le
général, je suis donc des ennemis de l'Empereur ? J'ai contribué avec le prince Napoléon, avec le maréchal de Mac-Mahon,
avec tous les généraux qui formaient hier la conférence de
Châlons, à faire considérer le retour de l'Empereur comme un
acte de virilité gouvernementale qui pouvait écarter une révolution. J'ai accepté le mandat, plein de périls pour moi-même
et assurément imprévu, eu égard à mes précédents, de venir
annoncer ici l'Empereur à la population de Paris ; il va se former
ici un gouvernement de défense pour sauver le pays dans la
crise où il est. » — « Non, général, l'Empereur ne viendra
pas à Paris ; il restera à Châlons. » — « Mais alors, madame,
la convention en vertu de laquelle je viens ici n'a plus cours.
L'Empereur m'envoyait pour le défendre, et il ne me suit pas. »
— « Vous défendrez Paris, vous remplirez votre mission sans
l'Empereur. » — « Madame, je défendrai Paris sans l'Empereur, et j'apporte ici la proclamation par laquelle j'annonce à

la population que je suis nommé gouverneur et commandant en chef pour le siége. » — « Général, dit l'Impératrice-régente, il ne faut pas que le nom de l'Empereur figure dans une proclamation à l'heure présente. » — « Mais, madame, je représente l'Empereur ; j'ai dit que je venais le défendre ; je ne puis pas parler à la population de Paris sans mettre l'Empereur devant moi, et dire que c'est par son ordre que je viens défendre la capitale. » — « Non, général, croyez-moi, il y a des inconvénients, dans l'état des esprits à Paris, à laisser subsister cette indication. »

« Et l'indication disparut. »

Voici la proclamation du général telle qu'elle fut affichée sur les murs de la capitale :

« Au milieu d'événements de la plus haute gravité, j'ai été nommé gouverneur de Paris et commandant en chef des forces réunies pour sa défense.

« L'honneur est grand ; le péril pour moi l'est aussi ; mais je me fie à vous du soin de relever par d'énergiques efforts de patriotisme la fortune de nos armées si Paris venait à subir les épreuves d'un siége.

« Jamais plus magnifique occasion ne s'offrit à vous de montrer au monde qu'une longue suite de prospérités et de jouissances n'a pu amollir les mœurs publiques et la virilité du pays.

« Vous avez sous les yeux le glorieux exemple de l'armée du Rhin. Ils ont combattu un contre trois dans des luttes héroïques qui font l'admiration du pays et le pénètrent de gratitude,

« Elle porte devant vous le deuil de ceux qui sont morts.

« Soldats de l'armée de Paris,

« Ma vie entière s'est écoulée au milieu de vous dans

une étroite solidarité où je puise aujourd'hui mon espoir et ma force. Je n'en appelle pas à votre courage et à votre constance qui me sont bien connus. Mais montrez, par l'obéissance, par une rigoureuse discipline, par la dignité de votre conduite et de votre attitude devant la population, que vous avez le sentiment profond des responsabilités qui pèsent sur vous.

« Soyez l'exemple et soyez l'encouragement de tous.

« Quartier général, à Paris, le 19 août 1870.

« *Le gouverneur général,*

« Général TROCHU. »

Cependant le séjour de Châlons devenait dangereux pour l'armée à cause du voisinage de l'ennemi qui chaque jour s'avançait davantage. Le 21, l'armée partit pour Reims ; Mac-Mahon explique lui-même le mouvement en ces termes : « Si Bazaine perce par le nord, je serai plus à même de lui venir en aide ; s'il perce par le sud, ce sera à une telle distance que je ne pourrais dans aucun cas lui être utile.

Le jour où l'armée se mettait en marche, M. Rouher arrivait aussi à Reims pour conférer une dernière fois avec l'Empereur, et lui faire part de toutes les hésitations du conseil de régence, qui avait fini par réfléchir qu'il ne suffisait pas de décréter la réunion des armées de Bazaine et de Mac-Mahon pour qu'elle eût lieu effectivement. Après avoir envisagé la retraite de Paris comme un désastre, on s'était demandé si l'offensive n'était pas encore plus périlleuse ; on avait scruté le plan du ministre de la guerre, et l'on avait vu les doutes et les difficultés s'accumuler peu à peu. Ce plan avait été ainsi résumé dans une dépêche adressée à l'Empereur : « Il y a deux partis à prendre : ou dégager complétement Bazaine, dont la position est des plus critiques, en se portant en toute hâte sur Montmédy, ou marcher contre le prince royal de Prusse, dont l'armée est nombreuse et qui a la mission d'entrer dans Paris où il serait proclamé empereur d'Allemagne. Dans ce dernier cas, je puis envoyer le 13ᵉ corps d'armée (27,000 hommes) occuper la Ferté-sous-Jouarre, où il serait le pivot d'un mouvement tournant de Mac-Mahon, qui marcherait vigoureusement sur le flanc de l'armée prussienne, soit qu'elle prenne la route de Vitry, Champaubert et Montmirail, soit qu'elle se dirige par Vassy, Montiérender et Brienne. » Ces deux plans étaient plus que hasardés, le premier surtout, puisque, dans la défense qu'il a publiée, le comte de Palikao a prétendu ne pas avoir donné l'ordre de marcher sur Montmédy ; mais sa dépêche est une preuve irrécusable contre lui. C'est à tout cela que pensaient les membres du conseil de régence, et c'est pour s'entendre à ce sujet que M. Rouher était venu trouver l'Empereur, et conférer avec lui sur les résolutions suprêmes. Mac-Mahon montrait toujours une grande répugnance à marcher vers Metz ; l'Empereur, changeant encore une fois d'opinion, se déclara pour lui, et M. Rouher céda. La retraite sur Paris, déjà décidée, puis abandonnée, fut décidée de nouveau.

Le président du Sénat revint avec un ensemble de proclamations et de décrets qui nommaient le maréchal de Mac-Mahon général en chef de toutes les forces militaires composant l'armée de Châlons et de toutes celles qui étaient ou seraient réunies sous les murs de Paris. L'Empereur écrivait au maréchal : « Nos communications avec le maréchal Bazaine sont interrompues. Les circonstances deviennent difficiles et graves. Je vous confère le commandement général de l'armée de Châlons et des troupes qui se réuniront autour de la capitale et dans Paris. Pour moi, qu'aucune préoccupation politique ne domine autre que celle du salut de la patrie, je veux combattre et vaincre ou mourir au milieu de mes soldats. »

De son côté, le maréchal expliquait dans une proclamation

aux troupes que « son désir le plus ardent aurait été de se porter au secours du maréchal Bazaine ; mais qu'après mûr examen cette entreprise avait été reconnue impossible ; car nous ne pourrions nous rapprocher de Metz avant plusieurs jours ; d'ici à cette époque, le maréchal aurait brisé les obstacles qui l'arrêtaient ; etc. Pendant notre marche vers l'est, Paris aurait été découvert, et une armée prussienne pouvait arriver sous ses murs. Le système des Prussiens consistait à concentrer leurs forces et à agir par grandes masses ; nous devions imiter leur tactique. C'est pourquoi il allait conduire l'armée sous les murs de Paris. »

Ainsi, les exigences de la situation militaire avaient triomphé de la résistance du gouvernement, qui avait fini par se résoudre à subir les chances si redoutées et si redoutables de l'annonce de la retraite sur Paris.

La dynastie était peut-être compromise, mais la France était sauvée. Un homme, le mauvais génie de la France, vint rendre inutiles tant d'efforts, et nous replonger dans un abîme sans issue. Cet homme, qui allait sacrifier son pays à un misérable sentiment d'ambition et d'égoïste personnalité, c'était le maréchal Bazaine.

« Il importe maintenant de bien établir quelle était la position des forces prussiennes à cette date du 22 août, dit M. Eugène Ténot, qui a fait une remarquable étude sur les causes qui ont amené la journée de Sedan, et dont nous empruntons les paroles. Le 18 au matin, huit corps d'armée avaient été concentrés entre Mars-la-Tour et Gravelotte pour rejeter définitivement Bazaine dans l'intérieur du camp retranché de Metz. Ces corps, sous les ordres directs du roi et de M. de Moltke, avaient gagné la sanglante bataille d'Amanvillers. Le 1ᵉʳ corps prussien était demeuré sur la rive droite de la Moselle, en observation devant Metz, sur la route d'Allemagne ; le 4ᵉ corps

Le maréchal Canrobert.

était de même en observation entre Metz et Nancy. L'armée du prince royal s'était arrêtée entre la Moselle et la Meuse, le gros un peu au nord de la route de Pont-à-Mousson à Commercy, attendant l'issue de l'opération entreprise contre l'armée de Bazaine, et prête à servir d'appui, en cas d'échec, à la grande armée du roi. Dès le 19, M. de Moltke, assuré de la retraite de Bazaine entre les forts et les remparts de Metz, prenait son parti avec une promptitude et une décision remarquables. Le télégraphe de campagne transmettait à l'armée du prince royal, en même temps que la nouvelle de la victoire, l'ordre de reprendre sa marche sur Châlons, par Bar-le-Duc. Une nouvelle armée était formée par la réunion, sous les ordres du prince royal de Saxe, du corps de la garde prussienne, du 12 corps (contingent saxon), qui avaient décidé la victoire de la veille, en enfonçant notre droite à Saint-Privat, et du 4° corps, rappelé de son poste d'observation ; on adjoignait à ces troupes deux divisions de cavalerie. La nouvelle armée recevait l'ordre de marcher immédiatement sur Verdun et les défilés de l'Argonne. Elle était forte d'au moins 100,000 hommes d'excellentes troupes, animées de toute la confiance que donne la victoire contre un ennemi vaillant. Le roi et M. de Moltke se disposaient à se porter, avec le grand quartier général, à l'armée du prince royal. Le prince Frédéric-Charles demeurait, avec les sept corps d'armée restants, chargé de contenir Bazaine et de le bloquer dans Metz.

« Le 22 août, le prince de Saxe était entre Conflans et Etain, à sept ou huit lieues de Verdun ; ses avant-gardes de cavalerie passaient déjà la Meuse dès le lendemain. Le prince royal de Prusse atteignait, de son côté, Bar-le-Duc, où le roi et M. de Moltke arrivaient le 23.

« Ainsi, l'ennemi marchait vers Châlons en deux grandes masses : l'une, de 100,000 hommes, par la route directe de

Metz à Paris par Verdun et Châlons ; l'autre, de 170,000 hommes, par la route de Nancy à Châlons et Paris. La distance moyenne qui séparait les deux armées envahissantes était d'environ quinze lieues. C'étaient donc 270,000 combattants qui convergeaient vers l'armée du maréchal Mac-Mahon.

« On sait que les forces de celui-ci ne dépassèrent jamais un effectif réel de 125 à 130,000 hommes. Et malheureusement la qualité des troupes ne suppléait pas à leur infériorité numérique. Le 1er corps, reporté à près de 40,000 hommes, comprenait autant de recrues, incorporées à la hâte, que d'anciens soldats ; ces derniers, plus démoralisés encore par leur longue fuite que par l'écrasement de Reischoffen, y donnaient l'exemple de l'indiscipline et du découragement. Le commandant en chef du 1er corps, le général Ducrot, passait néanmoins pour un général vigoureux et habile ; il était considéré comme tel par ses subordonnés. Le 5e corps, presque aussi démoralisé que le 1er, bien qu'il eût à peine combattu, avait pour chef le général de Failly. La présence de cet officier général discrédité, chansonné par ses hommes, considéré comme absolument incapable, était une réelle calamité. L'Empereur, dont il était la créature, s'obstinait à lui conserver cet important commandement. Le 7e corps présentait un peu plus de solidité ; il avait pour chef le général Félix Douay. Le 12e corps était formé d'éléments bien divers, troupes de ligne, régiments de marche, infanterie de marine. Son chef, le général Lebrun, passait pour un officier de mérite, mais il y avait bien peu de cohésion entre ses divisions. Entreprendre, avec cette armée, de battre en rase campagne un ennemi comptant des forces doubles, très-bien commandées, disposant d'une artillerie incomparablement supérieure, était une aventure bien téméraire. Dans ces conditions, on voit combien était justifiée la résolution prise, le 21 au soir, au quartier général de Reims, de rallier le camp retranché de Paris, dont l'appui pouvait seul égaliser les chances de la lutte. Le 22 août, au moment où M. Rouher arrivait à Paris porteur des proclamations et décrets dont nous avons parlé, la résolution prise était subitement abandonnée. Deux dépêches reçues coup sur coup du maréchal Bazaine servaient de prétexte décisif à l'Impératrice et au ministère pour décider la mise à exécution du plan insensé indiqué la veille dans la dépêche de M. de Palikao.

« Dans la première de ces dépêches, expédiée de Metz, le 19 août, le maréchal avouait, en l'atténuant néanmoins, sa défaite de la veille. Il indiquait sa position entre les forts et les remparts de Metz, dans la vallée de la Moselle, et il ajoutait : « Je compte toujours prendre la direction du nord et me ra-
« battre ensuite par Montmédy sur la route de Sainte-Mene-
« hould et Châlons, si elle n'est pas fortement occupée. Dans
« ce cas, je continuerai sur Sedan et même Mézières pour
« gagner Châlons. »

« La deuxième dépêche, arrivée à peu près en même temps, bien que, au dire d'un témoin oculaire, elle ait été expédiée de Metz le 20 août, à onze heures et demie, était ainsi conçue : « J'ai dû prendre position sous Metz pour faire reposer les
« soldats et les pourvoir de munitions et de vivres. L'ennemi
« autour de moi devient de plus en plus fort. Pour opérer ma
« jonction avec vous, je prendrai probablement la direction du
« nord ; je vous ferai savoir quand je pourrai me mettre en
« marche sans compromettre l'armée. »

« Dès la réception des dépêches de Bazaine, l'Impératrice et ses ministres, M. de Palikao, s'empressèrent de télégraphier à l'Empereur : « Le sentiment unanime du conseil, en présence
« des nouvelles du maréchal Bazaine, est plus énergique que
« jamais. Les résolutions prises hier soir doivent être aban-
« données. Ni décret, ni lettre, ni proclamation, ne devraient

« être publiés (il s'agit des pièces remises à M. Rouher annon-
« çant la retraite de Mac-Mahon sur Paris). Ne pas secourir
« Bazaine aurait à Paris les plus déplorables conséquences...
« Paris sera à même de se défendre contre l'armée du prince
« royal de Prusse... Nous attendons une réponse par télégra-
« phe. » Le jour même, 22 août, 4 heures du soir, l'Empereur répondait : « Nous partons demain pour Montmédy. »

« Cependant, le maréchal Mac-Mahon ne se décidait pas à
entreprendre la marche sur Montmédy sans de graves soucis.
Tout prouve qu'il se rendait un compte assez exact des périls
de l'entreprise, et ne la considérait comme praticable qu'autant que Bazaine, sorti victorieusement de Metz, serait en
mesure de se trouver au rendez-vous. Il n'écrivait pas à
Paris : « Nous partons pour Montmédy, » mais bien : « Je vais
« prendre mes dispositions pour me porter sur l'Aisne. »
C'est-à-dire que le maréchal Mac-Mahon consentait bien à
se risquer jusque vers Vouziers et Rethel, sur l'Aisne, d'où il
conservait encore des lignes de retraite vers Paris, ou, au pis
aller, vers Rouen, par Laon et La Fère, mais qu'il ne jugeait
pas opportun d'aller plus loin avant d'être assuré de la marche
de Bazaine hors de Metz. Mac-Mahon était d'ailleurs si bien
convaincu de la coopération active de Bazaine, qu'il multiplia
les messages et mit tout en œuvre pour lui faire parvenir la
dépêche suivante : « *Mac-Mahon à Bazaine* : Reçu votre dépê-
« che du 19. Suis à Reims ; me porte *dans la direction* de
« Montmédy. Serai après-demain sur l'Aisne, d'où j'agirai,
« *suivant les circonstances,* pour vous venir en aide. » Cette
dépêche aurait été remise au maréchal Bazaine dans le milieu
de la journée du 23, par un agent de police de Thionville, qui
avait réussi à traverser les lignes prussiennes autour de Metz.
Bazaine n'en tint nul compte et se borna à préparer un simu-
lacre de sortie pour le surlendemain 26. Ces circonstances

n'expliquent que trop les tâtonnements et les hésitations du maréchal Mac-Mahon dès qu'il fut parvenu sur l'Aisne.

« L'armée s'était ébranlée de Reims ; le 23 août au soir, elle était sur la Suippes ; le lendemain, elle atteignait la ligne de l'Aisne, où elle campait tout entière le 25. Le 12 et le 5ᵉ corps étaient à gauche vers Rethel ; le 1ᵉʳ corps, au centre, à Attigny ; le 7ᵉ, à droite, à Vouziers. L'armée avait marché rapidement (elle avait fait près de quinze lieues), mais elle s'était éparpillée ; il y avait une journée de marche entre la gauche, à Rethel, et la droite, à Vouziers. Le lendemain, 26 août, le maréchal Mac-Mahon concentra ses troupes un peu au-delà de l'Aisne, de Tourteron à Vouziers, sur une ligne de moitié moins étendue que la veille. Cependant, les Prussiens venaient d'apprendre le mouvement du maréchal. « Sa direction « dut les surprendre, dit un écrivain militaire français, et « modifier leurs projets ; *mais elle les ravit de joie...* ils étaient « presque sûrs de couper notre retraite sur Paris, d'empêcher « notre marche sur Metz, et de nous acculer contre les petites « places du Nord, dans cette étroite bande de terre entre la « Meuse et la frontière, où la proximité de la Belgique nous « ôtait toute liberté d'action. » Sur-le-champ, le prince royal changea la direction de ses colonnes ; ses avant-gardes de cavalerie, qui avaient déjà atteint Châlons et dépassé la Marne, vers Paris, se rabattirent au nord ; le gros des forces, laissant Châlons à gauche, remonta rapidement vers Suippes pour, de là, suivre la grande route de Vouziers ; l'arrière-garde, qui avait à peine dépassé Bar-le-Duc, prit également la route de Vouziers par Sainte-Menehould et Montbois. Le prince de Saxe venait dans la même journée du 24 de tenter une surprise, sur la place de Verdun, vaillamment défendue par la garde nationale et la garnison. Dès le lendemain, prévenu de la marche de Mac-Mahon, il passait la Meuse, au nord de Verdun, avec une portion de ses forces, et dirigeait les autres sur Dun et Stenay, afin de couper sur ce dernier point le passage à une armée qui aurait suivi la route directe de Vouziers à Montmédy. Ainsi, 270,000 hommes, manœuvrant avec ensemble, menaçaient Mac-Mahon de front, de flanc, et sur sa ligne de communication. Les avis de la marche des Prussiens ne manquèrent pas au maréchal.

« Cependant, Mac-Mahon, anxieux, attendant vainement quelque indice de la marche de Bazaine, avançait à peine au-delà de l'Aisne. Il mettait deux jours à franchir les trois lieues qui séparent la ligne de Tourteron-Vouziers de celle du Chesne-Populeux à Boult-aux-Bois. Ce mouvement, si mesuré fût-il, était déjà téméraire. La ligne de communication avec Paris, par Rethel et Reims, était découverte; celle, plus excentrique mais infiniment précieuse, de Rethel à Laon était compromise. Le 27, une reconnaissance de cavalerie, portée sur Buzancy, petite ville située à mi-chemin de Vouziers à Stenay, se heurtait contre l'avant-garde du 12ᵉ corps (saxon). Le même jour, de nombreuses dépêches signalaient la marche du prince royal, se rabattant sur le flanc droit et les derrières de Mac-Mahon. Le sous-préfet de Vouziers donnait des indications fort précises. Des forces évaluées à 120,000 hommes apparaissaient, mandait-il, vers Sommepy, à six lieues à peine de l'arrière-garde de Mac-Mahon.

« Ce soir-là, 26 août, l'armée française bivouaquait dans l'ordre suivant : le 1ᵉʳ corps à Voncq, près d'Attigny, sur l'Aisne; le 7ᵉ, près de Vouziers; le 12ᵉ, près du Chesne-Populeux; le 5ᵉ, à Châtillon, deux lieues à droite du Chesne. Le 1ᵉʳ et le 7ᵉ corps campaient respectivement à trois lieues en arrière du 12ᵉ et du 3ᵉ. — Du côté des Allemands, l'armée du prince de Saxe (4ᵉ corps et garde royale prussienne, avec le contingent saxon, formant le 12ᵉ corps) se trouvait de ce côté-ci de la Meuse, entre Nouart et Beaumont ; ils étaient maîtres des passages de cette rivière entre Dun et Stenay, sur la route directe de Rethel et Vouziers à Montmédy. Cette armée touchait, par ses avant-postes, à la droite de Mac-Mahon. La grande armée du prince royal de Prusse, avec laquelle marchaient le roi et M. de Moltke, se liait déjà par sa droite (1ᵉʳ et 2ᵉ bavarois), avec les Saxons, vers Buzancy et Nouart; cette colonne était venue par les routes de Clermont et Sainte-Menehould à Grand-Pré ; le 5ᵉ prussien et les Wurtembergeois s'engageaient dans la forêt de Boult, appuyant les Bavarois, à gauche de Buzancy; vers Vouziers, enfin, et le Chesne-Populeux, s'avançaient les 11ᵉ et 6ᵉ corps prussiens. La cavalerie de ces derniers corps poussait à gauche ses éclaireurs vers Rethel, afin de couper le chemin de fer de Reims à Mézières, par lequel se ravitaillait l'armée de Mac-Mahon.

« Le maréchal comprit l'imminence du péril. Plus de 260,000 hommes dessinaient autour de lui un vaste demi-cercle, le poussant vers la frontière belge, et interceptant, l'une après l'autre, toutes les routes qui reliaient l'armée à Paris et à l'intérieur de la France. Il était encore à trois jours de marche de Montmédy, à huit jours de Metz. Si Bazaine, victorieux, ne débouchait pas enfin sur Montmédy, aller plus loin devenait chose insensée. Aussi, dans l'après-midi du 27, Mac-Mahon envoyait-il dans diverses directions la dépêche suivante :

« Le Chesne, 27 août, 3 h. 25 m., soir.

« Je vous prie d'employer tous les moyens possibles pour
« faire parvenir au maréchal Bazaine la dépêche suivante :
« *Le maréchal Mac-Mahon, au Chesne, au maréchal Bazaine.*
« Maréchal Mac-Mahon prévient maréchal Bazaine que
« l'arrivée du prince royal à Châlons le force à opérer, le 29,

« sa retraite sur Mézières, et de là à l'ouest, s'il n'apprend pas
« que le mouvement de retraite du maréchal Bazaine soit
« commencé. »

« Quelques heures plus tard, le maréchal télégraphiait à Paris, au ministre de la guerre, dans les termes suivants :

« Le Chesne, 27 août 1870, 8 h. 30 m. soir.

« Les 1re et 2e armées, plus de 200,000 hommes, bloquent
« Metz, principalement sur la rive gauche ; une force évaluée à
« 50,000 hommes serait établie sur la rive droite de la Meuse
« pour gêner ma marche sur Metz. Des renseignements annon-
« cent que l'armée du prince royal de Prusse se dirige aujour-
« d'hui sur les Ardennes avec 50,000 hommes ; elle serait
« déjà à Ardeuil. Je suis au Chesne avec un peu plus de 100,000
« hommes. *Depuis le 19, je n'ai aucune nouvelle de Bazaine ;*
« si je me porte à sa rencontre, je serai attaqué de front par
« les 1re et 2e armées, qui, à la faveur des bois, peuvent dérober
« une force supérieure à la mienne ; en même temps attaqué
« par l'armée du prince royal de Prusse, me coupant toute
« ligne de retraite. Je me rapproche demain de Mézières, d'où
« je continuerai ma retraite, selon les événements, vers
« l'ouest. »

Le maréchal Mac-Mahon envisageait très-justement les conséquences fatales d'une nouvelle marche dans la direction de Metz. Quelle eût donc été son opinion, s'il avait su que ce n'étaient pas seulement 50,000, mais bien 100,000 Prussiens qui l'attendaient sur la Meuse, et que ce n'était pas avec 50,000, mais bien avec 160,000 hommes, que le prince royal de Prusse marchait vers les Ardennes, pour lui couper toute retraite !

Ainsi, les deux illusions sur lesquelles avait reposé le plan de marche vers Metz par Montmédy étaient dissipées : non-seulement Bazaine n'était pas sorti par les routes du Nord, et n'était pas en mesure de donner la main à Mac-Mahon, mais il n'avait pas bougé du camp retranché de Metz ; non-seulement le prince royal de Prusse n'avait pas continué sa marche sur Paris sans s'inquiéter de Mac-Mahon, mais il était déjà sur le point de lui couper toute retraite. D'ailleurs, si étrange que la chose puisse paraître, il est certain que cette situation des armées de Bazaine et de Mac-Mahon était connue dans toute l'Europe et, même en France, des personnes qui prenaient la peine de lire les correspondances et dépêches des journaux allemands et anglais. On savait que depuis le 19 août l'armée de Bazaine n'était pas sortie du rayon des forts de Metz, qu'elle n'avait pas même tenté de le faire ; que, d'autre part, le roi et M. de Moltke, quittant la ligne de Paris, avaient porté leur quartier général de Bar-le-Duc à Clermont-en-Argonne, ce qui indiquait clairement le changement de front vers les Ardennes, exécuté par la grande armée d'invasion. Le gouvernement français, le ministère, l'état-major général étaient seuls à l'ignorer. Les critiques militaires des grands journaux anglais, ne concevant pas la possibilité d'un aussi coupable aveuglement, se demandaient si, par impossible, le gouvernement impérial ne tenait pas en réserve quelque armée inconnue, prête à déboucher sur un point du vaste échiquier où se jouait le sort de la France, ou si tous leurs correspondants ne les avaient pas trompés, en assurant que Mac-Mahon ne disposait pas de plus de 120,000 hommes ?

La dépêche de Mac-Mahon annonçant la retraite vers Mézières avait été expédiée du Chesne, le 27 août, à huit heures et demie du soir. M. de Palikao ne perdait pas un instant pour y répondre. Deux heures et demie après, le 27 août, à onze heures du soir, il télégraphiait à l'Empereur :

« Si vous abandonnez Bazaine, la révolution est dans Paris,

« et vous serez attaqué vous-même par toutes les forces de l'en-
« nemi. Contre le dehors Paris se gardera. Les fortifications
« sont terminées. Il me paraît urgent que vous puissiez par-
« venir rapidement jusqu'à Bazaine. Ce n'est pas le prince
« royal de Prusse qui est à Châlons, mais un des princes,
« frère du roi de Prusse, avec une avant-garde et des forces
« considérables de cavalerie. Je vous ai télégraphié ce matin
« deux renseignements qui indiquent que le prince royal de
« Prusse, sentant le danger auquel *votre marche tournante*
« *expose et son armée et l'armée qui bloque Bazaine*, aurait
« changé de direction vers le nord. Vous avez au moins
« trente-six heures d'avance sur lui, peut-être quarante-huit
« heures. Vous n'avez devant vous qu'une partie des forces qui
« bloquent Metz et qui, vous voyant vous retirer de Châlons à
« Reims, s'étaient étendues vers l'Argonne. Votre mouvement
« sur Reims les avait trompées, comme le prince royal de
« Prusse. Ici tout le monde a senti la nécessité de dégager Ba-
« zaine, et l'anxiété avec laquelle on vous suit est ex-
« trême. »

Le 28 août, le gouvernement, ne jugeant pas la dépêche de la veille suffisante pour vaincre les scrupules du maréchal Mac-Mahon, chargeait M. de Palikao de lui télégraphier la supplication suivante : « Au nom du conseil des ministres et
« du conseil privé, je vous demande de porter secours à Ba-
« zaine en profitant des trente heures d'avance que vous avez
« sur le prince royal de Prusse. Je fais porter le corps de
« Vinoy sur Reims. »

Pour le malheur de la France, le maréchal de Mac-Mahon se rendit à ces injonctions.

Cette fois-ci le sort en est jeté, et l'on se précipite à grands pas vers la catastrophe inévitable.

« Le danger, bien qu'immense, dit M. Delaunay, dans sa

Campagne de France, puisqu'il rassemblait contre nous des forces doubles, n'était pas cependant au-dessus de l'ancienne bravoure française. Mainte fois on avait vu, dans des situations en apparence plus désespérées, nos intrépides soldats, par la rapidité et l'imprévu de leurs coups, déconcerter l'ennemi et surmonter les obstacles. Mais tout concourait à paralyser l'armée de Châlons : service défectueux de l'intendance, discrédit des officiers et des généraux, mérité ou immérité ; pluies torrentielles qui survinrent tout à coup et rendirent les campements pénibles et les routes impraticables ; marches et contre-marches, ordres donnés, puis retirés, puis donnés de nouveau. Tout, jusqu'au spectacle irritant du luxe impérial, contribua à rendre la victoire de l'ennemi plus facile et notre désastre plus certain. « Jamais je n'ai rien vu de si triste, de si navrant que cette marche, dit un aumônier de la deuxième ambulance. Ce n'était plus cette discipline mâle, vigoureuse, ce silence dans les rangs ou ces chants guerriers et sages qui indiquent la confiance dans les chefs, la confiance en soi-même. C'étaient des cris, des vociférations, des malédictions, des blasphèmes, des chants bachiques ou obscènes, des hurlements de la *Marseillaise*, indices du découragement et de l'insubordination. Dans les nombreuses haltes que nous dûmes faire, on entendait des orateurs de carrefour maudire les chefs, maudire le Gouvernement qui abandonnait la ligne de défense naguère placée entre Châlons et Vitry, maudire l'Empereur, accusé d'entraver la marche par ses voitures et ses équipages culinaires, accusé de paralyser l'action des généraux... Pourquoi, ajoutaient-ils, pourquoi marcher sur Reims ? Pourquoi ne pas aller droit sur Verdun, afin de gagner au plus tôt Metz, par Étain et Briey ? Pourquoi éviter les grandes voies de communication et s'embourber dans les chemins de traverse avec les canons et les mitrailleuses ? Comment se fait-il que nos officiers d'état-major, au lieu d'avoir de bonnes cartes et de connaître le pays où nous avançons, s'enquièrent du chemin auprès des paysans, qui les trompent parfois sciemment ?

« Ce langage nous inspira une profonde douleur. Un spectacle affreux nous attendait quand nous quittâmes la grande route pour nous rendre à Hentrégiville, où nous devions nous arrêter. Partout des soldats débandés, ivres, couchés sur les chemins, se livrant à des propos, des lazzis, des gestes, des danses ignobles. Le cœur était soulevé de dégoût à la vue de ces traînards. »

Le 28 août, Mac-Mahon télégraphie au général de Failly : « Il est de la plus haute importance que nous traversions la Meuse le plus tôt possible. Poussez donc dans la direction de Stenay, aussi loin que vous pourrez. Le général Douay, qui vous suit, a été invité à suivre votre dernière colonne : il campera au-delà de Bar. Si l'ennemi vous force à quitter momentanément la grande route, faites le connaître au général Douay, pour que sa tête de colonne prenne la même direction. Nous marchons sur Montmédy pour délivrer le maréchal Bazaine. Attendez-vous demain à rencontrer une vive résistance pour enlever Stenay. Je pars pour Stone. »

Pour obéir à ces instructions, le général de Failly se dirige vers Stenay, mais en contournant les hautes positions de Chaumont, occupées par l'ennemi. Malgré l'ordre qu'il en a reçu, le général Douay ne peut lui prêter aucun concours, ses troupes étant fatiguées, et son arrière-garde se trouvant constamment aux prises avec l'ennemi. Ce contre-temps ne retarde pas moins la marche que la pluie qui tombe à torrents et qui ne permet à l'artillerie et à la cavalerie que d'avancer à grand'peine. Le lendemain, 29 août, de Failly qui a dirigé ses troupes en deux colonnes marche sur Beaufort; mais à peine a-t-il commencé son mouvement que la cavalerie et l'infanterie de l'ennemi débouchent des bois où elles étaient cachées et viennent nous attaquer, tandis que l'artillerie fait pleuvoir sur nous une grêle d'obus du haut du plateau de Nouart, à une distance de plus de 3 kilomètres. Nous résistons et nous parvenons à nous établir sur le plateau de Bois-des-Dames, mais sans cesser d'être harcelés par les troupes saxonnes. Sur ces entrefaites, Mac-Mahon fait dire au 5ᵉ corps de remonter plus au nord pour échapper au prince royal ; malheureusement, l'officier porteur de la dépêche est pris par l'ennemi, et l'ordre, au lieu d'être remis le 28, n'arrive que le 29. Il en résulta un jour de retard, et le 30, au lieu d'avoir passé la Meuse, de Failly n'était qu'à Beaumont, où il se laisse surprendre et battre par l'ennemi. Voici le récit de cette journée, prélude de celle de Sedan, fait par le général de Wimpffen :

« Le 5ᵉ corps se trouvait, le soir du 29 août, en avant-garde et aussi près de Mouzon que le 1ᵉʳ corps. Il était en conséquence fort urgent que son chef, se pénétrant bien de la situation des choses, fît faire bonne garde, le combat du matin ne pouvant lui laisser aucun doute sur la présence et la marche de l'ennemi. Cependant aucune sérieuse précaution ne fut prise. Les régiments, les brigades, les corps arrivèrent à Beaumont, sans ordre, en pleine nuit, s'établirent comme ils purent autour de cette petite ville, comptant les uns sur les autres, sans former de grand'gardes, sans envoyer de reconnaissances de cavalerie, absolument comme si l'on était à cent lieues de l'ennemi, tandis qu'on avait laissé l'avant-garde allemande, on ne pouvait l'ignorer, à une dizaine de kilomètres en arrière.

« Les bataillons et les régiments des trois divisions, ainsi confondus, s'endormirent paisiblement. Les hommes étaient fatigués de la journée. Vers huit heures du matin, le rapport annonça une distribution de pain pour une heure de l'après-midi. Il semblait dès lors qu'on ne dût pas bouger jusqu'à ce moment et qu'on n'avait rien à craindre de l'armée allemande. On ne donna pas l'ordre de démonter les armes ; mais les soldats, ayant tiré la veille, les nettoyèrent, et cela sans que personne eût la pensée de le défendre, tant la quiétude des chefs paraissait à chacun l'indice de la plus parfaite sécurité. L'appel devait être fait à midi dans les régiments. Les rangs étaient ouverts par compagnie, et l'on ne s'attendait à rien. On commandait le service, les officiers inspectaient leurs hommes comme en pleine paix, à la caserne. Les généraux, le général en chef achevaient paisiblement leur déjeuner. Quelques bataillons rompaient les rangs, lorsque tout à coup un obus arrive en plein dans le camp, on ne sait d'où. Une fois encore, on fut surpris comme on l'avait été déjà en tant d'occasions, depuis le commencement de la campagne. Or, en cette circonstance, une surprise devait avoir les conséquences les plus désastreuses.

« Le 5ᵉ corps se voyant attaqué par l'armée entière du prince de Prusse, l'anxiété y devient générale, chacun comprend que nulle disposition n'est prévue pour le combat. Sur la droite, on aperçoit bientôt des nuages de fumée couvrant les bois de Belle-Volée ; c'est l'artillerie allemande qui ouvre son feu. Les régiments qui se trouvent près de Beaumont se replient et vont occuper les hauteurs en arrière, hauteurs sur lesquelles ils auraient dû être établis, sinon depuis la veille, du moins depuis l'aurore. Les 11ᵉ, 46ᵉ, 68ᵉ de ligne et le 4ᵉ bataillon de chasseurs à pied des divisions Goze et de Lespart, campés en avant du village, attendent des ordres qui ne leur arrivent pas et se forment de leur mieux. L'artillerie du 5ᵉ corps, placée du côté de l'arrivée des Prussiens, est compromise. Il faut à tout prix défendre le matériel et le mettre en sûreté.

« En un instant, les bois situés en avant de Beaumont vo-

CHAPITRE IV.

missent les balles, la mitraille et les obus. Les 11ᵉ et 46ᵉ de ligne (brigade Grenier) se déploient à la gauche du 68ᵉ, de la brigade de Fontanges. Le 4ᵉ chasseurs à pied se jette en avant et à droite. Les feux de pelotons et à volonté sont ordonnés, car l'ennemi commence à sortir du bois. La hausse est mise à 600 mètres. Les premiers coups portent juste, les Prussiens rentrent dans les bois; mais bientôt ils ressortent en masses profondes et abordent la ligne française, après avoir mis près de trois quarts d'heure à parcourir les 600 mètres qui les en séparent. Pendant tout ce temps, ils sont sous le feu violent des régiments déployés; mais, pendant ce temps aussi, leur artillerie ne cesse de couvrir d'obus notre ligne qu'elle prend d'écharpe.

« L'artillerie du 5ᵉ corps, occupée à harnacher et à atteler ses chevaux, n'ayant pas encore pris position, ne peut répondre aux pièces allemandes. Un instant, quelques bataillons se lancent inconsidérément à la baïonnette sur l'ennemi qui continue à marcher en avant. Ils éprouvent des pertes considérables avant d'avoir pu aborder les colonnes d'attaque.

« Ces bataillons battent en retraite, abandonnent les positions qu'ils ont quittées et aussitôt le mouvement rétrograde commence par la gauche. L'ennemi en profite pour tourner cette gauche. Alors la retraite devient une déroute. Les hommes se retirent en désordre, les uns sur Beaumont, les autres par la route de la Meuse, dans la direction de Mouzon. Le village est abandonné; les Allemands l'occupent. Le 11ᵉ de ligne laisse sur le champ de bataille trente-cinq officiers tués ou blessés, le 68ᵉ vingt-six. Le 4ᵉ bataillon et le 46ᵉ éprouvent des pertes aussi considérables. Nos soldats avaient épuisé leurs quatre-vingt-dix cartouches. Ils avaient dû faire beaucoup de mal à l'ennemi, tirant à genoux sur des colonnes profondes.

« Les corps que je viens de citer couvrent la retraite tant bien

CHAPITRE IV. 139

que mal, parviennent jusqu'au sommet de la crête couronnant Mouzon et ne commencent à être à l'abri des projectiles de l'artillerie prussienne qu'après avoir franchi les deux premiers tiers de la montagne. Ils aperçoivent alors le 7e corps, qui, au bruit du canon, a marché d'Oches à la Meuse. Ce corps essaie de tenir, mais ne pouvant résister aux masses qui continuent à prononcer vigoureusement leur attaque, les divisions de ce 7e corps se mettent à leur tour en retraite, franchissent le pont de Mouzon et s'abritent derrière l'infanterie de marine du 12e corps et derrière l'artillerie du général Lebrun. Ce dernier défend le passage de la rivière avec énergie et intelligence. Le soir du 30 août, toute l'armée reçoit l'ordre de se replier sur Sedan, par Carignan et Brévilly, rive gauche de la Chiers.

« Les débris du 5e corps arrivent à Sedan, le 31 août, à quatre heures du matin. »

Tel avait été le fatal combat de Beaumont.

Le même jour, la division Conseil-Dumesnil, du 7e corps, attaquée par les Bavarois qui suivaient de près le 4e corps prussien, était également mise en déroute et troublait, par sa fuite désordonnée, le 7e corps que le général Douay avait grand'peine à conduire vers Remilly. Le désarroi de cette triste journée équivalait à une sérieuse défaite.

Le général de Wimpffen, qui venait pour succéder au général de Failly et prendre le commandement du 5e corps, nous décrit ainsi le spectacle qui s'offrait à ses yeux à l'issue de la bataille de Beaumont :

« J'appris que le maréchal avait dû déjeuner à Mouzon. Je m'empressai d'en prendre la route d'autant plus volontiers que, sur ma gauche et de ce côté, je commençais à entendre le canon et, bientôt après, en me rapprochant, une vive fusillade. Je traversai Mairy et bientôt j'arrivai à Amblimont. Il était environ quatre heures lorsque j'atteignis ce dernier village, d'où je pus assister à une déroute complète de nos malheureux soldats. Un nombre considérable de fantassins marchaient sans ordre et comme des tirailleurs, en grandes bandes, occupant une vaste surface. Je me hâtai de descendre dans la plaine pour arrêter ce désordre et interpeller ces fuyards. J'eus de la peine à m'en faire comprendre. En vain, je leur criais : — Mais, malheureux, regardez donc derrière vous, le canon de l'ennemi est encore loin. Vous n'avez rien à en redouter. Ils ne m'écoutaient pas. Je réussis enfin à en arrêter quelques-uns et à les rassurer tant bien que mal. Peu à peu cet exemple fut suivi. Voyant alors venir à moi le général Conseil-Dumesnil, je l'engageai à prendre des positions favorables en avant d'Amblimont avec un régiment qu'il était parvenu à rallier. J'espérais qu'il pourrait ainsi protéger les hommes en déroute de tous les corps d'armée, qui continuaient à affluer de ce côté. En même temps, je n'hésitai pas à adresser de vives observations à plusieurs membres de l'intendance qui semblaient attendre qu'on leur indiquât s'ils devaient rester en place ou avancer.

« Des voitures de bagages de tous les corps commençaient à s'agglomérer sur la route, ne sachant où se rendre. Je donnai l'ordre à des gendarmes, qui se trouvèrent sous ma main, de les faire marcher le plus rapidement possible. Je les dirigeai, à tout hasard, sur Mairy et Douzy. Au moment où j'étais occupé à mettre un peu d'ordre partout, des équipages de la maison de l'Empereur débouchèrent près de moi, prétendant que tout le monde devait s'arrêter pour leur livrer passage. Je leur intimai l'ordre formel de profiter de la bonté de leurs attelages pour enfiler bien vite un chemin de traverse sur la droite.

« Je reconnus ensuite moi-même une forte position défensive en avant du village de Mairy. J'y dirigeai tous les hommes isolés que je pus atteindre, et je ne tardai pas à avoir là sous mon commandement le 27ᵉ de ligne du 5ᵉ corps, le 99ᵉ du 7ᵉ, le 58ᵉ du 12, et quelques régiments de cavalerie de la division Ameil du 7ᵉ corps. En outre, quelques centaines d'hommes appartenant à divers régiments du 1ᵉʳ corps se joignirent à ces troupes. Chose assez curieuse, ces derniers obéissaient à un officier d'administration dont le nom m'échappe. Tous ces malheureux mouraient de faim, nulle distribution n'ayant été faite. Je fis prendre sur les voitures quelques caisses de biscuit qu'on leur distribua. Cette agglomération de soldats de trois corps donnera, mieux que je ne le pourrais faire, l'idée du désordre qui existait dans l'armée, le 30 août, à la suite de l'affaire de Beaumont. J'écrivis, et je tentai de faire parvenir au maréchal plusieurs billets pour le prévenir de mon arrivée et lui apprendre qu'ayant pu réunir quelques milliers d'hommes j'étais en position, à leur tête. Vers neuf heures, on m'apporta l'ordre de battre en retraite sur Sedan.

« Mes troupes et moi nous eûmes beaucoup de peine à atteindre cette ville. La route était, comme dans la journée, encombrée de voitures. La cavalerie et l'artillerie principalement se trouvaient arrêtées à chaque pas. Voilà ce qui explique comment il se fait que plusieurs régiments de cavalerie sont entrés ce soir-là en Belgique sans s'en douter, ayant cherché des chemins de traverse et pris de fausses directions pour arriver aux portes de la ville. C'est ainsi que la division de cavalerie Brahaut, restée en dehors des lignes d'investissement des armées allemandes, a pu revenir en partie en France, sans coup férir, moins son général qui a été enlevé ; et que la brigade Septeuil du 1ᵉʳ corps a pénétré sur le territoire belge, ainsi que d'autres fractions de l'armée française dont le nombre, au dire des habitants de ce pays neutre, ne s'élèverait pas à moins d'une dizaine de mille hommes. Ce fait a privé l'armée d'un appoint assez considérable à la bataille du 1ᵉʳ septembre. Il est peu probable toutefois que ces dix mille combattants eussent pu influer sur le sort définitif de la journée. »

« Il n'y avait plus à songer maintenant à la marche vers Montmédy, ajoute M. Eugène Ténot. Une seule chance de salut demeurait à cette armée : c'était de devancer les Prussiens sur la route de Mézières et de gagner cette place à marches forcées, même au prix du sacrifice d'une portion du matériel et de quelques milliers de traînards. De Mouzon ou de Carignan à Sedan, il y a cinq lieues au plus ; de Sedan à Mézières, la distance est un peu moindre. Les corps prussiens les plus rapprochés de la route de Mézières étaient le 5ᵉ et le 11ᵉ, arrivés, ce soir même, 30 août, à Chemery et Saint-Aignan, à deux et trois lieues de Sedan. Il n'était pas absolument impossible de les gagner de vitesse.

« La ville de Sedan est située sur la rive droite de la Meuse, au fond de la vallée. Les remparts de la place sont sans importance, dominés à droite et à gauche par de hautes collines, à bonne portée de canon, même avec l'artillerie ancienne. C'est ce que nos ingénieurs militaires appellent un « nid à bombes. » Les Allemands l'ont qualifiée de « fond de marmite. » La Meuse, devant Sedan, coule dans la direction du nord-ouest ; à une lieue en aval de la petite ville, la rivière fait un coude brusque et revient presque sur ses pas, décrivant une forte boucle, puis reprend à peu près sa direction générale au nord-ouest. Au sommet de la boucle, près du village de Saint-Menges, la Meuse baigne le pied des coteaux boisés qui s'étendent entre la vallée et la frontière belge. La distance de ce point à la frontière n'est pas de sept kilomètres. De la ville même de Sedan en Belgique, on compte seulement onze kilomètres par la grande route, dont six en forêt. Ces chiffres permettent de se rendre compte de l'étendue du terrain où notre armée se trouvait confinée. Toutes nos troupes, en effet, étaient rejetées sur la rive droite de la Meuse, entre cette rivière et la Belgique. Une bonne route et divers chemins forestiers permettaient de défiler de Sedan vers Mézières, par la rive droite de la rivière, à la condition de dépasser promptement l'étranglement signalé ci-dessus, entre le sommet de la boucle de la Meuse et la frontière belge. En devançant, même de peu de temps, les Prussiens à Mézières, l'armée avait de grandes chances de salut. Sans compter la voie ferrée qui relie Mézières à Paris par Laon, et que l'ennemi ne pouvait intercepter promptement, plusieurs routes rayonnaient vers l'intérieur, surtout dans les directions d'Amiens ou de Lille.

« Le plus important pour notre armée était donc de franchir au plus tôt le coude de la Meuse; après quoi, il suffisait de quelques heures de marche pour gagner Mézières, par les villages de Vrigne-au-Bois, Vivier, Lume. Que le maréchal Mac-Mahon ait eu l'intention de gagner Mézières, le fait n'est pas douteux ; il suffit de se reporter, pour s'en convaincre, à ses dépêches du 27, lorsque déjà il considérait cette direction comme son unique voie de retraite. Mais il n'est pas moins certain que, le 31 août, le maréchal ne pensait pas qu'il y eût lieu de se hâter.

« Le général Ducrot, commandant en chef du 1er corps, qui comprenait parfaitement l'urgence d'une marche rapide vers Mézières, ne recevant aucun ordre, le 31 août au matin, prit sur lui d'ordonner à ses troupes de gagner avant la nuit le plateau d'Illy, au nord de Sedan, excellente position dominant la boucle de la Meuse et le chemin de Mézières par Vrigne-au-Bois. Il prévint le maréchal de son mouvement. Celui-ci répondit en lui ordonnant de ramener ses troupes sur Sedan, et lui indiquant sa ligne de bataille, à l'est de cette ville, à la droite du 12e corps, le long du ravin de Givonne, ce qui impli-

quait l'intention de faire séjour ou de livrer bataille à Sedan.
Le général Ducrot obéit, mais, écrit-il, « avec rage. » On ne
saurait expliquer la résolution du maréchal Mac-Mahon que
par une fausse appréciation des forces ennemies réunies contre
lui, qu'il croyait peut-être encore, comme il l'avait cru le 27
août, n'être pas de beaucoup supérieures à 100,000 hommes.

« Le 1ᵉʳ septembre, à la pointe du jour, l'armée française
formait autour de Sedan un vaste demi-cercle. Le gros de nos
forces, 12ᵉ et 1ᵉʳ corps, s'étendait, des bords de la Meuse, vers
Bazeilles et Balan, le long du vallon de Givonne, jusqu'aux bois
de la Garenne, vers le point où la route de Belgique s'engage
dans les forêts qui séparent la banlieue de Sedan de la frontière. Les débris du 5ᵉ corps demeuraient en réserve, un peu
en arrière. Le 7ᵉ corps (général Douay) était placé de l'autre
côté de la ville, le front perpendiculaire à la route de Mézières,
sa gauche à la Meuse, sa droite se reliant, par le bois de la
Garenne, à la gauche du 1ᵉʳ corps. Le plateau d'Illy, clef du
champ de bataille, et le calvaire d'Illy, point culminant d'une
grande importance, étaient à peine occupés.

« L'état-major allemand, plein de confiance, maître des
ponts de la Meuse et du Chiers, malgré le brillant combat
livré, le 31, par notre 12ᵉ corps, conçut un plan d'une extrême audace. Il ne s'agissait plus seulement de couper toute
retraite à notre armée vers l'intérieur de la France et de la réduire à se jeter en Belgique, mais bien de lui couper cette dernière voie, de l'envelopper de toutes parts, et de la forcer à
mettre bas les armes. La grande supériorité numérique des
Prussiens leur permettait, sans trop de témérité, d'essayer une
aussi prodigieuse opération de guerre ; mais cette supériorité
numérique n'était pas telle que l'opération dût infailliblement
réussir. Un général habile, secondé par des chefs de corps
énergiques, eût trouvé, dans cet excès d'audace, quelque moyen

Après la bataille.

de faire expier à l'ennemi une telle présomption. Notre armée, il ne faut pas l'oublier, comptait encore 90,000 combattants valides.

« Voici les dispositions qui furent adoptées par les Prussiens: Les deux corps bavarois et le 4ᵉ corps prussien furent chargés d'attaquer de front nos positions, sur la route de Sedan à Montmédy. De forts détachements devaient en même temps occuper les hauteurs de Vadelincourt et de Frénois, sur la rive gauche de la Meuse, en face de Sedan. Les Saxons et la garde royale prussienne devaient se porter, à travers bois, sur le haut du vallon de Givonne, de manière à couper la route de Belgique et à gagner la position culminante d'Illy. Ces mouvements effectués, il n'y avait plus, pour compléter le cercle, qu'à couper la route de Mézières par Vrigne-au-Bois, en occupant les hauteurs de Saint-Menges et Fleigneux, au sommet du coude de la Meuse. M. de Moltke confia ce soin aux 11ᵉ et 5ᵉ corps prussiens, qui devaient passer la Meuse à Donchéry (une lieue au-dessous de Sedan), ayant pour soutien le contingent wurtembergeois. Le 6ᵉ corps constituait la réserve générale. Il était d'ailleurs fort éloigné du champ de bataille.

« Le 1ᵉʳ septembre, à la pointe du jour, les Allemands commencent l'attaque, au village de Bazeilles, sur la route de Sedan à Montmédy. Un brouillard épais couvrait la vallée. Il se dissipe peu à peu, et le combat s'engage avec violence. A sept heures du matin, le maréchal Mac-Mahon, qui s'était porté de sa personne vers Bazeilles, fut grièvement blessé d'un éclat d'obus. Il fallut l'emporter du champ de bataille. Le maréchal ordonna que le commandement en chef fût remis au général Ducrot, commandant du 1ᵉʳ corps. L'Empereur, averti, approuva cette résolution.

« Le général Ducrot était pénétré de la nécessité de gagner au plus tôt la route de Mézières, sous peine d'exposer l'armée à la plus épouvantable catastrophe. A l'heure où il fut investi du commandement en chef, cette nécessité apparaissait encore plus impérieuse à ses yeux. Des masses prussiennes défilaient déjà sur sa gauche pour couper la grande route de Belgique ; un billet du maire du village de Villers-Cernay venait de lui être remis, l'avertissant du passage de forces considérables dans cette direction. C'était la garde royale prussienne en train d'exécuter la tâche que lui avait assignée M. de Moltke. Le général Ducrot donna immédiatement des ordres formels pour que toute l'armée se portât, sans perdre une minute, sur le plateau d'Illy. Cette position capitale n'était pas encore occupée par l'ennemi. Si l'armée l'atteignait à temps, il y avait quelques chances de percer vers Mézières, en culbutant le 11ᵉ corps prussien, parvenu seul, à cette heure, au coude de la Meuse. Au cas le plus désespéré, les routes forestières laissaient un refuge assuré vers la Belgique. »

Le mouvement ordonné par le général Ducrot commençait à s'exécuter, lorsqu'arriva l'incident le plus funeste, le plus inattendu et le plus digne de couronner cette campagne qui avait vu commettre tant de fautes incroyables. Le général de Wimpffen, arrivé de la veille à l'armée du Rhin pour remplacer de Failly dans le commandement du 5ᵉ corps, sortit de sa poche un ordre du ministre de la guerre qui le nommait général en chef dans le cas où un accident imprévu éloignerait Mac-Mahon du champ de bataille, et réclama le commandement. Comme sa manière de voir était toute différente de celle du général Ducrot, il fit suspendre le mouvement ordonné par celui-ci et en prescrivit un autre, ce qui augmenta le désarroi qui commençait déjà à régner. Le général de Wimpffen a dit, pour se justifier de cette conduite sans précédent, qu'il regardait comme honteux pour notre armée de s'enfuir quand elle pouvait encore remporter un avantage décisif ;

ce qui est complétement inexact, comme on peut le voir d'après le rapport de l'armée allemande, qui nie, non-seulement la possibilité d'une victoire de notre part, mais encore celle d'une retraite. Le général Ducrot prétend que M. de Wimpffen, qui ne connaissait pas le champ de bataille, qui ne comprenait pas l'importance du plateau d'Illy, voyant le 12e corps remporter à Bazeilles quelque avantage sur les Bavarois, crut que la bataille était en bonne voie et réclama le commandement pour recueillir l'honneur d'une victoire. Nous ne pouvons juger des intentions ; mais celles du général Wimpffen eussent-elles été aussi désintéressées, aussi patriotiques qu'il le prétend, il n'en a pas moins commis l'action la plus blâmable, la plus inouïe qui se vit jamais. Voilà un homme qui est tout nouvellement arrivé, qui ne connaît ni l'armée, ni le plan de Mac-Mahon, et qui s'empare du commandement au milieu de l'action même, la gêne et la trouble par la transformation complète qu'il lui fait subir, dans ce moment décisif où pas une minute n'est à perdre ! Il y a là ou folie ou ambition criminelle, et une large part de responsabilité retombe sur le général Wimpffen. Mais laissons-lui la parole, c'est lui qui va nous raconter la fin de cette fatale journée :

« A la vue du mouvement de retraite que nos troupes exécutaient et exécutaient mal, dès son début, je résolus de tout tenter pour éviter l'affreux malheur que je prévoyais. J'écrivis à huit heures et demie du matin au général Ducrot le billet suivant : « L'ennemi faiblit sur notre droite, je ne pense pas que, dans cette condition, il y ait lieu de battre en retraite ; j'envoie la division Grandchamp à Lebrun. Usez de toute votre énergie et de tout votre savoir pour remporter la victoire sur un ennemi dans des positions désavantageuses. J'ai une lettre du ministre de la guerre qui me nomme commandant de l'armée, nous en parlerons après la bataille. »

« En même temps, j'écrivis au général Lebrun : « Je vous envoie des troupes en grand nombre, j'espère que, si vous avez perdu des positions, vous pourrez les reprendre. »

« En agissant ainsi, j'espérais pouvoir écraser la gauche de l'ennemi formée des deux corps bavarois, puis, les ayant battus et jetés à la Meuse, revenir avec les 12ᵉ et 1ᵉʳ corps vers les 5ᵉ et 7ᵉ pour combattre, avec toute l'armée réunie, l'aile droite des Allemands.

« Malheureusement, le mouvement de retraite prescrit par le général Ducrot eut naturellement pour conséquence immédiate de faire abandonner au 12ᵉ corps les hauteurs de Bazeilles où le général Lebrun se maintenait énergiquement, et au premier corps les hauteurs au-dessus de Givonne. Il était difficile de reprendre ces fortes positions, sur lesquelles l'ennemi s'établissait. Voyant néanmoins que le 1ᵉʳ corps, en exécution de mes ordres, se portait en avant, je suivis le fond de Givonne pour me rendre auprès du général Lebrun.

« Au moment de gravir la berge, je me trouvai tout à coup en présence de l'Empereur. — Sire, lui dis-je, les choses vont bien; nous regagnons du terrain. — L'Empereur m'ayant fait observer que l'ennemi montrait des forces considérables sur notre gauche, je répondis : — Nous allons d'abord nous occuper de jeter les Bavarois à la Meuse, puis, avec toutes nos troupes, nous ferons face à notre nouvel ennemi.

« L'Empereur lui-même n'ignorait donc pas, à ce moment, que la route de Mézières était interceptée par des masses ennemies. Je le savais, moi, depuis la veille au soir, et j'avais vainement cherché à le faire comprendre ; je voyais que notre situation était à peu près désespérée. Cependant je comptais encore un peu sur l'étoile de la France et sur la vigueur de nos braves soldats. Si nous parvenons à culbuter les Bavarois, peut-être, me disais-je, pourrons-nous nous maintenir jusqu'à la nuit. Le pis-aller, selon moi, car je ne m'arrêtais pas alors à la pensée d'une capitulation, était de nous lancer, tous et tête baissée, sur les Allemands pour opérer une trouée à l'est. Or, je ne doutais pas que, dans ce dernier acte, digne des descendants des fiers Gaulois, l'Empereur ne fût heureux et fier de me prêter son concours.

« Il était dix heures. Je ne fis qu'échanger ces quelques paroles avec l'Empereur qui reprit la route de Sedan. J'étais pressé de me retrouver au centre de mes troupes pour mieux juger de leur situation et en même temps pour mettre à exécution le plan que les circonstances m'avaient déterminé à adopter. A dix heures et un quart, les généraux Ducrot et Lebrun vinrent me trouver. Le premier tenait toujours à son mouvement de retraite. Je ne laissai pas ignorer à ces deux officiers généraux que, si nous ne pouvions nous maintenir victorieusement sur le terrain, en gagnant une bataille défensive, il ne nous resterait plus d'autre ressource que de nous ouvrir un passage sanglant, dans la direction de l'est, vers Carignan et Montmédy.

« Toutefois, en ce moment, comme je l'ai dit, j'espérais encore me maintenir sans désavantage sur nos positions et réussir à exécuter mes opérations successives contre l'armée allemande. J'écrivis en conséquence au général Douay, placé avec son 7ᵉ corps à l'extrême gauche de l'ordre de bataille : — « Je crois à une démonstration sur votre corps d'armée, mais surtout pour vous empêcher de porter secours aux 12ᵉ et 1ᵉʳ corps. Voyez si vos positions vous permettent de n'utiliser qu'une partie de vos troupes et d'envoyer le reste au général Lebrun. Je vous engage à envoyer une partie de votre artillerie et la brigade Labadie dans le bois de la Garenne, pour se joindre au général de Fontanges. »

« Désireux d'éviter le moindre retard, je pris immédiate-

ment moi-même la même direction que l'officier porteur de ce billet, et j'arrivai avant lui près du général Douay. A peine avais-je adressé la parole à ce dernier, qu'il me déclara que nous ne nous battions plus que *pour l'honneur de nos armes.*
— Veuillez me suivre, me dit-il, il vous sera facile de vous en assurer.

« Nous parcourûmes alors le front de ses troupes en suivant la crête qui aboutit au bois de la Garenne, et là je vis toute une armée ennemie s'étendant au loin. De formidables batteries envoyaient leurs projectiles au milieu de nos rangs avec une précision que dans toute autre condition j'aurais été le premier à admirer. Le commandant du 7ᵉ corps était fort occupé, non sans raison, du bois de la Garenne. Je lui promis d'y faire soutenir ses troupes par la gauche du 1ᵉʳ corps, par une nouvelle brigade du 5ᵉ et par de l'artillerie. Je pris la direction de ce bois pour m'assurer de l'état de défense de ce point que, dès la veille, j'avais signalé comme devant être l'objectif de l'ennemi. Notre infanterie ne s'y maintenait plus avec assurance ; la cavalerie, placée dans une clairière, se retirait, ne s'y trouvant pas assez abritée : je lui fis reprendre sa position. J'adressai la parole à nos fantassins, je les encourageai de mon mieux, les exhortant à se porter jusqu'à la partie extérieure du bois. Je dépassai les soldats les plus avancés pour leur donner l'exemple et pour mieux reconnaître la position des nombreux bataillons allemands couchés ou assis en avant de leurs batteries, et attendant le signal ou le moment favorable pour se précipiter sur nous.

« En revenant sur mes pas, j'assistai à l'action impuissante de notre artillerie que les obus prussiens désorganisaient par des coups qu'on rectifiait comme dans un polygone, ainsi que le constate le rapport du général commandant l'artillerie du 5ᵉ corps. Je quittai le 7ᵉ corps le cœur navré, et du bois de la Garenne je me portai au vieux camp, point central, pour pouvoir embrasser l'ensemble des opérations de l'ennemi.

« Voici quel était à ce moment l'état des choses : Le corps du général Ducrot, non-seulement n'avait fait aucun progrès vers le fond de Givonne, je le vis bien de suite, mais il s'était concentré vers le bois de la Garenne, point sur lequel la lutte était des plus vives, et en avant du calvaire d'Illy. Le corps du général Douay tenait de son mieux ses positions, mais il était fortement ébranlé. Le 5ᵉ corps était dispersé un peu partout, par division et même par brigade, pour soutenir les autres corps. Seul le 12ᵉ (Lebrun) se maintenait avec énergie et avantage dans ses positions, vers Bazeilles.

« Il était une heure de l'après-midi. Ce que j'avais vu à gauche, ce que je voyais au centre, ne me permettait plus de conserver l'espérance d'arriver à nous maintenir jusqu'à la nuit, pour profiter des ténèbres afin d'être moins inquiétés dans notre retraite. Le cercle de feu se rétrécissait de minute en minute autour de nous.

« Ma résolution fut prise de nous ouvrir un passage sur Carignan, en bousculant les deux corps bavarois exténués par la belle résistance du 12ᵉ corps et en profitant de l'attitude de ce corps pour préparer l'opération. Le général Lebrun m'ayant rejoint en cet instant, je lui fis connaître ma résolution de percer les lignes ennemies sur le front de ses troupes, et je le prévins que je lui envoyais la division Goze du 5ᵉ corps. Cet officier général partit aussitôt pour rejoindre ses troupes. J'écrivis aux généraux Douay et Ducrot à la même heure : au premier, que je le chargeais de couvrir notre mouvement sur les corps bavarois ; au second, qu'il eût à marcher avec toutes ses forces dans la direction de la Moncelle et Bazeilles ; enfin, au général de division de Lespart, du 5ᵉ corps, d'exécuter le même mouvement.

Campement de zouaves.

« Ces préliminaires terminés, il était une heure et un quart, j'écrivis à l'Empereur la lettre suivante, portée en double expédition par MM. les capitaines d'état-major de Saint-Haouen et de la Nouvelle :

« Sire,

« Je me décide à forcer la ligne qui se trouve devant le
« général Lebrun et le général Ducrot, plutôt que d'être pri-
« sonnier dans la place de Sedan.

« Que votre Majesté vienne se mettre au milieu de ses
« troupes, elles tiendront à honneur de lui ouvrir un passage.

« 1 heure 1/4. — 1ᵉʳ septembre.

« DE WIMPFFEN. »

« Le capitaine comte d'Ollone, intrépide et habile cavalier, non-seulement transmit mes instructions au général Douay, mais encore m'apporta sa réponse. Le général me faisait prévenir qu'il ne pouvait tenir plus longtemps, qu'il avait devant lui des forces très-considérables qui ne lui permettaient pas d'opérer sa retraite dans les conditions que je lui indiquais.

« La réponse du brave général me faisant comprendre que le moment suprême était arrivé, je me rapprochai de Sedan pour recevoir l'Empereur. Une heure se passa. Ne voyant venir personne et sentant qu'il était déjà peut-être un peu tard pour agir et aller rejoindre le général Lebrun, j'ordonnai à la magnifique division de marine (général Vassoignes) de se porter en avant. Elle était à ce moment concentrée au vieux camp, ainsi que des bataillons de zouaves et le 47ᵉ de ligne. Avec ces belles troupes, je marchai vers notre droite et, malgré un feu formidable, nous abordâmes la hauteur située en avant du fond de Givonne et qui domine la Moncelle, Bazeilles et Balan. Ces braves officiers et soldats, au nombre de cinq à six mille, se jetèrent sans hésiter à travers bois et dans les jardins, où, pendant un certain temps, je cherchai à les suivre.

« Étonné de n'avoir pas rencontré sur ce terrain le reste du 12e corps et la division Goze du 5e, je supposai qu'ils étaient à Balan, et je pris le parti de me diriger de ce côté. Là encore je me trouvai seul devant une des portes de la ville, toute grande ouverte, et par laquelle beaucoup de troupes étaient rentrées, ainsi que le général Lebrun. Un peu avant quatre heures, j'atteignis la porte de Sedan. Là, je fus enfin rejoint par un officier de la maison de l'Empereur, M. Pierron, qui, au lieu de m'annoncer l'arrivée du souverain, me remit une lettre de Sa Majesté et me prévint que le drapeau blanc flottait sur les remparts, que j'étais chargé d'aller parlementer avec l'ennemi. Cette nouvelle fut pour moi un coup de foudre, mais ne reconnaissant pas à l'Empereur le droit de faire arborer le drapeau parlementaire, je répondis à son messager : « — Je ne prendrai pas connaissance de la lettre, je refuse de négocier. » En vain, M. Pierron insista ; je pris la lettre de Sa Majesté, et sans l'ouvrir, la tenant à la main, j'entrai en ville, appelant les soldats au combat, leur disant : — Il faut me suivre pour nous ouvrir un passage, si vous ne voulez pas être dans l'obligation de déposer les armes et de vous rendre prisonniers. Je parvins ainsi jusqu'à la place de Turenne. Des officiers et des soldats que je ne pouvais entraîner, cherchaient à se disculper de ne pas m'obéir, en me montrant le drapeau blanc qui flottait sur Sedan, par ordre de l'Empereur.

« Les moments étaient précieux pour opérer la trouée, je savais des milliers d'hommes aux prises sur les hauteurs. Je revins entraînant environ deux mille soldats de tous les corps, deux bouches à feu. A la tête de cette poignée de braves gens et dans une lutte hors de proportion, je m'emparai de l'ensemble du faubourg, jusqu'au-delà de l'église de Balan. Ceci se passait vers cinq heures. Je pus me maintenir quelque temps, sans éprouver de retour offensif de la part des Bavarois. Ce fait n'est-il pas un indice certain que si l'Empereur, au lieu de faire arborer le drapeau parlementaire, était venu se joindre à moi, nous eussions fait la trouée que je voulais tenter d'opérer ? Mais les commandants de corps d'armée, après deux heures, étaient rentrés en ville et s'étaient rendus chez l'Empereur pour lui exposer la situation et en conférer avec lui ainsi qu'avec son entourage. C'est là qu'ils se trouvaient à mon insu. Tandis que moi, général en chef, j'étais sur le champ de bataille, croyant encore mes lieutenants également sur le terrain et prêts à exécuter mes ordres, on prenait à Sedan, chez l'Empereur, la résolution de capituler !.... Vers deux heures cependant Napoléon III avait reçu la lettre pressante par laquelle je l'appelais au combat... A quatre heures et demie le général Lebrun revint à la porte menant à Balan, accompagné d'un homme portant un drapeau parlementaire qu'un de mes officiers d'ordonnance, le comte d'Ollone, fit jeter à terre.

« Les forces ennemies s'étaient évidemment concentrées vers le plateau dominant la ville, elles luttaient contre les troupes françaises rentrées dans les bois et les jardins. Aucune troupe ennemie ne paraissait donc en état, devant nous, de s'opposer à une attaque sérieuse. Je fus un instant au bord de la Meuse pour en juger et ne vis rien, jusqu'au pont du chemin de fer, qui pût donner l'idée d'une résistance véritable. A mon retour, près de l'église, où se trouvaient le général Lebrun et une partie des braves qui m'avaient suivi, je remarquai leur nombre amoindri par quelques tués, des blessés, d'autres disséminés sur divers points. Les renforts que j'espérais, et que plusieurs de mes officiers rentrés en ville cherchaient à m'amener, n'arrivaient pas. Je tournai bride en donnant l'ordre de se replier sur Sedan où le général Lebrun et moi rentrâmes les derniers.

« Je reste convaincu que l'effort de quinze à vingt mille hommes sur la ligne que je faisais attaquer pouvait être couronné d'un succès. En supposant qu'il n'en dût pas être ainsi, cette entreprise, notre dernière ressource, devait être tentée par l'Empereur pour l'honneur de son nom et comme exemple à donner à la France. Napoléon III, après la bataille perdue, marchant à la tête des débris de l'armée, plutôt que d'implorer l'ennemi, pris après avoir vu succomber autour de lui soldats, généraux et officiers de sa cour, mort peut-être en combattant, léguait une page glorieuse à son fils. Si la fortune, au contraire, lui avait permis de reparaître à Paris avec une partie de ses troupes, fières de n'avoir été que vaincues, qui peut dire l'accueil que lui aurait réservé le peuple de la capitale, ami des grandes actions et facile à enthousiasmer ? Bazaine, à Metz, aurait su trouver une autre solution que celle de capituler, bien des villes auraient autrement supporté les misères d'un siège. La France entière aurait sans doute autrement répondu à l'appel aux armes. Je pressentais que cette capitulation serait fatale à la France, je ne me préoccupais nullement de ma personne, et tous mes efforts, durant cette funeste journée, n'ont eu d'autre but que d'éviter cet affreux malheur. »

L'aspect de Sedan était du reste lamentable ; voici la peinture qu'en fait le général Ducrot :

« Débordé de toutes parts et suivant à distance ce torrent de fuyards, le général Ducrot arrive sous les murs de la citadelle. Conduit par M. Debord, capitaine adjudant-major au 74ᵉ, il gagne à travers un dédale de ruelles et de jardins le chemin couvert de la place.

« Comme le général descendait dans le fossé de la citadelle, où il se trouva réuni à plusieurs généraux, un de ses officiers d'ordonnance s'écria : « Le drapeau blanc est hissé. Serait-ce le drapeau parlementaire ? — Ce n'est pas possible, dit le général, c'est plutôt un drapeau d'ambulance dont la croix rouge a été effacée par la pluie. » Arrivé à la poterne du bastion, il eut grand'peine à se frayer un passage à travers les mourants, les blessés, les fuyards entassés pêle-mêle sous cet abri, car les obus éclataient dans les fossés. En débouchant dans la cour de la citadelle, le général Ducrot vit le général Dejean. Il alla à lui, et tous deux firent le tour des remparts pour voir s'il y avait possibilité de tenter un semblant de résistance. Cette place de Sedan, qui avait bien son importance stratégique, puisque, se reliant à Paris par Mézières et l'embranchement d'Hirson, elle était l'unique moyen de ravitaillement d'une armée opérant par le Nord sur Metz, était à peine à l'abri d'un coup de main ; ni vivres, ni munitions, ni approvisionnements d'aucune sorte : quelques pièces avaient trente coups à tirer, d'autres six ; mais la plupart manquaient d'écouvillons.

« Cependant les généraux Ducrot et Dejean placèrent quelques soldats sur les parapets et dans les chemins couverts. Démoralisés, découragés, ces hommes quittaient leur poste sitôt qu'on les perdait de vue ; les remontrances, les menaces étaient impuissantes sur ces âmes abattues. Vers trois heures et demie, le général Ducrot se décide à traverser la ville pour se mettre en communication avec le commandant en chef. Au moment où il était entré dans la citadelle, un officier d'ordonnance du général de Wimpffen lui avait apporté l'ordre d'amener ce qu'il pourrait de troupes dans la direction de Balan, et de concourir à une tentative de trouée sur Carignan et Montmédy. Malgré son manque absolu de confiance dans l'issue d'une telle entreprise, le général n'avait évidemment qu'à obéir ; mais il était seul, il n'avait même plus son escorte. Ce n'était pas sa personne que le général de Wimpffen demandait, c'était le 1er corps, ou au moins une partie, et divisions, brigades, régiments, troupes de toutes armes, tout s'était effondré. — « Je n'ai plus rien avec moi, dit le général Ducrot à l'of« ficier d'ordonnance ; je vais entrer dans la place pour voir « s'il est possible de réunir quelques troupes. »

« A l'intérieur de Sedan, le spectacle était indescriptible ; les rues, les places, les portes étaient encombrées de voitures, de chariots, de canons, de tous les impedimenta et les débris d'une armée en déroute. Des bandes de soldats, sans fusils, sans sacs, accouraient à tout moment, se jetaient dans les maisons, dans les églises. Aux portes de la ville on s'écrasait. Plusieurs malheureux périrent piétinés. A travers cette foule accouraient des cavaliers ventre à terre, des caissons passant au galop, se taillant un chemin au milieu de ces masses affolées. Les quelques hommes qui avaient conservé un reste d'énergie ne semblaient s'en servir que pour accuser et maudire : « Nous « avons été trahis, criaient-ils, nous avons été vendus par les « lâches ! » Il n'y avait évidemment rien à faire avec de tels hommes ; le général Ducrot se rendit à la sous-préfecture, où se tenait l'Empereur.

« Napoléon III n'avait plus cette figure froide, impassible, que tout le monde connaît ; les cruelles émotions qui l'agitaient se laissaient apercevoir sur sa figure empreinte d'une profonde tristesse. Dès qu'il vit le général, il lui dit qu'il avait vivement regretté la nomination, par le ministre de la guerre, du général de Wimpffen au commandement en chef, mais qu'étant résolu à ne contrecarrer en rien les décisions venant de Paris, il n'avait pas voulu s'y opposer. « Cependant, ajou« ta-t-il, il n'y avait que votre mouvement de retraite qui pût « nous sauver. » Après ces quelques paroles, l'Empereur se tut. Le profond silence qui régnait autour du souverain rendait plus saisissant encore le bruit du dehors. L'air était en feu ; les obus tombant sur les toits entraînaient des pans de maçonnerie, qui s'abattaient avec fracas sur le pavé des rues ; l'éclatement des projectiles se mêlait au grondement de 600 bouches à feu, épouvantable canonnade qui fut entendue jusque devant Metz par le prince Frédéric-Charles.

« — Je ne comprends pas, dit l'Empereur au général Du-
« crot, que l'ennemi continue le feu ; j'ai fait arborer le
« drapeau parlementaire. J'espère obtenir une entrevue avec
« le roi de Prusse ; peut-être, aurai-je des conditions avanta-
« geuses pour l'armée ? » « — Je ne compte pas beaucoup,
« répondit le général, sur la générosité de nos adversaires ; à
« la nuit nous pourrions tenter une sortie. » L'Empereur fit observer qu'il existait un tel désordre, un tel encombrement dans la ville, que les troupes en outre étaient si démoralisées, qu'il n'y avait pas le moindre espoir de réussir. « Une ten-
« tative de cette sorte, ajouta-t-il, n'aboutirait qu'à une
« nouvelle effusion de sang. » Pendant les quelques paroles échangées entre l'Empereur et le général Ducrot, la canonnade, loin de diminuer, redouble de minute en minute. Le feu se déclare en plusieurs endroits. Des femmes, des enfants tombent frappés. Le drapeau de l'Internationale ne protége plus les blessés qui sont entassés dans la grande caserne et dans les maisons converties en ambulances. Acculés aux murailles, amoncelés dans les fossés, soldats et officiers sont atteints ; deux généraux trouvent ainsi la mort. La sous-préfecture n'est pas plus épargnée ; des obus éclatent à tout instant dans le jardin et dans la cour.

« Mais, dit l'Empereur, il faut absolument faire cesser le feu. Écrivez là, dit-il en se tournant vers le général Ducrot, et lui indiquant la table près de laquelle il était assis : « Le dra-
« peau parlementaire ayant été arboré, les pourparlers vont
« être ouverts avec l'ennemi ; le feu doit cesser sur toute la

CHAPITRE IV. 161

Général Trochu.

« ligne. Puis, comme le général regardait l'Empereur, celui-
ci lui dit : « Maintenant, signez. — Oh non ! sire, je ne
« peux pas signer. A quel titre signerais-je ? Je commande le
« 1ᵉʳ corps. C'est le général de Wimpffen qui est le général en
« chef. — Vous avez raison ; mais je ne sais pas où est le gé-
« néral de Wimpffen ; il faut que quelqu'un signe. — Faites
« signer par son chef d'état-major, ou par le plus ancien gé-
« néral de division qui est le général Douay. — Oui, répon-
« dit l'Empereur, faites signer par le chef d'état-major. »

Le général Ducrot sortit et communiqua les ordres de l'Empereur au colonel Robert. Celui-ci chercha le général Faure, et, l'ayant trouvé dans la citadelle, lui fit part du désir de Sa Majesté : « Je viens de faire abattre le drapeau blanc, dit cet « officier, ce n'est pas pour signer un ordre pareil. »

Revenons au général de Wimpffen.

« Vers six heures du soir, dit-il, à la suite d'une dernière tentative faite avec le général Lebrun, à la tête de deux mille hommes, tentative devenue inutile et ne pouvant avoir d'autres résultats que la mort de ces braves gens, je quittai le champ de bataille et je me dirigeai vers l'hôtel, où j'étais descendu le 31. Forcé de reconnaître que la résistance du souverain à ma demande nous livrait à la merci des Allemands, je fus pris d'un désespoir violent.

« A deux reprises différentes, depuis qu'on m'avait remis sur le champ de bataille la lettre de l'Empereur, j'avais reçu par d'autres officiers de ce prince l'invitation de me rendre au quartier général ennemi pour traiter. Deux fois j'avais obstinément refusé d'obéir. En revenant chez moi, je résolus, puisque l'Empereur avait tenu à faire acte d'autorité, quoiqu'il eût dû être complétement étranger au commandement; puisqu'il s'était permis de faire arborer le drapeau parlementaire malgré moi, je résolus, dis-je, de lui envoyer ma démission de commandant en chef de l'armée de Châlons, et, ne croyant pas de ma dignité de faire entendre des récriminations, je lui écrivis :

« Sire,

« Je n'oublierai jamais les marques de bienveillance que
« vous m'avez accordées et j'aurais été heureux, pour la
« France et pour vous, d'avoir pu terminer la journée par un
« glorieux succès. Je n'ai pu arriver à ce résultat, et je crois

« bien faire en laissant à d'autres le soin de conduire nos ar-
« mées.

« Je crois, en cette circonstance, devoir donner ma démis-
« sion de commandant en chef et réclamer ma mise à la re-
« traite. »

« Il était sept heures et demie. Vers huit heures, l'Empereur me répondit :

« Général, vous ne pouvez pas donner votre démission,
« lorsqu'il s'agit encore de sauver l'armée par une honorable
« capitulation. Je n'accepte donc pas votre démission. Vous
« avez fait votre devoir toute la journée, faites-le encore. C'est
« un service que vous rendrez au pays. Le roi de Prusse a ac-
« cepté l'armistice, et j'attends ses propositions.

« NAPOLÉON. »

« En parcourant cette lettre, bien des raisons s'élevaient dans mon esprit pour refuser le triste honneur qu'on voulait me faire..... Je prévins mes officiers, qui attendaient ma détermination, que je me rendais chez l'Empereur ; il était environ huit heures et demie.

« Je trouvai, dans la cour de la résidence impériale, un groupe nombreux de personnages appartenant à la maison du souverain. Ayant demandé à voir Sa Majesté, l'un d'eux me répondit maladroitement que je ne pouvais être reçu, attendu que l'Empereur était en conférence avec le prince Impérial. Qu'on note que le prince Impérial était depuis deux jours à Mézières. Je vis le moment où je serais obligé de demander une audience, par l'entremise de l'aide de camp ou du chambellan de service. Fort mécontent, j'élevai la voix et déclarai que j'allais me retirer, si je n'étais immédiatement reçu. Les deux officiers d'ordonnance dont j'étais accompagné, le comte d'Ollone et le marquis de Laizer, exprimèrent leurs sentiments avec beaucoup plus de vivacité que moi Il s'ensuivit un va-et-vient de quelques instants, et je fus enfin introduit dans le cabinet de Sa Majesté.

« Le général Castelnau, d'autres aides de camp ou généraux s'y trouvaient réunis. On tenait un conseil. Tous s'empressèrent de sortir, à l'exception du général Ducrot qui resta d'abord et me dit avec exaltation : — « Général, puisque votre ambition vous a poussé à m'enlever l'honneur de commander l'armée, c'est à vous que revient la honte de la capitulation. »

« Il m'eût été bien permis de rejeter cette honte sur ceux qui n'avaient pas voulu me suivre au combat. Je me contins et je répondis au général Ducrot : — « J'ai pris le commandement pour éviter une défaite que vous eussiez précipitée par votre mouvement. Je n'ai pas obtenu le résultat que j'espérais, mais je me sens assez fort et assez dévoué pour m'occuper encore des derniers intérêts de l'armée. Du reste, général, je ne suis pas ici pour conférer avec vous, veuillez nous laisser. »

« Il sortit, et je déclarai à Sa Majesté que la lettre qu'elle m'avait écrite m'avait déterminé à remplir jusqu'au bout le rôle malheureux qui m'était dévolu. L'Empereur donna aussitôt des ordres afin que l'on préparât des chevaux pour moi et pour une partie de mon état-major, dans le but de n'apporter aucun retard à la triste mission que j'allais remplir. Puis, le souverain écrivit la lettre suivante qu'il me remit :

« L'Empereur Napoléon III ayant donné le commandement
« en chef au général de Wimpffen, à cause de la blessure du
« maréchal de Mac-Mahon, qui l'empêchait de remplir son
« commandement, le général de Wimpffen a tous les pouvoirs
« pour traiter des conditions à faire à l'armée que le roi re-
« connaît avoir vaillamment combattu.

« NAPOLÉON. »

« Je me préparai à monter à cheval. Je devais me rendre au quartier général ennemi en même temps que le général Castelnau, ce dernier pour y débattre les intérêts de l'Empereur, moi pour y débattre ceux de l'armée. L'on me mit alors en contact avec l'officier prussien qui se trouvait chez Sa Majesté et qui devait me conduire auprès du général en chef ennemi.

« Avant d'aller plus loin et de produire le récit de mes entretiens avec MM. de Bismark et de Moltke, il n'est pas indifférent de raconter en quelques mots ce que l'Empereur avait fait pendant cette journée néfaste. Prévenu par le maréchal de Mac-Mahon, vers cinq heures du matin, que la bataille commençait à Bazeilles sur notre droite, Napoléon III monta à cheval, sortit de Sedan et se rendit sur le terrain. Il ne tarda pas à trouver le maréchal qu'on ramenait en ville, blessé d'un éclat d'obus. Un peu plus tard et lorsque j'eus pris le commandement, je rencontrai Sa Majesté, ainsi que je l'ai dit, sur les hauteurs de Givonne. Après avoir été en avant du village de Balan où le 12e corps du général Lebrun était fortement engagé, l'Empereur gravit les coteaux de la Moncelle avec son état-major, et considéra quelque temps l'ensemble du champ de bataille; il revint ensuite à Sedan pour déjeuner et pour conférer avec le maréchal Mac-Mahon, si la chose était possible. Il ne sortit plus de la ville. Il dut recevoir vers les deux heures ma lettre, l'invitant à me rejoindre sur le champ de bataille; il n'y répondit pas d'abord et tint conseil avec les généraux de son entourage et ceux qui, rentrés en ville, s'étaient rendus chez lui. Il prit alors, sans chercher à avoir mon avis, la décision d'arborer le drapeau blanc et de m'envoyer en parlementaire. Ainsi que je l'ai dit, je reçus sa lettre vers quatre heures. On sait de quelle façon j'y répondis. Le comte Reille, général aide de camp de l'Empereur, envoyé au quartier du roi de Prusse, apprit à l'armée allemande la présence de Napoléon III à Sedan. On connaît la teneur de la lettre écrite par ce prince : « N'ayant pu mourir à la tête de mes troupes, je « dépose mon épée aux pieds de Votre Majesté. » Et qui donc, dira l'impartiale histoire, a empêché Napoléon III de mourir en soldat ? N'aurait-il pas été préférable pour lui de répondre à mon appel et de trouver ainsi la possibilité d'une mort glorieuse ?

« Je ne sais si l'on doit attribuer à quelques-uns des personnages de l'entourage de l'Empereur la faute, que commit ce souverain, de n'être pas mort glorieusement à la tête de ses troupes ; mais cette faute, il ne viendra jamais, je pense, à l'idée de personne de me l'imputer ; et l'on me rendra cette justice que, si l'Empereur eût suivi mon conseil, il n'aurait pas eu la honte d'envoyer son épée à son ennemi et *bon frère* le roi Guillaume. »

Le général de Wimpffen, qui avait le malheur de voir l'armée française vaincue, anéantie pendant qu'il était à sa tête, cherche tout naturellement à rejeter sur d'autres la responsabilité d'un pareil désastre. L'histoire impartiale démêlera plus tard cette effroyable confusion et assignera à chacun la part qui lui revient. Laissons-lui le temps de se dégager des ombres qui l'obscurcissent encore, et, pour que le lecteur puisse juger en connaissance de cause la bataille de Sedan, mettons maintenant sous ses yeux le rapport allemand.

« Pour le 31 août, le roi avait ordonné que l'armée du prince royal de Saxe eût à empêcher l'aile gauche ennemie de s'échapper dans la direction de l'est, entre la frontière belge et la Meuse.

« La 3ᵉ armée, sous le commandement supérieur du prince royal de Prusse, devait continuer sa marche en avant, attaquer l'ennemi s'il se plaçait de ce côté-ci de la Meuse, et opérer à la fois contre le front et le flanc droit, de telle sorte que l'armée française fût resserrée dans l'espace étroit compris entre la Meuse et la frontière de Belgique. On était suffisamment renseigné sur l'ennemi, avec lequel on était continuellement en contact. De Remilly, l'artillerie du 1ᵉʳ corps d'armée bavarois avait eu l'occasion de tirer avec efficacité sur les colonnes françaises qui se retiraient sur Sedan.

« Cette retraite devint de plus en plus précipitée. Enfin l'on vit de fortes colonnes fuir en pleine déroute, abandonnant tous les bagages. Dans cette occurrence, on conçut la crainte que l'ennemi, par une marche de nuit, ne réussît, par une fuite rapide, à nous empêcher d'obtenir un grand résultat pour le jour suivant. On pouvait encore prévenir cette manœuvre. En conséquence, le roi ordonna que, pendant la nuit même du 31 au 1ᵉʳ, la Meuse fût franchie auprès de Donchéry et de Dom-le-Mesnil par un corps et demi, afin de pouvoir, au point du jour, diriger une attaque sur un front déployé, vers la route de Sedan à Mézières. Il fut donné connaissance de ces dispositions au prince royal de Saxe.

« Jetons maintenant un regard sur les emplacements respectifs occupés par les corps le soir du 31 août et dans la nuit du 31 au 1ᵉʳ septembre.

« L'armée de Son Altesse Royale le prince royal de Saxe formait l'aile droite et occupait les positions ci-après : le corps de la garde était près de Carignan, sur la rive droite de la Chiers. Le 12ᵉ corps, à Mairy. Les avant-gardes des deux corps faisaient front à l'est et au nord, et s'étendaient de Pourru-aux-Bois jusqu'à Pourru-Saint-Rémy, ainsi que de la Foulerie à Douzy. Les patrouilles touchaient l'ennemi et s'approchaient jusque devant Francheval ; on savait qu'il y avait un camp français à Villers-Cernay. Le 4ᵉ corps occupait la rive gauche de la Meuse, près de Sedan.

« Les emplacements, pour la 3ᵉ armée, étaient, le 31 août au soir : le 1ᵉʳ corps d'armée bavarois à Remilly; le 2ᵉ corps d'armée bavarois à Raucourt ; le 5ᵉ corps à Chémery ; le 11ᵉ corps à Donchéry ; la division wurtembergeoise à Boutancourt. Le 6ᵉ corps ne put, le même soir, atteindre que Semuy et Attigny. Il se tint prêt, dans le cas où l'ennemi tenterait réellement de faire une marche de nuit, à se transporter encore plus loin à l'ouest, pour le forcer à s'arrêter.

« Une modification fut encore apportée à cette disposition de la 3ᵉ armée en tant que la division wurtembergeoise commença, pendant la même nuit, la construction d'un pont, près de Dom-le-Mesnil, et ensuite le passage de la rivière.

« Le 11ᵉ corps avait déjà, le 31, jeté deux ponts près de Donchéry, et il se trouvait, au point du jour, sur la rive de la Meuse. En conséquence des indications qui avaient été données par le roi pour les opérations des deux armées, le prince royal de Saxe arrêta les dispositions suivantes :

« Les corps prendront les armes immédiatement. La marche en avant du 12ᵉ corps et de la garde aura lieu à cinq heures du matin sur trois colonnes partant de Douzy, Pourru-Saint-Remy et Pourru-aux-Bois. Elle sera dirigée vers la ligne de Moncelle à Givonne. La 7ᵉ division reste en réserve près de Mairy. La 8ᵉ division et l'artillerie de réserve du 4ᵉ corps vont à Bazeilles pour soutenir le 1ᵉʳ corps bavarois.

« Le prince royal de Prusse, en ce qui concerne son armée, prit les dispositions suivantes :

« Le 1ᵉʳ corps bavarois passe la Meuse, près de Remilly, et attaque Bazeilles ; le 2ᵉ corps bavarois va à Wadelincourt et Frénois. Le 11ᵉ corps se rend, par Vrigne-aux-Bois, à Saint-Menges. Le 5ᵉ corps et la 4ᵉ division de cavalerie suivent ce mouvement. La division wurtembergeoise reste en soutien, vers Mézières, et en même temps laisse à Donchéry des réserves prêtes à marcher.

Convoi de uhlans.

« Au point du jour, le roi se transporta de Vendresse à Frénois, à l'ouest de Sedan, et choisit pour point de station la hauteur au sud de ce village, immédiatement à l'est de la chaussée. Déjà, depuis six heures du matin, on pouvait entendre tonner le canon dans la direction de l'est, vers Bazeilles. Le 1er corps bavarois avait commencé de bonne heure le combat contre l'ennemi qui tenait ferme. Le 11e corps, à l'extrémité de l'aile gauche, était à ce moment à Vrigne-aux-Bois, et n'avait pas encore heurté l'ennemi. Cela prouvait déjà clairement que l'ennemi avait pris la résolution de renoncer à une marche sur Mézières et d'accepter la bataille près de Sedan. D'ailleurs cette marche, à cette heure, ne semblait plus être à redouter.

« Il était peut-être encore possible pour lui de s'échapper par la frontière de Belgique. Le chef de l'armée française prit cependant l'honorable détermination de ne point recourir à cette extrême ressource, mais de livrer la bataille. En raison de la supériorité numérique des deux armées allemandes, et de la direction de marche qui avait été assignée aux corps séparés, cette dernière issue devait être aussi fermée dans l'espace de peu d'heures, et une catastrophe inouie était imminente. Voyons comment elle se produisit.

« Près de Bazeilles, le 1er corps bavarois rencontra une très-vive résistance. La division Walter, du 2e corps, fut envoyée pour soutenir son aile gauche, sur la rive droite de la Meuse, et après un combat opiniâtre soutenu des deux côtés avec une bravoure extrême, l'ennemi fut, dans le courant de la journée, rejeté de Bazeilles et de Balan vers Sedan.

« Pendant ce temps, vers six heures et demie du matin, déjà le prince royal de Saxe était entré en action avec sa tête de colonne près de Lamicourt et de la Moncelle. Il avait en face de lui le 1er corps français occupant fortement Monvillers, la

Moncelle, Daigny, aussi bien que les hauteurs à l'est de ces points. Tout d'abord, la 4e division réussit à repousser l'ennemi assez loin pour qu'il devînt possible de se déployer entre la Moncelle et Daigny.

« Sur son aile gauche, cette division s'était bientôt rejointe au 1er corps bavarois ; là, le 1er corps français prit l'offensive contre elle. Ce choc fut accompagné d'un violent feu de mitrailleuses et de canons. Toutes ces vives attaques furent repoussées, de telle façon qu'après neuf heures et demie, elles ne se reproduisirent plus lorsque la 23e division arriva et enleva la Moncelle à l'ennemi.

« Le corps de la garde, qui avait le plus long chemin à parcourir, arriva à huit heures à Villers-Cernay, trouva le 12e corps déjà dans une position de combat favorable, et reçut en conséquence du commandant de l'armée l'ordre de remonter la vallée vers Fleigneux, dès que la portion de Givonne à Daigny serait enlevée. Le 12e corps devait suivre ce mouvement, à la gauche.

« Déjà vers neuf heures, des batteries séparées, de l'aile gauche, ouvraient leur feu près de la garde vers Villers-Cernay, pendant que, sur son aile droite, l'artillerie de réserve soutenait la marche en avant de la 1re division de la garde sur Givonne, et, plus tard, par les fonds, sur Illy. La 2e division de la garde se tourna, vers onze heures, contre Daigny et Hoybes. Daigny même fut enlevé vers midi par le 12e corps. La 23e division de ce même corps s'avança alors en remontant la vallée et chassa l'ennemi de ses fortes positions, pendant que la garde, en marche sur Illy, tournait de plus en plus son flanc. L'intervalle devenant trop grand jusqu'au corps bavarois, fut alors rempli par la 8e division. Toutes les batteries disponibles furent amenées sur les hauteurs enlevées. Environ 100 pièces furent là mises en action, à l'aile droite.

« A trois heures, la garde donna la main au 5ᵉ corps à Illy.

« Revenons maintenant au corps de l'aile gauche des armées alliées. Nous avions vu le 11ᵉ corps près de Briancourt, suivi du 5ᵉ corps et de la 4ᵉ division de cavalerie.

« Son Altesse Royale le prince royal de Prusse avait prescrit de se diriger sur Saint-Mengès. A huit heures et trois quarts, l'avant-garde du 11ᵉ corps vint se heurter contre l'ennemi qui avait pris position au sud-ouest, sur la rive gauche du ruisseau qui passe près de Saint-Mengès. Il se livra un combat court, mais très-opiniâtre, lequel se termina par l'évacuation de Mengès par l'ennemi. Celui-ci se retira sur de fortes positions dominantes entre Floing et Illy.

« Notre adversaire s'était formé là sur un éperon se prolongeant bien à l'ouest, pour se protéger contre les attaques qui étaient déjà dirigées du nord vers ses derrières.

« A ce point de vue spécial, la position était forte ; mais déjà en ce moment il devenait palpable pour l'ennemi qu'il était complétement cerné, car il recevait des batteries bavaroises placées sur la rive gauche de la Meuse, au nord et à l'est de Frénois, des projectiles dans son flanc et sur ses derrières. En outre, l'artillerie du 11ᵉ corps, employée d'une manière excellente pour préparer l'enlèvement de ces hauteurs, prit ensuite avec deux batteries de la tête de colonne une position au nord de Floing, des deux côtés d'un jardin clos de murs, et fut alors soutenue par le 5ᵉ corps. Celui-ci avait pris son artillerie de réserve en tête, et passa, pendant ce temps, avec elle, le ruisseau près de Fleigneux. C'est au sud de ce village que les batteries prirent leur première position pour battre la position ennemie. Vers onze heures s'était ouvert sur toute la ligne de cette aile un violent feu d'artillerie qui dura plusieurs heures sans interruption.

CHAPITRE IV. 173

« Vers une heure environ s'avancèrent l'infanterie du 11ᵉ corps et la 19ᵉ brigade de l'aile droite du 5ᵉ corps pour attaquer dans la direction de Floing. L'ennemi se défendit avec le courage du désespoir. Mais, malgré ses efforts, l'infanterie, soutenue très-fortement par ses batteries, réussit à occuper la portion de terrain située devant Floing. Plusieurs retours offensifs, surtout faits par la cavalerie, et dont la vivacité donnait à supposer l'intention de faire une trouée, vinrent échouer devant le calme inébranlable des bataillons du 11ᵉ corps et des fractions du 5ᵉ corps qui les appuyaient. Les attaques furent reçues, partie en carré, partie en ligne, et furent toutes repoussées par un feu calme, bien ajusté, qui coucha à terre la plus grande partie des assaillants et rejeta le reste dans Sedan.

« Le combat des deux corps fut, après la grave blessure du commandant par intérim du 11ᵉ corps, conduit par le général lieutenant de Kirchbach. Après la fuite de la cavalerie, l'infanterie française ne tint plus. A trois heures de l'après-midi, l'ennemi était déjà sur divers points en pleine retraite sur la forteresse.

« Le 5ᵉ corps avait, pendant ce temps, efficacement préparé par son artillerie de réserve l'attaque générale contre Illy et la position dominante qui y touche. Elle était parfaitement secondée par une troisième batterie de réserve du 3ᵉ corps qui avait pris position à l'est de Floing. Un violent combat embrassa les hauteurs au sud d'Illy et les parcelles de bois qui s'y trouvent. A trois heures il s'éteignit. L'ennemi se trouvait là aussi en retraite à travers le bois de la Garenne sur la forteresse.

« Ainsi, à ce moment de l'après-midi, on avait achevé de cerner complétement l'armée française en rase campagne. Successivement les colonnes prussiennes, se précipitant de tous les côtés, firent rétrograder sur Sedan toutes les fractions ennemies qui tenaient encore ; beaucoup d'entre elles, déjà coupées, durent déposer les armes et se rendre, car il ne leur restait aucune issue.

« L'armée du prince royal de Saxe fit pendant la bataille onze mille prisonniers. Il avait, en outre, entre les mains : sept mitrailleuses, vingt-cinq canons, deux fanions et une aigle ; les 5° et 11° corps livrèrent plus de dix mille hommes. Si on compte, en outre, les prisonniers faits par les troupes bavaroises, le chiffre total s'élève à environ vingt-cinq mille hommes qui, pendant la bataille seulement, tombèrent dans nos mains.

« La première position ennemie faisait front vers l'est. Déjà le matin de bonne heure, le maréchal de Mac-Mahon avait été grièvement blessé par un des premiers obus. Le général qui avait pris sa place avait formé le projet de s'ouvrir une trouée vers l'ouest. Vers midi, le général de Wimpffen prit le commandement et tenta encore une fois de se frayer un passage dans la direction opposée, où les Bavarois eurent encore à soutenir une lutte très-vive, mais parvinrent cependant à repousser victorieusement leurs adversaires.

« Les pertes de l'ennemi, particulièrement causées par notre artillerie, furent très-considérables ; les nôtres, au contraire, surtout en comparaison avec les batailles livrées précédemment, furent très-faibles. En dernier lieu, le feu de quatre à cinq cents bouches à feu avait été concentré contre l'armée ennemie, qui se défendit longuement avec une grande bravoure, mais qui à la fin fut rejetée dans une déroute complète sur Sedan.

« L'Empereur se tint de sa personne, pendant le combat, près de l'armée ; dans le commencement de l'après-midi, il rentra à Sedan, dans l'enceinte fortifiée, et de là envoya par écrit au roi, par l'intermédiaire du général Reille, qui apporta la lettre, l'offre de rendre son épée. Cette offre fut acceptée. Successivement le combat d'artillerie s'éteint sur toute la ligne. Toutes les hauteurs qui environnent Sedan étaient en la possession des troupes allemandes. Complétement cernée par des troupes deux fois supérieures en nombre, sans possibilité de s'ouvrir une issue ou d'opposer une plus longue résistance, l'armée française n'avait plus qu'à parlementer pour une capitulation.

« Les négociations eurent lieu dans le courant de la nuit à Donchéry, et les conditions furent stipulées par les Prussiens. Si elles n'avaient point été acceptées, les hostilités auraient recommencé le lendemain matin.

« Après que l'empereur Napoléon se fut présenté le 2, de bonne heure, aux avant-postes qui étaient de ce côté, les conditions de la capitulation furent vers midi signées au château de Bellevue, près Frénois, par le général de Moltke et le commandant en chef de l'armée française. Aux termes de cette convention, l'armée ennemie était prisonnière de guerre, et en même temps la forteresse de Sedan ouvrait ses portes. Les détails furent réglés avec tous les égards que le vainqueur pouvait observer envers une armée brave et malheureuse.

« En dehors des vingt-cinq mille hommes environ pris le jour de la bataille, quatre-vingt-trois mille hommes furent faits prisonniers de guerre par suite de la capitulation. Quatorze mille blessés français furent retrouvés dans Sedan ou aux alentours.

« Plus de quatre cents pièces de canon (y compris soixante-dix mitrailleuses), cent quatre-vingt-quatre pièces de rempart, et un immense matériel de guerre furent remis entre les mains du vainqueur.

« Environ trois mille hommes réussirent à s'échapper en Belgique.

« Si on ajoute les pertes de la bataille de Beaumont du 30 août, l'effectif total de l'armée de Mac-Mahon s'élève à près de cent cinquante mille hommes.

« Dans l'espace de trois jours, cette armée avait cessé d'exister. »

Le général de Wimpffen, nous l'avons dit, avait accepté de l'Empereur la mission d'entrer en pourparlers avec l'état-major prussien. Il s'était rencontré avec M. de Bismark et M. de Moltke. M. le capitaine d'Orcet, du 4ᵉ cuirassiers, qui assistait à l'entrevue, en a publié le récit suivant :

« Nous fûmes tous introduits alors dans un salon au rez-de-chaussée, où nous attendîmes au moins dix minutes.

« Le général de Moltke fit son entrée accompagné de M. le comte de Bismark, du général de Blümenthal et de quelques officiers. Après un salut assez sommaire, il demanda au général de Wimpffen s'il avait des pouvoirs, et, sur sa réponse affirmative, il demanda à les vérifier, ce qui fut fait. Le général de Wimpffen présenta ensuite le général Castelnau et le général Faure. Le général de Moltke ayant alors demandé quel était le caractère de ces deux généraux, le général Faure répondit qu'il était venu comme chef d'état-major du maréchal de Mac-Mahon pour accompagner le général de Wimpffen, mais sans aucun caractère officiel, et le général Castelnau dit qu'il venait apporter une communication verbale et officieuse de la part de l'Empereur, mais que cette communication n'aurait son utilité qu'à la fin de la conférence, à laquelle d'ailleurs il n'avait point qualité pour prendre autrement part. Le général de Moltke nomma alors au général de Wimpffen,

L'Empereur au camp de Châlons.

en les désignant de la main, M. le comte de Bismark et le général de Blümenthal, et l'on s'assit.

« Nous étions placés de la manière suivante : au centre de la pièce, une table carrée avec un tapis rouge ; à l'un des côtés de cette table le général de Moltke, ayant à sa gauche M. de Bismark et le général de Blümenthal à sa droite ; du côté opposé de la table était le général de Wimpffen seul en avant ; derrière lui, presque dans l'ombre, les généraux Castelnau et Faure et les autres officiers français. Il y avait en outre dans le salon sept ou huit officiers prussiens, dont l'un, sur un signe du général de Blümenthal, vint se mettre près de la cheminée sur laquelle il s'appuya pour écrire tout ce qui se disait.

« Après que l'on se fut assis, il régna un instant de silence ; on sentait que le général de Wimpffen était embarrassé pour engager l'entretien : mais le général de Moltke restant impassible, il se décida à commencer.

« Je désirerais, dit-il, connaître les conditions de capitulation que S. M. le roi de Prusse est dans l'intention de nous accorder. — Elles sont bien simples, répliqua le général de Moltke : l'armée tout entière est prisonnière, avec armes et bagages : on laissera aux officiers leurs armes comme un témoignage d'estime pour leur courage, mais ils seront prisonniers de guerre comme la troupe.

« — Ces conditions sont bien dures, général, répliqua le
« général de Wimpffen ; il me semble que par son courage
« l'armée française mérite mieux que cela. Est-ce qu'elle ne
« pourrait pas obtenir une capitulation dans les conditions
« suivantes : On vous remettrait la place avec son artillerie.
« Vous laisserez l'armée se retirer avec ses armes, ses bagages
« et ses drapeaux, à la condition de ne plus servir pendant
« cette guerre contre la Prusse ; l'Empereur et les généraux

« s'engageraient pour l'armée, et les officiers s'engageraient
« personnellement et par écrit aux mêmes conditions, puis
« cette armée serait conduite dans une partie de la France
« désignée par la Prusse dans la capitulation, ou en Algérie
« pour y rester jusqu'à la conclusion de la paix. » Et il ajouta
quelques autres développements dans le même sens, paraissant regarder la paix comme certaine. Mais le général de
Moltke demeura impitoyable et se contenta de répondre qu'il
ne pouvait rien changer aux conditions. Le général de Wimpffen fit de nouvelles instances ; il fit appel d'abord aux sympathies que sa position personnelle pouvait inspirer au général de Moltke : — « J'arrive, disait-il, il y a deux jours
« d'Afrique, du fond du désert, j'avais jusqu'ici une réputation
« militaire irréprochable, et voilà qu'on me donne un com-
« mandement au milieu du combat et que je me trouve fata-
« lement obligé d'attacher mon nom à une capitulation désas-
« treuse dont je suis ainsi forcé d'endosser toute la responsa-
« bilité, sans avoir préparé moi-même la bataille dont cette
« capitulation est la suite. Vous qui êtes officier général
« comme moi, vous devriez comprendre toute l'amertume de
« ma situation mieux que personne ; il vous est possible d'a-
« doucir pour moi cette amertume en m'accordant de plus
« honorables conditions : pourquoi ne le feriez-vous pas ? Je
« sais bien, ajouta-t-il, que la plus grande cause de notre
« complet désastre a été la chute, dès le début de la journée,
« du vaillant maréchal qui commandait avant moi ; il n'aurait
« peut-être pas été vainqueur, mais il aurait pu du moins
« opérer une retraite heureuse. Quant à moi, si j'avais com-
« mandé dès la veille, je ne veux pas dire que j'aurais mieux
« fait que le maréchal de Mac-Mahon et gagné la bataille ;
« mais j'aurais préparé une retraite, ou du moins, connais-
« sant mieux nos troupes, j'aurais réussi à les réunir dans un

« suprême effort pour faire une trouée. Au lieu de cela, on
« m'impose le commandement au milieu même de la bataille
« sans que je connaisse ni la situation, ni les positions de
« mes troupes : malgré tout, je serais peut-être parvenu à
« faire une percée ou à battre en retraite, sans un incident
« personnel qu'il est du reste inutile de relater. » (C'était
sans doute une allusion à la confusion d'ordres qui est résultée de ce que le matin le maréchal Mac-Mahon avait remis le commandement au général Ducrot, qui l'avait exercé jusqu'au moment (dix heures du matin) où le général de Wimpffen le réclama en vertu d'une lettre du ministre, dont il était porteur.)

« Le général de Wimpffen continua encore sur le même thème ; mais s'apercevant que le général de Moltke paraissait peu touché de ce plaidoyer personnel, il prit un ton un peu plus vif. « D'ailleurs, dit-il, si vous ne pouvez m'accorder de
« meilleures conditions, je ne puis accepter celles que vous
« voulez m'imposer. Je ferai appel à mon armée, à son hon-
« neur, et je parviendrai à faire une percée, ou je me défen-
« drai dans Sedan. »

« Le général de Moltke l'interrompit alors : « J'ai bien, dit-
« il, une grande estime pour vous, j'apprécie votre situation et
« je regrette de ne pouvoir rien faire de ce que vous deman-
« dez ; mais, quant à tenter une sortie, cela vous est aussi im-
« possible que de vous défendre dans Sedan. Certes, vous
« avez des troupes qui sont réellement excellentes : vos in-
« fanteries d'élite sont remarquables, votre cavalerie est au-
« dacieuse et intrépide, votre artillerie est admirable et nous
« a fait grand mal, trop de mal ; mais une grande partie de
« votre infanterie est démoralisée, nous avons fait aujourd'hui
« plus de 20,000 prisonniers non blessés. Il ne vous reste ac-
« tuellement pas plus de 80,000 hommes. Ce n'est pas dans

« de pareilles conditions que vous pourrez percer nos lignes,
« car sachez que j'ai autour de vous actuellement encore
« 240,000 hommes et 500 bouches à feu, dont 300 sont déjà
« en position pour tirer sur Sedan. Les 200 autres y seront
« demain au point du jour. Si vous voulez vous en assurer, je
« puis faire conduire un de vos officiers dans les différentes
« positions qu'occupent mes troupes, et il pourra témoigner de
« l'exactitude de ce que je vous dis. Quant à vous défendre
« dans Sedan, cela vous est tout aussi impossible ; vous n'avez
« pas pour quarante-huit heures de vivres et vous n'avez plus
« de munitions. »

« Attaquant alors une différente note, le général de Wimpffen reprit d'un ton insinuant : « Je crois qu'il est de votre intérêt,
« même au point de vue politique, de nous accorder la capi-
« tulation honorable à laquelle a droit l'armée que j'ai l'hon-
« neur de commander. Vous allez faire la paix, et sans doute
« vous désirez la faire bientôt : plus que toute autre, la nation
« française est généreuse et chevaleresque, et par conséquent
« sensible à la générosité qu'on lui témoigne, et reconnais-
« sante des égards qu'on a pour elle ; si vous nous accordez
« des conditions qui puissent flatter l'amour-propre de l'armée,
« le pays en sera également flatté, cela diminuera aux yeux de
« la nation l'amertume de sa défaite, et une paix conclue sous
« de pareils auspices aura chance d'être durable, car vos
« procédés généreux auront ouvert la porte à un retour vers
« des sentiments réciproquement amicaux, tels qu'ils doivent
« exister entre deux grandes nations voisines, et tels que vous
« devez les désirer. En persévérant, au contraire, dans des
« mesures rigoureuses à notre égard, vous exciteriez à coup
« sûr la colère et la haine dans le cœur de tous les soldats ;
« l'amour-propre de la nation tout entière sera offensé griève-
« ment, car elle se trouvera solidaire de son armée et ressen-

« tira les mêmes émotions qu'elle. Vous réveillerez ainsi tous
« les mauvais instincts endormis par le progrès de la civilisa-
« tion, et vous risquerez d'allumer une guerre interminable
« entre la France et la Prusse. »

« Ce fut cette fois M. de Bismark qui se chargea de répondre ; il le fit en ces termes : « Votre argumentation, gé-
« néral, paraît au premier abord sérieuse, mais elle n'est au
« fond que spécieuse et ne peut soutenir la discussion. Il faut
« croire en général fort peu à la reconnaissance, et en parti-
« culier nullement à celle d'un peuple ; on peut croire à la
« reconnaissance d'un souverain, à la rigueur à celle de sa
« famille ; on peut même en quelques circonstances y ajouter
« une foi entière, mais, je le répète, il n'y a rien à attendre
« de la reconnaissance d'une nation. Si le peuple français
« était un peuple comme les autres, s'il avait des institutions
« solides, si, comme le nôtre, il avait le culte et le respect de
« ses institutions, s'il avait un souverain établi sur le trône
« d'une façon stable, nous pourrions croire à la gratitude de
« l'Empereur et à celle de son fils, et attacher un prix à cette
« gratitude ; mais en France, depuis quatre-vingts ans, les
« gouvernements ont été si peu durables, si multipliés, ils
« ont changé avec une rapidité si étrange et si en dehors de
« toute prévision, que l'on ne peut compter sur rien de votre
« pays, et que fonder des espérances sur l'amitié d'un souve-
« rain français serait, de la part d'une nation voisine, un acte
« de démence, ce serait vouloir bâtir en l'air. Et, d'ailleurs,
« ce serait folie que de s'imaginer que la France pourrait
« nous pardonner nos succès ; vous êtes un peuple irritable,
« envieux, jaloux et orgueilleux à l'excès. Depuis deux siècles,
« la France a déclaré trente fois la guerre à l'Allemagne ; et,
« cette fois-ci, vous nous l'avez déclarée comme toujours par
« jalousie, parce que vous ne pouviez nous pardonner notre

« victoire de Sadowa. Et pourtant Sadowa ne vous avait rien
« coûté et n'avait pu en rien atteindre votre gloire ; mais il
« vous semblait que la victoire était un apanage qui vous était
« uniquement réservé, que la gloire des armes était pour vous
« un monopole ; vous n'avez pu supporter à côté de vous une
« nation aussi forte que vous, vous n'avez pu nous pardonner
« Sadowa, où vos intérêts ni votre gloire n'étaient nullement
« en jeu. Et vous nous pardonneriez le désastre de Sedan? Ja-
« mais! Si nous faisions maintenant la paix, dans cinq ans,
« dans dix ans, dès que vous le pourriez, vous recommence-
« riez la guerre, voilà toute la reconnaissance que nous au-
« rions à attendre de la nation française!!! Nous sommes,
« nous autres, au contraire de vous, une nation honnête et
« paisible, que ne travaille jamais le désir des conquêtes
« et qui ne demanderait qu'à vivre en paix, si vous ne veniez
« constamment nous exciter par votre humeur querelleuse et
« conquérante. Aujourd'hui, c'en est assez ; il faut que la
« France soit châtiée de son orgueil, de son caractère agressif
« et ambitieux ; nous voulons pouvoir enfin assurer la sécurité
« de nos enfants, et pour cela il faut que nous ayons entre la
« France et nous un glacis ; il faut un territoire, des forte-
« resses et des frontières qui nous mettent pour toujours à
« l'abri de toute attaque de sa part. »

« Le général de Wimpffen répondit à M. de Bismark :
« Votre Excellence se trompe dans le jugement qu'elle porte
« sur la nation française : vous en êtes resté à ce qu'elle était
« en 1815, et vous la jugez d'après les vers de quelques poètes
« ou les écrits de quelques journaux. Aujourd'hui les Fran-
« çais sont bien différents ; grâce à la prospérité de l'Empire,
« tous les esprits sont tournés à la spéculation, aux affaires,
« aux arts ; chacun cherche à augmenter la somme de son bien-
« être et de ses jouissances, et songe bien plus à ses intérêts

« particuliers qu'à la gloire. On est tout prêt à proclamer en
« France la fraternité des peuples. Voyez l'Angleterre ! Cette
« haine séculaire qui divisait la France et l'Angleterre, qu'est-
« elle devenue ? Les Anglais ne sont-ils pas aujourd'hui nos
« meilleurs amis ? Il en sera de même pour l'Allemagne si
« vous vous montrez généreux, si des rigueurs intempes-
« tives ne viennent pas ranimer des passions éteintes. »

« A cet instant, M. de Bismark reprit la parole ; il avait fait un geste de doute en entendant vanter l'amitié existant, suivant le général de Wimpffen, entre la France et l'Angleterre.
« Je vous arrête ici, général ; non la France n'est pas changée,
« c'est elle qui a voulu la guerre, et c'est pour flatter cette
« manie populaire de la gloire, dans un intérêt dynastique, que
« l'Empereur Napoléon III est venu nous provoquer. Nous sa-
« vons bien que la partie raisonnable et saine de la France ne
« poussait pas à la guerre ; néanmoins elle en a accueilli l'idée
« volontiers. Nous savons bien que ce n'était pas l'armée non
« plus qui nous était le plus hostile ; mais la partie de la France
« qui poussait à la guerre, c'est celle qui fait et défait les gou-
« vernements. Chez vous, c'est la populace, ce sont aussi les
« journalistes, ce sont ceux-là que nous voulons punir ; il faut
« pour cela que nous allions à Paris. Qui sait ce qui va se pas-
« ser ? Peut-être se formera-t-il chez vous un de ces gouver-
« nements qui ne respecte rien, qui fait des lois à sa guise, qui
« ne reconnaîtra pas la capitulation que vous aurez signée pour
« l'armée, qui forcera peut-être les officiers à violer les pro-
« messes qu'ils nous auraient faites, car on voudra, sans doute,
« se défendre à tout prix. Nous savons bien qu'en France on
« forme vite des soldats ; mais de jeunes soldats ne valent pas
« des soldats aguerris, et d'ailleurs, ce qu'on n'improvise pas,
« c'est un corps d'officiers, ce sont même les sous-officiers.
« Nous voulons la paix, mais une paix durable, et dans les con-

Épisode de la bataille de Sedan.

« ditions que je vous ai déjà dites ; pour cela il faut que nous
« mettions la France dans l'impossibilité de nous résister. Le
« sort des batailles nous a livré les meilleurs soldats, les meil-
« leurs officiers de l'armée française : les mettre gratuitement
« en liberté pour nous exposer à les voir de nouveau marcher
« contre nous serait folie ; ce serait prolonger la guerre, et l'in-
« térêt de nos peuples s'y oppose. Non, général, quel que
« soit l'intérêt qui s'attache à votre position, quelque flatteuse
« que soit l'opinion que nous avons de votre armée, nous ne
« pouvons acquiescer à votre demande et changer les premières
« conditions qui vous ont été faites. » — « Eh bien, répliqua
« avec dignité le général de Wimpffen, il m'est également im-
« possible à moi de signer une telle capitulation ; nous recom-
« mencerons la bataille. » — Le général Castelnau, prenant
alors la parole, dit d'une voix hésitante : — « Je crois l'instant
« venu de transmettre le message de l'Empereur. — Nous vous
« écoutons, général, dit M. de Bismark. — L'Empereur, con-
« tinua le général Castelnau, m'a chargé de faire remarquer à
« Sa Majesté le roi de Prusse qu'il lui avait envoyé son épée
« sans condition, et s'était *personnellement* rendu absolument à
« sa merci, mais qu'il n'avait agi ainsi que dans l'espérance
« que le roi serait touché d'un si complet abandon, qu'il sau-
« rait l'apprécier, et qu'en cette considération il voudrait bien
« accorder à l'armée française une capitulation plus honora-
« ble et telle qu'elle y a droit par son courage. »

« — Est-ce tout ? demanda M. de Bismark. — Oui, répon-
« dit le général. — Mais, quelle est l'épée qu'a rendue l'Em-
« pereur Napoléon III ? *Est-ce l'épée de la France* ou *son épée*
« *à lui ?* Si c'est celle de la France, les conditions peuvent être
« singulièrement modifiées, et votre message aurait un carac-
« tère des plus graves. — C'est seulement l'épée de l'Empe-
« reur, reprit le général Castelnau. » — En ce cas, reprit en

hâte, presqu'avec joie, le général de Moltke, cela ne change rien aux conditions, et il ajouta: « L'Empereur obtiendra pour sa personne tout ce qu'il lui plaira de demander. »

« Aux dernières paroles du général de Moltke, le général de Wimpffen répéta : « Nous recommencerons la bataille. — La « trêve, répliqua le général de Moltke, expire demain à quatre « heures du matin. A quatre heures précises, j'ouvrirai le « feu. »

« Nous étions tous debout, on avait fait demander nos chevaux. Depuis les dernières paroles, on n'avait pas prononcé un mot : ce silence était glacial. Reprenant en ce moment la parole, M. de Bismark dit au général de Wimpffen : « Oui, général, « vous avez de vaillants et d'héroïques soldats, je ne doute pas « qu'ils ne fassent demain des prodiges de valeur, et ne nous « causent des pertes sérieuses ; mais à quoi cela servirait-il ? « Demain soir, vous ne serez pas plus avancé qu'aujourd'hui, « et vous aurez seulement sur la conscience le sang de vos sol- « dats et des nôtres que vous aurez fait couler inutilement : « qu'un moment de dépit ne vous fasse pas rompre la confé- « rence. M. le général de Moltke va vous convaincre, je l'es- « père, que tenter de résister serait folie de votre part. »

« On se rassit, et le général de Moltke reprit en ces termes : « Je vous affirme de nouveau qu'une percée ne pourra jamais « réussir, quand même vos troupes seraient dans les meil- « leures conditions possibles ; car, indépendamment de la « grande supériorité numérique de mes hommes et de mon « artillerie, j'occupe des positions d'où je puis brûler Sedan « dans quelques heures ! Ces positions commandent toutes les « issues par lesquelles vous pouvez essayer de sortir du cercle « où vous êtes enfermés, et sont tellement fortes, qu'il est im- « possible de les enlever. — Oh ! elles ne sont pas aussi fortes « que vous voulez le dire, ces positions, interrompit le général

« de Wimpffen. — Vous ne connaissez pas la topographie des
« environs de Sedan, répliqua le général de Moltke, et voici un
« détail bizarre et qui peint bien votre nation présomptueuse
« et inconséquente ; à l'entrée de la campagne, vous avez fait
« distribuer à tous vos officiers des cartes de l'Allemagne,
« alors que vous n'aviez pas le moyen d'étudier la géographie
« de votre pays, puisque vous n'aviez pas les cartes de votre
« propre territoire. Eh bien! moi, je vous dis que nos positions
« sont, non-seulement très-fortes, mais formidables et inexpu-
« gnables. » Le général de Wimpffen ne trouva rien à répondre
à cette sortie, dont il pouvait apprécier la force et la vérité. —
Au bout d'un instant, il reprit : « Je profiterai, général, de l'of-
« fre que vous avez bien voulu me faire au début de la confé-
« rence ; j'enverrai un officier voir ces forces formidables dont
« vous me parlez, et à son retour je verrai et prendrai décision.
« — Vous n'enverrez personne, c'est inutile, répliqua le géné-
« ral de Moltke sèchement, vous pouvez me croire. Et, d'ail-
« leurs, vous n'avez pas longtemps à réfléchir, car il est mi-
« nuit, c'est à quatre heures du matin qu'expire la trêve, et je
« ne vous accorderai pas un instant de sursis. — Pourtant,
« fit observer le général de Wimpffen, qui abandonna, du
« reste, sans plus insister, le projet de faire vérifier les posi-
« tions de l'ennemi, pourtant vous devez bien comprendre que
« je ne puis prendre seul une telle décision ; il faut que je con-
« sulte mes collègues ; je ne sais où les trouver tous à cette
« heure dans Sedan, et il me sera impossible de vous donner
« une réponse pour quatre heures. Il est donc indispensable
« que vous m'accordiez une prolongation de trêve. »

« Comme le général de Moltke refusait opiniâtrément, M. de
Bismark se pencha vers lui et lui murmura à l'oreille quelques mots qui me parurent signifier que le roi arriverait à neuf
heures et qu'il fallait l'attendre. Ce colloque à voix basse ter-

miné, le général de Moltke dit en effet au général de Wimpffen qu'il consentait à lui accorder jusqu'à neuf heures ; mais que ce serait la dernière limite.

« La conférence était terminée ou à peu près ; on discuta encore quelques détails, on dispensa les soldats français de rendre eux-mêmes leurs armes, on promit de laisser aux officiers tout ce qui leur appartiendrait, armes, chevaux, etc. Je jugeai, dès ce moment, que la capitulation était décidée en principe par le général de Wimpffen, et que s'il ne la signait pas immédiatement, c'était pour sauver les apparences et aussi pour tâcher de diminuer la responsabilité qui lui incombait fatalement, en la faisant partager autant que possible par les autres généraux. »

« Je remontai à cheval et revins à Sedan à une heure du matin, continue le général de Wimpffen ; j'entrai dans la chambre de l'Empereur, il était couché. Sire, lui dis-je, on me propose les conditions les plus dures pour votre armée. J'ai tenté sans succès d'en obtenir de meilleures ; je ne compte plus que sur une démarche de Votre Majesté pour nous sortir, aussi honorablement que possible, de notre malheureuse situation.

« — Général, me répondit l'Empereur, à cinq heures du matin je partirai pour le quartier général allemand et je verrai à ce que le roi nous soit plus favorable.

« Je rentrai chez moi, mais, ne pouvant y trouver un instant de repos, je me mis à parcourir la ville. De braves habitants, m'ayant reconnu, m'offrirent de me cacher et de me donner le moyen de m'échapper. « — Général, me dit l'un d'eux, ne signez pas cette capitulation ; rentrez à Paris : vous pourrez encore y rendre des services à votre patrie. » — Cette proposition me tenta un instant ; mais après mûres réflexions, il me sembla qu'agir ainsi serait manquer à un devoir sacré. Je revins donc à mon hôtel, décidé à présider le conseil de guerre convoqué pour sept heures. A sept heures environ, le conseil était réuni. En voici le procès-verbal :

« Au quartier général, à Sedan, le 2 septembre 1870.

« Aujourd'hui, 2 septembre, à six heures du matin, sur la
« convocation du général en chef, un conseil de guerre, au-
« quel ont été appelés les généraux commandant les corps
« d'armée, les généraux commandant les divisions et les
« généraux commandant en chef l'artillerie et le génie de
« l'armée, a été réuni.

« Le général commandant a exposé ce qui suit :

« D'après les ordres de l'Empereur, et comme conséquence
« de l'armistice intervenu entre les deux armées, j'ai dû me
« rendre auprès de M. le comte de Moltke, chargé des pleins
« pouvoirs du roi de Prusse, dans le but d'obtenir les meil-
« leures conditions possibles pour l'armée refoulée dans Sedan
« après une bataille malheureuse.

« Dès les premiers mots de notre entretien, je reconnus
« que M. le comte de Moltke avait malheureusement une
« connaissance parfaite de notre situation, et qu'il savait très-
« bien que l'armée manquait absolument de vivres et de mu-
« nitions. M. de Moltke m'a appris que dans la journée d'hier
« nous avions combattu une armée de deux cent vingt mille
« hommes qui nous entourait de toute part. — « Général, m'a-
« t-il dit, nous sommes disposés à faire à votre armée, qui
« s'est si vaillamment battue aujourd'hui, les conditions les
« plus honorables; toutefois, il faut que ces conditions soient
« compatibles avec les exigences de la politique de notre gou-
« vernement. Nous demandons que l'armée française capitule.
« Elle sera prisonnière de guerre; les officiers conserveront
« leurs épées et leurs propriétés personnelles ; les armes de la

« troupe seront déposées dans un magasin de la ville pour
« nous être livrées. »

« Le général a demandé aux officiers généraux qui faisaient
« partie du conseil de guerre, si, dans leur pensée, la lutte
« était encore possible ; la grande majorité a répondu par la
« négative. Deux généraux seuls ont exprimé l'opinion que l'on
« devait, ou se défendre dans la place, ou chercher à sortir
« de vive force. On leur a fait observer que la défense de la
« place était impossible parce que les vivres et munitions
« manquaient absolument ; que l'entassement des hommes
« et des voitures dans les rues rendait toute circulation im-
« possible ; que dans ces conditions le feu de l'artillerie
« ennemie, déjà en position sur toutes les hauteurs en-
« vironnantes, produirait un affreux carnage, sans aucun
« résultat utile ; que le débouché était impossible puisque
« l'ennemi occupait déjà les barrières de la place et que ses
« canons étaient braqués sur les avenues étroites qui y condui-
« sent. Ces deux officiers généraux se sont rendus à l'avis de
« la majorité. En conséquence, le conseil a déclaré au gé-
« néral en chef, qu'en présence de l'impuissance matérielle de
« prolonger la lutte, nous étions forcés d'accepter les condi-
« tions qui nous étaient imposées, tout sursis pouvant nous
« exposer à subir des conditions plus douloureuses encore.

« De Wimpffen. — A. Ducrot. — Général
Lebrun. — F. Douay. — Général Far-
geot. — Ch. Dejean. »

« A dix heures du matin, je me rendis, à cheval, au quartier général prussien, et j'y vis arriver l'Empereur avec toute
sa suite ; il n'avait pu parvenir jusqu'au roi de Prusse.

« — Sire, lui dis-je en le saluant, qu'avez-vous obtenu ?

« — Rien, je n'ai pas encore vu le roi. — Alors, il faut que je règle les bases de la capitulation. » Et je le quittai pour me rendre dans un salon où tout avait été préparé pour cette néfaste conclusion. Le comte de Bismark, appréciant ma profonde douleur, voulut bien m'entretenir de la manière la plus flatteuse de notre armée et de moi-même. J'entrai ensuite dans les appartements où se trouvait l'Empereur, et là, fortement émotionné, je lui déclarai que tout était terminé. Sa Majesté, les larmes aux yeux, s'approcha de moi, me pressa la main et m'embrassa. On attendait ma signature, avant de mettre l'Empereur en contact avec le roi de Prusse. Ils se virent peu d'instants après. »

La capitulation qui intervint sous forme de protocole était ainsi conçue :

« Entre les soussignés,

« Le chef d'état-major de S. M. le Roi Guillaume, commandant en chef de l'armée allemande, et le général commandant en chef de l'armée française, tous deux munis des pleins pouvoirs de Leurs Majestés le Roi Guillaume et l'Empereur Napoléon, la convention suivante a été conclue :

« ARTICLE PREMIER. — L'armée française placée sous les ordres du général de Wimpffen, se trouvant actuellement cernée par des forces supérieures autour de Sedan, est prisonnière de guerre.

« Art. 2. — Vu la défense valeureuse de cette armée, il est fait exception pour tous les généraux et officiers, ainsi que pour les employés spéciaux ayant rang d'officier qui engageront leur parole d'honneur par écrit de ne pas porter les armes contre l'Allemagne, et de n'agir d'aucune autre manière contre ses intérêts jusqu'à la fin de la guerre actuelle. Les officiers et employés qui acceptent ces conditions conserveront leurs armes et les objets qui leur appartiennent personnellement.

Bazeilles.

« Art. 3. — Toutes les autres armes, ainsi que le matériel de l'armée consistant en drapeaux (aigles), canons, chevaux, caisses de guerre, équipages de l'armée, munitions, etc., seront livrés à Sedan à une commission militaire instituée par le commandant en chef, pour être remis immédiatement au commissaire allemand.

« Art. 4. — La place de Sedan sera livrée ensuite dans son état actuel, et au plus tard dans la soirée du 2 septembre, à la disposition de Sa Majesté le Roi de Prusse.

« Art. 5. — Les officiers qui n'auront pas pris l'engagement mentionné à l'article 2, ainsi que les troupes désarmées, seront conduits, rangés d'après leurs régiments ou corps et en ordre militaire. Cette mesure commencera le 2 septembre et sera terminée le 3. Ces détachements seront conduits sur le terrain bordé par la Meuse, près d'Iges, pour être remis aux commissaires allemands par leurs officiers, qui céderont alors le commandement à leurs sous-officiers. Les médecins militaires, sans exception, resteront en arrière pour prendre soin des blessés.

« Fait à Frénois, le 2 septembre 1870.

« DE WIMPFFEN. DE MOLTKE. »

« Mon pénible et triste devoir accompli, ajoute le général de Wimpffen, je remontai à cheval et revins à Sedan, la mort dans l'âme. Il était midi. Je remarquai qu'une grande partie de nos soldats n'avaient point encore la conscience du malheur qui nous frappait et qui allait avoir un retentissement si imprévu et si douloureux dans toute la France. Les hommes de sarmes spéciales paraissaient plus affectés et ne se préparaient pas à livrer avec résignation leur matériel et les quelques projectiles encore disponibles. Les officiers étaient tristes et s'apprêtaient à donner à leurs soldats l'exemple de la résignation après leur avoir donné la veille celui du courage et du dévouement. »

Le lendemain même de la capitulation le général de Wimpffen s'en allait, emmenant ses deux chevaux, sans paraître se soucier beaucoup du sort des soldats qu'il venait de livrer à l'ennemi, et que celui-ci traita avec une barbarie que des sauvages n'eussent pas employée. Il les entassa dans la presqu'île que forme la Meuse en contournant le village d'Iges. C'est là que plus de 70,000 hommes furent parqués pendant près de quinze jours sur un sol marécageux et entièrement détrempé par les pluies. Quant aux traitements qu'on leur fit subir, voici deux

CHAPITRE IV. 195

lettres qui en diront plus que tout commentaire. L'une est d'un Anglais qui l'a écrite à Sedan même, le 6 septembre, l'autre d'un officier français échappé à Bouillon. Voici des extraits de la première, donnés par M. Edouard Fournier, dans son intéressant volume *Les Prussiens chez nous* :

« Jeudi, ou mieux vendredi dernier, environ 80,000 hommes se sont rendus prisonniers. Pourriez-vous croire que depuis, c'est-à-dire cinq jours pleins, tous les hommes de cette armée et beaucoup des officiers qui n'ont pas voulu signer l'engagement de ne plus continuer à porter les armes contre la Prusse ont été laissés dehors, dans la campagne, sans aucune tente ou abri quelconque, et sans une nourriture suffisante ? Je ne voulais pas le croire. Mais aujourd'hui, en retournant de Florenville, j'ai vu de mes propres yeux, dans un pré, non pas humide, mais positivement inondé, 80,000 hommes qui y sont entassés comme des moutons depuis le moment où ils ont été faits prisonniers. Il est impossible d'imaginer une situation plus déplorable. Depuis le 2, jour de la reddition de l'armée, on ne leur a pas donné une once de viande, et chaque homme n'a reçu comme nourriture qu'un biscuit sec pour deux jours.....

« Si les Prussiens avaient manqué de provisions, leurs captifs devaient souffrir aussi ; mais cela n'est pas. Les provisions de l'armée prussienne abondent maintenant à Sedan. Les hommes ont deux bons repas de viande par jour ; d'énormes contributions ont été levées par tout le pays et, chaque fois qu'on ne peut y satisfaire, village ou ville est mis au pillage.

« J'ai vu partir environ sept mille prisonniers pour la Prusse, qu'on faisait accompagner par des musiques prussiennes jouant les airs les plus triomphants. Si l'officier restait un peu en arrière, on le frappait à coups de crosse de fusil pour le faire avancer. Bien que beaucoup fussent faibles, malades, à moitié morts de faim, on les forçait à marcher au pas accéléré.

« Quand j'étais prisonnier des Sykes, ajoute notre Anglais, je n'étais certainement pas bien traité, non plus qu'en Turquie et en Syrie; mais jamais, sur mon honneur, je n'ai rien vu d'aussi barbare que le traitement des Français prisonniers des Prussiens autour de Sedan. Je ne puis comprendre que l'armée d'un peuple civilisé puisse traiter ainsi ses prisonniers. Si l'on me racontait les horreurs que j'ai vues, je ne pourrais y croire. J'ose à peine en croire mes yeux.

« Ayant fait quelques observations à des officiers supérieurs, on me répondit poliment de m'occuper de mes affaires; et ensuite par des torrents d'injures contre la nation française en général, et ses soldats en particulier.

« Dans l'espoir que ma voix sera entendue, j'ai écrit cette lettre et chacun pourra en vérifier l'exactitude.

« De la frontière de l'Alsace jusqu'au point où ils sont aujourd'hui, ce n'est que saccage et ruine. »

« Passons maintenant à la lettre du Français, continue M. Fournier.

« Il aurait le droit d'être plus indigné, puisqu'il était de ceux qui souffraient; il ne sera qu'aussi sincère dans son récit: l'indignation en naîtra d'elle-même. Après avoir raconté comment on les avait traités, plus de 60,000 dans les champs, sans tente, capote, ni feu, par une pluie battante, « mouillés, comme si on les eût trempés dans un fleuve, » il ajoute :

« Les soldats nous avaient tout volé. Heureusement pour moi, j'avais mon or dans un ceinturon de cuir, et ils ne s'en sont pas aperçus. Dans l'après-midi, ils nous permirent, pour la première fois, de chercher à allumer des feux. J'avais tellement les membres raidis que je pus à peine bouger. Quelques blessés gisaient autour de moi; ils moururent dans la nuit.

« Les hommes s'appuyaient l'un contre l'autre afin de lutter un peu contre le froid. Dès qu'un homme expirait, les autres lui enlevaient ses vêtements et se les partageaient, dans l'espoir de se soustraire un peu à l'effet de la pluie. Lorsqu'un soldat ou un officier se plaignait trop haut, les Bavarois ou les Prussiens l'assommaient à demi avec la crosse de leurs fusils.

« Le lendemain matin nous eûmes de la soupe, nous fûmes formés en bataillons, et 8,000 ou 10,000 d'entre nous furent mis en marche pour la Prusse, nous dit-on. Je demandai à un officien prussien, capitaine comme moi, où nous allions ; il me répondit : « Tais-toi, cochon de Français, ou bien je te brûlerai la cervelle. » La musique d'un régiment prussien jouait des airs nationaux pendant que nous marchions. Une foule immense de Bavarois et de Prussiens nous regardaient, nous lançant au visage de honteux quolibets. Lorsqu'un malheureux s'arrêtait, trop épuisé, trop fatigué pour pouvoir avancer, il recevait un coup de crosse, accompagné du mot *Vorwarts!* (en avant !) Si les Français étaient trop malades, trop faibles pour se lever et marcher, on les accablait de coups jusqu'à ce qu'ils ne pussent plus bouger. Alors on les jetait sur le côté de la route, et on les y laissait... »

Un correspondant de la *Pall-Mall Gazette* a assuré, d'après le témoignage des docteurs Franck et Blewitt, des ambulances anglaises, qu'il y avait à Balan plusieurs blessés français, contusionnés ainsi, en pleine figure, des coups de crosse qu'ils avaient reçus des Prussiens, parce qu'ils ne pouvaient marcher. Ils tuaient bien, mais à force de mauvais traitements ; des prisonniers de Sedan 20,000 moururent en Allemagne de faim, de misère et de maladie.

Cette cruauté, ce n'est pas seulement sur les prisonniers qu'elle s'exerça. Le sort du village de Bazeilles, qui se trouve près de Sedan, est là pour l'attester ; cette page est des plus honteuses qu'un peuple puisse avoir dans son histoire ; et au prix de tous les triomphes remportés par les Allemands, la France ne voudrait pas avoir une atrocité semblable à se reprocher. Voici le récit fait par le duc de Fitz-James, qui en a été le témoin oculaire :

« Bazeilles est situé près de la Meuse, à huit kilomètres de Sedan. Le 31 août, au matin, les courageux habitants de ce village, voyant l'ennemi arriver, revêtirent leurs uniformes de gardes nationaux, et aidèrent l'armée à se défendre contre un corps bavarois et contre la division Schœler, d'Erfurt, du quatrième corps de la réserve prussienne.

« L'armée française fut repoussée. L'ennemi entra à Bazeilles, et alors commencèrent des scènes d'horreur et des excès sans nom qui flétrissent à jamais ceux qui les commettent.

« Les Bavarois et les Prussiens, pour punir les habitants de s'être défendus, mirent le feu au village. La plupart des gardes nationaux étaient morts, la population s'était réfugiée dans les caves : femmes, enfants, tous furent brûlés. Sur 2,000 habitants, 300 restent à peine qui racontent qu'ils ont vu des Badois repousser des familles entières dans les flammes et fusiller des femmes qui avaient voulu s'enfuir. J'ai vu, de mes yeux vu, les ruines fumantes de ce malheureux village... Une odeur de chair humaine brûlée vous prenait à la gorge. J'ai vu les corps des habitants calcinés sur leur porte.

« Voilà, monsieur le rédacteur, ce que je n'ai pas voulu laisser ignorer. La guerre a ses rigueurs ; mais elle a ses règles aussi, basées sur les lois de l'honneur et de l'humanité. Ces lois, Bavarois et Prussiens, qui étiez à Bazeilles, vous les avez violées. Vous avez flétri votre victoire. J'en appelle au monde, à l'histoire qui vous jugera. Et je demande si vous avez le droit d'ériger en principe que vous pouvez tuer les femmes et les enfants d'un village dont les habitants, vous voyant arriver, défendent leurs foyers et la patrie? En tout cas, la garde nationale est une troupe régulière, aussi régulière que le quatrième ou le cinquième ban de votre landwher.

« Même au nom de votre épouvantable système, vous n'aviez pas le droit d'incendier Bazeilles. Vous avez donc tué pour tuer; vous vous êtes conduits comme des sauvages et non comme des soldats.

« Voilà, monsieur le rédacteur, ce que je crois de mon devoir d'écrire pour le soumettre au jugement de tous...

« Duc de Fitz-James. »

L'Empereur se rendit prisonnier au camp de Guillaume : ce fut un triste et douloureux contraste que de le voir passer en voiture et suivi de sa maison militaire au milieu de ces soldats hâves, déguenillés, brisés par la fatigue et par la douleur, et qui venaient de combattre pour cet homme auquel ils pouvaient reprocher de n'avoir pas osé risquer sa vie et partagé avec eux le danger dans lequel il les avait précipités.

M. de Bismark fut chargé de le recevoir. Voici le rapport qu'il fit au roi Guillaume sur cette entrevue :

« Lorsque, sur l'ordre de Votre Majesté, je me suis rendu ici pour prendre part aux négociations de la capitulation, celles-ci furent interrompues jusque vers une heure du matin, parce que le général de Wimpffen demanda le temps nécessaire pour réfléchir. Le général de Moltke avait déclaré qu'on ne pouvait accorder d'autre condition que celle de mettre bas les armes, et que le bombardement recommencerait à neuf heures du matin si la capitulation n'était pas intervenue dans l'intervalle.

« Ce matin, à six heures, on m'annonça le général Reille, lequel me déclara que l'Empereur désirait me voir et se trouvait déjà sur la route de Sedan. Le général revint immédiatement sur ses pas pour annoncer à Sa Majesté que je le suivais, et je rencontrai bientôt l'Empereur à mi-chemin entre cette ville et Sedan, près de Frénois. Sa Majesté était en voiture découverte avec trois officiers généraux. Trois autres étaient à cheval. Arrivé à la voiture, je descendis de cheval, je me rendis près de l'Empereur, et je demandai les ordres de Sa Majesté.

« L'Empereur exprima le désir de voir Votre Majesté, croyant, ce me semble, qu'elle se trouvait à Donchéry. Je répondis que le quartier général de Votre Majesté était en ce moment à trois milles de là, à Vendresse. Il me demanda si Votre Majesté avait désigné un endroit où un rendez-vous aurait lieu immédiatement. Je lui répondis que j'étais arrivé dans l'obscurité, que les environs m'étaient inconnus ; je lui offris la maison que j'habitais à Donchéry, et que j'offrais d'évacuer immédiatement. L'Empereur y consentit et partit au pas pour Donchéry ; mais, s'arrêtant à une centaine de pas du pont jeté sur la Meuse, qui conduit à la ville, près d'une maison d'ouvrier, il me demanda s'il pouvait descendre. Je fis visiter la maison par M. le conseiller de légation de Bismark-Bohlen, qui m'avait suivi dans l'intervalle. Il rapporta que la maison était très-étroite, très-insuffisante, mais qu'elle ne contenait pas de blessés. L'Empereur descendit et m'invita à entrer avec lui.

« Là, j'eus avec l'Empereur, dans une chambre pourvue d'une table et de deux chaises, un entretien qui dura près d'une heure. Sa Majesté exprima à plusieurs reprises le vœu d'obtenir pour l'armée des conditions favorables de capitulation. Mais je refusai, dans la maison, de parler de capitulation avant que cette affaire, exclusivement militaire, n'eût été vidée entre MM. de Moltke et de Wimpffen. Par contre, je demandai à l'Empereur s'il était en mesure de traiter des conditions de

M. Jules Favre.

paix. L'Empereur déclara que, étant prisonnier, il ne pouvait le faire. Je lui demandai alors qui représentait en ce moment la France. Il s'en référa au gouvernement actuellement à Paris. Je reconnus la vérité de ce point, qui n'était pas très-clairement indiqué dans la lettre de l'Empereur à Votre Majesté, et je tombai d'accord qu'en ce moment il ne pouvait être question que de négociations militaires. Je m'appuyais sur cette raison pour déclarer que la capitulation de Sedan devait avant toutes choses constituer une garantie matérielle des résultats obtenus.

« Déjà, hier soir, j'avais retourné, avec le général de Moltke, la question sous toutes ses faces pour rechercher s'il pouvait être possible, sans nuire aux intérêts militaires de l'Allemagne, de ménager les sentiments d'honneur d'une armée qui s'était bien battue et d'accorder de meilleures conditions que celles posées d'abord. Mais, après un examen approfondi, nous dûmes résoudre négativement la question. Lorsque le général de Moltke, qui était sorti entre temps de la ville, se rendit auprès de Votre Majesté pour lui soumettre les demandes de l'Empereur, ce n'était pas, comme Votre Majesté le sait, dans l'intention de les appuyer.

« L'Empereur sortit de la maison et m'invita à m'asseoir à côté de lui, près de la porte de la maison. Il me demanda alors si l'on ne pouvait faire passer l'armée française en Belgique pour l'y faire désarmer et interner. La veille déjà nous avions causé avec le général de Moltke de cette éventualité, et, en raison des motifs précités, je ne consentis pas. Je ne pris, de mon côté, aucune initiative pour agiter la question politique. L'Empereur, de son côté, ne fit que déplorer la guerre. Il déclara ne pas l'avoir voulue personnellement, mais y avoir été contraint par l'opinion publique en France.

« Après des informations prises dans la ville, et surtout après des reconnaissances faites par les officiers de l'état-major, on nous informa, entre neuf et dix heures, que le château de Belle-Vue, près de Frénois, était très-propre à recevoir l'Empereur et n'était pas occupé par les blessés. J'instruisis l'Empereur de cette circonstance, lui disant que je proposerais à Votre Majesté de choisir ce château comme lieu de rendez-vous. Je supposais, du reste, que l'Empereur aurait besoin de repos. L'Empereur y consentit volontiers, et je conduisis Sa Majesté qui était précédée par une escorte d'honneur de cuirassiers de la garde du corps de Votre Majesté.

« Les équipages de l'Empereur, qu'on avait cru jusque-là ne pouvoir sortir en sécurité de la ville, étaient arrivés dans l'intervalle. Le général de Wimpffen était arrivé également. Les

CHAPITRE IV.   203

négociations, interrompues hier, avaient été reprises avec lui, en l'absence du général de Moltke, par le général von Podbielski, en présence du lieutenant von Verdy et du chef d'état-major du général de Wimpffen, ces deux officiers rédigeant le procès-verbal. Je n'ai participé à l'entretien qu'en indiquant la situation politique et juridique constatée par l'Empereur lui-même. Je fus en même temps informé par le chef d'escadron comte de Rostig, de la part du général de Moltke, que Votre Majesté ne voulait voir l'Empereur qu'après la capitulation. »

De son côté le roi Guillaume, en rendant compte à la reine Augusta de la manière dont il accueillit les ouvertures de son prisonnier et de son entrevue avec lui, s'exprimait ainsi :
« La retraite de l'ennemi devenait sur plusieurs points une véritable débandade. L'infanterie, l'artillerie, la cavalerie, toute l'armée enfin se repliait en se pressant sur la ville. Toutefois, rien n'indiquait que l'ennemi fût disposé à se retirer de cette position critique par une capitulation. En conséquence, nous étions obligés de bombarder la ville par notre batterie. Au bout de vingt minutes, nous avions le feu en plusieurs endroits. C'était un spectacle saisissant que celui de ces incendies venant s'ajouter à ceux de tous les villages situés sur le champ de bataille. Je fis cesser le feu et j'envoyai le lieutenant-colonel de Bronsart, de l'état-major, en parlementaire, précédé du drapeau blanc, pour offrir la capitulation à l'armée et à la ville. Il fut rencontré par un officier bavarois, qui m'apprit qu'un parlementaire français s'était présenté à la porte de la ville, et comme il demandait à voir le général en chef, on l'introduisit inopinément près de l'Empereur, qui lui remit une lettre pour moi. Comme l'Empereur lui demandait quels étaient ses ordres, il répondit qu'il venait sommer l'armée et la ville de se rendre. L'Empereur lui dit alors qu'il

devait s'adresser au général de Wimpffen, qui venait de recevoir le commandement des mains du maréchal Mac-Mahon, blessé. Il le chargeait de m'envoyer la lettre qui m'était destinée, par l'intermédiaire de son adjudant-général Reille. Il était sept heures quand Reille et Bronsard se présentèrent devant moi. Ce dernier arriva le premier et ce fut lui qui nous apprit positivement où se trouvait l'Empereur. Tu peux t'imaginer l'impression que cette nouvelle causa sur moi et sur tout le monde. Reille sauta de cheval et me remit la lettre de l'Empereur.

« Avant même d'ouvrir la lettre, je lui dis : « Je veux, comme première condition, que l'armée dépose les armes. » La lettre de l'Empereur commence ainsi : « N'ayant pas pu « mourir à la tête de mes troupes, je dépose mon épée à Votre « Majesté. » Pour tout le reste, il s'en remettait à ma discrétion.

« Ma réponse fut que je regrettais de nous rencontrer dans de pareilles circonstances, et que je désirais l'envoi d'un fondé de pouvoirs chargé de traiter de la capitulation. Lorsque j'eus remis ma lettre au général Reille, je lui dis quelques mots en particulier, car je le connaissais d'ancienne date, et c'est ainsi que finit notre entrevue. Je donnai pleins pouvoirs à Moltke pour traiter et priai Bismark de rester avec moi, en cas qu'il se présentât quelque question politique. Je montai en voiture, acclamé et accueilli par les hourras enthousiastes des soldats du train. Partout, sur mon passage, on entonnait l'hymne patriotique. C'était saisissant ! Tout le monde avait apporté des lumières, en sorte que j'avais l'air de m'avancer au milieu d'une illumination improvisée. A onze heures, j'étais rentré et je buvais avec tous ceux qui m'entouraient à la santé de l'armée qui avait atteint un pareil but.

« Comme le matin du 2 je n'avais pas encore reçu de

Moltke la nouvelle de la capitulation qui devait se traiter à Donchéry, je me transportai, vers 8 heures du matin, au champ de bataille. En arrivant, je vis Moltke qui venait à ma rencontre pour me demander mon consentement à la capitulation. Il m'apprit en même temps que l'Empereur était parti, à cinq heures du matin, de Sedan, et était arrivé à Donchéry. Comme l'Empereur désirait me parler, je choisis pour lieu de rendez-vous un petit château entouré d'un parc qui se trouvait dans les environs. Vers dix heures, je débouchai sur la hauteur de Sedan. A midi, arrivent Moltke et Bismark, avec le traité de capitulation. A une heure, je me mis en route avec Fritz, escorté par la cavalerie de l'état-major. Je descendis de cheval devant le petit château, et l'Empereur vint à ma rencontre. L'entrevue dura un quart d'heure. Nous étions tous les deux très-émus de nous rencontrer en pareille circonstance. Je ne puis exprimer tout ce que j'éprouvais lorsque je pensais que trois ans auparavant j'avais vu l'Empereur, qui était alors au faîte de sa puissance. Après cette entrevue, je visitai toute l'armée de Sedan, depuis deux heures et demie jusqu'à sept heures et demie.

« Je ne puis te décrire en ce moment ce que j'éprouvais en revoyant mes troupes et surtout la garde qui avait été décimée. J'étais profondément ému de voir tant de témoignages d'affection et de dévouement.

« Guillaume. »

Le nombre des prisonniers de guerre livrés par la capitulation de Sedan se montait à 83,000, y compris 4,000 officiers; il faut y ajouter 25,000 prisonniers faits pendant la bataille, 14,000 tués ou blessés, 3,000 hommes échappés en Belgique; plus 400 pièces de campagne, dont 70 mitrailleuses, 150 pièces de place, 10,000 chevaux et un nombreux matériel de guerre de toute nature qui tombait aux mains des Allemands. Mais, d'un autre côté, 13,000 Allemands tués ou blessés dans des conditions si favorables pour eux, et lorsqu'ils étaient 270,000 hommes contre 100,000 Français seulement, attestaient bien la valeur de nos soldats, et de quoi ils eussent été capables avec de bons généraux. Bien que Sedan soit une place forte, dit un écrivain militaire, la capitulation de l'armée de Wimpffen peut être regardée comme une capitulation en rase campagne, car Sedan, sans ouvrages détachés, est beaucoup trop petit pour contenir une pareille masse de défenseurs. Comme capitulation en rase campagne, celle de Sedan est un fait unique dans l'histoire, sous le rapport de la grandeur de l'armée prisonnière.

Bien des causes avaient concouru à rendre possible un pareil effondrement, et cette épouvantable catastrophe n'était pas seulement le résultat d'une fausse manœuvre ou d'un plan mal conçu : il avait fallu des défaites comme celles de Forbach et de Reischoffen ; il avait fallu ce coup de désespoir de la marche sur Sedan ; il avait fallu que le suprême commandement fût remis à un ambitieux comme Bazaine, et à un incapable comme le maréchal Le Bœuf ; il avait fallu que le maréchal Mac-Mahon, ce soldat loyal et courageux, fût à ce point influencé par son entourage, qu'il admit un plan de campagne que son expérience lui disait être funeste. « Quand dans un royaume il y a plus d'avantages à faire sa cour qu'à faire son devoir, tout est perdu, » dit Montesquieu. C'est ce qui était arrivé en France ; le régime du favoritisme et de l'intrigue, qui régnait depuis vingt ans, venait de porter ses fruits. La corruption profonde qui minait la société française se révélait au grand jour, et produisait un de ces écroulements dont le retentissement effraiera la postérité la plus reculée.

Quant à la responsabilité immédiate, chacun de ceux qui

se trouvèrent à cette journée doit en supporter sa part. Sans admettre tous les bruits qui ont couru sur l'attitude de l'Empereur à ce moment difficile, sans même lui reprocher avec le général de Wimpffen de ne s'être pas mis à la tête de l'armée pour se frayer un passage les armes à la main, on peut trouver que sa conduite n'a rien d'héroïque. On peut le juger par la seule parole authentique prononcée par lui et rapportée par M. de Bismark. Lors même qu'il eût été vrai, ce que nous ne croyons pas, que Napoléon ait fait la guerre contre son sentiment et forcé par l'opinion publique, il y aurait eu plus de dignité à ne pas le dire et à ne pas rejeter la responsabilité sur un pays qu'il avait gouverné en souverain absolu pendant vingt ans. Le grand Frédéric comprenait mieux son devoir de roi, et voici la lettre qu'il écrivait pendant la guerre de Sept Ans : « Si les Russes entraient par la Nouvelle-Marche, écrivait-il au comte de Finck le 10 janvier 1757, ou qu'il nous arrivât un malheur en Lusace, il faudrait que tout se transportât à Magdebourg. Enfin, le dernier refuge est à Stettin ; mais il ne faut y aller qu'à la dernière extrémité. S'il arrivait que je fusse tué, il faut que les affaires continuent leur train sans la moindre altération et sans qu'on s'aperçoive qu'elles sont en d'autres mains, et, en ce cas, il faut hâter serments et hommages, tant ici qu'en Prusse, et surtout en Silésie. Si j'avais la fatalité d'être pris prisonnier par l'ennemi, je défends qu'on ait le moindre égard pour ma personne, ni qu'on fasse la moindre réflexion sur ce que je pourrais écrire de ma détention. Si pareil malheur m'arrivait, je veux me sacrifier *pour l'Etat*, et il faut qu'on obéisse à mon frère, lequel, ainsi que tous mes ministres et généraux, me répondront de leur tête qu'on n'offrira ni province ni rançon pour moi, et que l'on continuera la guerre en poussant ses avantages tout comme si je n'avais jamais existé dans le monde. » L'histoire ne pourra moins faire que de comparer la conduite et le langage si différents des deux souverains.

Le maréchal de Mac-Mahon n'est pas irréprochable au point de vue militaire. L'échec de Beaumont, la situation désavantageuse de Sedan, auraient dû lui faire précipiter sa marche vers Mézières et le détourner de livrer en cet endroit une grande bataille. Un général en chef n'est pas excusable d'ignorer le nombre et la position des ennemis qu'il a devant lui. Quant au général de Wimpffen, sa conduite est en tout points inqualifiable, et le succès n'eût pu lui-même l'absoudre. Le mouvement d'ambition et de vanité auquel il céda compromit le salut de l'armée, si ce salut eût été possible, et malheureusement il ne l'était pas. Seule l'armée a fait son devoir : officiers et soldats ont dignement soutenu la vieille tradition de la valeur française, et s'ils avaient eu affaire à un ennemi généreux, ils eussent obtenu de se retirer libres et avec tous les honneurs de la guerre. L'histoire consacrera le souvenir de leur courage héroïque; et à tous ces hommes vaillants noblement tombés sur le champ d'honneur, elle dira ce que la chanson dit au neveu de Charlemagne succombant sous le nombre des assaillants dans la vallée de Roncevaux : « Gloire à toi, Roland, tu mourras, mais tu ne seras pas vaincu ! »

CHAPITRE V

TENTATIVES DE NÉGOCIATIONS

Invasion. — Le tunnel de Saverne. — Administration des villes occupées. — Les uhlans. — Une ville fortifiée prise par un seul homme. — Système de terrorisation. — Le drame de Neuville et de This. — Les gardes mobiles. — Les francs-tireurs. — Atrocités commises par les Prussiens. — Le pont de Fontenoy. — Chute de l'Empire et gouvernement de la défense nationale. — Entrevue de Ferrières. — Délégation à Tours. — Attitude du corps diplomatique. — Investissement de Paris. — Combats du 19 septembre, des 13 et 21 octobre. — M. Thiers à Londres, à Saint-Pétersbourg, à Vienne et à Florence. — Proposition d'armistice. — Journée du 31 octobre. — Rupture des négociations.

Pendant que ces graves événements se passaient, l'ennemi s'était répandu sur notre territoire ; l'envahissement avait fait tache d'huile, et, au lendemain de Sedan, il s'étendait sur un périmètre immense. Immédiatement après les batailles de Reischoffen et de Forbach, les armées allemandes s'étaient mises en route. Le général de Failly, informé de la défaite de Mac-Mahon et de celle de Frossard, battit précipitamment en retraite, laissant derrière lui une partie de sa réserve d'artillerie et presque tous ses bagages. Il reçut du quartier général l'ordre d'occuper Nancy, opération qui eût gêné ou du moins retardé le mouvement de conversion opéré par la deuxième armée prussienne pour couper la retraite à l'armée de Metz; mais il trouva que ses troupes étaient trop fatiguées et trop démoralisées, et ne voulant pas courir le risque d'être cerné et enlevé, il continua sa retraite vers le camp de Châlons. Les troupes allemandes ne rencontrèrent donc pas le moindre obstacle sur leur route. Vingt mille hommes résolus et munis d'une artillerie suffisante pouvaient rendre imprenables les défilés des Vosges ; les troupes étaient en retraite, et les habitants n'avaient pas d'armes. Aucune précaution n'avait été prise, aucune route interceptée par des obstacles factices, tranchées, levées de terre ou abattis d'arbres. L'armée allemande traversa paisiblement, avec sa lourde artillerie et de longs convois de vivres, ces défilés qu'il eût été si facile de rendre inaccessibles. On n'avait même pas fait sauter le tunnel de Saverne, ce qui, en détruisant le chemin de fer, eût fortement gêné l'armée allemande pour sa marche et ses approvisionnements, obligée qu'elle eût été à faire de grands détours. Ce fut la faute de l'administration militaire, aussi inepte que jalouse de son autorité. La compagnie de l'Est avait prévu qu'on en serait peut-être réduit à cette extrémité, et elle avait fait faire les études et les travaux nécessaires. Quand tout fut terminé, elle demanda de la poudre pour être prête à tout événement ; pas plus à Nancy qu'à Strasbourg il ne s'en trouva ; on télégraphia à Paris, mais on avait bien d'autres soucis, puis une semblable précaution parut outrageante à la valeur française ; bref, on ne fit rien, et les Allemands occupèrent le tunnel. Quand les Prussiens se furent emparés de Nancy, ils trouvèrent les plans faits par un ingénieur pour la destruction du tunnel ; par une ironie qui leur est assez familière, ils envoyèrent 30,000 francs à la compagnie de l'Est pour ceux qui avaient fait ce travail et qui n'avaient pas dû en être payés.

Le 9 août, les premières colonnes allemandes débouchèrent en pleine Lorraine, et une centaine de uhlans s'emparèrent de Lunéville, qui ne fit aucun essai de résistance. Une proclamation du roi de Prusse disait : « Nous ne faisons pas la guerre aux habitants paisibles de la France, et le premier devoir d'un soldat loyal est de respecter la propriété privée, de ne pas souffrir que la haute réputation de notre armée soit atteinte, ne fût-ce que par un acte isolé d'indiscipline. » Or sait-on ce que le roi de Prusse appelait un *habitant paisible?* c'était celui qui faisait abnégation de tout sentiment national, qui recevait les Prussiens en frères, leur donnait sa table, son logement, ses provisions et surtout les renseignements dont ils avaient besoin pour surprendre l'armée française. Ce dernier détail leur tenait fort au cœur; à Haguenau ils s'emparèrent du chef de gare, et ne pouvant le décider à envoyer une dépêche mensongère pour attirer Mac-Mahon dans un piége, ils le fusillèrent. Pourtant, il faut l'avouer, dans le commencement de la campagne, ils se contentèrent de réquisitionner à outrance; ce n'est que plus tard que les actes de violence et de pillage devinrent leur règle constante.

La première chose que faisaient les Allemands en entrant dans une ville, c'était de s'emparer des administrations, de la poste, du télégraphe et d'y chercher tous les renseignements qui pouvaient leur servir. Ils se faisaient donner ensuite un certain nombre de rations de pain, de viande, d'avoine, de tabac; ils imposaient après cela une contribution en argent qui était à la discrétion du commandant. Tout cela ne dispensait pas l'habitant de loger et nourrir le soldat. A mesure qu'un régiment entrait dans une ville, le fourrier allait devant, il parcourait les rues, jugeait les maisons sur leur apparence extérieure, traçait avec de la craie sur la porte le nombre d'hommes à loger; ce jugement était sans appel, il fallait s'en arranger, et quitter soi-même la place pour la laisser aux envahisseurs. Quant à la nourriture à fournir, un ordre du roi de Prusse l'avait ainsi fixée : « Chaque soldat devra recevoir par jour 750 grammes de pain, 500 grammes de viande, 250 grammes de café, 60 grammes de tabac, 5 cigares, un demi-litre de vin ou un litre de bière ou un décilitre d'eau-de-vie. » De plus, il y avait une ration pour les chevaux. Inutile de dire que les troupes qui avaient besoin de couvertures, de chemises, de bas, de chaussures, s'en fournissaient partout où elles en trouvaient, sans avoir autre chose à faire qu'à donner en échange un bon de réquisition. Si de semblables charges sont lourdes pour une ville qui les subit une fois, de quel poids n'ont-elles pas dû peser sur les cités de la Lorraine qui, pendant toute la durée de la guerre, ont été traversées par de nouvelles troupes? Chaque nouveau corps arrivant, c'était nouvelles réquisitions, nouvelles sommes à payer ; on arguait en vain de l'impossibilité absolue de trouver les objets demandés : les coups, la prison, le bombardement forçaient ces malheureuses villes à emprunter ce qu'elles n'avaient plus pour satisfaire à l'avidité de leurs ennemis. La ville de Nancy fut une de celles qui eurent le plus à souffrir; la misère y devint si grande que les Prussiens avouèrent eux-mêmes qu'elle ne pouvait être pire. Un correspondant d'une gazette allemande, M. Julien Wickede, écrivait ce qui suit : « C'est effrayant de voir ce que le pays a souffert et comment la destruction continue son œuvre. A Nancy, par exemple, où j'occupe un quartier garni élégant, habité jadis par des gens du grand monde de cette ville, tout dans la famille témoigne d'un bien-être passé, et depuis des semaines cependant il ne reste plus un franc de monnaie à la maison; la dame, qui est très-élégamment mise, me prie de lui avancer le prix du loyer par jour, à l'effet de pouvoir acheter du pain pour elle et ses enfants. C'est la frugalité proverbiale des Français seule qui fait qu'ils existent encore. Dans cette maison il n'est pas entré une seule tranche de viande depuis des mois; une soupe de légumes à moitié pourris et de la farine bouillie dans l'eau, voilà l'invariable nourriture de tous les jours. Les habitants les plus riches même n'ont pas un sou vaillant. Je connais un notable de Nancy qui m'a dit : « Mes revenus s'élèvent à

100,000 francs par an ; mais depuis le mois d'août je n'ai pas reçu 5,000 francs ; car les propriétés de tous les fermiers des environs de Metz chez lesquels j'avais placé mes fonds sont totalement détruites, et personne ne me paie plus un liard. Dernièrement j'ai engagé mon argenterie et les bijoux de ma femme à Londres, afin d'avoir l'argent nécessaire pour pouvoir loger les officiers allemands. Et il en est ainsi partout dans la belle et riche Lorraine et même dans la plus grande partie de la France. »

Malgré toutes les précautions prises pour éclairer leur marche, les troupes allemandes, étonnées qu'elles étaient du vide qui se faisait en avant d'elles, n'avançaient qu'avec crainte à travers nos provinces. Elles se cantonnaient dans les villes pour ne pas se disperser, et ne paraissaient d'ordinaire dans les bourgs et villages que pour leur imposer des réquisitions ou des contributions. Les Prussiens avaient, en outre, inventé les uhlans, avant-garde de leur armée d'observation. Leur rôle ne devait pas se borner, comme celui des sauvages du Don qui désolèrent nos campagnes en 1814 et 1815, à semer l'épouvante et le pillage au loin en avant des armées envahissantes ; il était autrement important. Les uhlans allaient se répandant dans toutes les directions, à dix ou douze lieues autour des corps d'armée, pour masquer les mouvements de ceux-ci, les mettre à l'abri de toute surprise, jeter l'ennemi dans l'incertitude du point où il fallait frapper pour obtenir le succès, l'affaiblir en dispersant ses efforts, fouiller le pays pour en rapporter à leurs chefs des informations sur son état et ses ressources, tenir dans une constante inquiétude et une terreur stupéfiante une grande étendue de territoire, intercepter les communications, couper les télégraphes, détruire les lignes de chemin de fer, rançonner les villages, les bourgs, les villes même, préparer enfin l'arrivée et le gîte des masses qui les suivaient. C'étaient simplement des lanciers : la hampe de leurs lances, plus longue et plus grosse que celle des nôtres, n'était décorée d'aucune flamme ; leur uniforme était bleu, leur baudrier en cuir blanc ; d'étroites pattes, dont la couleur variait avec les régiments, en guise d'épaulettes.

L'administration militaire de la Prusse avait incorporé dans ces régiments des hommes qui venaient d'être rappelés de la France, où ils exerçaient qui un métier, qui un autre, et qui connaissaient parfaitement les pays dans lesquels ils avaient résidé. La plupart des officiers étaient des jeunes gens qui avaient été envoyés chez nous durant les années précédentes, en prévision de la campagne, et qui s'y étaient donné, afin d'étudier plus à leur aise nos forteresses, nos villes et nos voies de communication, la qualité d'ingénieur civil, ou d'élève de l'École d'application, ou d'élève de l'École forestière. Aucun de ces Allemands ne se fit scrupule de venir ravager le pays qui lui avait généreusement donné l'hospitalité. Beaucoup d'entre eux étaient intelligents, quelques-uns braves, tous entreprenants comme des bandits. Leur mission à eux n'était pas de combattre, mais d'aller en avant, à la découverte. Il leur était permis de piller, d'incendier, de tuer, mais à leurs risques et périls. S'ils ne revenaient pas, nul ne s'inquiétait d'eux. Peu importait qu'il s'en perdît peu ou beaucoup, pourvu que les résultats cherchés fussent obtenus, l'armée renseignée, sa marche éclairée, le pays terrifié. Rarement ils attaquaient, même lorsqu'ils étaient en force supérieure, si ce n'est des gens désarmés ; dès qu'ils se voyaient en nombre inférieur, ils rebroussaient chemin avec la rapidité de l'éclair.

Pour eux l'impunité et l'indiscipline avaient commencé dès les premiers jours de la campagne ; ils se permettaient toutes sortes de licence, n'ayant à rendre compte à personne de leurs actions. Un habitant de Gien écrivait à un journal de Bruxelles : « J'ai des détails répugnants sur la première entrée des uhlans à Sens et à Cîteaux. Ils étaient une cinquantaine et avaient tous plusieurs bouteilles de vin attachées à leurs selles. Un certain nombre d'entre eux étaient ivres et avaient toutes les peines du monde à se tenir à cheval. Sans chefs pour les maintenir, ils se sont livrés à tous les excès imaginables. Beaucoup de maisons ont été pillées, et les habitants maltraités. Dans une auberge, ils ont obligé les deux filles de la maison et la servante à s'enivrer avec eux. Quand ces malheureuses refusaient de boire, ils les frappaient à coups de sabre. Il va sans dire que cette débauche ne s'est pas arrêtée là, et qu'ils ont lâchement abusé de leurs victimes, une fois celles-ci hors d'état de leur résister. En partant ils ont emmené avec eux la servante. » Profitant de la terreur qu'ils inspiraient, de l'état de stupeur où se trouvaient des populations sans armes et abandonnées par le gouvernement, ils se présentaient audacieusement dans les plus grandes villes, en prenaient possession et y faisaient des réquisitions. Nancy se rendit à trois uhlans, et son préfet, M. Potdevin, eut l'impudeur d'exalter par une proclamation la générosité et la manière d'agir des Prussiens. Mais c'est à Vitry-le-François que se passa l'événement le plus incroyable. Cette ville avait élevé des travaux en terre pour compléter ses défenses ; ses fossés étaient inondés, un bataillon de mobiles était dans ses murs. Le 24, un uhlan passa portes et pont-levis, courut sur la place publique, déclara la ville prussienne au milieu de la stupéfaction générale, puis tourna bride sans être inquiété par personne. Les autorités décidèrent aussitôt que la ville serait rendue aux Prussiens ; les canons furent encloués, et les mobiles reçurent l'ordre de se retirer sur Château-Thierry. Voilà ce que dix-huit années d'Empire avaient fait de la France,

CHAPITRE V.

autrefois si grande par son énergie et par son patriotisme.

Les Allemands sont des hommes très-méthodiques, qui savent introduire l'ordre le plus strict même dans le désordre le plus apparent. Dès le 14 août un gouvernement d'Alsace était institué ; quelques jours après on créait celui de la Lorraine allemande. Et ce n'était point affaire de fantaisie ou de folle bravade ; dès 1865 on pouvait voir, dans les villes d'eaux des Vosges, des cartes d'origine inconnue qui représentaient l'Alsace et la Lorraine allemande réunies à l'Allemagne, et qui différaient fort peu de la carte authentique revêtue à Versailles de la signature des plénipotentiaires. Ce qui prouve encore plus l'idée fixe et bien arrêtée de la part de l'Allemagne de s'annexer ces provinces, c'est la différence d'administration établie entre les pays qui devaient être conquis et ceux qui devaient rester à la France. Dans les premiers, les fonctionnaires des finances furent remplacés dès le premier jour par des fonctionnaires allemands; dans les seconds au contraire, le maire percevait seul l'impôt pour le compte de l'armée d'occupation. Nulle part ils ne se trouvaient au dépourvu, tellement ils avaient bien pris leurs mesures et pratiqué le métier d'espionnage sur une large échelle. On raconte que, la veille de la bataille de Wœrth, deux officiers prussiens entrèrent à l'auberge dans un petit village, aux environs de la forêt de Soultz. « Vous ne nous reconnaissez pas, dirent-ils à l'hôtelier de la manière la plus aimable ; nous sommes les deux voyageurs que vous avez reçus au printemps dernier ; mon ami et moi nous faisions le plan de la forêt de Soultz. » Or, c'est dans cette forêt si bien connue d'eux que les Allemands se cachèrent pour fondre sur nous et nous écraser le jour de Reischoffen. Au mois d'octobre, à Strasbourg, rapporte encore M. Albert Dumont, un fonctionnaire des finances devait remettre à l'officier du génie prussien, chargé de louer les terrains vagues des fortifications, les baux déjà passés entre les adjudicataires et l'administration française. Il était nécessaire d'avoir un plan sous les yeux. « Si vous voulez, dit l'officier, nous nous servirons du mien ; il est supérieur à tous ceux qu'a dressés le génie français; j'y ai mis le temps il est vrai, j'ai dû passer plus de trois ans à Strasbourg pour l'achever. » On comprend qu'étant si bien renseignés, ils n'eurent pas de peine à remplacer l'administration française, à faire rentrer les impôts, à faire croire, en un mot, que rien n'était changé dans l'ordre de choses. Dans chacune des villes occupées, quelques officiers étaient laissés pour administrer; ils échangeaient le casque et la tunique contre la cravate blanche et l'habit noir, un sourire officiel remplaçait sur leurs lèvres l'expression de dureté et de brusquerie militaire, mais ils n'en étaient pour cela ni moins soudards, ni moins prussiens.

Ce n'était pas tout d'administrer le pays conquis, de le pressurer et d'en extraire jusqu'à son dernier centime; il fallait encore le dénationaliser, lui enlever tout désir de se défendre pour pouvoir exercer sans alarmes cette œuvre de spoliation. Dans ce genre les Prussiens se montrèrent passés maîtres, et leurs inventions ingénieuses méritent d'être consignées ici. Il faut le dire, parce que c'est la vérité, le Prussien est lâche naturellement; il y a loin de la bravoure française à cette obéissance passive que montraient les soldats allemands par crainte des coups de bâton ou de revolver que leur distribuaient les officiers au moindre signe d'hésitation. Protégés par une artillerie bien supérieure à la nôtre, ils attendaient l'occasion de conquérir une victoire facile; mais quand on pouvait s'aborder corps à corps, quand venait le moment du combat à la baïonnette, qu'ils évitaient le plus possible, leur fermeté disparaissait, et ils lâchaient pied le plus souvent. Aussi, ce qu'ils redoutaient le plus, c'étaient les surprises, les embûches tendues par les habitants ou par les corps irréguliers, et contre lesquelles leur artillerie restait impuissante. Guidés par la peur qui amène toujours la férocité, ils établirent un principe inconnu jusqu'alors, non-seulement chez les peuples civilisés, mais encore chez les peuples barbares. Ce principe, c'est celui-ci : une nation envahie n'a pas le droit de se défendre contre ses envahisseurs autrement que par les armes des soldats réguliers ; tout citoyen qui tente de protéger son foyer est un traître et doit être puni de mort. En conséquence, partout où pénétrèrent les armées du roi Guillaume, fut affiché un décret qui prononçait la peine de mort contre tous ceux qui se rendaient coupables d'aimer leur pays, qui résistaient aux autorités allemandes, favorisaient les armées françaises, ou s'opposaient à la marche des armées ennemies en coupant les canaux, les routes et les ponts. Non-seulement ce décret était une monstrueuse iniquité au point de vue du droit des gens, mais il était encore plus incompréhensible de la part de la Prusse, qui, en 1813, avait édicté les règles suivantes pour résister à l'invasion :

« Chaque citoyen est tenu de repousser l'ennemi avec les armes dont il peut disposer, quelles qu'elles soient ; de s'opposer à ses ordres et à leur exécution, de quelque nature qu'ils soient ; de braver ses défenses et de nuire à ses projets par tous les moyens possibles.

« En cas d'invasion, le landsturm est tenu ou de combattre l'ennemi en bataille, ou d'inquiéter ses derrières et de couper ses communications.

« En cas de convocation du landsturm, le combat est une nécessité ; une défense légitime autorise et sanctionne tous les moyens. Les plus décisifs sont les meilleurs, car ce sont ceux qui servent de la façon la plus efficace une cause juste et sacrée.

« Le landsturm a donc pour destination spéciale de couper à l'ennemi ses chemins ou sa retraite ; de le tenir sans cesse en éveil ; d'intercepter ses munitions, ses approvisionnements, ses courriers, ses recrues ; d'enlever ses ambulances ; d'exécuter des coups de main pendant la nuit, en un mot, de l'inquiéter, le fatiguer, le harceler sans relâche, de l'anéantir par troupes ou en détail, de quelque façon que ce soit. »

Comme les habitants de l'Alsace et de la Lorraine s'enfuyaient pour se joindre aux troupes françaises, le roi Guillaume rendit un décret par lequel tout individu qui rejoignait l'émigration était puni de la confiscation de ses biens actuels et futurs et d'un bannissement de dix années. Cette mesure n'empêcha pas que plus de 17,000 Alsaciens n'émigrassent de leurs pays. Voyant l'inefficacité du décret, les Allemands eurent recours aux grands moyens. « A Metzig, dit un recueil officiel des exactions et des cruautés des Prussiens, les Badois se sont emparés des pères de vingt-six jeunes gens qui étaient partis pour rejoindre les francs-tireurs et les ont fusillés. Ce n'était pas assez, on leur a coupé les oreilles et le nez, puis leurs corps ont été rangés le long des murs de l'église où les sauvages ont affiché un écriteau portant que quiconque toucherait à cette sinistre exhibition serait immédiatement fusillé. Lorsque la lettre qui signale ce fait monstrueux a été écrite, il y avait vingt-huit jours que ces vingt-six cadavres pourrissaient à la pluie. »

Les Prussiens appuyèrent ces principes inqualifiables par des exemples terribles, afin de terroriser les populations et de leur ôter toute velléité de résistance. On a vu, dans le chapitre précédent, comment ils avaient traité Bazeilles ; où quelques gardes nationaux avaient essayé de défendre leurs foyers ; le sort de Neuville et de This, qui ne forment qu'une seule commune dans la Champagne, est encore plus atroce.

Pour quelques coups de fusil tirés de loin, une nuée de uhlans se jeta sur les deux pauvres villages, s'empara du maire, de l'adjoint et du curé, et les soumit aux plus affreux traitements, sous les yeux mêmes des chefs, pendant que le reste de la troupe se livrait aux plus horribles excès.

« Il y eut dans toutes ces scènes quelque chose de si révoltant, de si imprévu dans l'odieux, même de la part des Prussiens, dit M. Edouard Fournier, que, sur l'initiative de plusieurs magistrats, une sorte de jury se constitua pour juger des faits et en porter énergiquement plainte à l'autorité prussienne par l'intermédiaire du préfet des Ardennes.

« L'adjoint, M. André Bouxin, fabricant de papier, fit sa déposition le premier. Il expliqua d'abord comment un officier de uhlans et ses hommes, qui étaient en réquisition à Neuville et à This, prirent la fuite en entendant une détonation du côté de Clavy, que lui-même, toutefois, n'avait pas entendue, et revinrent le lendemain, mais en bien plus grande force, pour en finir par un seul coup de terreur avec les deux villages. Ils s'emparèrent de lui, l'attachèrent à la sangle d'un cheval et le firent marcher à côté du curé, vieillard de 75 ans, qu'ils accusaient d'avoir donné un signal en faisant sonner les cloches. Ils les entraînèrent sur la place, en les accablant d'injures et de menaces : « Gambetta, criait le chef, qui parlait français, a déclaré que la France devait faire la guerre avec des couteaux, des poignards, etc.; cette manière de faire la guerre va attirer sur votre commune des désastres épouvantables. »

« Un moment après, continue le témoin, on me détacha du cheval, et un soldat tenant le bout de la corde qui me liait les bras par derrière, me conduisit dans une auberge, devant une espèce de tribunal composé de trois officiers, et d'un quatrième servant de secrétaire. Celui qui présidait m'invita à lui dé-

clarer ce que je connaissais de l'attentat. « Vous savez, me
« dit-il d'un air menaçant, qui a tiré le coup de fusil, et vous
« allez le dire! Vous avez ici des francs-tireurs, et vous allez me
« les désigner tout de suite ! » En vain j'essayai de lui démontrer
que j'étais resté complétement étranger aux faits de la veille,
que je ne les avais appris que par le récit du garde champêtre.
Il me fit taire, et m'intima l'ordre de n'avoir à répondre à ses
questions que par oui et par non ; et comme je persistais à déclarer que je ne savais rien : « Je connais, me dit-il, un
« moyen de vous faire parler; je vous condamne à recevoir
« cinquante coups de bâton. » Et aussitôt on m'entraîna sur
la place : l'officier dont j'ai parlé me renversa sur trois bottes
de paille préparées à l'avance, en me portant un coup de
poing sur la nuque. Quand je fus dans cette position, un
soldat saisit un bâton de deux ou trois centimètres de dia-
mètre, et se mit à m'en frapper. Je ne puis vous dire exactement combien j'ai reçu de coups, mais j'étais tout éperdu. »

« Quand l'adjoint leur parut en avoir assez, l'officier le releva
d'un coup de pied. « Parlerez-vous maintenant ? » lui cria-t-il.
— « Mais je ne sais rien, » répéta l'adjoint. On le ramena
devant les trois soudards, qui buvaient et jugeaient, attablés
dans l'auberge. Là, nouvelles questions menaçantes, et mêmes
réponses de sa part, avec protestations sur l'honneur qu'il
n'avait rien vu, rien entendu. « Sur l'honneur ! dit le chef
d'un air méprisant; fi donc! l'honneur de Français! » et il
donna ordre de me remmener. Je fus reconduit sur la place
publique, renversé sur les mêmes bottes de paille, et battu de
la même façon. Je ne puis pas encore dire combien j'ai reçu
de coups, mais je souffrais beaucoup, et j'étais tout frisson-
nant. » Ce n'était pourtant pas encore fini. Après les coups,
pour que l'exécution fût complète, il fallait l'argent. On ramena donc le patient devant ses juges du cabaret, et on le

somma de nommer les notables qui pourraient fournir contribution : « J'en désignai dix, et, après explication, il fut entendu que, pour racheter ma vie (ce sont les propres expressions dont il se servit), je donnerais pour ma part 1,000 francs, deux notables 300 francs chacun, et ma section 600 francs, en tout 2,200. On me fit monter à coups de crosse dans une voiture, et je fus conduit chez moi pour y chercher la somme dont j'étais imposé. Lorsque je fus parvenu à la réunir, il me fallut encore, souffrant comme je l'étais, aller chercher moi-même, et à pied, la part que devaient payer les notables... Je n'ai pas vu maltraiter le curé, mais je l'ai aperçu couvert de boue. On m'a dit qu'il avait été attaché à un cheval que l'on faisait marcher vite, et qu'en outre, dans cette position, pour le faire tomber plus sûrement, les soldats qui le conduisaient lui avaient attaché à la jambe une corde qu'ils tiraient à dessein.

« Quant aux soldats qui s'étaient introduits dans les maisons du village, on m'a dit qu'ils y avaient beaucoup pris, qu'ils avaient insulté les femmes, et même qu'ils en avaient violé plusieurs.

« Pendant que ces scènes se passaient, la plus grande partie des hommes valides de Neuville, trouvés dans le village ou rencontrés sur les routes, étaient conduits à coups de crosse dans l'église. J'en ai vu moi-même plusieurs introduits de la sorte, entre autres, un nommé Wauthier, atteint de petite vérole en pleine éruption, et qui, malgré cette situation, avait été arraché de son lit. »

« La déposition du maire, M. Pierre Guillaume, vieillard de 78 ans, est encore plus navrante Lui aussi, il s'occupait de la réquisition exigée, — la dixième depuis quelques jours, — quand le coup de feu, cause de tout ce désastre, se fit entendre, et donna l'alerte aux Prussiens qui déguerpirent. A leur retour, M. Pierre Guillaume fut tout d'abord saisi et garrotté :

CHAPITRE V.   225

Rochefort, membre du gouvernement du 4 Septembre.

« Le premier qui me rencontra me demanda où était le maire; je lui répondis que c'était moi, et alors il tira une corde de sa poche, me lia les bras derrière le dos, m'attacha à la sangle d'un fort cheval qu'il montait, et le fit partir au trot.

« Je fus renversé par terre ; ma tête frappa sur le pavé, et vous pouvez voir encore les traces des blessures que j'ai reçues. Pendant un certain temps ils me laissèrent sur la place, à la pluie, exposé aux injures et aux violences des soldats qui m'environnaient. » A coups de poing conduit jusqu'au tribunal du cabaret, et sommé des mêmes questions auxquelles il ne put opposer que les mêmes réponses, puisque, lui aussi, ne savait rien, on fit coucher le vieillard sur les bottes de paille, et l'exécution commença : « Deux soldats me frappèrent sur les reins et sur les fesses, à coups de bâton, pendant environ cinq minutes.» Quand il fut relevé, le chef lui demanda où était sa maison, s'y fit conduire, et après l'avoir examinée en détail : « Vous êtes bien logé, dit-il, vous devez avoir de l'argent. » Je lui répondis que j'en avais un peu; je tirai mon porte-monnaie dont je lui remis le contenu; ma fille en fit autant; mais il ne m'est pas possible de dire exactement la somme que je fus ainsi obligé de livrer. L'officier mit l'argent dans sa poche, et me dit : « Je vous taxe à deux mille francs, ou votre maison « sera incendiée. » Je le suppliai de m'accorder six heures pour réunir cette somme. « Un quart d'heure ! » me répondit-il. — « Une heure? ajoutai-je ; donnez-moi une heure? » Pour toute réponse il me fit observer qu'une partie du quart d'heure s'était déjà écoulée. Ce délai expiré, il fit mettre le feu à quatre places dans ma maison, et pendant qu'elle brûlait je fus conduit dans l'église. Mon mobilier et ma maison ont été brûlés ; c'est à peine si, après le départ des Prussiens, les habitants ont pu sauver du rez-de-chaussée quelques meubles à moitié brûlés. Ma perte s'élève, mobilier et maison, à 10,000 francs. »

L'enquête se terminait par ces mots : « Les détails que contient l'enquête n'ont pu être complétés, les femmes violées ont reculé devant une déposition que leur pudeur arrêtait sur leurs lèvres. On a vu l'une d'elles maintenue par des uhlans, le fer de leur lance sur les yeux de la victime, de façon à lui interdire le moindre mouvement. »

Dès l'origine de la guerre, la Prusse avait eu pour principe de ne reconnaître comme belligérants que les soldats de l'armée régulière; tout autre individu pris les armes à la main était fusillé comme assassin. Pourtant elle consentit à reconnaître comme tels les gardes nationaux, de peur de représailles contre les hommes de la landwehr et du landsturm qui ne sont autres que des gardes nationaux. Il fallut de longs pourparlers et d'énergiques réclamations pour qu'elle accordât le même privilége aux gardes mobiles, sur lesquels les Allemands firent peser à plusieurs reprises, le poids de leur colère et de leur mauvaise foi. C'est ce qui arriva aux mobiles qui partirent de Vitry-le-François, lorsque cette ville eut décidé de se rendre sans combat. Le plus gros détachement avait dépassé Passavant, lorsqu'il fut atteint par un corps prussien qui s'était mis à sa poursuite. Nullement aguerris encore, mal commandés, les mobiles se débandèrent. Une partie d'entre eux se jeta dans un bois pour échapper à la cavalerie; de là, ils tuèrent quelques hommes aux Prussiens; mais l'infanterie les débusqua. D'autres, réunis au nombre de soixante environ, avaient attendu l'ennemi de pied ferme; ils firent plusieurs décharges meurtrières, mais une batterie pointée sur eux les couvrit d'obus. Ces malheureux jeunes gens se rendirent. Les Prussiens se mirent froidement à les hacher à coups de sabre. Ce carnage ne cessa que lorsque quelques hommes énergiques, s'exposant généreusement aux premiers coups, eurent réussi à prouver aux chefs ennemis, par la production de leurs feuilles de route, qu'ils appartenaient aux forces régulières de la France.

Si, dans ce cas, il y avait eu précipitation et erreur, la plupart du temps, c'était cruauté froide et calculée. Au mois de décembre, trois cents cavaliers emmenaient prisonniers, du côté de Givry, dans la Marne, un bataillon de gardes mobiles de ce département. D'abord tout allait bien : on s'arrêtait dans les villages, où quelques-uns des pauvres jeunes soldats retrouvaient de leurs amis ou de leurs parents, et c'était un échange d'embrassades et d'adieux. Au dernier bourg qu'on traversa, les cavaliers prussiens qui, jusqu'à ce moment, étaient restés spectateurs presque complaisants de ces scènes de famille, se ruèrent tout à coup au milieu du village, sabre au vent, la pointe baissée. On aurait pu croire d'abord qu'ils ne voulaient ainsi que ramasser en un seul groupe les mobiles épars sur la place et dans les rues : non, — c'était un massacre qui commençait pour ne s'arrêter qu'à la dernière victime. Un des officiers, qui put échapper presque seul, comme par miracle, a raconté plus tard cet horrible carnage, accompli de sang-froid, sans motif, « au moment même, disait-il, où des mères, des sœurs, des vieillards avaient pénétré dans les rangs des gardes mobiles, pour les embrasser. Ni la jeunesse des prisonniers, ni leurs appels à l'humanité, ni la présence des parents, ni les cris : « On ne tue pas des prisonniers ! » ne purent arrêter ces misérables, qui s'acharnèrent avec une rage de cannibales sur ces enfants désarmés. Ils riaient en égorgeant, et achevaient les blessés avec des ricanements et des injures. »

Mais c'était contre les francs-tireurs que s'exerçait principalement la fureur des Allemands. Malgré toutes les réclamations, ils ne voulurent jamais reconnaître à ces courageux volontaires le droit de défendre leur pays. Les lâches, ils avaient peur d'eux. Aussi n'est-il pas d'odieuses cruautés qu'ils n'aient exercées soit contre eux, soit contre les pays qu'avait protégés leur bravoure. Voici quelques documents cités par M. Édouard Fournier : c'est d'abord une lettre du lieutenant-colonel Lebrun de Rabot :

« Je signale à l'indignation de l'Europe les faits suivants, dont je garantis toute la vérité, comme en ayant été le témoin oculaire : Huit cavaliers prussiens se présentèrent à Avallon, tirèrent sur un factionnaire isolé, après quoi ils prirent la fuite. Dans la journée, quelques cavaliers revinrent de nouveau, mais, cette fois, ils trouvèrent sur leur passage des francs-tireurs qui leur tuèrent un homme. Le soir, à l'entrée de la nuit, un demi-escadron de dragons se présentait à la porte des Minimes; il fut reçu par une décharge des francs-tireurs, qui lui tuèrent plusieurs hommes, dont deux restèrent en notre pouvoir. Les autres s'enfuirent à toute bride. Le surlendemain, 16 janvier, une colonne d'au moins 5,000 Prussiens se présentait, à six heures du matin, devant la petite ville ouverte d'Avallon, avec dix pièces d'artillerie, dont six obusiers, et, sans avertissement préalable, commençait un violent bombardement qui dura une heure et demie, et couvrit la ville d'obus. Le bombardement a cessé, non pas parce que le drapeau parlementaire était arboré, mais pour cette seule raison qu'une partie des troupes prussiennes était déjà entrée dans la ville, et qu'elle se trouvait ainsi exposée elle-même aux obus. Ce sont les officiers prussiens eux-mêmes qui racontèrent cette circonstance, sans laquelle ils étaient décidés à réduire en cendres la petite ville d'Avallon. Après l'infamie de ce bombardement, les Prussiens n'ont pas craint d'en ajouter une autre encore, celle de trois heures de pillage. J'ai vu, de mes yeux, dans ma rue, ces bandits voler les montres aux goussets des hommes et aux ceintures des femmes. J'ai vu, sous les yeux de leurs officiers, ces hommes, que je n'appellerai pas des soldats, piller les magasins de nouveautés, d'épicerie, de mercerie, et les dévaliser de fond en comble ; les cordonniers, les selliers ont vu leurs cuirs enlevés jusqu'au dernier morceau. Mais ce n'est pas tout : ils ont roué de coups de malheureuses femmes, leur ont arraché leurs boucles d'oreilles en les leur déchirant. Ils ont tiré à bout portant dans la tête d'un pauvre homme qui s'opposait à ce qu'ils lui prissent sa voiture et son cheval. Dans beaucoup de maisons ils ont brisé les glaces, volé l'argent, le linge, et déchiré en morceaux ce qu'ils ne pouvaient emporter. Après ces actes de vandalisme, repue de brigandage, la colonne prussienne a quitté Avallon, les officiers nous assurant qu'ils n'étaient venus que pour châtier cette ville d'avoir reçu dans ses murs des francs-tireurs. »

A Châtillon-sur-Seine les Prussiens avaient voulu procéder de même. Une attaque de francs-tireurs leur avait fait du mal. Redoutant qu'elle ne recommençât, ils voulurent la devancer par un terrible exemple. Le fils de Garibaldi, qui commandait près de là, sut le projet des représailles prussiennes contre Châtillon, il le prévint par la lettre que voici :

« *Monsieur le commandant des forces prussiennes, à Châtillon.*

« On m'informe que vous menacez les habitants de la ville de Châtillon de représailles que vous dites motivées par l'attaque des francs-tireurs, le samedi 19. Je ne sache pas que jamais une victoire, acquise par la bravoure d'un corps régulier, puisse autoriser de pareilles mesures. Une bonne fois, faites donc la guerre légalement, et non en Vandales, qui ne rêvent que pillage. Menace pour menace : si vous avez l'infamie de mettre à exécution votre odieux projet, je vous donne l'assurance que je n'épargnerai aucun des deux cents Prussiens que vous savez être entre mes mains.

« *Le colonel*, R. GARIBALDI. »

Le commandant se le tint pour dit, du moins pour le moment, mais il dévasta les environs. C'est ainsi que, tout près de là, le magnifique château qui avait appartenu au duc de Raguse fut impitoyablement brûlé. Quand les garibaldiens se furent éloignés, en remontant vers Dijon, Châtillon fut complétement mis au pillage : puis, comme le fils de Garibaldi pouvait revenir et exécuter alors ses menaces contre les prisonniers, le Prussien prit deux cents habitants comme otages et les tint à la gare du chemin de fer, tout prêt à les passer par les armes si les garibaldiens faisaient la moindre démonstration.

Le *Courrier de l'Ain* insérait aussi la lettre suivante du supérieur des Missionnaires :

« ... Ce matin, j'ai célébré le saint-sacrifice, le *corps présent*, devant 2,000 francs-tireurs sous les armes, pour un jeune franc-tireur d'Arbois (Jura). Ce jeune homme, n'ayant pas pu suivre le mouvement de retraite ordonné par le capitaine à l'arrivée de l'artillerie qui nous criblait dans la montagne au-dessus de Nuits, s'était blotti derrière un petit mur à mi-côte. C'est là que les Prussiens l'ont saisi et emmené, et où l'ont-ils mené? Ils l'ont mené sur le lieu même où une heure auparavant j'avais relevé, reconforté et fait conduire dans une ambulance de Nuits un cavalier prussien, criant dans le fossé, le genou brisé par une balle. C'est sur ce lieu même témoin de la magnanimité des francs-tireurs (car notre capitaine avait veillé à ce que rien n'arrivât au Prussien avant que je fusse auprès de lui), c'est là, dis-je, qu'ils ont conduit ce pauvre jeune homme qui demandait grâce pour sa pauvre vieille mère. Ils l'ont mis entre deux baïonnettes et l'ont percé de manière à ce que les baïonnettes se croisassent dans ses flancs ; puis, lorsqu'il s'est affaissé sur lui-même, les coups de sabre lui ont fendu le crâne en quatre ou cinq parties, et les derniers coups ont à peu près séparé la tête du tronc. Remarquez bien que le colonel prussien connaissait le traitement dont nous avions usé envers son cavalier. Que dites-vous de ce contraste ? Ne semble-t-il pas ménagé tout exprès pour montrer à ceux qui, comme moi, avaient conservé des préjugés en faveur de la mansuétude allemande, que nous n'avons pas affaire à des soldats, mais à des barbares, qui n'ont d'humain que la figure...... »

Un Anglais publiait encore le fait suivant :

« Je sors à l'instant d'un des hôpitaux de Dijon, où j'ai vu un spectacle si révoltant, que je suis encore à me demander : « Est-ce un rêve ? » Nous savons bien que les Prussiens sont capables des faits les plus barbares, mais, ici même, personne n'a pu croire qu'ils pouvaient être capables d'un crime comme celui dont on va lire les détails : Le 23, on s'est battu près du château de Pouilly, et, entre autres prisonniers, l'ennemi prit un capitaine de francs-tireurs et dix hommes de sa compagnie. Se trouvant forcés à battre en retraite, les Prussiens n'hésitèrent pas à passer ces dix hommes par les armes pour éviter de les emmener : quant au pauvre capitaine, on le réserva pour les raffinements les plus horribles de leur cruauté. Je dois dire que les francs-tireurs dont je parle faisaient partie d'un corps sous les ordres directs du général commandant ; ils n'étaient pas isolés de l'armée pendant la bataille, ils faisaient partie des troupes qui ont attaqué la position prussienne à Pouilly. Le capitaine fut donc blessé et fait prisonnier ; on le conduisit au château de Pouilly. Là, on lui lia les mains et on le suspendit à une poutre par les poignets. Pour ajouter à ces tortures, il avait eu les muscles de l'épaule déchirés par un éclat d'obus ; vous pouvez vous figurer les angoisses qu'a dû produire l'extension des nerfs meurtris. Vous frémissez d'indignation : mais attendez. Les Prussiens ramassèrent de la paille, du bois, tous les combustibles qu'ils trouvèrent sous la

Envahissement de la Chambre, le 4 Septembre.

main, en entourèrent le patient et y mirent le feu. Pendant combien de temps ses souffrances ont duré, je ne pourrais le dire ; mais on voit aux contorsions du cadavre qu'elles ont été longues. Tous les habitants de Dijon peuvent attester l'exactitude de ces détails. »

Ce qu'ils firent à Fontenoy est encore plus extraordinaire. Une troupe d'hommes décidés se glissa pendant la nuit vers le pont du chemin de fer qui est près de Toul et le fit sauter ; le dommage était grand pour les Prussiens, dont les communications se trouvaient ainsi coupées avec l'Allemagne; leur vengeance fut terrible. Le lendemain, à la nuit, un bataillon prussien envahit le village. Les maisons furent fouillées une à une, et les familles en furent chassées à coups de crosse de fusil, sans qu'on leur permît de rien emporter. Quand les malheureux furent ainsi dehors, les Prussiens entassèrent dans les rez-de-chaussée des fagots et des bottes de paille, et ne partirent qu'après que tout fut bien en feu. Ce qui restait des récoltes et provisions, les meubles avec ce qu'ils contenaient d'habits et de linge furent complétement détruits. Le bétail fut étouffé dans les étables. Ce n'était pas assez d'un village, tout le pays devait en être responsable ; la province de Lorraine fut imposée à une somme de dix millions. Les choses n'en restèrent pas là. Il fallait réparer le pont détruit : cinq cents ouvriers furent requis par ordre du comte Renard, préfet de Nancy. Pas un ne vint. Ils se réunirent sur la place de la ville, criant : *Vive la République!* et chantant la *Marseillaise*. Le lendemain, ordre nouveau : tout travail devait être suspendu dans Nancy, tout atelier occupant plus de dix ouvriers devait être fermé jusqu'à ce que les cinq cents dont la Prusse avait besoin se fussent mis à l'œuvre et l'eussent achevée. Les maîtres devenaient responsables et devaient s'engager à n'occuper personne jusqu'à ce que la tâche prussienne fût accomplie : « Tout entrepreneur, chef ou fabricant, qui agira contrairement aux dispositions ci-dessus mentionnées, sera frappé d'une amende de 10 à 50,000 francs pour chaque jour où il aura fait travailler... » Les ouvriers ne vinrent pas davantage. M. Renard fut alors beaucoup plus bref. « Si demain mardi, 24 janvier, à midi, cinq cents ouvriers des chantiers de la ville ne se trouvent pas à la gare, les surveillants d'abord et un certain nombre d'ouvriers ensuite seront saisis et fusillés sur place. » Comment ne pas obéir devant un ordre qui menaçait des innocents, et où l'on voyait que la Prusse avait déjà pris ses otages ! Le nombre des ouvriers ne fut cependant pas complet. M. Renard combla les vides à la prussienne : « Il y eut, dit M. Mézières, sur la Carrière et la place Stanislas une sorte de *presse* ou de razzia pour emmener à

Fontenoy et faire travailler au rétablissement du pont toutes les personnes, de quelque condition qu'elles fussent, qui passaient sur ces deux points de la ville.

Pendant que ces événements s'accomplissaient dans le reste de la France, une révolution éclatait à Paris, fomentée par cette succession de catastrophes inouïes et par la résistance aveugle du Corps législatif. Dès le matin du 3 septembre, des bruits sinistres circulaient dans la ville ; on parlait d'une défaite, mais on était loin de pressentir l'horrible vérité. Dans la soirée, quelques députés de la gauche, ayant reçu des dépêches de Belgique qui révélaient la véritable situation, allèrent trouver leurs collègues de la majorité pour les engager à prendre une décision en rapport avec les circonstances. Ils leur remontrèrent que l'Empire venait de recevoir un coup mortel de la journée de Sedan, et qu'il était insensé de croire qu'il pourrait s'en relever ; qu'en cette occurrence, la Chambre devait demander à l'Impératrice son abdication, s'emparer du pouvoir et prendre dans son propre sein une commission à laquelle elle déléguerait le soin de gouverner ; que ce moyen était le seul d'éviter une révolution, chose qui ne manquerait pas d'arriver le lendemain, lorsque la fatale nouvelle serait connue de tout Paris, et que l'indécision de la Chambre livrerait la population aux suggestions des violents et des anarchistes. La majorité refusa de se prononcer ; elle remit au lendemain. Sa temporisation perdit tout. Sans doute, la situation était délicate ; elle hésitait à prononcer la déchéance d'une dynastie à qui elle devait tout, par qui elle avait été, pour ainsi dire, amenée sur les bancs de la représentation. Mais la France était là, dont l'intérêt devait la toucher avant tout ; mais l'opinion publique se manifestait d'une façon trop impérieuse pour qu'elle n'enlevât pas le pouvoir à des mains qui avaient montré tant d'incapacité depuis le commencement de la guerre. D'ailleurs, prendre en un pareil moment la direction des affaires, ce n'était pas préjuger la question dynastique, c'était simplement user d'expédient. Sur ce terrain la conciliation devenait possible, et une transaction allait probablement avoir lieu le lendemain, lorsque se produisit l'envahissement de la Chambre.

Le 4 septembre était un dimanche ; à son réveil, la population trouva sur les murs les affiches qui lui révélaient toute l'étendue du désastre dont elle n'avait entendu parler que vaguement la veille. L'Empereur était prisonnier ; notre dernière armée, celle sur laquelle on fondait depuis quinze jours de si belles espérances, était détruite.

A côté de l'annonce de ces événements si inattendus, rien autre pour en contrebalancer l'effet que de stériles proclamations : point de mesures pour ramener la confiance. Si une affiche eût fait savoir que la régente abdiquait, que l'Assemblée se saisissait du pouvoir, cette mesure eût suffi pour calmer l'opinion publique ; on se fût préparé à la défense de Paris en silence, et une révolution n'aurait pas ajouté ses complications à celles qui existaient déjà. Au lieu de cela, rien que des banalités ; aussi la foule, hésitante, incertaine, assista-t-elle, impassible et inconsciente, à l'envahissement de l'Assemblée qui eut lieu vers le milieu du jour. Cet envahissement, l'histoire ne doit pas le dissimuler, fut un attentat. Ce n'était pas l'Empire qu'on renversait ; l'Empire était mort sous la capitulation de Sedan, et la majorité officielle elle-même allait être obligée de le répudier ; ce qu'on renversait, c'était la représentation nationale, le seul pouvoir restant debout et pouvant abriter tous les autres ; on violait la légalité, on compromettait la liberté, on imitait l'Empire dans ses agissements, car les coups d'État d'en bas ne sont pas plus légitimes que ceux d'en haut. Nous ne saurions trop protester contre ces mouvements révolutionnaires qui tendent à devenir périodiques en France ;

nous ne saurions trop répéter à nos concitoyens qu'il n'y a de peuples libres que ceux qui savent respecter la loi, et que de semblables violences ne terminent rien. Le principal résultat du 4 septembre fut de fournir des arguments au 31 octobre et au 18 mars. Pendant la nuit du 31 octobre, les factieux, qui tenaient prisonniers les membres de la défense nationale, leur disaient : « Nous sommes ici en vertu du même droit que vous, et nous vous renversons comme vous avez renversé l'Empire. » Toutefois, cette assertion était mensongère. Les seuls, les vrais coupables de l'envahissement, c'étaient les blanquistes qui avaient précédemment tenté le coup de main de la Villette, et qui guettaient toutes les occasions de s'emparer du pouvoir. Les membres de l'opposition demandaient la déchéance, mais à l'Assemblée seulement.

Quant à la population, elle n'était là que pour montrer son peu de sympathie pour le régime impérial et pour rappeler au Corps législatif qu'il était le représentant de la nation, non celui d'un homme. C'était son droit ; aller plus loin, peser sur ses décisions par la violence, c'était sortir de la légalité. Un jour les Romains, assiégés par les Gaulois, allèrent tirer de l'exil un de leurs généraux, le suppliant d'oublier ses ressentiments et de prendre la dictature pour sauver la patrie. Camille accourut ; mais, quelle que fût l'imminence du péril, il ne voulut prendre la dictature qu'après qu'un décret du sénat la lui eût conférée. Lorsque les Romains cessèrent d'avoir ce respect de la loi, lorsqu'ils acclamèrent l'usurpation de César, c'en fut fait de la grandeur et de la liberté de Rome !

Une fois le Corps législatif envahi et la Chambre dissoute, la gauche résolut de porter au pouvoir tous les députés de Paris. C'était simplifier les choses ; cette dévolution revenait d'ailleurs de droit aux représentants de Paris, qui allait être l'objectif des Prussiens, et qui, plus que tout autre, devait porter haut le drapeau de la défense et de l'honneur national. Ces événements accomplis, les députés de Paris se rendirent en conséquence à l'Hôtel de Ville, afin de l'occuper avant les blanquistes, instigateurs du mouvement, qui n'auraient pas manqué de s'y installer. Le soir même furent proclamés membres du gouvernement de la défense nationale MM. Emmanuel Arago, Crémieux, Jules Favre, Jules Ferry, Gambetta, Garnier-Pagès, Glais-Bizoin, Pelletan, Picard, Rochefort, Jules Simon. Le général Trochu était chargé des pleins pouvoirs militaires pour la défense nationale, à lui appartenait la présidence du gouvernement.

Sans doute cette révolution venait compliquer la situation et paralyser la médiation des puissances neutres, en cas que quelques-unes eussent eu l'intention d'intervenir. Mais ce qui la fit accueillir sans protestation, même par ceux qui la trouvaient inopportune, c'est la lassitude du régime impérial et l'espérance de voir, en suite de sa chute, la guerre finir plus tôt. On se souvenait, en effet, des solennelles déclarations par lesquelles le roi Guillaume avait protesté qu'il faisait la guerre non à la France, mais à la dynastie napoléonienne : les Allemands eux-mêmes avaient ajouté foi à cette parole, et, au lendemain de Sedan, ils s'attendaient à retourner dans leurs foyers. Il fallut pourtant ouvrir les yeux à la réalité, et personne ne put plus douter que ce roi hypocrite, qui invoquait la Providence à chaque phrase, n'avait pas honte de se parjurer après d'aussi solennelles déclarations. Une dernière considération faisait adopter assez généralement la forme républicaine : on pensait que le mot de république surexciterait l'élan national, et que, d'un autre côté, il servirait d'épouvantail aux princes allemands, dont le soin le plus pressé serait de retourner dans leurs États afin de les préserver de la contagion révolutionnaire.

Les idées du nouveau gouvernement furent exposées dans une circulaire de M. Jules Favre, circulaire restée célèbre et dont voici les passages principaux :

« Nous avons défendu énergiquement, au prix même de notre popularité, la politique de la paix. Nous y persévérons avec une conviction de plus en plus profonde. Notre cœur se brise au spectacle de ces massacres humains dans lesquels disparaît la fleur des deux nations qu'avec un peu de bon sens et beaucoup de liberté on aurait préservées de ces effroyables catastrophes. Nous n'avons pas d'expression qui puisse peindre notre admiration pour notre héroïque armée, sacrifiée par l'impéritie du commandant suprême, et cependant plus grande par ses défaites que par les plus brillantes victoires. Car, malgré la connaissance des fautes qui la compromettaient, elle s'est immolée, sublime, devant une mort certaine, et rachetant l'honneur de la France des souillures de son gouvernement. Honneur à elle ! La nation lui ouvre les bras !

« Prêts à tout, nous envisageons avec calme la situation qui nous est faite. Nous avons hautement condamné la guerre, et, protestant de notre respect pour le droit des peuples, nous avons demandé qu'on laissât l'Allemagne maîtresse de ses destinées. Nous voulions que la liberté fût à la fois notre lien commun et notre commun bouclier ; nous étions convaincus que ces forces morales assuraient à jamais le maintien de la paix.

« Le gouvernement impérial a repoussé cette politique. Nous la reprenons, avec l'espoir qu'instruite par l'expérience, la France aura la sagesse de la pratiquer.

« De son côté, le roi de Prusse a déclaré qu'il faisait la guerre, non à la France, mais à la dynastie impériale. La dynastie est à terre. La France libre se lève. Le roi de Prusse veut-il continuer une lutte impie qui lui sera au moins aussi fatale qu'à nous ? Veut-il donner au monde du XIX° siècle ce cruel spectacle de deux nations qui s'entre-détruisent, et qui, oublieuses de l'humanité, de la raison, de la science, accumulent les ruines et les cadavres? Libre à lui ; qu'il assume cette responsabilité devant le monde et devant l'histoire ! Si c'est un défi, nous l'acceptons. Nous ne céderons ni un pouce de notre territoire, ni une pierre de nos forteresses. Une paix honteuse serait une guerre d'extermination à courte échéance. Nous ne traiterons que pour une paix durable. Ici, notre intérêt est celui de l'Europe entière, et nous avons lieu d'espérer que, dégagée de toute préoccupation dynastique, la question se posera ainsi dans les chancelleries. Mais, fussions-nous seuls, nous ne faiblirons pas. Nous avons une armée résolue, des forts bien pourvus, une enceinte bien établie; mais surtout les poitrines de trois cent mille combattants décidés à tenir jusqu'au dernier : Après les forts, les remparts; après les remparts, les barricades. Paris peut tenir trois mois et vaincre ; s'il succombait, la France, debout à son appel, le vengerait ; elle continuerait la lutte, et l'agresseur y périrait.

« Voilà ce que l'Europe doit savoir. Nous n'avons pas accepté le pouvoir dans un autre but. Nous ne le conserverions pas une minute si nous ne trouvions pas la population de Paris et la France entière décidées à partager nos résolutions. »

Ce langage n'était peut-être pas très-politique, et bien des diplomates s'en targuèrent plus tard pour excuser leur refus d'intervention en faveur de la France ; mais c'était sommer solennellement le roi Guillaume de tenir sa parole, puis surtout c'était répondre au sentiment de la nation que de lui faire tenir un discours aussi fier. Les conseils de la prudence et de l'intérêt ne sont pas toujours ceux de l'honneur, et dans ce moment il en était ainsi pour la France. Si au lendemain de Sedan elle eût présenté le front au vainqueur et accepté docilement sa domination, elle se fût épargné bien des peines, bien des

Victor Hugo.

souffrances, bien des pertes, quoiqu'elle n'eût pu sauver Metz et Strasbourg, comme nous le verrons plus loin ; mais elle fût descendue sans coup férir au rang de puissance de second ordre, elle eût montré qu'elle était épuisée d'hommes et d'argent, que son antique vitalité avait disparu, que désormais elle était une proie facile promise au premier ambitieux venu. Lors même que la lutte eût été désespérée, et elle ne paraissait pas l'être alors, il était de son devoir de l'entreprendre. Aussi, malgré ses humiliations, malgré les fautes qui ont été commises, la France s'est-elle relevée dans l'estime de tous par la manière dont elle a su faire face à l'infortune ; et si son prestige semble en ce moment éclipsé, c'est pour reparaître bientôt, et plus brillant que jamais.

La meilleure preuve que M. Jules Favre avait été le fidèle interprète de l'opinion publique, c'est que lorsque, ramené au sentiment de la réalité par les représentations des diplomates étrangers sur l'effet de sa circulaire, il voulut essayer des négociations avec M. de Bismark, il dut se cacher de tous, même de ses collègues de l'Hôtel de Ville.

Dès le lendemain de la révolution du 4 septembre, l'Amérique, la Confédération suisse, l'Italie l'Espagne, le Portugal s'étaient empressés de reconnaître le nouveau gouvernement ; il n'en avait pas été de même des grandes puissances, l'Angleterre, la Russie et l'Autriche. En agissant ainsi, elles rendaient plus facile et coloraient d'un prétexte plus spécieux leur coupable neutralité en présence d'événements qui menaçaient de bouleverser l'équilibre européen. Si l'Italie, engagée avec ces États dans le pacte de neutralité, avait néanmoins reconnu le gouvernement de la défense nationale, c'était dans l'intention de s'emparer de Rome plus facilement, et d'annuler la convention du 24 septembre faite avec l'Empire. Quant à M. de Bismark, voulant se réserver sa liberté d'action, il fit insérer dans l'*Indépendant Rémois* une note par laquelle il disait ne reconnaître d'autre gouvernement que celui de l'Empereur ou de la Régente, que tout au plus pourrait-il traiter avec le maréchal Bazaine, mais qu'en aucune façon il ne reconnaissait la compétence des hommes de l'Hôtel de Ville. Peu importait dans le fond au chancelier prussien avec qui il traiterait ; ce qu'il voulait, c'était savoir lequel lui ferait les plus grands avantages. Après avoir échoué auprès de l'Empereur et de l'Impératrice, après avoir amené par ses intrigues Bazaine à l'inaction, puis à la capitulation, il fut obligé d'en revenir au gouvernement de la défense nationale qu'il amusa et trompa par une série de fourberies.

Dès le 8 septembre, M. Jules Favre, voulant faire directement une tentative auprès de M. de Bismark pour ne pas laisser achever l'investissement de Paris, s'adressa à l'ambassadeur d'Angleterre par l'intermédiaire de celui d'Autriche. Lord Lyons écrivit à Londres, d'où l'on télégraphia à Berlin; il fallut plusieurs jours avant qu'une communication pût être faite au chancelier.

Celui-ci se refusa d'abord à toute ouverture, dans un double motif: d'abord il voulait donner aux troupes d'investissement le loisir d'arriver sous Paris, ensuite il désirait avoir le temps de préciser nettement ses prétentions aux yeux de l'Europe. Les victoires éclatantes de l'armée allemande avaient chassé toute hésitation de son esprit, et cette annexion de l'Alsace et de la Lorraine, si longtemps caressée par la politique allemande, il allait franchement la mettre en avant. Dans ce but il publia successivement deux circulaires à ses agents diplomatiques. La première disait : « Nous ne pouvons pas ne pas faire nos conditions de paix uniquement dans le but de rendre plus difficile à la France sa prochaine attaque contre l'Allemagne, et surtout contre cette frontière du sud-ouest jusqu'ici sans défense, en reculant cette frontière et par là le point de départ des attaques françaises, et en cherchant à acquérir pour l'Allemagne les forteresses par lesquelles la France nous menace, afin d'en faire les boulevards de la défense. » La seconde était plus explicite; elle contenait en substance les mêmes choses, mais elle nommait Strasbourg et Metz. Devant des affirmations aussi catégoriques, des prétentions si franchement déclarées, l'Europe resta impassible et muette; M. de Bismark en conclut qu'il pouvait tout se permettre, et il marcha vers son objectif sans plus se préoccuper de rien.

C'est dans ces conditions qu'eut lieu l'entrevue de Ferrières. M. Jules Favre en fit le récit dans un rapport adressé à ses collègues, rapport plein des sentiments les plus patriotiques et dont voici la partie la plus importante :

« J'ai tout d'abord précisé le but de ma démarche. Ayant fait connaître par ma circulaire les intentions du gouvernement français, je voulais savoir celles du premier ministre prussien.

« Il me semblait inadmissible que deux nations continuassent, sans s'expliquer préalablement, une guerre terrible qui, malgré ses avantages, infligeait au vainqueur des souffrances profondes. Née du pouvoir d'un seul, cette guerre n'avait plus raison d'être quand la France redevenait maîtresse d'elle-même ; je me portais garant de son amour pour la paix, en même temps de sa résolution inébranlable de n'accepter aucune condition qui ferait de cette paix une courte et menaçante trêve.

« M. de Bismark m'a répondu que, s'il avait la conviction qu'une pareille paix fût possible, il la signerait de suite. Il a reconnu que l'Opposition avait toujours condamné la guerre. Mais le pouvoir que représente aujourd'hui cette opposition est plus que précaire. Si, dans quelques jours, Paris n'est pas pris, il sera renversé par la populace...

« Je l'ai interrompu vivement pour lui dire que nous n'avions pas de populace à Paris, mais une population intelligente, dévouée, qui connaissait nos intentions et qui ne se ferait pas complice de l'ennemi en entravant notre mission de défense. Quant à notre pouvoir, nous étions prêts à le déposer entre les mains de l'Assemblée déjà convoquée par nous.

« Cette Assemblée, a repris le comte, aura des desseins que

« rien ne peut nous faire pressentir. Mais, si elle obéit au
« sentiment français, elle voudra la guerre. Vous n'oublierez
« pas plus la capitulation de Sedan que Waterloo, que Sadowa
« qui ne vous regardait pas. » Puis il a insisté longuement
sur la volonté bien arrêtée de la nation française d'attaquer
l'Allemagne et de lui enlever une partie de son territoire.
Depuis Louis XIV jusqu'à Napoléon III, ses tendances n'ont
pas changé, et quand la guerre a été annoncée, le Corps législatif a couvert les paroles du ministre d'acclamations.

« Je lui ai fait observer que la majorité du Corps législatif
avait, quelques semaines avant, acclamé la paix; que cette majorité, choisie par le prince, s'était malheureusement crue
obligée de lui céder aveuglément, mais que, consultée deux
fois, aux élections de 1869 et au vote du plébiscite, la nation
avait énergiquement adhéré à une politique de paix et de liberté.

« La conversation s'est prolongée sur ce sujet, le comte
maintenant son opinion, alors que je défendais la mienne;
et comme je le pressais vivement sur ses conditions, il m'a
répondu nettement que la sécurité de son pays lui commandait de garder le territoire qui la garantissait. Il m'a répété
plusieurs fois : « Strasbourg est la clef de la maison, je dois
l'avoir. »

« Je l'ai invité à être plus explicite encore. — « C'est
« inutile, objectait-il, puisque nous ne pouvons nous enten-
« dre, c'est une affaire à régler plus tard. » Je l'ai prié de
le faire de suite. Il m'a dit alors que les deux départements
du Bas et du Haut-Rhin, une partie de celui de la Moselle
avec Metz, Château-Salins et Soissons, lui étaient indispensables, et qu'il ne pouvait y renoncer.

« Je lui ai fait observer que l'assentiment des peuples dont
il disposait ainsi était plus que douteux, et que le droit public

européen ne lui permettait pas de s'en passer. — « Si fait, m'a
« t-il répondu. Je sais fort bien qu'ils ne veulent pas de nous.
« Ils nous imposeront une rude corvée ; mais nous ne pouvons
« pas ne pas les prendre. Je suis sûr que dans un temps pro-
« chain nous aurons une nouvelle guerre avec vous. Nous vou-
« lons la faire avec tous nos avantages. »

« Je me suis récrié, comme je le devais, contre de telles solutions. J'ai dit qu'on me paraissait oublier deux éléments importants de discussion : l'Europe, d'abord, qui pourrait bien trouver ces prétentions exorbitantes et y mettre obstacle ; le droit nouveau ensuite, le progrès des mœurs, entièrement antipathique à de telles exigences. J'ai ajouté que, quant à nous, nous ne les accepterions jamais. Nous pouvions périr comme nation, mais non nous déshonorer ; d'ailleurs le pays seul était compétent pour se prononcer sur une cession territoriale. Nous ne doutons pas de son assentiment, mais nous voulons le consulter. C'est donc vis à vis de lui que se trouve la Prusse. Et, pour être net, il est clair qu'entraînée par l'enivrement de la victoire, elle veut la destruction de la France.

« Le comte a protesté, se retranchant toujours derrière des nécessités absolues de garantie nationale.

« J'ai poursuivi : « Si ce n'est pas de votre part un abus
« de la force, cachant de secrets desseins, laissez-nous réunir
« l'Assemblée, nous lui remettrons nos pouvoirs, elle nom-
« mera un gouvernement définitif qui appréciera vos con-
« ditions. »

« — Pour l'exécution de ce plan, m'a répondu le comte, il
« faudrait un armistice, et je n'en veux à aucun prix. »

« La conversation prenait une tournure de plus en plus pénible. Le soir venait. Je demandai à M. de Bismark un second entretien à Ferrières où il allait coucher ; et nous partîmes chacun de notre côté. Voulant remplir ma mission jusqu'au bout, je devais revenir sur plusieurs des questions que nous avions traitées, et conclure. Aussi, en abordant le comte, vers neuf heures et demie du soir, je lui fis observer que les renseignements que j'étais venu chercher auprès de lui étant destinés à être communiqués à mon gouvernement et au public, je résumerais, en terminant, notre conversation, pour n'en publier que ce qui serait bien arrêté entre nous.

« — Ne prenez pas cette peine, me répondit-il, je vous la
« livre tout entière, je ne vois aucun inconvénient à sa divul-
« gation. »

« Nous reprîmes alors la discussion, qui se prolongea jusqu'à minuit. J'insistai particulièrement sur la nécessité de convoquer une Assemblée. Le comte parut se laisser peu à peu convaincre et revint à l'armistice. Je demandai quinze jours. Nous discutâmes les conditions. Il ne s'en expliqua que d'une manière très-incomplète, se réservant de consulter le roi. En conséquence, il m'ajourna au lendemain onze heures.

« Je n'ai plus qu'un mot à dire ; car, en reproduisant ce douloureux récit, mon cœur est agité de toutes les émotions qui l'ont torturé pendant ces trois mortelles journées, et j'ai hâte de finir. J'étais au château de Ferrières à onze heures. Le comte sortit de chez le roi à midi moins le quart, et j'entendis de lui les conditions qu'il mettait à l'armistice ; elles étaient consignées dans un texte écrit en langue allemande, et dont il m'a donné communication verbale. Il demandait pour gage l'occupation de Strasbourg, de Toul et de Phalsbourg, et comme, sur sa demande, j'avais dit la veille que l'Assemblée devait être réunie à Paris, il voulait, dans ce cas, avoir un fort dominant la ville... celui du mont Valérien, par exemple...

« Je l'ai interrompu pour lui dire : « Il est bien plus simple

« de nous demander Paris. Comment voulez-vous admettre
« qu'une Assemblée française délibère sous votre canon? J'ai
« eu l'honneur de vous dire que je transmettrais fidèlement
« notre entretien au gouvernement ; je ne sais vraiment si j'o-
« serai lui dire que vous m'avez fait une telle proposition. »

« Cherchons une autre combinaison, » m'a-t-il répondu.
Je lui ai parlé de la réunion de l'Assemblée à Tours, en ne
prenant aucun gage du côté de Paris. Il m'a proposé d'en parler au roi, et, revenant sur l'occupation de Strasbourg, il a
ajouté : « La ville va tomber entre nos mains ; ce n'est plus
« qu'une affaire de calcul d'ingénieur. Aussi je vous demande
« que la garnison se rende prisonnière de guerre. » A ces mots
j'ai bondi de douleur, et, me levant, je me suis écrié : « Vous
« oubliez que vous parlez à un Français, monsieur le comte :
« sacrifier une garnison héroïque qui fait notre admiration et
« celle du monde serait une lâcheté ; — et je ne vous pro-
« mets pas de dire que vous m'avez posé une telle condition. »

« Le comte m'a répondu qu'il n'avait pas l'intention de me
blesser, qu'il se conformait aux lois de la guerre; qu'au surplus, si le roi y consentait, cet article pourrait être modifié.
Il est rentré au bout d'un quart d'heure. Le roi acceptait la
combinaison de Tours, mais insistait pour que la garnison de
Strasbourg fût prisonnière.

« J'étais à bout de forces et craignis un instant de défaillir.
Je me retournais pour dévorer les larmes qui m'étouffaient, et,
m'excusant de cette faiblesse involontaire, je prenais congé par
ces simples paroles : « Je me suis trompé, monsieur le comte,
« en venant ici ; je ne m'en repens pas, j'ai assez souffert pour
« m'excuser à mes propres yeux ; d'ailleurs, je n'ai cédé qu'au
« sentiment de mon devoir. Je reporterai à mon gouverne-
« ment tout ce que vous m'avez dit, et s'il juge à propos de
« me renvoyer près de vous, quelque cruelle que soit cette dé-

CHAPITRE V.

L'Empereur d'Autriche.

« marche, j'aurai l'honneur de revenir. Je vous suis recon-
« naissant de la bienveillance que vous m'avez témoignée,
« mais je crains qu'il n'y ait plus qu'à laisser les événements
« s'accomplir. La population de Paris est courageuse et ré-
« solue aux derniers sacrifices : son héroïsme peut changer le
« cours des événements. Si vous avez l'honneur de la vaincre,
« vous ne la soumettrez pas. La nation tout entière est dans
« les mêmes sentiments. Tant que nous trouverons en elle un
« élément de résistance, nous vous combattrons. C'est une
« lutte indéfinie entre deux peuples qui devraient se tendre la
« main. J'avais espéré une autre solution. Je pars bien mal-
« heureux et néanmoins plein d'espoir. »

« Je n'ajoute rien à ce récit. Il me permet de conclure et de
vous dire quelle est à mon sens la portée de ces entrevues. Je
cherchais la paix, j'ai rencontré une volonté inflexible de
conquête et de guerre. Je demandais la possibilité d'interroger
la France, représentée par une assemblée librement élue, on
m'a répondu en me montrant les fourches caudines sous lesquelles elle doit préalablement passer. Je ne récrimine
point ; je me borne à constater les faits, à les signaler à mon
pays et à l'Europe. J'ai voulu ardemment la paix, je ne m'en
cache pas, et en voyant pendant trois jours la misère de nos
campagnes infortunées, je sentais grandir en moi cet amour
avec une telle violence, que j'étais forcé d'appeler tout mon
courage à mon aide pour ne pas faillir à ma tâche. J'ai désiré
non moins vivement un armistice, je l'avoue encore, je l'ai
désiré pour que la nation pût être consultée sur la redoutable
question que la fatalité pose devant nous. Vous connaissez
maintenant les conditions préalables qu'on prétend nous faire
subir. Comme moi, et sans discussion, vous avez été unanimement d'avis qu'il fallait en repousser l'humiliation. J'ai la
conviction profonde que, malgré les souffrances qu'elle en-

dure et celles qu'elle prévoit, la France indignée partage notre résolution, et c'est de son cœur que j'ai cru m'inspirer en écrivant à M. de Bismark la dépêche suivante, qui clôt cette négociation :

« Monsieur le comte, j'ai exposé fidèlement à mes collègues
« du Gouvernement de la défense nationale la déclaration que
« Votre Excellence a bien voulu me faire. J'ai le regret de
« faire connaître à Votre Excellence que le gouvernement n'a
« pu admettre vos propositions. Il accepterait un armistice
« ayant pour objet l'élection et la réunion d'une Assemblée
« nationale, mais il ne peut souscrire aux conditions auxquelles
« Votre Excellence les subordonne. Quant à moi, j'ai la cons-
« cience d'avoir tout fait pour que l'effusion du sang cessât et
« que la paix fût rendue à nos deux nations, pour lesquelles
« elle serait un grand bienfait. Je ne m'arrête qu'en face d'un
« devoir impérieux m'ordonnant de ne pas sacrifier l'honneur
« de mon pays, déterminé à résister énergiquement. Je m'as-
« socie sans réserve à son vœu ainsi qu'à celui de mes collègues.
« Dieu, qui nous juge, décidera de nos destinées. J'ai foi dans
« sa justice. »

« J'ai l'honneur, etc.

« JULES FAVRE. »

« 24 septembre 1870. »

Non-seulement les propositions de M. de Bismark étaient inacceptables au fond ; mais dans l'attitude du chancelier de l'empire allemand, dans son langage, il y avait eu une insolence, un manque de générosité bien dignes d'un barbare. Il rappelait ces sauvages guerriers, qui, après avoir terrassé leur ennemi, l'insultaient avant de lui donner le coup mortel. Aussi un cri d'indignation courut d'un bout de la France à l'autre, et la délégation de Tours put, sans crainte d'être démentie, accompagner le rapport de M. Jules Favre de cet appel aux armes : « A d'aussi insolentes prétentions on ne répond que par la lutte à outrance; la France accepte cette lutte et compte sur tous ses enfants. » Suivait un décret ajournant les élections municipales et législatives. Sans doute cet ajournement était regrettable, et la réunion d'une assemblée nationale eût peut-être tranché bien des difficultés ; mais la faute n'en est pas au gouvernement du 4 septembre, elle doit retomber tout entière sur un ennemi fourbe et menteur et sur les grandes puissances de l'Europe qui contemplaient d'un œil impassible cette œuvre de destruction.

En voyant les Allemands continuer leur marche sur Paris et l'investissement à la veille d'être fait, le gouvernement avait envoyé à Tours une délégation auprès de laquelle il accrédita le corps diplomatique. M. Jules Favre devait en être le président, mais il crut mieux faire en restant enfermé à Paris avec ses collègues et en partageant leurs dangers. Sans doute cette résolution était dictée par un sincère patriotisme, mais au point de vue des intérêts de la France, elle fut des plus regrettables. L'action de M. Jules Favre et du gouvernement tout entier eût été bien plus efficace dans un centre où il eût pu librement communiquer avec le reste du pays et avec l'étranger. Dans un conseil tenu à l'Hôtel de Ville, M. Gambetta avait proposé de ne laisser à Paris que le général Trochu et de transférer en province le siége du gouvernement : cette idée, si pratique, ne prévalut malheureusement pas. Le 13 septembre M. Crémieux, désigné pour représenter le gouvernement avec M. Glais-Bizoin et M. Fourichon, s'installa à son poste. Le 16 et le 17, les principaux membres du corps diplomatique quittèrent Paris et vinrent prendre résidence à Tours, parmi eux lord Lyons, le prince de Metternich, Djémil-pacha, M. Nigra,

M. Okonneff, et le chargé d'affaires d'Espagne. Le comte de Chaudordy fut envoyé pour représenter le ministre des affaires étrangères. La Prusse avait vu avec peine les membres du corps diplomatique se transporter à Tours ; elle eût voulu isoler la France et ôter toute consistance au gouvernement de la défense nationale pour en avoir plus facilement raison. M. de Chaudordy, dans une circulaire, ayant accusé la Prusse de vouloir mutiler la France et la réduire à l'état de puissance de second ordre, M. de Bismark jura qu'il ne faisait que la diminuer de la même étendue dont elle s'était accrue lors de l'annexion de Nice et de la Savoie, comparaison qui était évidemment fausse. En outre, dans le *memorandum* qu'il adressa aux puissances pour neutraliser leurs velléités d'intervention, il traitait d'absurde l'héroïque résistance de la France s'exposant par là aux plus terribles catastrophes ; il disait : « Des malheureux par centaines de mille se trouvent donc voués dès à présent à une mort certaine si Paris ne capitule pas à temps, car il ne faut pas compter que les Allemands puissent secourir efficacement une population de deux millions d'âmes, leur rôle devant se borner à poursuivre jusqu'au bout la guerre à laquelle ils ont été provoqués. » Ce tableau menaçant d'hécatombes humaines succombant à la faim tira un moment l'Europe de sa torpeur, et les principaux cabinets auprès desquels M. Thiers venait de se rendre firent un effort pour amener une entente entre les deux belligérants. Les préparatifs de la défense nationale n'en recevaient pas moins une vive impulsion par la présence de M. Gambetta, qui était parti de Paris en ballon et qui était venu, le 10 octobre, rejoindre la délégation du gouvernement à Tours.

Cependant les Allemands avançaient, et bientôt ils furent autour de Paris, dont l'investissement ne tarda pas à être complet. Au lendemain de Sedan, la colonne d'invasion qui s'était détournée de sa route pour aller livrer bataille à Mac-Mahon, se remit en marche vers Paris, qui était son premier objectif, et sous les murs duquel elle arriva le 19 septembre. D'après l'état-major allemand, ce commencement d'investissement fut fait seulement par :

Infanterie. . . .	122,661
Cavalerie. . . .	24,325
Canons.. . . .	622
Garde.	30,000

Ces cent soixante-quinze mille hommes formaient la troisième et la quatrième armée des Allemands ; ils étaient sous les ordres du prince royal de Saxe et du prince royal de Prusse. La quatrième armée, dite armée de la Meuse, venait par trois routes : par Creil et Rouen, par Compiègne et Senlis, par Soissons et Dammartin, et elles s'étaient réunies à Pontoise. La troisième armée passait par Epernay et Château-Thierry ; elle s'avança ensuite entre la Marne et la Seine, et se trouva le 15 septembre à Nogent-sur-Marne et à Créteil. Sur toute la route, les Allemands ne trouvèrent de résistance qu'à Laon, dont la reddition fut signalée par l'explosion de la citadelle. Cette explosion, qu'on crut un moment l'œuvre du patriotisme, et qui se trouva simplement être celle du hasard, causa la mort de cinquante chasseurs prussiens ; le nombre des blessés, tant allemands que français, dépassa quatre cents ; le duc de Mecklembourg était du nombre.

Paris avait mis ces quinze derniers jours à profit pour se préparer à la défense. Là tout était à faire, tant avait été grande l'incurie du régime déchu. Il s'était inquiété des approvisionnements, mais au point de vue militaire on ne pouvait même signaler un commencement d'exécution. Quelques jours avant Sedan, des députés étaient venus trouver le comte de Palikao, alors ministre de la guerre, et lui avaient demandé s'il songeait à la défense de Paris et à l'armement des forts. « Rassurez-vous, leur avait répondu celui-ci, nous sommes prêts ; les Allemands peuvent venir quand ils voudront, ils seront reçus de la belle façon. » Un des interlocuteurs, qui se souvenait d'avoir entendu les mêmes assurances dans la bouche du maréchal Le Bœuf, ne voulut s'en rapporter qu'à lui-même, il prit une voiture et il alla visiter les forts : tous étaient également dénués d'hommes, de canons, de munitions et d'approvisionnements. Le comte de Palikao est un des hommes qui ont eu la plus large part à nos désastres ; c'est lui qui est cause de cette fatale marche sur Sedan, marche réprouvée par tous les stratégistes et les écrivains militaires. Dans l'histoire qu'il vient de publier de la campagne de 1870-1871, le comte de Moltke dit que si, au lieu de marcher vers Metz, l'armée française se fût retirée sous Paris, elle reprenait tous ses avantages et la position des Allemands devenait critique. La conduite tenue par le comte de Palikao jusqu'au dernier jour ne permet pas de supposer chez lui ignorance ou incapacité, et le montre subordonnant sans cesse le salut de la France à un intérêt dynastique.

Le premier soin du gouvernement de la défense nationale fut d'armer les forts ; pour cela on fit venir les canons à longue portée de la marine, ainsi que les soldats et les officiers habitués à les manœuvrer. Cette précaution sauva, on peut le dire, Paris d'un coup de main. Sans ces guerriers intrépides, qui, pendant cinq mois, ont donné le constant exemple de l'énergie, de la vigilance et du courage, la ville fût, dès les premiers jours, tombée au pouvoir des Prussiens. On défonça les routes, on ferma les portes, on hérissa les avenues de chaussetrapes et de piéges invisibles ; à l'intérieur des murs d'enceinte, on crénela des maisons et on prépara des barricades,

Toutes ces précautions devaient faire sourire les Prussiens, qui n'ont jamais eu l'idée de prendre d'assaut la ville, et qui, selon leur coutume, comptaient sur les séditions intérieures, la famine et le bombardement. On ramassa le plus de provisions possible; on expédia au loin les habitants qui ne pouvaient servir à la défense ; malheureusement cette mesure ne fut pas exécutée assez rigoureusement, puisque, pendant le siége, on compta 2,300,000 habitants. Un million de femmes, d'enfants, d'infirmes, auraient dû être éloignés, ce qui eût simplifié la défense, diminué les causes de dissensions et permis de prolonger la résistance plus longtemps. L'arrivée des Prussiens interrompit ces préparatifs. Le dernier train quitta Paris le 18 septembre au soir, sur la ligne de l'Ouest.

La seule tentative sérieuse pour inquiéter les Prussiens dans leur investissement fut celle faite le 19 septembre du côté du sud. Les forces disponibles alors se composaient du 13ᵉ corps, que Vinoy avait pu ramener à Paris, et des cent mille gardes mobiles venant du camp de Châlons : la garde nationale, en voie de formation, n'était encore ni équipée ni armée. Cette reconnaissance, brillamment commencée, se termina moins heureusement : une panique subite s'empara du corps des zouaves qui s'en allèrent à la débandade, contraignant le reste de l'armée ; quelques-uns des fuyards, rentrés dans Paris tout affolés de terreur, y répandirent une inquiétude que rien ne justifiait. Le résultat de la journée fut la perte de la redoute de Châtillon qu'on n'avait pas eu le temps d'achever. Ce point, le plus rapproché du centre de la ville, était important, en ce sens qu'il eût tenu les Allemands à distance. C'est, en effet, de là qu'ils ont procédé au bombardement de la partie sud de Paris. Le général Vinoy publia sur cette journée le rapport suivant :

« Aujourd'hui 19, dès la pointe du jour, le général Ducrot

Le général Ducrot.

a fait une reconnaissance offensive en avant de ses positions. Il a rencontré des masses importantes dissimulées dans les bois et dans les villages, et surtout un très-grand déploiement d'artillerie. Après un engagement assez vif, les troupes ont dû se replier en arrière. Une partie de la droite a effectué ce mouvement avec une regrettable précipitation. L'autre partie s'est concentrée en bon ordre autour de la redoute en terre qui avait été élevée sur le plateau de Châtillon. La gauche, faiblement attaquée, a pu tenir sur les hauteurs de Villejuif.

« A ce moment, le feu d'artillerie de l'ennemi a pris des proportions qu'il n'avait pas atteintes jusqu'alors. Vers quatre heures, le général Ducrot, après une lutte qui avait duré toute la journée, a dû prendre la résolution de porter ses troupes en arrière sur les points où elles devaient rencontrer la protection des forts. Après avoir assuré la marche vers Paris des attelages et avant-trains des huit pièces en position dans la redoute de Châtillon, il a fait enclouer ces pièces sous ses yeux et s'est retiré le dernier au fort de Vanves.

« Il avait fait pendant toute la journée des preuves personnelles de résolution et de constance dignes de la grande réputation qu'il a dans l'armée.

« L'artillerie a montré la plus grande solidité au milieu d'une crise dont elle a porté presque tout le poids. La garde nationale mobile, représentée au feu par deux bataillons qui voyaient l'ennemi pour la première fois, a montré de l'équilibre et du calme. »

Moins d'un mois après, les choses s'étaient améliorées; le soldat avait retrouvé son élan et son intrépidité; le coup de main tenté le 31 octobre sur Bagneux le prouva d'une façon irrécusable. Voici les détails de cette journée donnés par le général qui commandait la sortie :

« A neuf heures précises, toutes les troupes étaient postées aux points qui leur avaient été assignés d'avance : elles se mettaient en mouvement à un signal convenu, deux coups de canon tirés par le fort de Montrouge.

« La 3º division du 18º corps, général Blanchard, était spécialement chargée de l'action ; elle devait être soutenue par la brigade Dumoulin, de la division Maud'huy, et par la brigade de La Charrière, division Caussade. Deux bataillons du 13ᵉ de marche, avec 500 gardiens de la paix, devaient s'emparer de Clamart, s'y maintenir, surveiller Meudon, et pousser ses avant-postes jusque sur le plateau de Châtillon. Le général Susbielle, avec le reste de sa brigade (le 14ᵉ de marche et bataillon du 13ᵉ, renforcée par 500 gardiens de la paix, devait attaquer Châtillon par la droite ; les mobiles de la Côte-d'Or et un bataillon des mobiles de l'Aube devaient forcer Bagneux, s'y établir solidement, tandis que le 35ᵉ de ligne, avec un autre bataillon de la Côte-d'Or, devait aborder Châtillon de front et occuper Fontenay, pour surveiller la route de Sceaux. Le 42ᵉ de ligne, avec le 3ᵉ bataillon de l'Aube, recevait l'ordre de rester en arrière de Châtillon, vers le centre des opérations, au lieu dit la Baraque. La brigade La Charrière avait pour mission de se porter sur la route de Bourg-la-Reine et de maintenir les forces que l'ennemi dirigerait de ce côté pour essayer de tourner notre gauche.

« La colonne de droite s'empare, sans coup férir, de Clamart, s'y maintient, mais trouve près du plateau de Châtillon des positions fortement occupées. Elle s'arrête donc sans pousser plus avant.

« Le général Susbielle attaque vigoureusement Châtillon, soutenu par son artillerie de campagne et par celle des forts d'Issy et de Vanves. Mais il est arrêté dès l'entrée du village par des barricades qui se succèdent et par une vive fusillade partie des maisons crénelées. Il est obligé d'emporter une à une toutes ces maisons et de faire appel à l'énergie de ses troupes, tout en usant d'une extrême prudence pour continuer cette guerre de siége. Le général reçoit un coup de feu à la jambe ; mais sa blessure est heureusement sans gravité ; il reste à cheval et continue à commander sa brigade.

« La colonne de gauche enlève rapidement Bagneux, après

une vive résistance. Les mobiles de la Côte-d'Or et de l'Aube, sous la conduite du lieutenant-colonel de Grancey, se montrent aussi solides que de vieilles troupes ; c'est dans cette attaque que le commandant de Dampierre, chef du bataillon de l'Aube, est tombé à la tête de son bataillon.

« Pendant ce temps, le 35ᵉ de ligne et un bataillon de la Côte-d'Or, sous les ordres du colonel de La Mariouse, tentent de se frayer un passage entre Bagneux et Châtillon ; mais ils sont arrêtés par la mousqueterie et l'artillerie ennemies ; ils sont obligés, eux aussi, de faire le siège des maisons et des murs de parc, crénelés et vigoureusement défendus, et ils parviennent jusqu'au cœur du village.

« La brigade Dumoulin, qui avait pris position à la grange Ory, reçut l'ordre de se porter en avant pour appuyer le mouvement du colonel de La Mariouse ; elle occupa le bas de Bagneux, tandis que le 35ᵉ de ligne cheminait par le centre pour forcer la position de Châtillon.

« La brigade de La Charrière s'acquittait convenablement de la tâche qui lui avait été confiée. Elle faisait taire par son artillerie, judicieusement dirigée, le feu d'une batterie ennemie postée vers l'extrémité de Bagneux, et qui s'efforçait d'inquiéter nos réserves, dans le but de tourner notre gauche.

« Après cinq heures de combat, on a ordonné la retraite ; elle s'est effectuée dans le plus grand ordre. L'ennemi a essayé de reprendre immédiatement ses positions, et il a engagé un feu très-vif de mousqueterie et d'artillerie ; mais nos batteries divisionnaires et les pièces des forts de Vanves, de Montrouge et d'Issy l'ont arrêté court dans cette tentative. Les troupes laissées en réserve ont appuyé la retraite avec calme. »

C'est pendant ce combat que se passa un fait qui mérite d'être rapporté, et dont l'auteur de cette histoire peut garantir l'authenticité. Une voiture d'ambulance était sortie de l'hospice Sainte-Anne sous la direction des docteurs Magnac et Bouchereau. A un moment donné, elle gravit avec son escorte un petit tertre éloigné de 300 mètres environ du lieu de l'action. Il n'y avait pas de confusion possible ; ceux qui l'accompagnaient avaient la croix internationale, et l'un d'eux tenait déployé le drapeau blanc à croix rouge. Le groupe n'en fut pas moins assailli d'une grêle de balles, dont une atteignit même le docteur Bouchereau à la cuisse. Des faits semblables à celui-là ne se sont que trop renouvelés durant cette guerre, où les Prussiens ont montré un flagrant mépris du droit des gens.

Une sortie encore plus brillante fut celle faite quelques jours après, le 22 octobre, du côté de Rueil et de la Malmaison. Le général Ducrot, qui la commandait, en rend compte en ces termes :

« ....A une heure, tout le monde était en position, et l'artillerie ouvrait son feu sur toute la ligne, formant un vaste demi-cercle de la station de Rueil à la ferme de la Fouilleuse ; elle concentrait son feu, pendant trois quarts d'heure, sur Buzenval, la Malmaison, la Jonchère et Bougival. Pendant ce temps, nos tirailleurs et nos têtes de colonne s'approchaient des objectifs à atteindre, c'est-à-dire la Malmaison pour les colonnes Berthaud et Noël, Buzenval pour la colonne Cholleton.

« A un signal convenu, l'artillerie a cessé instantanément son feu, et nos troupes se sont élancées avec un admirable entrain sur les objectifs assignés ; elles sont arrivées promptement au ravin qui descend de l'étang de Saint-Cucufa au chemin de fer américain, en contournant la Malmaison. La gauche du général Noël a dépassé ce ravin et a gravi les pentes qui montent à la Jonchère ; mais elle s'est trouvée bientôt arrêtée sous un feu violent de mousqueterie partant des bois et des maisons où l'ennemi était resté embusqué malgré le feu de notre artillerie.

« En même temps, quatre compagnies de zouaves, sous les ordres du commandant Jacquot, se trouvaient acculées dans l'angle que forme le parc de la Malmaison, au-dessous de la Jonchère, et auraient pu être compromises sans l'énergique intervention du bataillon de Seine-et-Marne qui est arrivé fort à propos pour les dégager : ce bataillon s'est porté résolûment sur les pentes qui dominent Saint-Cucufa, sa droite appuyée au parc de la Malmaison ; il a ouvert un feu très-vif sur l'ennemi qu'il a forcé de reculer et a permis ainsi aux quatre compagnies de zouaves d'entrer dans le parc.

« Dès le commencement de l'action, quatre mitrailleuses, sous les ordres du capitaine de Grandchamp, et la batterie de 4, du capitaine Bismes, le tout sous la direction du commandant Miribel, s'étaient portées, avec une remarquable audace, très en avant, pour soutenir l'action de l'infanterie. Ses positions étaient d'ailleurs très-bien choisies et les résultats obtenus ont été très-satisfaisants.

« En même temps, les francs-tireurs de la 2ᵉ division, commandés par le capitaine Faure-Biguet, se précipitaient sur Buzenval, y entraient et se dirigeaient, sous bois, vers le bord du ravin de Saint-Cucufa.

« Vers cinq heures, la nuit arrivant, le feu ayant cessé partout, j'ai prescrit aux troupes de rentrer dans leurs cantonnements respectifs.

« Nous avons eu devant nous, pendant le combat, la 9ᵉ division du 5ᵉ corps prussien, une fraction du 4ᵉ corps et un régiment de la garde. Ces troupes ne nous ont opposé qu'une force d'artillerie inférieure à la nôtre.

« En résumé le but a été atteint, c'est-à-dire que nous avons enlevé les premières positions de l'ennemi, que nous l'avons forcé à faire entrer en ligne des forces considérables, qui, exposées pendant presque toute l'action au feu formidable de notre artillerie, ont dû éprouver de grandes pertes ; le fait est d'ailleurs constaté par les récits de quelques prisonniers que nous avons pu ramener.

« Je dois ajouter que, pendant l'opération principale, la colonne du général Martenot faisait une utile diversion à notre gauche ; un bataillon s'installait à la ferme de la Fouilleuse et ses tirailleurs poussaient jusqu'aux crêtes, occupant même pendant un instant la redoute de Montretout et les hauteurs de Garches.

« A la droite, le régiment des dragons, appuyé d'une batterie à cheval, se portait dans la direction de la Seine, entre Argenteuil et Bezons, et canonnait quelques postes ennemis ; la droite de cette colonne de cavalerie se reliait avec les troupes du général de Bellemare, qui était venu prendre position derrière Colombes. »

Cette brillante opération à laquelle on ne reprocha qu'une chose, d'avoir été faite sans but déterminé et de n'avoir pas su profiter des avantages conquis, tranquillisa l'esprit public, en lui montrant de quoi nos jeunes troupes seraient capables le jour où viendrait la sortie sérieuse.

Pendant qu'on se battait à Paris, on négociait toujours, et diverses tentatives avaient lieu pour amener la paix. C'est ici le lieu de raconter la mission de M. Thiers auprès des grandes puissances, dont l'abstention équivalait alors à une sorte d'arrêt de mort pour la France. Nul choix ne pouvait être plus heureux ; M. Thiers, qui avait été ministre des affaires étrangères, était connu de tous les hommes d'État de l'Europe. Mieux que personne il pouvait renseigner les gouvernements étrangers sur la situation intérieure de la France, patronner auprès d'eux les hommes qui siégeaient à l'Hôtel de Ville, leur dire que c'était un devoir patriotique qu'ils remplissaient et non une fureur d'ambition à laquelle ils avaient cédé. Tout cela M. Thiers le pouvait, et il le fit; ce qui ne lui fut pas donné, c'était de triompher de l'hostilité ou de l'indifférence des neutres.

Le négociateur commença par Londres; il vit dès le premier jour que le seul souci du cabinet était de se maintenir dans une stricte neutralité. Au début de la guerre les ministres anglais avaient tout fait pour empêcher les hostilités, non par humanité ni par sympathie pour la France, mais parce qu'ils savaient qu'une commotion de ce genre trouble les affaires et est toujours nuisible aux intérêts commerciaux; une fois l'incendie allumé, ils veillèrent à ne pas le laisser pénétrer jusqu'à eux, absolument indifférents au sort de ceux qui en souffraient. Lord Granville refusa toutes les demandes de M. Thiers, même de reconnaître le gouvernement de la défense nationale.

L'accueil que M. Thiers reçut à Saint-Pétersbourg fut encore plus flatteur que celui qu'il avait trouvé à Londres; mais là aussi il se convainquit bien vite qu'il n'y avait rien à faire. Il devina qu'une entente régnait entre le cabinet russe et le cabinet prussien et que le prix de cette alliance était la révision du traité de 1856 et la permission pour la flotte russe de naviguer sur la mer Noire. Il lui fut déclaré sans détour que toute intervention des neutres qui ne serait pas appuyée par une intervention militaire n'aurait aucune chance de prévaloir au quartier général prussien; que la Russie ne voulait ni ne pouvait assumer aucune responsabilité dans ce sens, dût-elle être secondée par les autres cabinets, et elle conseillait à la France de s'adresser directement à M. de Bismark.

M. Thiers quitta alors Saint-Pétersbourg pour aller à Vienne et à Florence.

A Vienne, M. de Beust assura M. Thiers de la bonne volonté de l'Autriche vis à vis de la France, mais lui montra clairement l'impuissance dans laquelle était l'Autriche de la

CHAPITRE V. 265

Victor Emmanuel, roi d'Italie.

secourir autrement que par la médiation qui était toujours écartée par la Russie et l'Angleterre. Tout ce qu'elle pouvait, c'était faciliter l'action de l'Italie, bien autrement libre de ses mouvements et que ses frontières mettaient à l'abri de tout ressentiment de la Prusse. A Florence, M. Thiers rencontra M. Sénart qui s'y trouvait depuis un mois, envoyé là par le gouvernement de la défense nationale. Il eut une entrevue avec Victor-Emmanuel, qui protesta de son désir sincère de secourir la France, et qui invita le négociateur français à un conseil de guerre qui se tint le lendemain même. M. Thiers y plaida vivement la cause de la France : il montra que, couverte par le bon vouloir de l'Autriche au nord, l'Italie pouvait suivre librement les inspirations de son cœur; que ses troupes n'avaient aucun risque à courir sur le territoire français, protégées qu'elles étaient, à l'est par la chaîne des Alpes, et au sud par le camp retranché de Lyon et la Saône ; même en cas de revers, elles avaient la certitude de n'être ni enveloppées ni poursuivies, puisqu'elles se trouvaient abritées à la fois par la nature et par les villes fortes. Mais tout fut inutile, et la majorité se prononça pour la négative. « Quelque incertaine que fût la situation de la France, dit M. Valfray dans son *Histoire de la diplomatie du gouvernement de la défense nationale*, elle ne suffisait pas pour justifier les Italiens de lui avoir refusé leur appui. Cerné autour de Metz, le maréchal Bazaine immobilisait encore 250,000 Allemands, pendant que l'armée de la Loire s'élevait déjà à un effectif de plus de 100,000 hommes. Or avec de semblables éléments, il n'est pas téméraire de penser qu'une action vigoureuse, engagée avec le concours des Italiens, eût forcé promptement les Prussiens à lever le siége de Paris. »

Un peu découragé, M. Thiers se rendit à Tours où il fit part aux membres du gouvernement du résultat de sa mission. Après délibération ceux-ci autorisèrent le négociateur à se rendre à Paris pour conférer de toutes ces choses avec le gouvernement de l'Hôtel de Ville. La Russie avait demandé dès le 22 octobre le sauf-conduit nécessaire à M. Thiers pour entrer à Paris, mais les lenteurs calculées de la chancellerie prussienne ne lui permirent de l'avoir que le 27 ; de sorte qu'il arriva aux avant-postes ennemis juste pour y apprendre la nouvelle de la reddition de Metz. Il fut obligé de passer par Versailles, le chancelier voulait que la sinistre nouvelle eût bien le temps de produire son effet sur les esprits. Après avoir longuement conféré avec le gouvernement de la défense nationale, M. Thiers revint à Versailles, autorisé à négocier un armistice avec M. de Bismark. C'est sur ces entrefaites qu'éclata la fatale journée du 31 octobre ; c'était l'émeute si longtemps attendue et prédite par le chancelier prussien. Elle eut sur les négociations une déplorable influence.

M. Thiers a fait plus tard, devant la commission d'enquête sur les événements du 18 mars 1871, l'intéressante déposition qui suit :

« C'est la Russie qui a donné le signal des démarches en notre faveur ; l'Angleterre ne voulut pas se laisser dépasser ; et c'est alors que se forma cette espèce d'alliance des neutres pour tâcher de rétablir la paix.

« Le roi de Prusse et M. de Bismark répondirent qu'ils étaient prêts à me recevoir, et qu'ils consentaient à me laisser pénétrer dans Paris, mais à la condition que je passerais par Versailles. Cette obligation de traverser Versailles, avant d'avoir communiqué avec Paris, me gênait fort, car j'aurais voulu, avant tout, avoir obtenu les pouvoirs du gouvernement que je représentais et qui était alors celui de la France. Il s'ensuivit quelques débats. Enfin la Prusse finit par consentir. Seulement on me dit qu'il était impossible d'aller à Paris sans passer par Versailles.

« Je fis mon voyage avec beaucoup de difficultés. On se battait avec acharnement autour d'Orléans, il n'y avait plus de chemins de fer, plus de chevaux de poste ; on dételait des pièces de canon et on attelait des chevaux d'artillerie à ma voiture, et c'est ainsi que j'arrivai à Versailles. J'y trouvai M. de Bismark qui m'attendait. Je lui dis : « Je ne puis vous parler que pour vous dire que je ne puis pas vous parler. » Il me répondit : « Je vous donne deux officiers qui vous précéderont, et s'il vous arrivait malheur, car chaque lettre me coûte un homme, vous ne mourriez pas de la main des Allemands. »

« Nous arrivâmes aux avant-postes. On y tirait avec tant de

continuité, qu'il ne fut pas aisé pour les parlementaires de se faire reconnaître. Nous trouvâmes sur le rivage de la Seine deux petites barques. M. de Bismark, en me remettant aux mains des officiers qui m'accompagnaient, m'avait dit : « Ces messieurs seront à votre disposition. Je crois qu'il vous faudra bien des jours avant de persuader les hommes qui gouvernent, mais enfin les officiers qui sont chargés de vous accompagner seront là, et ils vous attendront jusqu'à ce que vous puissiez sortir, et que vous leur donniez le signal de venir vous reprendre. »

« Je traversai la Seine. J'étais dans les lignes françaises. Je fus conduit au quartier général français, qui était installé dans l'hôtel de M. de Rothschild, au bois de Boulogne. De là, je me rendis immédiatement au ministère des affaires étrangères. Je voulais renseigner tout de suite les membres du gouvernement sur la situation de l'Europe, dont ils ne savaient rien. Ils ignoraient que Metz venait de se rendre, et je les pressai de traiter de la paix.

« Cette nouvelle produisait dans Paris un effet extraordinaire, on y vivait d'illusions ; l'émotion fut proportionnée à cette cruelle surprise. Cependant à ce moment-là, aucun danger personnel ne semblait menacer ni moi, ni d'autres. Le lendemain, ce fut autre chose. Je demandai que le gouvernement s'assemblât la nuit même. Les hommes modérés étaient encore dans Paris ; ils n'en sont sortis qu'après la capitulation, et les furieux n'en étaient jamais sortis. La nouvelle de la reddition de Metz et de mon arrivée avaient surpris à la fois les Parisiens ; la masse de la population voulait la paix ; les furieux poussaient des cris, proféraient des menaces. Je restai là vingt-quatre heures, et je trouvai le gouvernement convaincu que ce qu'il y avait de mieux à faire, c'était de négocier un armistice. On me donna des pouvoirs limités mais suffisants.

Le gouvernement réclamait le droit, pour la capitale assiégée, de recevoir des vivres pendant la durée de l'armistice, et proportionnellement à cette durée, ainsi que cela se pratique d'ordinaire pour les villes assiégées pendant les suspensions d'armes. Les journaux de l'Europe s'étaient déjà occupés de cette question, et j'acceptai de prendre cette condition pour base. Le lendemain matin, on vint me dire que l'agitation augmentait dans Paris par suite de la nouvelle de la reddition de Metz, et du bruit qui s'était répandu que le gouvernement songeait à traiter. Nous avions passé la nuit à délibérer, et mes pouvoirs avaient été déterminés. Le général Trochu devait venir me prendre et me reconduire lui-même aux avant-postes. J'étais bien heureux d'en avoir fini dans les vingt-quatre heures, pour prouver aux Prussiens que le gouvernement français était plus en mesure qu'on ne le supposait de prendre des résolutions sérieuses et raisonnables.

« Cependant, vers midi, le général Trochu me fit dire que l'agitation était si grande, qu'il ne pouvait venir me rejoindre, mais que les pouvoirs qu'on m'avait donnés étaient maintenus, que je pouvais partir. Je me hâtai de le faire, parce que je craignais qu'on ne modifiât ces pouvoirs, et qu'on ne rendît ainsi l'armistice plus difficile.

« Je partis à deux heures, et je me rendis, escorté par une troupe à cheval, sur les bords de la Seine, à l'endroit où j'avais donné rendez-vous aux officiers prussiens. J'y arrivai à quatre heures de l'après-midi. Comme l'éveil était donné, au premier coup de trompette les Prussiens parurent. Je montai dans la barque qui servait aux passages, et, quelques instants après, j'étais à Versailles.

« M. de Bismark fut très-étonné. Il m'envoya un de ses officiers me féliciter de ce que je m'étais tiré si vite, et avec si peu de danger, de mon voyage.

« Le gouvernement prussien était alors assez enclin à traiter, et je suis convaincu qu'on aurait pu en obtenir des conditions moins malheureuses que celles qu'il nous a imposées plus tard. Il était assez disposé à nous concéder des vivres, mais moins que nous n'en demandions. Je m'étais assuré à peu près de la quantité que Paris en possédait encore. Mais il y avait un point sur lequel le gouvernement français ne pouvait avoir des renseignements précis, c'était l'importance des approvisionnements qui existaient dans les familles, et qui formaient une masse assez considérable. Je demandai des vivres à peu près pour un mois. M. de Bismark me répondit : « Vous me faites une demande un peu exagérée; on en est à la demi-ration dans Paris, et vous me demandez un mois à ration entière. Enfin, me dit-il, je suis prêt à accorder cela ; le roi y consentirait ; mais les militaires considèrent l'armistice comme désavantageux pour nous. » Il ajouta : « Vous demandez plus que vous ne comptez obtenir, et sans doute vous ne m'avez pas dit votre dernier mot. » Je lui répondis : Non, ce n'est pas mon dernier mot, quant aux quantités. — « Eh bien ! me répliqua le ministre prussien, préparez une rédaction pour que nous puissions discuter sur quelque chose de précis. »
— Je fis la rédaction et la présentai au ministre prussien. Le comte de Bismark est un homme très-supérieur, mais il dissimule rarement, et je suis persuadé qu'à ce moment-là il était sincère. Quand la rédaction fut prête, je la montrai à M. de Bismark.

« Je le revis le lendemain, très-agité. Il m'aborda par ces mots : « Avez-vous des nouvelles de Paris ? » — Les communications étaient très-difficiles, on tirait à outrance aux avant-postes, et d'ailleurs on ne permettait à personne de passer ; nous ne savions rien du tout. « Il y a eu, me dit M. de Bismark, une révolution à Paris. — Oh ! répondis-je, ce n'est pas

CHAPITRE V. 271

possible, il peut y avoir eu un mouvement ; mais la garde nationale l'aura certainement comprimé. » — « Cet incident, me dit M. de Bismark, est venu bien mal à propos, le roi n'espère plus de conciliation, on assure que le gouvernement de la défense est renversé. » — « En ce cas, dis-je, je n'ai plus de pouvoirs et il ne me reste plus qu'à me retirer. Cependant, avant de prendre un parti, il faut savoir ce qu'il en est. Je puis envoyer l'un de mes secrétaires à Paris ; vous le ferez accompagner par les officiers qui sont venus avec moi. » — Cette proposition fut acceptée ; j'attendis qu'à minuit. A minuit, mon envoyé revint ; il apportait des jo*rn*aux, il me raconta les événements qui avaient eu lieu le jour même où j'étais sorti de Paris, c'est-à-dire le 31 octobre. On avait réprimé le mouvement, le gouvernement était resté le maître ; mais la situation était entièrement changée, et je compris que je ne pourrais plus obtenir les mêmes conditions.

« Je demandai au comte de Bismark ce qu'il en pensait. — « Ce que j'en pense, me dit-il, c'est que le roi inclinait à l'armistice malgré les militaires, espérant que ce serait là un moyen de calmer les passions ; mais maintenant ses dispositions sont complétement changées. Il m'a dit : Vous voyez, j'allais faire un sacrifice très-grand, j'allais concéder trente jours de vivres, qui en réalité auraient peut-être valu deux mois de subsistance aux assiégés ; et ce sacrifice eût été inutile, la paix n'eût pas été plus facilement conclue dans deux mois qu'aujourd'hui. »

« Alors nous aboutîmes à cette idée que la paix serait plus facile à conclure qu'un armistice. Nous en débattîmes très-longuement les conditions possibles. Je proposai de retourner à Paris pour conférer avec le gouvernement de la paix elle-même. Le comte me dit : « Il ne faut pas vous dissimuler qu'il est bien dangereux pour vous de rentrer dans Paris, au milieu de l'exaltation qui y règne. » Et, en effet, on m'y accusait de venir conseiller au gouvernement un acte d'une insigne faiblesse. Je ne tins aucun compte de ces observations, et je résolus de rentrer dans Paris. Je convins avec certains membres du gouvernement de nous réunir dans un petit poste ruiné au milieu du bois de Boulogne ; je m'y rendis. Là il devint évident pour moi que la paix était impossible, et que la journée du 31 octobre avait singulièrement aggravé la situation, parce qu'elle avait surexcité, au-delà de toute expression, cette classe d'exaltés que le siége avait fait naître dans Paris. Ils avaient par le fait pris le dessus ; l'idée de la résistance irréfléchie, à outrance, à partir de ce moment-là, s'était emparée d'une grande partie de la population, et il devint certain qu'on ne pourrait conclure la paix que très-tard. »

Ce langage est celui de la plus extrême prudence, et les événements ne lui ont que trop donné raison. Mais M. Thiers a été accusé d'avoir désespéré trop tôt et d'avoir trop laissé apercevoir son découragement aux puissances auprès desquelles il allait négocier, et il peut y avoir quelque chose de vrai au fond de cette critique. Sans doute un retour de fortune paraissait bien problématique, mais si l'élan patriotique eût été mieux secondé par ceux qui étaient chargés de le diriger, le cours des événements eût pu en être profondément modifié. C'est ce à quoi M. Thiers ne croyait pas, et dans ses calculs il ne faisait pas entrer l'éventualité de la résistance de Paris que les Prussiens non plus n'avaient pas prévue, et qui est pourtant venue compliquer leur tâche.

Les conspirateurs blanquistes, qui avaient envahi la Chambre le 4 septembre sans pouvoir s'emparer de l'autorité, n'avaient pas pour cela renoncé à leurs desseins. Ils comptaient pour auxiliaires sur les souffrances inséparables de l'état de siége dans une ville comme Paris. Deux fois depuis le 4 septembre

CHAPITRE V.

ils avaient tenté de mettre leur projet à exécution, le 5 et le 8 octobre, et deux fois ils s'étaient retirés devant la fermeté des membres du gouvernement et l'attitude décidée de la garde nationale résolue à maintenir l'ordre. Un concours inouï de circonstances et le mécontentement causé chez une grande partie de la population par le peu de résolution du gouvernement de la défense nationale favorisèrent un mouvement qui faillit mettre le pouvoir dans leurs mains.

Le 31 octobre, au matin, les Parisiens virent à leur réveil des affiches qui annonçaient des nouvelles faites pour les émotionner. La première était la capitulation de Metz, dont le bruit courait dans la ville depuis plusieurs jours, et que le *Journal officiel* avait démenti la veille même ; la seconde avait trait aux négociations d'armistice, et la troisième annonçait la reprise du Bourget par les Prussiens. Ce fut cette dernière nouvelle qui eut le plus de poids dans la balance et qui détermina l'explosion.

Le coup de main du Bourget avait été jusqu'alors l'expédition la plus heureuse faite par l'armée assiégée ; elle avait produit un résultat matériel, la prise d'une position avancée des Prussiens. Voici comment le général Bellemare rendait compte de ce brillant fait d'armes :

« Voulant utiliser le corps des francs-tireurs de la presse, dont le service était devenu inutile à la Courneuve, par suite des progrès de l'inondation du Crould, j'ordonnai, hier soir, au commandant des francs-tireurs de faire sur les avant-postes ennemis établis au Bourget une attaque de nuit ; je lui en indiquai les principales dispositions, et je fis prévenir les grand'gardes établies en avant du fort d'Aubervilliers et de la Courneuve de prendre les armes, à trois heures du matin, pour soutenir et appuyer le mouvement.

« A l'heure prescrite, il fut exécuté avec autant de vigueur que de précision par les francs-tireurs, sous les ordres du commandant Rolland. Sans tirer un coup de fusil, ils abordèrent les postes prussiens, qui fuirent en désordre, abandonnant la plupart de leurs sacs et leurs casques. Ils continuèrent à s'avancer dans le village, repoussant l'ennemi de maison en maison, jusqu'à l'église, où ce dernier était établi plus solidement.

« C'est alors que je les fis soutenir par une partie du 34° de marche et le 14° bataillon de la mobile de la Seine ; j'y envoyai en même temps le colonel Lavoignet, commandant la 1re brigade, pour prendre le commandement, avec ordre de s'emparer du village et de s'y établir solidement. Je faisais appuyer l'infanterie par une section de 2 pièces de 4 et une mitrailleuse, et j'établissais 2 pièces de 12 en avant de la Courneuve, pour prendre l'ennemi en flanc.

« A onze heures, je me transportai de ma personne au Bourget et j'y arrivai au moment où nous en étions complétement maîtres ; je m'étais fait suivre d'une forte réserve composée du 16° bataillon de la mobile de la Seine et d'un demi-bataillon du 28° de marche. Vers midi, l'ennemi démasqua deux batteries de position au pont Iblon et fit avancer deux batteries de campagne sur la route de Dugny au Bourget, qui ne cessèrent, sauf à de rares intervalles, jusqu'à près de cinq heures, de tirer sur le village dont ils incendièrent quelques maisons.

« Je fis retirer mon artillerie, qui ne pouvait lutter avec celle de l'ennemi, trop supérieur en nombre. Nos troupes restèrent dans leurs positions, quoique recevant pour la première fois ce feu formidable, et je n'ai qu'à me louer de leur sang-froid et de leur énergie.

« Pendant ce temps, les sapeurs du génie faisaient les communications, crénelaient les maisons et rétablissaient les barricades.

« La prise du Bourget, audacieusement attaquée, vigoureusement tenue, malgré la nombreuse artillerie de l'ennemi, est une opération peu importante en elle-même, mais elle donne la preuve que, même sans artillerie, nos jeunes troupes peuvent et doivent rester sous le feu plus terrifiant que véritablement meurtrier de l'ennemi.

« Elle élargit le cercle de notre occupation au-delà des forts, donne la confiance à nos soldats et augmente les ressources en légumes pour la population parisienne. Nos pertes, que je ne connais pas encore exactement, sont minimes (tout au plus une vingtaine de blessés et quatre ou cinq tués). Nous avons fait quelques prisonniers. »

Comme toujours, le public s'était exagéré la portée de cet événement militaire ; il voyait déjà les lignes ennemies percées et les Prussiens obligés de lever le siége. Aussi sa déception fut grande quand il apprit que les Prussiens s'étaient portés en forces sur le point enlevé, que les courageux mobiles qui s'en étaient emparés n'avaient pas été soutenus, et que le succès de la veille avait failli se changer en un désastre complet. Voici les détails donnés à ce sujet par un écrivain qui n'est pas étranger aux choses militaires :

« Hier, les projets de l'attaque de la part des Prussiens se trahissaient évidents. La canonnade du matin avait montré qu'ils disposaient d'une force d'artillerie considérable. De plus, en battant un peu le pays, on se serait vite aperçu qu'ils amassaient des forces nombreuses d'infanterie. Lorsque, dans la matinée même d'hier, on avait vu 24 pièces se mettre en batterie en face du Bourget, à combien estimez-vous le nombre des pièces que nous pouvions opposer à cette partie seulement de l'artillerie prussienne ? Comptez : 2 pièces de 12, 5 pièces de 4 et une mitrailleuse.

« Quant aux troupes, nous avions une partie du 28° de marche, deux bataillons de mobiles, le 14° et le 12°, et de plus un détachement de ces braves francs-tireurs de la presse. Ces troupes étaient debout depuis quarante-huit heures, sans vivres, et, de plus, une nuit sans dormir. Les chevaux des batteries étaient harassés : quand on leur tendait la main, ils avançaient avidement la bouche. La pluie tombait à flots sur les caissons des pièces, exposés dehors.

« La nuit se passa tout le monde dehors, les pieds dans l'eau et la boue, la main sur la gâchette du fusil. Les Prussiens, des hauteurs, observaient le Bourget ; ils voyaient très-bien notre faiblesse d'artillerie, et ils s'apercevaient que les troupes fraîches n'arrivaient pas. Aussi, ils nous ont laissés à loisir nous morfondre et nous tremper la nuit durant. A huit heures, ce matin, le 35° de marche, avec deux compagnies de chasseurs et une compagnie de turcos du 21°, arrivaient au Bourget pour relever les mobiles, lorsqu'ils se heurtèrent à un commencement de la retraite. A sept heures, au jour levant, les Prussiens avaient ouvert le feu des batteries qu'ils avaient établies, auxquelles ils avaient travaillé depuis la veille. A voir l'ensemble de leur attaque, c'est à croire qu'ils nous ont laissés venir au Bourget pour nous y cerner et nous y enlever.

« En effet, pendant qu'un feu d'obus formidable crevait les maisons, enfonçait les barricades maladroitement construites en moellons et pavés, balayait les avenues, surtout de la grande route de Lille à la voie ferrée, les troupes prussiennes, protégées par ce déluge de mitraille qui nous aveuglait et nous dispersait, s'avançaient jusqu'aux enclos mêmes du Bourget.

« La situation devint terrible : écrasés par le feu ennemi, nous étions cernés par l'infanterie sur la route de Dugny, sur le chemin de fer et par Drancy. Comment se défendre ? Nos pièces, installées sur le carrefour du milieu du village, pouvaient à peine atteindre l'ennemi de leurs rares boulets. La mitrailleuse restait impuissante ; les cartouches avaient été noyées par la pluie.

« L'ennemi avançait toujours. Sur la droite, les uhlans apparaissaient déjà, se préparant à couper notre ligne de retraite sur Saint-Denis. Déjà il était impossible que les troupes d'avant-garde, défendant l'entrée du village, pussent s'échapper sans se frayer un sanglant chemin à travers le village. On sonna la retraite. Les soldats se jetèrent sur la grande route, en se rabattant soit sur Aubervilliers, soit sur la Courneuve. Notre artillerie parvint à s'échapper tout entière. Mais une partie du 14ᵉ et du 12ᵉ mobiles, du 28ᵉ de ligne et des francs-tireurs fut enfermée dans les maisons.

« Le général de Bellemare accourut pour organiser la retraite. Le fort d'Aubervilliers commença un feu redoublé sur le Bourget ; les troupes fraîches furent espacées en tirailleurs dans les champs, sur la gauche de la grande route, et à l'abri des maisons. En même temps, nos pièces de campagne, s'arrêtant sur les barricades en avant d'Aubervilliers, battirent la gare du Bourget. Les Prussiens s'arrêtèrent, et le ralliement, d'abord dispersé et précipité, s'accomplit en bon ordre. Les tirailleurs ennemis ont d'abord paru essayer de se déployer sur la droite, vers la Courneuve. Mais nos obus les ont bien vite arrêtés ; ils se cantonnent et se retranchent dans le grand parc bordé de murs et flanqué d'une maison rouge, à l'entrée du Bourget.

« Il est onze heures. Pendant que nos troupes rentrent à Saint-Denis, le fort de l'Est et la Double-Couronne canonnent Stains et Pierrefitte, afin de couper le chemin aux Prussiens, s'ils s'étaient avisés de continuer leur mouvement concentrique autour du Bourget.

« En somme, nous voilà sortis du mauvais pas ; mais ce n'est pas sans dommage. »

CHAPITRE V.

Profitant de la surprise causée dans la population par ces désastreuses nouvelles, les bataillons de Belleville descendirent sur la place de l'Hôtel-de-Ville, protestant contre l'armistice et sommant le gouvernement de la défense nationale de donner sa démission et de céder la place aux hommes qui voulaient organiser la défense à outrance. Ils parvinrent à forcer les grilles et à pénétrer dans l'Hôtel de Ville, où le gouvernement siégeait.

Toute l'après-midi et une partie de la nuit, les émeutiers tinrent les membres du gouvernement prisonniers, réclamant leur abdication et les menaçant de mort s'ils ne voulaient pas céder.

Un gouvernement provisoire avait été nommé, lorsque deux bataillons de mobiles vinrent expulser les émeutiers. Dès le lendemain l'ordre et le calme furent rétablis dans la cité; un vote unanime confirma les pouvoirs du gouvernement et lui donna pour agir contre les perturbateurs une force morale qui lui avait manqué jusqu'à ce jour. Mais le mal était fait; la Prusse, se sentant davantage maîtresse de la situation, et par la capitulation de Bazaine et par la faiblesse de Paris résultant des ferments de discorde qui bouillonnaient dans son sein, voulut profiter des nouveaux avantages que les circonstances lui offraient.

Malgré l'optimisme de M. Thiers, nous ne croyons pas à la modération de M. de Bismark, qui dans cette occasion n'a cherché qu'à gagner du temps. Il aurait fallu de la noblesse et de la générosité pour s'arrêter au spectacle de la faiblesse d'un ennemi désarmé et abattu ; les Allemands nous ont fait voir ce qu'on pouvait attendre d'eux en fait de sentiments chevaleresques.

C'était la guerre qui recommençait, mais cette fois plus ardente et plus implacable chez ces hommes qui avaient cru toucher au moment de la victoire et à l'heure de rentrer dans leurs foyers. Aussi allaient-ils faire preuve d'une barbarie impitoyable contre une nation qui n'avait que le tort de défendre son indépendance.

Plus que tout autre M. de Bismark était inexcusable de prolonger la guerre et surtout le siége de Paris ; il avait prévu, il savait quelles terribles catastrophes il en pouvait résulter. Il avait soutenu du reste, contrairement à l'avis des généraux, qu'il y avait d'énormes inconvénients à bloquer complétement et à affamer Paris. On devait nécessairement, si le siége se prolongeait, développer dans le sein de cette immense cité d'aveugles et formidables passions : « Je m'attends, pour ma part, disait-il au roi, à voir un dénouement qui dépassera en fureurs et en désastres tout ce que les historiens nous ont raconté de la prise de Jérusalem. Plusieurs centaines de mille d'habitants peuvent périr dans les horreurs de la faim ou dans un vaste incendie. Votre Majesté portera la responsabilité de cette catastrophe. D'ailleurs les Parisiens se défendront avec d'autant plus d'obstination qu'ils seront séparés des départements, dont ils ne connaîtront pas les souffrances. Il en sera de même des départements privés des nouvelles de Paris. Pour moi, poursuivait-il, je voudrais qu'on s'avançât sur Paris et qu'on le bombardât, mais sans le cerner, au moyen d'un camp retranché établi dans le poste jugé le plus favorable. Ce camp retranché aurait défié toutes les attaques ; en restant en libre communication avec la province, Paris aurait vu que la résistance y était impossible ; la sienne eût été affaiblie d'autant et la guerre aurait été terminée deux mois plus tôt. »

Et ce n'était pas pour obéir à des nécessités légitimes, mais bien poussée par le désir de conquête le plus injuste, que la Prusse refusait la paix et courait le risque d'épouvanter le

CHAPITRE V.

Cathédrale de Saint-Denis.

monde par des catastrophes inouïes. La postérité lui demandera un compte d'autant plus sévère de sa conduite, qu'elle calculait froidement toutes les cruautés dont elle se rendait coupable.

CHAPITRE VI

METZ ET STRASBOURG.

Investissement de Metz. — Fausse sortie du 26 août. — Résolution de rester à Metz. — Bataille de Noisseville. — Blocus. — Dernières tentatives. — Intrigues et négociations. — L'agent Régnier. — Bourbaki. — Le colonel Boyer à Versailles et à Hastings. — Capitulation de Metz. — Siège et bombardement de Strasbourg. — Capitulation de Verdun. — Misérable sort des prisonniers. — Capitulations plus néfastes que les plus sanglantes batailles.

Pendant ce temps que se passait-il à Metz? Que faisait Bazaine qui, par sa dépêche du 22 août, avait décidé Mac-Mahon à marcher sur Montmédy et avait amené la catastrophe de Sedan?

Dès que, par une inconcevable folie, le commandant de l'armée du Rhin avait abandonné les hautes positions qui dominent Metz et dans lesquelles la sanglante bataille de Saint-Privat nous avait maintenus, les armées allemandes s'en emparèrent et l'investissement commença. Le prince Frédéric-Charles n'avait pas l'intention de faire un siège en règle; il ne pouvait pas bombarder tant que les Français occupaient les forts détachés; il se contenta de tout préparer pour le blocus, en homme qui connaît le prix du temps à la guerre. Les travaux d'investissement se firent sur les deux rives, mais plus fortement sur la rive gauche que sur la rive droite; c'était de ce côté seulement que Bazaine pouvait tenter de se faire jour pour donner la main à Mac-Mahon, ses efforts de l'autre côté ne devant être qu'une vaine démonstration. Pour faire face aux diverses éventualités, le prince Frédéric-Charles avait sous ses ordres son armée, la deuxième, et en outre celle du général Steinmetz. Aussitôt les travaux commencèrent; les Allemands durent construire des retranchements pour protéger leurs positions, établir des huttes pour se garantir de la pluie et des fraîcheurs de l'automne. Un grand travail fut entrepris ensuite; Metz interrompait les relations par voie ferrée entre les troupes qui étaient à l'intérieur de la France et la frontière prussienne ; pour parer à cet inconvénient, on songea à établir un chemin de fer de campagne ; on choisit la station de Remilly pour la relier à Pont-à-Mousson. C'était une ligne de 37 kilomètres. Les travaux furent commencés le 17 août et terminés le 23 septembre; on avait dû construire quatre ouvrages d'art, deux ponts et deux tunnels.

Cette activité fiévreuse des généraux allemands fait un triste contraste avec l'incompréhensible inertie des généraux français. Tandis qu'ils exécutaient ces vastes travaux pour nous emprisonner, les forts qui entourent Metz n'étaient pas terminés; si l'on eût profité depuis le commencement d'août de tous les bras inactifs qui se trouvaient là, soit dans la ville, soit autour, les fortifications eussent été achevées et toute apparence de prétexte eût été enlevée au séjour de Bazaine sous les murs de cette ville. Cependant l'armée, refaite et ravitaillée par quelques jours de repos, commençait à s'inquiéter de l'inaction dans laquelle on la retenait ; d'un autre côté, le maréchal avait télégraphié à l'Empereur qu'il allait marcher vers le nord. Pour satisfaire à toutes ces nécessités, une sortie fut décidée pour le 26 et des ordres en conséquence furent donnés aux troupes. Bazaine avait-il l'intention sérieuse de sortir? On en peut douter par le récit des événements qui vont suivre. La veille du jour indiqué pour la sortie, le général Coffinières, qui était gouverneur de Metz et sur qui ne pèse pas une responsabilité moins lourde que sur Bazaine, vint trouver le maréchal et lui représenta que, s'il abandonnait Metz, c'en était fait de cette ville, qui ne pourrait par ses propres forces résister à l'ennemi. Ces idées concordaient trop bien avec celles de Bazaine pour ne pas lui sourire; ne voulant pas assumer sur lui seul la responsabilité d'une pareille décision, il assemble un conseil de guerre au château de Grimont. Pendant ces pourparlers, les troupes étaient en mouvement et il était déjà onze heures du matin. Loin de s'être mis en marche pendant la nuit pour surprendre l'ennemi, on avait attendu qu'il fît grand jour afin qu'il n'ignorât rien de nos desseins : le dernier sous-officier n'eût pas fait preuve d'une pareille incapacité et d'une semblable imprévoyance, aussi ne peut-on y voir que du calcul dans la pensée de Bazaine. Une fois les chefs de corps arrivés, on n'attendit pas Bourbaki qui présidait au passage de la garde, et la séance commença.

« Le maréchal exposa la situation, le projet et les raisons qu'il avait eues d'y renoncer, dit le colonel d'Andlau, que nous avons déjà eu plusieurs fois l'occasion de citer; mais il ne dit rien de la dépêche de Mac-Mahon, ni de la lettre du 22 août qui lui avait fait connaître l'état de l'approvisionnement en munitions. Ces omissions paraissent si étranges, qu'on aurait peine à y croire, sans les assurances données depuis par plusieurs membres du conseil. Après le maréchal, les généraux Coffinières et Soleille développèrent les opinions qu'ils avaient énoncées la veille, et dès lors la question fut résolue : les commandants des corps d'armée n'avaient pas les éléments nécessaires pour contrôler les assertions qu'ils entendaient émettre et qui devaient réagir forcément sur les opérations stratégiques; ils ne virent que les difficultés de l'entreprise dont on leur cachait la nécessité, et ils jugèrent que, dans les circonstances telles qu'on les leur présentait, il y avait lieu d'y renoncer. Ce fut au moment où cette résolution venait d'être prise qu'arriva le général Bourbaki, plein de l'ardeur qu'on lui connaît. Son avis lui fut demandé, et, si l'on en croit son propre témoignage, il n'hésita pas un instant à déclarer qu'il fallait sortir au plus vite et à tout prix. On lui fit connaître alors l'avis unanime de ses collègues, les raisons qui l'avaient motivé, et, en présence de cette opposition générale, il se contenta d'incliner la tête, sans ajouter un mot de plus ; puis il sortit fort mécontent de la chambre du conseil, et, appelant son aide de camp, il lui dit d'un ton qui ne dissimulait guère ses sentiments : « Qu'on renvoie de suite la garde dans ses bivouacs du matin. » C'était la confirmation du désappointement auquel bien des officiers s'étaient refusés à croire jusqu'au dernier moment.

« Cette première résolution prise, le maréchal consulta le conseil sur l'opportunité qu'il y aurait à profiter au moins de la réunion des troupes pour tenter un coup de main sur les positions ennemies; mais l'état de l'atmosphère, la continuation de la pluie furent regardés comme incompatibles avec toute action de guerre, et on jugea qu'il valait mieux replacer les hommes dans les bivouacs fangeux qu'ils avaient quittés à la pointe du jour que de les faire camper dans la boue des terrains qu'ils auraient pu enlever à l'ennemi. Singulière manière de faire la guerre et de comprendre le métier de soldat, comme nous l'ont si bien fait sentir plus tard les Prussiens dans une circonstance que nous aurons à faire connaître ! On se contenta de décider que, les jours suivants, on entreprendrait quelques opérations extérieures, comme application de la théorie sur laquelle on venait de s'appuyer pour rester à Metz.

« Pendant ces malheureux débats, les troupes n'en avaient pas moins continué leur mouvement, qu'on ne supposait sans doute pas devoir exiger autant de temps ; il s'y était produit un incident digne d'être cité pour montrer jusqu'où allait l'incurie dans certains services. L'ordre ayant été donné le 24 août de faire jeter deux ponts sur la Moselle, il était assez naturel de penser que, destinés au passage de l'armée d'une rive à l'autre, ils devaient avoir la solidité suffisante pour supporter tout ce qui constitue les troupes, hommes, chevaux et matériel. Le premier fut, en effet, construit avec toutes les garanties de résistance exigées; pour le second, on employa de vieux chevalets, afin de ménager le matériel neuf de l'arsenal, de telle sorte que, quand les troupes s'y présentèrent, le 26 au matin, on leur apprit que le tablier n'était en état de supporter ni chevaux ni matériel, et que l'infanterie seule pouvait y passer. Or, dans l'itinéraire tel qu'il avait été tracé, le 4ᵉ corps prenait le pont d'amont, pendant que le 6ᵉ se servait de celui d'aval; il en résultait que le mouvement du 6ᵉ corps était entravé dès le début, et qu'il n'y avait par le fait qu'un seul débouché. De là un retard considérable que la moindre surveillance eût prévenu. »

Ainsi on restait autour de Metz, on abandonnait la France et Mac-Mahon sous prétexte qu'une forteresse qui n'avait encore jamais été prise était incapable de se défendre ! et cela au moment où Strasbourg résistait énergiquement à 60,000 Allemands, au moment où Toul, Phalsbourg, Bitche et tant d'autres petites places se maintenaient avec une garnison insignifiante ! Mais alors le 14 août, lorsqu'au conseil de guerre la retraite sur Verdun avait été décidée, on avait donc manqué de clairvoyance et de patriotisme ! Non, une semblable conduite est inexcusable, et tous ceux qui y ont prêté la main ont manqué à leur devoir militaire et à leur devoir de citoyen.

Cependant Bazaine reçut le 30 une dépêche de Mac-Mahon qui lui annonçait sa marche sur Sedan; quelques-uns prétendent que ce n'était pas la première qu'il recevait, mais du moins celle-là ne put-il la dissimuler; en conséquence une sortie fut résolue pour le 31 août. Les dispositions et l'objectif furent les mêmes que pour la fausse sortie du 26. Dans un rapport sommaire sur les opérations de l'armée du Rhin, Bazaine parle ainsi de cette affaire et du but qu'il se proposait :

« Je réunis l'armée, le 31, en avant des forts de Queuleu et de Saint-Julien, et j'indiquai comme objectif à enlever de vive force le plateau de Sainte-Barbe, ayant le projet, en cas de réussite, de gagner Thionville par Battelainville et Redange avec les 3°, 4° et 6° corps, en faisant filer la garde et le 2° corps par la route de Malroy. La rive droite avait l'avantage de ne pas traverser l'Orne; puis, en prenant Sainte-Barbe pour objectif, l'ennemi était incertain si je me dirigerais vers l'est pour couper ses communications, ou vers les forteresses du nord. L'opération réussit en partie le 31 ; mais, pendant la nuit, les troupes qui occupaient Savigny furent obligées de se replier par suite d'un retour offensif de l'ennemi en nombre très-supérieur.

« Le combat recommença le 1ᵉʳ par un brouillard très-intense, qui nous fut défavorable ; nous ne pûmes reprendre la position conquise le 31, et le maréchal Le Bœuf dut quitter le village de Noisseville, sur lequel s'appuyait la droite du 3° corps, parce qu'il était fortement battu par un feu violent d'artillerie et voyait sa retraite compromise par l'arrivée de fortes colonnes ennemies.

« Nos pertes étaient sensibles ; il était à craindre que l'ennemi ne nous inquiétât pendant notre retour sur la rive gauche, car ses projectiles fouillaient déjà les terrains en arrière des forts. Les 4°, 6° corps et la garde repassèrent sur la rive gauche pour reprendre des positions plus étendues et plus favorables à l'installation des troupes que les anciennes, et l'on s'occupa activement d'y faire exécuter les travaux de défense nécessaires, travaux sommairement indiqués par le général

Coffinières, et qui devaient nous établir solidement dans un véritable camp retranché. Je prévins l'Empereur et le ministre de la guerre de notre insuccès par la dépêche suivante :

« Après une tentative de vive force, laquelle nous a amenés
« à un combat qui a duré deux jours, dans les environs de
« Sainte-Barbe, nous sommes de nouveau dans le camp re-
« tranché de Metz, avec peu de ressources en munitions d'ar-
« tillerie de campagne, ni viande, ni biscuit, enfin un état
« sanitaire qui n'est pas parfait, la place étant encombrée de
« blessés. Malgré les nombreux combats, le moral de l'armée
« reste bon. Je continue à faire des efforts pour sortir de la
« situation dans laquelle nous sommes ; mais l'ennemi est trop
« nombreux autour de nous. Le général Decaen est mort.
« Blessés et malades, environ 18,000. »

Donnons ici quelques-unes des appréciations du général Deligny sur la bataille de Sainte-Barbe :

« Le 31, il sembla qu'on voulût reprendre l'opération ajournée le 26. Les trois corps d'armée campés sur la rive gauche de la Moselle durent, à nouveau, se porter sur la rive droite. Les troupes furent informées que, pour éviter l'encombrement à l'entrée du pont de bateaux, il en avait été construit un second, voisin du premier. Effectivement, la Moselle fut franchie sur deux ponts ; mais ils aboutissaient tous deux à la même issue, resserrée entre les berges de la rivière et le coteau qui borde la vallée : il en résulta que l'encombrement évité d'un côté se reproduisit de l'autre. Cette fois-là, comme la précédente, on ne sut pas, ou l'on ne voulut pas, profiter des deux ponts de pierre qui relient à Metz les deux rives de la Moselle. Il eût été facile aussi de réparer le pont du chemin de fer, situé en amont de la ville, et dont on avait, inconsidérément, fait sauter une arche le 15 août dans la matinée. Si réellement on eût voulu, soit le 26, soit le 31, agir

Le maréchal Bazaine.

sérieusement et avec vigueur sur la rive droite de la Moselle; on n'eût point négligé les moyens de se concentrer rapidement ; car une concentration rapide de l'armée eût permis au général en chef d'attaquer l'ennemi avec des forces écrasantes.

« Des opérations de cette nature eussent pu être entreprises, chaque jour, jusqu'au 25 septembre, avec la presque certitude du succès, sur l'une ou l'autre rive de la Moselle. Cela se démontre avec une précision pour ainsi dire mathématique ; il suffit de dire que l'armée ennemie était établie, autour des lignes françaises, sur une circonférence de 50 kilomètres environ, partagée en deux par la Moselle franchissable. pour lui, au pont d'Ars situé en amont, et de Malroy construit en aval, et qu'il ne fallait que détruire ou masquer un de ces ponts, au cas où nous attaquions sur une rive, pour tenir éloignées du théâtre de l'action toutes les forces de l'adversaire campées sur l'autre rive, car il leur eût été complétement impossible d'y arriver en moins de huit à dix heures de marche.

« A trois heures de l'après-midi, toute l'armée française, retardée dans sa marche par l'insuffisance des moyens de passage, achevait son mouvement de concentration ; les corps venus de la rive gauche de la Moselle entraient en ligne à la gauche et derrière ceux campés en permanence sur la rive droite, et qui étaient déjà établis, depuis huit heures du matin, sur leurs emplacements de combat...

« Le 1er septembre, au point du jour, le feu recommença sur toute la ligne ; il fut soutenu, de part et d'autre, avec une grande vivacité ; mais nos troupes les plus avancées, ne sachant pas ce qu'elles avaient à faire, ne recevant aucun ordre, ne voyant prendre aucune disposition, soit pour les relever, soit pour les appuyer, se bornèrent à se maintenir dans leurs positions de la nuit ; elles demeurèrent pendant plusieurs heures sous un feu d'artillerie des plus violents, que leur immobilité contribuait à rendre très-meurtrier ; puis, vers dix heures, on les vit se retirer dans le meilleur ordre, et toujours en combattant ; en arrière d'elles surgirent presque instantanément huit ou dix lignes de bataille se repliant, elles aussi, avec un ensemble parfait, occupant militairement et successivement toutes les positions intermédiaires ; les obus éclataient par centaines au milieu d'elles, sans y occasionner le moindre trouble. Que signifiait ce mouvement de retraite ?...

Que s'était-il donc passé ?... Chacun se le demandait. Le général en chef, les commandants de corps s'interrogeaient l'un l'autre, mais ne le surent jamais d'une manière positive. De fait, personne, paraît-il, n'ordonna la retraite ; elle eut lieu, parce que les troupes comprirent qu'on ne faisait, ou qu'on ne voulait faire rien de bon et qu'on ne s'occupait pas d'elles ; elles se retirèrent tranquillement, comme d'un commun accord. Tous les officiers de troupe, tous les généraux interrogés répondirent invariablement : « Nous nous sommes retirés parce que nous avons vu tout le monde se retirer ! »

Cette opinion que la bataille de Noisseville n'était qu'une vaine démonstration et que Bazaine n'a jamais eu l'intention sérieuse de sortir, est aussi celle de nos ennemis, et on la retrouve dans le rapport du prince Frédéric-Charles. Dès ce jour l'histoire militante de l'armée de Metz est finie : elle ne livrera plus que des combats partiels et insignifiants. Cette conduite de Bazaine, se réservant, ainsi que son armée, pour le jour où il pourra jouer un rôle important, est jugée très-sévèrement par les étrangers et les indifférents. Le soin extrême qu'il a eu de ne pas entretenir de relations avec le gouvernement de la défense nationale, les intrigues que nous allons raconter, tout concourt à montrer sa culpabilité, et en même temps l'ineptie de ses calculs. On peut voir, entre autres, dans l'historien Rustow, le jugement sévère et mérité prononcé contre cet homme à qui l'ambition fit oublier tous ses devoirs.

Les rares tentatives de sortie faites pendant ces deux longs mois, qui épuisèrent les forces morales et physiques de l'armée, sont rapportées ainsi par le général Deligny :

« Le blocus de l'armée se resserrait de plus en plus, non que l'ennemi avançât sur elle en gagnant du terrain, mais parce qu'il augmentait incessamment le nombre des batteries qu'il élevait sur la circonférence d'investissement. L'isolement se faisait de plus en plus, et les rares nouvelles de l'extérieur ne pénétraient dans l'enceinte des camps que travesties, soit que les Prussiens s'appliquassent à les raréfier ou à les défigurer, soit que le commandement crût utile à ses desseins d'empêcher la voix du pays d'être entendue.

« Le régime débilitant, physiquement et moralement, auquel l'armée se trouvait astreinte, semblait avoir été combiné de manière à produire, à point nommé, les hallucinations de la peur et la soumission inerte ; on l'eût dit appliqué méthodiquement, patiemment, avec une inexorable logique. De fait, par une singulière coïncidence, l'affaissement des forces physiques concorda toujours avec un tableau plus ou moins fantaisiste des forces et des progrès de l'ennemi, et ce tableau, destiné à être mis sous les yeux des troupes, était d'autant plus sombre que le temps était plus mauvais.

« Depuis le milieu de septembre, il s'était fait quelques petites sorties ; la fin du mois avait été signalée par une opération relativement plus importante par le chiffre des forces engagées et l'étendue du terrain parcouru. Dans une même journée, toute la zone comprise entre le chemin de fer de Sarrebruck, depuis la gare de Peltre jusqu'au château de Colombey, avait été envahie par nos troupes ; sur tous les points l'ennemi avait été bousculé, battu et malmené ; on lui avait fait plusieurs centaines de prisonniers, on avait ramené quelques bœufs et quelques charretées de paille. Si le commandement s'était proposé, en cette occasion, de démontrer pratiquement aux troupes qu'elles n'étaient plus en état de se mesurer avec l'ennemi, et qu'elles n'avaient plus qu'à se résigner à leur sort et à courber la tête, il manqua son but, car elles prouvèrent que leur énergie n'était point éteinte. Elles s'étaient emparées, au pas de course, des positions stratégiques de la rive droite de la Moselle, de celles dont nous avons précédemment représenté l'occupation comme essentielle aux manœuvres de l'armée repliée sous Metz. Mais ce devait être le dernier effort des troupes campées sur la rive droite de la Moselle ; le 2e et le 3e corps n'auront plus désormais qu'à se garder et à attendre.

« Dans les premiers jours d'octobre, ce fut autour des corps campés sur la rive gauche de donner des preuves de leur vitalité. On feignit de vouloir s'ouvrir la route de Thionville par une préparation qui s'accusait par de petits engagements. Le premier obstacle à vaincre était la position de Ladonchamps, château retranché, à la possession duquel l'ennemi semblait attacher une certaine importance ; il lui fut enlevé au point du jour pour ne plus être abandonné, quelques efforts qu'il ait faits pour le reprendre. Sur la droite, vers la Moselle, l'ennemi fut également chassé des Maxes, villages importants, renfermant des approvisionnements de fourrages ; nous ne nous y maintînmes pas, leur occupation n'étant d'aucune utilité. Enfin, le 7 octobre, un mouvement d'ensemble eut lieu dans la même direction. Des troupes du 4e et du 6e corps attaquèrent les collines qui courent sur la gauche et parallèlement à la route de Thionville, et la division de voltigeurs de la garde s'avança sur la droite de cette même route, en y appuyant sa gauche. La limite extrême que devaient atteindre les troupes dans ce mouvement offensif ayant été prescrite par le commandant en chef, les généraux n'eurent à demander aux troupes que des efforts proportionnés au but à atteindre. Généralement, on avait perdu le goût de ces sortes d'opérations qui n'amenaient à rien qu'à des pertes d'hommes. Les troupes du 4e et du 6e corps se conformèrent au programme et chassèrent l'ennemi des bois avoisinant la route. Quant à la division de voltigeurs de la garde, déployée à sa sortie des tranchées, elle se trouvait avoir, à deux kilomètres en avant de son front, les villages des Maxes, de Saint-Rémy, des Grandes et Petites Tapes, tous plus ou moins occupés par l'ennemi. Les voltigeurs se portèrent résolûment en avant, ne se laissèrent point arrêter par la violence des feux de mousqueterie et d'artillerie dirigés sur eux, et ils enlevèrent successivement à la baïonnette ces différents villages dans lesquels ils firent 800 prisonniers. Ils s'y maintinrent jusqu'à la nuit sous les feux convergents de plus de quarante canons, la plupart d'un gros calibre ; s'ils se retirèrent, c'est parce que l'heure de rentrer au camp était venue.

« Cette opération fut la dernière de la campagne. Les troupes de l'armée du Rhin ne franchiront plus désormais en armes les limites de leurs camps respectifs. Elles sont ensevelies vivantes et bien vivantes. Leur agonie date de cette époque. »

Ce ne sera pas un des moindres reproches que l'histoire fera à Bazaine que celui d'avoir porté à dessein le découragement parmi ses troupes, afin de les préparer à la capitulation à laquelle il voulait les amener. Le 15 octobre une note officielle énumérait avec complaisance les forces de l'armée d'investissement ; « les corps prussiens, y disait-on, étaient placés sur trois lignes, et derrière cette triple chaîne se trouvaient de nombreux régiments de landwehr organisés en divisions ; des renforts considérables venaient d'arriver de l'intérieur de la Prusse, et l'état sanitaire de nos ennemis était excellent. » Ce dernier renseignement était complétement faux ; le typhus faisait au contraire de grands ravages dans l'armée prussienne ; près de 500 hommes en étaient atteints chaque jour, et si l'armée de Metz eût pu tenir plus longtemps le blocus eût coûté des milliers de vies aux Allemands. Même inexactitude dans la description des obstacles qu'il eût fallu vaincre pour s'ouvrir un passage. Sur une carte d'état-major montrée à tous les officiers étaient marquées de formidables batteries qui n'existaient pas, et qui étaient formées d'avant-trains de charrues sur lesquels les Allemands avaient mis des tuyaux de poêle.

Bazaine, ayant renoncé à toute idée de sortie, caressait dans sa pensée l'espoir d'une négociation directe avec Bismark. L'occasion qu'il cherchait vint s'offrir d'elle-même, et c'est ici que se place le singulier incident de l'aventurier Régnier, qu'on croirait inventé à plaisir si les documents les plus authentiques n'étaient là pour en attester la réalité. Cet homme ou plutôt ce fou, car c'est là sa seule excuse, sans quoi il n'y aurait pas assez de mépris pour un pareil misérable, se met dans la tête qu'il est destiné à devenir l'intermédiaire entre le gouvernement impérial et le prince de Bismark, qu'il doit rendre à la France la paix et l'Empire en même temps. Le voilà aussitôt parti pour Hastings, où l'Impératrice résidait; rebuté deux fois par elle, il ne se décourage pas pour cela, et a recours au précepteur du Prince Impérial. A force d'obsessions, il obtient la signature du jeune prince derrière trois photographies représentant des vues d'Hastings, pour lui servir de lettre d'introduction auprès de l'Empereur. Muni de ce document, il part pour Versailles et se fait annoncer à Bismark comme plénipotentiaire de l'Impératrice. Le chancelier de la Confédération, qui avait plusieurs fois essayé de nouer des pourparlers soit avec l'Empereur, soit avec l'Impératrice, est ravi de joie et croit tenir le moyen d'entamer une nouvelle intrigue. Il avait fallu dix jours de négociations et l'intervention de toute l'Europe pour que Jules Favre pût être reçu par M. de Bismark, l'aventurier Régnier n'a qu'à paraître et il obtient aussitôt audience; ce seul fait suffit à caractériser la manière d'agir du diplomate prussien. Régnier propose à M. de Bismark de se rendre à Metz et à Strasbourg, d'amener les commandants de ces places à capituler au nom de l'Empereur, et de convoquer dans une ville désignée d'avance le Sénat, le Corps législatif, le conseil d'Etat, pour traiter de la paix. Le chancelier vit tout de suite à quel genre d'homme il avait affaire ; c'était un instrument trop précieux à ses desseins pour le laisser échapper, il l'encouragea et lui donna un laisser-passer pour Metz. Grande fut la joie de Bazaine en se voyant devancé dans ses désirs ; mais il ne voulut traiter que pour l'armée, laissant la ville de Metz en dehors de la négociation. Refus de M. de Bismark; nouveau voyage de Régnier de Ferrières à Metz. Cette fois il apporte l'autorisation à Bourbaki de se rendre à Hastings pour s'entendre avec l'Impératrice. Le brave général part aussitôt, mais sur la route tout concourt à exciter sa défiance, à commencer par la facilité avec laquelle il peut traverser les lignes prussiennes sous son déguisement de médecin des ambulances. Arrivé à Hastings, il est détrompé par l'exclamation de l'Impératrice qui lui demande si Metz est rendu, et qui le détrompe sur la prétendue mission de Régnier. Bourbaki, au désespoir, se hâte de retourner à Metz pour partager le sort de ses compagnons ; mais le prince Frédéric-Charles refuse de lui laisser traverser les lignes, et le commandant de la garde nationale va offrir son épée au gouvernement de la défense nationale qui l'accepte avec joie. Pendant ce temps la mission de Régnier était terminée ; M. de Bismark en avait tiré ce qu'il voulait, il avait su par lui les dispositions de Bazaine et l'état de la place ; n'en ayant plus besoin, il lui tourna le dos, et quelques jours après, dans un document officiel, il le traita de farceur.

Cependant la position devenait chaque jour plus critique ; le 8 octobre il y avait à Metz 19,000 malades, tant dans les hôpitaux que dans les maisons particulières ; on manquait pour eux d'effets de campements, de literie, de remèdes et de médecins. La mortalité des chevaux augmentait dans une proportion

considérable ; ceux qui ne mouraient pas de faim ou qui n'étaient pas abattus pour servir de nourriture perdaient leurs forces ; les soldats eux-mêmes étaient exténués par les privations physiques ou le désespoir. Bazaine rassembla les chefs de corps, leur fit part de la situation et envoya le général Boyer à Versailles essayer de traiter avec M. de Bismark. Celui-ci fit pour l'envoyé de Bazaine comme il avait fait pour le fou Régnier ; il était de sa politique d'endormir le général en chef de l'armée du Rhin, de lui laisser épuiser ses provisions en le berçant d'espérances chimériques, pour l'empêcher de faire une sortie qui eût toujours coûté du monde à l'armée allemande, et puis, le jour suprême venu, de laisser l'élément militaire faire son œuvre impitoyable et réduire en captivité cette armée trompée par de belles promesses. Le général Boyer demanda à M. de Bismark que l'armée de Metz pût se retirer avec armes et bagages dans le midi de la France, sous la condition de ne pas servir contre la Prusse pendant la durée de la présente guerre. « Qui me garantira un semblable traité? demanda le chancelier. A qui obéit le maréchal Bazaine ? est-ce au gouvernement de la défense nationale, ou à celui de l'Empereur, le seul que les Allemands reconnaissent? Si l'Impératrice, ajouta-t-il, voulait traiter avec nous, accepter nos conditions, se mettre à la tête de l'armée de Bazaine qui serait l'armée de l'ordre, et faire reconnaître son autorité par tout le pays, alors on pourrait s'entendre. » Ces idées étaient en partie celles de Bazaine, qui, dans le secret de sa pensée, avait pu espérer mieux encore, mais elles lui offraient un assez bel avenir et la perspective d'une régence. Mais chez M. de Bismark elles ne pouvaient être sérieuses ; pouvait-il croire que Bazaine aurait une influence assez grande sur ses troupes pour les décider, une fois sorties de Metz, à engager en France une guerre civile au lieu de se mettre à la disposition du gouvernement de la défense nationale? Pouvait-il se fier entièrement à la déclaration de l'impératrice Eugénie? Assurément non, et s'il agit ainsi, ce fut uniquement pour gagner du temps et pour entretenir Bazaine dans une confiance trompeuse. Le général Boyer s'en alla trouver l'Impératrice et lui fit part de ce plan; celle-ci réfléchit deux jours et finit par refuser : d'un côté elle n'avait pas assez de confiance en Bazaine ; de l'autre elle ne voulait pas, dans l'intérêt de sa dynastie, mettre son nom au bas d'un traité qui mutilait la France. Le 23 octobre, le général Boyer fit savoir au roi Guillaume que ses négociations avaient été sans résultat; le surlendemain, l'état-major allemand, n'ayant plus besoin d'égards et de précautions inutiles, fit savoir rudement à l'armée du Rhin qu'il fallait capituler sans conditions et se remettre prisonnière. Tant de lâchetés, tant d'intrigues n'avaient servi de rien à Bazaine, il aboutissait à une catastrophe cent fois plus humiliante que celle de Sedan, car là du moins on avait lutté jusqu'à la dernière heure.

Le jour fatal était venu, et l'inéluctable nécessité pesait sur tous comme un manteau de plomb. Pour tenter une dernière chance de salut, on envoya le général Changarnier demander au prince Charles que l'armée pût se retirer en Algérie. Le commandant allemand eut tous les égards pour le vieux guerrier, mais ne lui accorda rien ; et comme celui-ci parlait d'une tentative désespérée de l'armée, Frédéric-Charles lui détailla la situation vraie de l'armée française, qu'il connaissait mieux que la plupart des généraux de cette armée. Il fallut se résigner à discuter les articles de la capitulation, et les incidents qui se passèrent alors terminèrent dignement ce siège inouï dans les fastes militaires. A Strasbourg, tombé un mois auparavant, à Sedan, dans le fort de la bataille, on avait brisé les armes, jeté les poudres, encloué les canons, pour que rien ne tombât aux mains de l'ennemi; Bazaine livra tout, armes, chevaux, fourgons, pour plus de cent millions de matériel qui allait servir contre la France, et cela pour qu'il lui fût permis d'emmener ses bagages, de sauver *ses économies*, comme le général Bisson le lui cracha à la face. Ce mot n'était point une métaphore, le principal souci du maréchal, en présence de cet immense désastre, fut de demander au Trésor et aux fonds secrets des apurements de compte dont l'irrégularité s'efface devant l'étrangeté des réclamations. Comme témoignage d'estime pour cette armée immobilisée par un chef coupable, mais qui s'était admirablement battue à Gravelotte et à Saint-Privat, la capitulation lui accordait les honneurs de la guerre; Bazaine les refusa, car il lui aurait fallu assister au défilé de son armée, et il craignait l'attitude de ceux qu'il venait de trahir ainsi. Ce qui acheva de remplir l'armée d'une juste indignation, ce fut le subterfuge dont on usa pour lui enlever ses aigles; on ordonna à chaque régiment de les déposer à l'arsenal, où soi-disant elles devaient être brûlées, mais c'était en réalité pour les livrer aux Prussiens. Quelques-uns, plus avisés, les confièrent eux-mêmes aux flammes, les autres eurent la douleur de les voir entre les mains des ennemis. L'autorisation de partir avant le reste de l'armée fut durement refusée à celui qui avait tant fait pour les Prussiens; quand il partit, les gendarmes allemands durent protéger sa voiture contre les pierres et les huées dont le poursuivirent les habitants de Metz qu'il avait trompés durant deux mois.

« Capitulation sans nom! dit M. Mézières; capitulation unique dans l'histoire, qui livrait du même coup à la Prusse, 3 maréchaux de France, 50 généraux, 6,000 officiers, plus de 160,000 hommes, c'est-à-dire plus de monde qu'il n'en fallut à Napoléon pour tenir tête à toute l'Europe dans la campagne de France; 57 drapeaux, 750 pièces de siége, 400 canons, 100 mitrailleuses, 6 forts avec tout leur matériel et leurs immenses approvisionnements de guerre, une place de premier ordre jusque-là invincible, habitée par une population énergique, dont les remparts n'avaient pas même été effleurés par l'ennemi, qui eût résisté comme Strasbourg si elle eût été attaquée, mais à qui le sort ne permettait pas d'essayer la force de ses murailles et le courage de ses défenseurs ; notre grande école d'application d'artillerie et de génie, ces magnifiques établissements, cet immense polygone où l'on enseignait à l'élite de nos officiers l'art de la guerre, où on avait préparé tout ce qui devait servir à la lutte contre l'Allemagne, et que gardent maintenant les sentinelles prussiennes ! Qu'on n'invoque pas après cela, comme le fait le maréchal Bazaine dans sa proclamation, des souvenirs tirés de notre histoire militaire ; qu'on ne prononce pas le nom de Kléber, de Masséna, de Gouvion-Saint-Cyr ! Qu'on n'atténue pas ainsi la grandeur de notre désastre, comme s'il s'agissait encore une fois de nous tromper nous-mêmes et de nous persuader qu'on trouverait dans notre passé des malheurs comparables à ceux que nous subissons ! Non, il est nécessaire de le redire pour que nous sachions bien où nous sommes tombés, et ce qu'il nous faut de courage afin de nous relever de ces défaillances : on n'a jamais vu à aucune époque, avant le second Empire, deux grandes armées capituler l'une après l'autre sur notre territoire, des centaines de mille hommes déposer leurs armes pour sauver leur vie, et défiler devant le vainqueur, non pas loin de la France, à quelques centaines de lieues de leur pays, au milieu de populations étrangères, mais chez nous, sur notre sol, derrière les remparts de nos forteresses ! L'Allemagne seule vient de nous faire en trois mois plus de prisonniers dans l'intérieur de notre pays que toute l'Europe ne nous en a fait pendant vingt ans de combats hors de nos frontières. Kléber, bloqué en Egypte par la flotte anglaise, ne pouvant ni recevoir de France un seul renfort, ni traverser la mer pour échapper à l'ennemi, rompit cependant la convention d'El-Arich, lorsqu'il apprit que les Anglais, au lieu de transporter l'armée française à Toulon avec les honneurs de la guerre, comme il le demandait, exigeaient qu'elle se rendît prisonnière et déposât les armes. « On ne répond à de telles insolences que par la victoire, » dit-il fièrement, et avec ses 12,000 hommes il reprit la lutte contre 80,000 combattants soutenus par une population fanatique. Masséna, enfermé dans Gênes avec 15,000 soldats, cerné du côté de la terre par 40,000 impériaux, du côté de la mer par les Anglais, condamné à capituler, faute de vivres, au milieu d'un peuple soulevé et mourant de faim, sauva du moins son artillerie et ses bagages, et obtint que les 8,500 hommes qui composaient les débris de sa garnison sortiraient en armes par la route de la Corniche pour rentrer librement en France. Gouvion-Saint-Cyr, qui, après le désastre de Leipzig, se trouva coupé de l'armée française avec 30,000 hommes, ne se justifia jamais complétement du reproche de mollesse et d'indécision lorsqu'il mit bas les armes devant 80,000 ennemis, quoique la route de France lui fût fermée, et qu'il ne lui restât aucun espoir de se frayer un passage à travers toute l'Allemagne. Encore n'avait-il capitulé que sur les pressantes instances des habitants, pour préserver la ville des horreurs du typhus, à la condition expresse d'ailleurs que ses soldats rentreraient en France par journées d'étapes, et demeureraient libres, après échange, de reprendre du service dans l'armée française. Si, par ordre de l'empereur Alexandre, la garnison de Dresde demeura prisonnière de guerre, ce fait fut toujours considéré comme une violation formelle d'un engagement écrit, et justement reproché aux vainqueurs. »

Non-seulement la capitulation de Metz livrait à l'ennemi notre place la plus forte, notre plus belle armée ; mais, chose plus grave, elle rendait libres 200,000 Allemands qui allaient fondre sur l'armée de la Loire déjà victorieuse, et arrêter sa marche sur Paris, qu'elle aurait infailliblement débloqué, aujourd'hui la chose est à peu près avérée. La veille de la capitulation, le chef de l'intendance était venu trouver Bazaine et lui avait dit qu'on pouvait tenir encore huit jours, en réunissant toutes les ressources de la ville. — « Eh ! que m'importe, lors même que vous pourriez encore en tenir quinze ; l'important, c'est d'en finir le plus tôt possible... » Bazaine tenant quinze jours de plus, c'était le sort de la France changé, et la paix signée à des conditions plus acceptables. Aussi l'histoire demandera un compte terrible à cet homme, condamné par tous ceux qui ont été avec lui au siége de Metz, et qui a été le mauvais génie de notre pays.

Le lendemain de la capitulation de Metz, la délégation du gouvernement siégeant à Tours lança la proclamation suivante :

« Français,

« Elevez vos âmes et vos résolutions à la hauteur des ef-
« froyables périls qui fondent sur la patrie.

« Il dépend encore de nous de lasser la mauvaise fortune et
« de montrer à l'univers ce que c'est qu'un grand peuple qui
« ne veut pas périr, et dont le courage s'exalte au sein même
« des catastrophes.

« Metz a capitulé.

« Un général sur qui la France comptait, même après le
« Mexique, vient d'enlever à la patrie en danger plus de cent
« mille de ses défenseurs.

« Le maréchal Bazaine a trahi.

« Il s'est fait l'agent de l'homme de Sedan, le complice de

« l'envahisseur, et au mépris de l'armée dont il avait la garde,
« il a livré, sans même essayer un suprême effort, cent vingt
« mille combattants, vingt mille blessés, ses fusils, ses canons,
« ses drapeaux, et la plus forte citadelle de la France, Metz,
« vierge, jusqu'à lui, des souillures de l'étranger.

« Un tel crime est au-dessus même des châtiments de la
« justice.

« Et maintenant, Français, mesurez la profondeur de l'a-
« bîme où vous a précipités l'Empire. Vingt ans la France a
« subi ce pouvoir corrupteur qui tarissait en elle toutes les
« sources de la grandeur et de la vie. L'armée de la France,
« dépouillée de son caractère national, devenue sans le savoir
« un instrument de règne et de servitude, est engloutie, mal-
« gré l'héroïsme des soldats, par la trahison des chefs, dans
« les désastres de la patrie. En moins de deux mois, deux cent
« vingt-cinq mille hommes ont été livrés à l'ennemi : sinistre
« épilogue du coup de main militaire de décembre.

« Il est temps de nous ressaisir, citoyens, et, sous l'égide de
« la République, que nous sommes décidés à ne laisser capi-
« tuler ni au dedans ni au dehors, de puiser, dans l'extrémité
« même de nos malheurs, le rajeunissement de notre moralité
« et de notre virilité politique et sociale. Oui, quelle que soit
« l'étendue du désastre, il ne nous trouve ni consternés ni
« hésitants.

« Nous sommes prêts aux derniers sacrifices, et, en face
« d'ennemis que tout favorise, nous jurons de ne jamais nous
« rendre. Tant qu'il restera un pouce du sol sacré sous nos
« semelles, nous tiendrons ferme le glorieux drapeau de la Ré-
« volution française.

« Notre cause est celle de la justice et du droit : l'Europe le
« voit, l'Europe le sent ; devant tant de malheurs immérités,
« spontanément, sans avoir reçu de nous ni invitation ni adhé-

Le général Uhrich.

« sion, elle s'est émue, elle s'agite. Pas d'illusions ! ne nous
« laissons ni alanguir ni énerver, et prouvons par des actes
« que nous voulons, que nous pouvons tenir de nous-mêmes
« l'honneur, l'indépendance, l'intégrité, tout ce qui fait la
« patrie libre et fière.

« Vive la France ! Vive la République une et indivisible !

« *Les membres du gouvernement,*

« A. Crémieux, Glais-Bizoin, Léon Gambetta. »

On a reproché à cette proclamation d'être emphatique et de se prononcer trop précipitamment sur Bazaine. Il faut tenir compte de l'état de stupeur dans lequel la capitulation de Metz jeta la France ; un langage plus réservé n'eût pas réussi à remettre les esprits et à leur rendre la confiance.

Un mois avant Metz, Strasbourg avait capitulé, mais après une résistance autrement héroïque : Uhrich et Bazaine ! deux noms que retiendra l'histoire, l'un pour le couvrir de gloire, l'autre pour le vouer à l'infamie. L'un était un officier bien ordinaire, un vieux général qu'on n'avait pas cru devoir utiliser autrement qu'en le mettant à la tête d'une place forte, alors que l'on pensait que ce serait une sinécure ; l'autre, un officier supérieur, un maréchal de France instruit et intelligent : eh bien ! le simple devoir militaire accompli dans toute sa rigueur a fait un héros d'Uhrich, qui s'est montré médiocre général, mais qui n'a pas bronché d'une ligne dans la voie de l'honneur et du devoir, tandis que la prétendue habileté du chef de l'armée du Rhin n'a abouti qu'à flétrir sa mémoire.

« Strasbourg, dit un des défenseurs de cette ville, le baron du Casse, est une place de premier ordre et de première ligne, située dans la vallée du Rhin et de l'Ill, coupée par cette dernière rivière, qui la traverse du sud-ouest au nord-est dans sa plus grande largeur. Elle est assise au milieu d'une plaine fertile, à un kilomètre du Rhin et de Kelh, et n'est dominée de nulle part de près. Elle a la forme d'un triangle quasi isocèle dont la base est le front nord, choisi par les Prussiens pour la principale attaque, et dont le sommet, à l'est, du côté du Rhin, est occupé par une citadelle présentant l'aspect d'un pentagone bastionné très-régulier. Sur les deux fronts coupés par l'Ill, une inondation est facile à tendre, et tous les fossés des ouvrages même avancés sont pleins d'eau. Le front nord, comme les deux autres, est un système bastionné très-fort, avec lunettes et ouvrages avancés non fermés à la gorge, et communiquant par des doubles caponnières avec les ouvrages du corps de place. Aux deux extrémités de ce front s'élèvent deux forts : celui des Pierres au nord, celui appelé Blanche au sud. Une rue militaire court au pied des remparts. Sur ce front d'attaque on trouve, en marchant du nord au sud, les portes : des Pierres, qui donne accès à la grande route de Lauterbourg ; de Saverne, par où passe la route de ce nom ; celle dite Blanche, au centre à peu près de la ligne, mais un peu plus rapprochée du nord ; le chemin de fer de Paris coupe les ouvrages et vient aboutir dans l'intérieur même de la ville, à un débarcadère situé à quelques centaines de mètres de la cathédrale. Une autre voie ferrée, celle de Bâle à Strasbourg, vient couper la première et se bifurque à un kilomètre au sud de la porte Blanche, pour suivre une ligne dirigée de l'ouest à l'est sur Kehl et le grand-duché de Bade. Elle n'entre pas dans la place. Le front nord a un développement de 12,000 mètres en ligne droite. »

Strasbourg, cette clef de la France, comme l'appela si justement M. de Bismark, n'avait pas plus que les autres places fortes été mis en défense par le gouvernement impérial. L'idée n'était pas même venue que nous pussions avoir des revers et que l'ennemi pût assiéger cette ville. Quand l'histoire racontera aux générations futures ces miracles d'ineptie et d'imprévoyance, on refusera de la croire. Cette imprévoyance était d'autant plus grande que, l'Allemagne ayant commencé la guerre avec l'intention bien arrêtée de s'annexer l'Alsace et la Lorraine, la possession de Strasbourg devint son premier objectif. Le maréchal Mac-Mahon ayant été obligé d'y prendre tout ce qui se trouvait d'hommes et d'artillerie pour livrer la bataille de Reischoffen, la ville se trouva presque dépourvue lorsqu'au lendemain de cette défaite les ennemis arrivèrent sous ses murs. Heureusement 3,000 fugitifs vinrent renforcer sa garnison qui, en y comprenant les pompiers, les gardes nationaux et les gardes mobiles, s'éleva à 15,000 hommes. Le recensement des ressources de la place donna les chiffres suivants : du pain pour 180 jours et des vivres pour 60. En conséquence, il fut décidé que les sommations de l'ennemi seraient repoussées et que l'on se défendrait. Le 8 août, on vit un crieur parcourant les rues et annonçant à tous que le dernier train pour Mulhouse et Paris allait partir. On aurait bien voulu faire évacuer la ville par les femmes, les enfants, les vieillards, mais le temps manquait. D'ailleurs, tout le monde était persuadé que la ville serait bientôt secourue par un retour offensif de nos troupes, puis on se résignait à quelques privations, car il ne venait à l'esprit de personne que la population civile fût en danger, et que la ville pût être menacée par des troupes composées de Badois, des voisins, presque des amis. On ne tarda pas à être détrompé.

Le 15 août, pendant que la population sortait de la cathédrale et se répandait au dehors, un obus tombe soudain au milieu de la ville, et est suivi de beaucoup d'autres qui blessent plusieurs personnes : c'était le bombardement qui commençait, sans dénonciation préalable, bombardement dirigé sur le centre de la ville et non sur les ouvrages militaires. Les Allemands avaient trouvé spirituel d'essayer leurs batteries, et d'envoyer des obus aux Strasbourgeois en guise de feu d'artifice pour célébrer la fête de l'empereur. Ce n'était que le prélude du drame épouvantable qui allait se jouer. Le général Beyer venait d'être remplacé par Werder. Il faut en finir et vivement, lui avait-on dit, il importe de ne pas immobiliser trop longtemps des troupes qui peuvent être utiles ailleurs. Le général obéit avec la docilité et l'insouciance du bourreau. A toutes les réclamations du général Uhrich, Werder répondit par des

CHAPITRE VI. 309

sommations de se rendre, et par la continuation du bombardement. Par représailles, et comme il en avait fait la menace, le commandant français envoya des obus sur la petite ville prussienne de Kehl, qu'il réduisit en cendres. Bientôt toutes les batteries ennemies se trouvèrent en position, et alors se passa une chose qui n'a pas de précédents dans l'histoire des hommes civilisés. Des milliers d'obus s'abattirent sur le centre de la ville, sur la population inoffensive, tandis que les ouvrages militaires n'en recevaient pas. Rien ne fut épargné par ces barbares : l'hôpital, sur lequel on avait hissé trois drapeaux d'ambulance à une grande hauteur, fut couvert de projectiles ; on vit les malades sortir de leur lit, affolés, les amputés se rouler dans les escaliers pour échapper à une mort certaine. La cathédrale, ce chef-d'œuvre de l'art gothique, dont la renommée est universelle, leur servit d'objectif. Cent vingt et un coups furent tirés contre la croix, qui fut enfin abattue ; des milliers d'autres vinrent frapper l'édifice lui-même, détruisant les statuettes, les sculptures, la merveilleuse rosace du centre, l'horloge astronomique, l'orgue hydraulique et le maître-autel. Une perte plus grande encore fut celle de la bibliothèque, qui contenait des richesses incalculables en livres et en manuscrits qu'on ne retrouvera plus. Lorsqu'on vit le feu y éclater, on accourut pour l'éteindre, mais l'infernale adresse des Prussiens sut y mettre obstacle : dès qu'ils voyaient un incendie se déclarer, ils dirigeaient aussitôt tous leurs projectiles sur le point en feu afin d'écarter ceux qui auraient pu porter secours.

C'est dans la terrible nuit du 23 au 24 que ces atrocités eurent lieu ; le bombardement se continua les jours suivants avec la même intensité. Chaque soir, la population civile, dans les rangs de laquelle il y avait à chaque instant des victimes, descendait dans les caves ; chaque matin elle remontait, les yeux cernés par l'insomnie et le désespoir, regarder avec anxiété les dévastations produites dans la nuit qui venait de s'écouler. Devant ces actes de barbarie insensée, le général Uhrich avait envoyé demander à Werder de laisser sortir les femmes et les enfants : « Non pas, répondit le sauvage avec un sourire sardonique ; ce sont des éléments qu'il est bon de laisser dans une ville assiégée. » L'évêque de la ville, revêtu de ses ornements sacerdotaux, se présenta à cette bête féroce qui lui répondit avec la même ironie et le renvoya à ses sermons. Quand Attila ravageait la France, il s'arrêta avec toute son armée devant l'intercession de saint Loup et respecta la ville de Troyes; mais les Allemands sont moins civilisés que les Huns. Et le bombardement recommença de plus belle. Un jour ce fut l'arsenal qui sauta, privant la ville d'une partie de ses moyens de défense ; le lendemain, un obus monstrueux défonça les murs d'un pensionnat : six jeunes filles furent tuées et huit autres blessées par les éclats du projectile. L'Europe assistait indifférente à ce spectacle. De toutes les puissances, une seule, la Suisse, s'émut de ces atrocités. Elle intervint diplomatiquement, offrit un asile et des secours aux victimes de cet acharnement sauvage. Werder ne put refuser entièrement, il laissa partir 15,000 personnes, puis continua son œuvre de destruction.

Rien ne découragea l'héroïque population de Strasbourg, et personne ne chercha à fuir son devoir. Quand arriva la nouvelle de la chute de l'Empire, Uhrich adressa à la population une proclamation où on lisait : « Habitants de Strasbourg, la
« République a été proclamée à Paris, un gouvernement de la
« défense s'est constitué. En tête de son programme il a mis
« l'expulsion de l'étranger du sol français. Nous nous rallie-
« rons à lui, nous, chargés de la défense de Strasbourg et de
« conserver cette noble cité à la France. » Voilà comment

parle un militaire qui a le sentiment de l'honneur et un citoyen qui a l'amour de son pays.

Cependant les ennemis continuaient à approcher et les moyens de défense de la place diminuaient. Voyant que le bombardement, loin d'ébranler la population, lui donnait au contraire plus d'énergie pour résister, Werder comprit qu'il ne pourrait avoir la ville que de vive force, et les travaux de siége furent poussés parallèlement avec le bombardement qui continuait toutes les nuits. Les Allemands étaient plus de 90,000 autour de Strasbourg, qui n'a pas de forts détachés ; pour activer davantage les travaux, ils avaient réquisitionné les habitants des environs, et, à force de menaces et de coups de bâton, contraint des Français à agir contre des Français, ils les mettaient même en première ligne afin que les canons de la forteresse n'osassent pas tirer contre eux. Le 23, cinq jours avant la reddition, au duc de Bade qui l'invitait à se rendre en faisant hypocritement appel à l'humanité, le général Uhrich répondait :

« C'est un bien grand honneur que m'a fait Votre Altesse royale en m'écrivant cette lettre si noble, si sage, si pleine de philanthropie, que je viens de recevoir, et qui restera dans ma famille comme un titre de gloire.

« Croyez qu'il me serait bien doux de pouvoir suivre vos conseils, et de faire cesser les souffrances de la population résignée et fière de Strasbourg ; croyez qu'il m'en coûte beaucoup de résister à tout ce que vous me dites ; nul plus que moi, monseigneur, n'est douloureusement impressionné par l'aspect des ruines qui m'environnent, par le spectacle de ces hommes inoffensifs, de ces femmes et de ces pauvres petits enfants qui tous sont frappés par les boulets et la mitraille.

« Mais, à côté de ces sentiments qu'il me faut comprimer, se place le devoir du soldat et du citoyen. Je sais que ma malheureuse patrie est dans une situation critique que je ne veux pas chercher à nier ; je sais qu'elle n'a pas encore un gouvernement définitif, mais permettez-moi de le dire à Votre Altesse royale, plus la France est malheureuse, plus elle a droit aux preuves d'amour et de dévouement de ses enfants. Et daigne Votre Altesse royale croire à tout le regret que j'éprouve de me voir forcé de résister à mon penchant personnel et aux avis si remplis d'humanité qu'elle me fait l'honneur de me donner. Qu'elle daigne croire que je n'ai pas la prétention de faire parler de moi, mais que je suis tout simplement un soldat qui obéit aux lois militaires de son pays. »

Le *Moniteur prussien* a énuméré les projectiles que les sujets du grand-duc de Bade ont fait pleuvoir sur cette ville, pour laquelle il témoignait tant de commisération :

« L'artillerie prussienne avait mis en batterie huit sortes de pièces d'artillerie ; l'artillerie badoise en avait mis quatre. 241 pièces en tout ont été employées au bombardement de Strasbourg : 30 pièces longues rayées de 24 ; 12 pièces courtes rayées de 24 ; 64 pièces rayées de 12 ; 20 pièces rayées de 6 ; 2 mortiers rayés mesurant 21 centimètres ; 19 mortiers de 50 ; 20 mortiers de 25 ; 30 mortiers lisses de 30. Pour le bombardement de la citadelle, les Badois employaient 4 mortiers de 25 ; 8 mortiers de 60 ; 16 pièces rayées de 12 ; 15 pièces rayées de 24.

« Ces 241 bouches à feu ont lancé en tout 193,722 projectiles, dont 162,000 par l'artillerie prussienne, qui avait 197 pièces, et 31,122 par l'artillerie badoise, qui avait 44 pièces. 28,000 obus ont été lancés par les longues pièces de 24 ; 45,000 par les pièces courtes de 24 ; 8,000 par les pièces de 6 ; 5,000 shrapnell (obus à balles) par les pièces rayées de 24 ; 11,000 shrapnell par les pièces rayées de 12 ; 4,000 shrapnell par les pièces rayées de 6 ; 3,000 obus longs par les pièces de

CHAPITRE VI.

Cathédrale de Reims.

15 centimètres; 600 obus longs par les mortiers de 21 centimètres; 15,000 bombes de 50 livres; 20,000 bombes de 25 livres; 23,000 bombes de 7 livres par les mortiers lisses.

« Le poids des projectiles n'est pas désigné d'après la pesanteur du fer dont ils sont formés, mais d'après la pesanteur d'un projectile en pierre du même calibre. Ainsi le poids des bombes, désignées bombes de 7, de 25, de 50 livres, peut atteindre jusqu'à 180 livres. Ainsi des obus et autres projectiles. Le bombardement régulier a duré 31 jours complets ; en établissant une moyenne sur les 193,722 projectiles lancés en ville, cela fait par jour 6,249 projectiles, par heure 269, par minute entre 4 et 5. »

Tous ces projectiles avaient fait leur œuvre. Un jour le général Uhrich constata que deux brèches énormes existaient, par lesquelles l'ennemi pouvait entrer sans peine ; les dix mille hommes qui restaient à la garnison ne pouvaient résister aux 90,000 qui allaient monter sur les remparts. D'autre part, le séjour n'était plus possible pour les habitants ; aucun endroit ne leur présentait un abri assuré contre les obus : une inévitable nécessité s'imposait. Un parlementaire fut envoyé à Werder, et la garnison dut subir les mêmes conditions que l'armée à Sedan, c'est-à-dire se rendre prisonnière de guerre. Le général Uhrich put se retirer libre sous promesse de ne plus servir contre la Prusse ; mais ses intrépides soldats, qui avaient poussé le patriotisme jusqu'au bout et détruit armes et munitions pour ne pas les livrer aux Prussiens, expièrent leur courage par une dure captivité. « En terminant la douloureuse histoire de Strasbourg, dit M. Mézières, on se demande nécessairement à quoi sert au vainqueur une telle victoire, ce qu'il en espère, quels profits matériels en compenseront pour lui le dommage moral. L'Allemagne paie son succès un trop haut prix pour ne pas le regretter un jour. Elle y perd en même temps l'estime du monde civilisé, et, ce qui ne vaut pas moins, sa propre estime. »

Quelques jours avant, la ville de Toul était également obligée de capituler, après une défense non moins courageuse. Cette petite ville fortifiée, qui se trouve sur la route de Strasbourg à Paris, commande la voie ferrée, et sa possession était d'une grande importance pour les Allemands ; des trains avaient essayé de passer plusieurs fois sous le canon de la forteresse, mais les boulets étaient venus aussitôt y porter le désordre et la mort. Aussi, dès le premier jour, les Prussiens firent tout pour s'en emparer. La ville est entourée de hauteurs qui varient d'une distance de 600 à 1,500 mètres ; la construction de forts et d'ouvrages d'art sur ces hauteurs eût rendu la ville presque imprenable ; du moins il n'eût pas été possible de la bombarder, et pour l'emporter il eût fallu un siége en règle et l'effort d'une puissante armée. Mais l'administration avait négligé ces précautions commandées par la plus vulgaire prudence dans une ville frontière. Au lendemain de Wœrth et de Reischoffen on avait eu un moment l'intention de se porter sur la route de Nancy, de s'établir dans la forêt de Haye qui s'étend entre Toul et Nancy, et, dans cette forte position stratégique, de barrer la route aux armées allemandes. Cette opération eût peut-être changé le sort de la campagne et prévenu bien des désastres : dans un discours à l'Assemblée nationale, le général Changarnier en a parlé, en regrettant que la chose n'eût pas été faite. Enfin on aurait pu faire sauter le tunnel de Foug et le pont de Fontenoy, ce qui eût considérablement gêné l'armée ennemie et l'eût obligée à construire un embranchement comme elle l'a fait autour de Metz : les ingénieurs avaient préparé le travail, la poudre de mines était dans les fourneaux, mais il fallait l'ordre de l'Empereur, et l'Empereur, occupé de bien d'autres soins, ne le donna pas. Plusieurs fois dans le courant de cette guerre on vit les résultats déplorables de notre centralisation administrative.

Le 14 août, les Prussiens se présentèrent devant Toul et la sommèrent de se rendre ; sur son refus, des batteries furent hissées sur les hauteurs, et le bombardement commença, tandis qu'une autre partie de l'armée essayait de surprendre la ville.

Mais ni l'un ni l'autre moyen ne réussirent, et l'ennemi fut repoussé avec de nombreuses pertes. Le commandant prussien se croyait si sûr d'emporter la ville, que, le jour de l'attaque, il partit de Nancy pour assister à l'entrée des troupes dans Toul ; il fut obligé de s'en retourner avec quantité de blessés. Le lendemain, son officier d'ordonnance qui devait le rejoindre, ne doutant pas que son général n'y fût, se dirige à bride abattue devant la ville ; le pont-levis se baisse devant lui, il entre et il est fait prisonnier. La garnison ne comptait que 2,500 hommes, dont 200 à peine connaissaient le maniement des armes ; les autres étaient des gardes mobiles et des gardes nationaux : elle n'en tint pas moins jusqu'au 23 septembre. Pendant tout ce temps-là, les Prussiens eurent recours à leur système ordinaire, le blocus, le bombardement et les fausses nouvelles jetées dans la place. De temps à autre, ils envoyaient un parlementaire, qui était toujours repoussé. Voyant qu'ils ne pouvaient s'emparer de la ville sans un siége régulier, ils lui proposèrent de lui garantir la neutralité si elle consentait à laisser passer les convois allemands : après l'avoir bombardée, on voulait la déshonorer. Toul refusa ; elle comprit le service immense qu'elle rendait à la France en empêchant le passage des convois d'artillerie. On offrit également à la garnison de sortir avec armes et bagages et tous les honneurs de la guerre, elle refusa encore. Pour se venger, les Prussiens se livrèrent à une œuvre honteuse de destruction. La cathédrale de Toul est une merveille, sa flèche domine au loin le pays ; l'artillerie s'acharna sur elle. En un jour cinq cents obus l'accablèrent et la mutilèrent indignement. Ces faits-là, qui abondent dans cette triste guerre, sont pour la mémoire des Prussiens comme la tache de sang sur le doigt du meurtrier : toute l'eau de la mer ne saurait l'effacer. La courageuse résistance de Toul irritait l'orgueil allemand autant qu'elle contrariait ses intérêts ; le blocus était mis devant Paris, il importait de faire arriver au plus tôt le matériel de siège. Le roi Guillaume ordonna au duc de Mecklembourg d'enlever la ville à tout prix. Le 23 septembre, les hauteurs qui dominent Toul se couronnèrent de 15,000 hommes et de 113 pièces d'artillerie qui se mirent à lancer une pluie de projectiles et de fusées incendiaires. Au milieu de la journée, la moitié de la ville était brûlée ou détruite ; il fallut capituler pour ne pas causer inutilement sa ruine totale. Jadis, quand une garnison avait fait son devoir, non-seulement on ne la faisait pas prisonnière, mais on lui accordait les honneurs de la guerre. Les Prussiens ont changé tout cela : les glorieux défenseurs de Toul durent aller en Allemagne rejoindre les victimes de Sedan.

La capitulation de Metz eut pour conséquence celle de Verdun. Cette petite ville, située sur nos frontières du nord, est, comme Toul, couronnée de hauteurs. Quand l'Empereur y passa, le 16 août, il s'étonna qu'on n'eût pas construit des fortifications sur ces positions ; n'était-ce pas sa propre critique qu'il faisait, et tout ce qu'il voyait ne le convainquait-il pas davantage qu'il avait eu tort d'engager la guerre sans y être préparé ? Il trouva la ville bien peu garnie de défenseurs, et il n'eut pas même l'idée d'y laisser le régiment de chasseurs d'Afrique qui servait à protéger sa marche. Les Prussiens essayèrent de surprendre Verdun à l'improviste, le 24 août, mais ils furent repoussés avec pertes ; dès ce jour le blocus commença. Le commandant de la ville prit toutes ses précautions contre une nouvelle surprise et contre un assaut : c'était bien peu connaître les Prussiens, qui ne s'exposent pas et se contentent de prendre les places par la famine. C'est ce qu'ils firent à Verdun. Pour neutraliser leurs efforts, les assiégés tentèrent deux sorties heureuses dans lesquelles ils tuèrent beaucoup d'ennemis et enclouèrent leurs canons. En voyant ce qu'a fait une petite ville comme Verdun, dont la garnison consistait surtout en 2,000 soldats échappés au désastre de Sedan et qui étaient entrés dans Verdun sous la blouse du paysan, on se demande comment il peut se faire que Metz et Paris n'aient jamais tenté une seule de ces sorties qui, bien conduites, réussissent presque toujours et font beaucoup de mal à l'ennemi.

Metz tombé, et les troupes qui bloquaient Bazaine devenues disponibles, 15,000 hommes et 140 pièces de siége vinrent se ranger autour de Verdun. Devant ces forces imposantes, le général Guérin de Walsderbach crut devoir capituler, malgré les réclamations de la population qui voulait résister jusqu'au dernier jour. Ce pouvait être une folie, mais c'était celle de l'honneur.

Tous les prisonniers faits, soit dans les batailles, soit à la suite des capitulations (après la capitulation de Metz il y en avait plus de 225,000), étaient dirigés sur l'Allemagne, où de nouvelles et d'indicibles tortures les attendaient.

« Ce n'étaient pas des hommes, dit M. Edouard Fournier, mais du bétail empesté que nos ennemis semblaient emmener chez eux : ils étaient parqués dans des wagons ouverts, exposés à toutes les rigueurs de la saison, comme de véritables bestiaux. Que leur donnait-on en route pour se soutenir contre tant de fatigues? Beaucoup moins que l'indispensable. » « Ils meurent de faim, écrivait un correspondant de la *Gazette de Cologne*, qui les avait vus passer à Nancy ; du reste leur figure le dit assez : les Prussiens les laissent quatre et cinq jours sans manger. Mais, ajoute-t-il, confirmant les détails qui précèdent, ce qu'il y a de plus affreux, c'est de les voir passer dans des wagons de marchandises à découvert, par les froids rigoureux que nous éprouvons.... Et depuis longtemps ces malheureux sont presque tous nus, sans bas, beaucoup même sans chemise. »

Il n'est pas surprenant qu'au bout de pareils voyages, à découvert, sous un froid qui allait jusqu'à 16 degrés, on ait trouvé, dans un seul convoi, sept hommes morts complétement gelés.

« Par la façon dont les Prussiens traitaient les prisonniers blessés, continue M. Fournier, vous jugerez de leur traitement pour ceux qu'ils pouvaient croire bien portants. A Cologne, quelques bottes de paille dans un dortoir ouvert à tous les vents, voilà l'ambulance de ceux qui n'avaient que la fièvre ou le typhus. Je ne vous dirai pas ce qu'il mourut de ces malades : à peine s'il en survécut un sur trente. Chez les autres prisonniers soi-disant valides, la mortalité sévissait d'une façon presque aussi cruelle. Pendant la nuit du 5 au 6 novembre, 138 prisonniers français moururent de froid et de faim dans un seul campement! On les y parquait comme des bêtes fauves, puis on les y faisait voir comme des bêtes curieuses, pour de l'argent! Un jour la *Gazette*, à Minden, où se trouvait un camp de 5 à 6,000 prisonniers, annonça que quiconque voudrait les visiter paierait à la porte 2 silbergroschen. Leur course à travers l'Allemagne n'avait du reste été qu'un prélude à cette exhibition si outrageusement mercenaire, un voyage d'injurieuse curiosité. A chaque station, le train s'arrêtait, on sonnait la cloche, la population d'alentour accourait, et l'on ne se remettait en route que lorsque les plus grossières injures, tolérées, encouragées même par les autorités prussiennes, avaient été largement vomies à la face de nos malheureux soldats. Quelquefois les pierres pleuvaient avec les gros mots. »

Un franc-tireur de Strasbourg, interné à Rastadt, a, lui aussi, résumé ses impressions de la manière suivante :

« Le 28, au matin, ayant reçu de mes officiers l'ordre de me rendre à la porte par où devait défiler la garnison, je n'ai que le temps de m'approprier le sac d'un soldat mort, de briser mon fusil et d'embrasser mes parents, chassé par les Prussiens dont les abominables « hourra ! » arrivaient déjà jusqu'à nous. Ce jour-là, nous avons marché huit heures sans halte et sans nourriture. Après quoi nous fûmes parqués dans des prairies basses, attendant déjà, hélas ! avec l'anxiété de la faim, si le vainqueur se déciderait à nous donner quelques aliments. Vers le milieu de la nuit, nos gardiens nous amenèrent quatre vaches vivantes (nous étions au moins huit mille hommes), et deux voitures de paille destinée à nous servir de litière et de combustible. Nous eûmes donc à abattre ces vaches et à les dépecer comme nous pûmes, puis à cuire leur chair dans le creux de notre main. Quelques privilégiés reçurent un peu de pain noir, mais ce fut le petit nombre. Cette nuit passée sans abri fut glacée.

« La seconde étape fut de quatorze heures sans halte, sans autre nourriture que les quelques pommes que nous jetaient au passage les paysannes françaises. Ces braves femmes étaient tout en larmes, et ne savaient quel témoignage de sympathie nous donner. Il faisait très-chaud, nous mourions de soif; plusieurs nous tendaient des baquets d'eau, mais quand nous voulions nous y arrêter pour nous désaltérer, nous étions aussitôt relancés par d'impitoyables : *vorwaerts* (en avant), accompagnés de coups de crosse et de piqûres de baïonnette. Par bonheur, je pus arracher au bord de la route une rave que je savourai avec délices. Nous passâmes le Rhin vers huit heures du soir. Nous rappelant le bon accueil que nous avions fait aux prisonniers autrichiens, lors de la guerre d'Italie, nous comptions sur un accueil analogue de la part de la population badoise. Nous n'avions pas encore été à même d'apprécier la délicatesse et la générosité germaniques. Sur la rive allemande, une foule de dames venues en grande réjouissance, même de Bade, nous regardèrent défiler, braquant sur nous leurs binocles et riant de tout leur cœur.

CHAPITRE VI. 321

Gambetta.

« Le dernier moment fut le plus pénible ; de vieux soldats répétaient, à côté de nous, qu'ils ne se rappelaient pas avoir jamais fait d'étape aussi terrible. Quant à moi, épuisé de fatigue, de chaleur, de faim, je ne pouvais plus me traîner. Pendant cette journée, plusieurs des nôtres, ne pouvant plus marcher, ont été tués par nos gardiens à coups de baïonnette. La liste nous en a été lue plus tard par le curé chargé de les enterrer.

« ... Nous voici casematés au fort 42, qui passe pour un des plus sains. J'écris assis sur mon sac, pour être plus près de la meurtrière. L'ameublement est des plus simples : on a voulu nous faire conserver la bonne habitude que nous avions dû prendre, pendant le bombardement, de nous passer de lit. Une mauvaise paillasse et une petite couverture de coton composent notre coucher. La nourriture n'est pas plus compliquée. Le matin, semoule à l'eau ; le soir, eau à la semoule : bouillie infecte, dans laquelle on trouve toute espèce de choses, voire même des vers de terre, par les jours de pluie. A midi, orge ou pommes de terre, avec quelques grammes de viande : comme dit un troupier, mon voisin : « Trop pour mourir, mais pas assez pour vivre. »

En présence d'un spectacle aussi triste, on peut conclure avec M. Mézières : « Il faut que les armées françaises le sachent désormais, il faut que le souvenir de la campagne de 1870 grave cette leçon dans toutes les mémoires militaires : une capitulation n'est pas le salut, c'est au contraire ce qu'il y a de plus désastreux pour une armée ; c'est pour beaucoup la perspective d'une mort horrible, d'une agonie sans consolation, pour tous le signal des plus dures épreuves. La mitraille fait moins de victimes ; tout vaut mieux que de se remettre sans défense entre les mains d'un ennemi implacable et inaccessible à la pitié. Qu'on ne parle plus des redoutables effets de l'artillerie : une marche commandée à des hommes affaiblis, une nuit passée dans la boue, sans vivres et sans abri, mettent plus de monde hors de combat que le feu de cent canons. Dans les rencontres les plus meurtrières, à Rezonville, par exemple, un homme sur huit à peine était touché ; ceux qui succombent alors meurent glorieusement et font payer leur mort à l'adversaire ; parmi les blessés, beaucoup se guérissent et rentrent la tête haute dans leurs foyers ; tous ceux qui échappent emportent du combat avec la joie d'un salut sans rançon la satisfaction du devoir accompli. Qui ne préférerait cette lutte incertaine où l'on joue sa vie, mais où l'on n'a rien perdu si on la sauve, à la certitude réservée à tous les prisonniers de souffrir de la faim, d'être injurié et frappé au moindre signe de défaillance, de lire dans les yeux de l'étranger le plaisir que lui cause chaque humiliation qu'il vous inflige, chaque souffrance qu'il ajoute à votre torture? »

CHAPITRE VII

ORLÉANS ET COULMIERS

La France au lendemain de Sedan. — Organisation de l'armée de la Loire. — Marche des armées prussiennes après la capitulation de Metz. — Destruction d'Ablis et de Châteaudun. — Combat d'Artenay. — Occupation d'Orléans. — Affaires de Lailly, d'Ourcelles et de Binas. — Combat de Vallières. — Bataille de Coulmiers. — Combats de Brou, de Varize et de Tournoins. — Conseil de guerre et plan. — Combat de Villepiou. — Combats de Ladon, Maizières et Beaune-la-Rolande. — Bataille de Loigny. — Combats de l'Encorne, de Patay et de Boulay. — Orléans réoccupé. — Sortie de Trochu. — Bataille de Champigny.

Le lendemain de Sedan, aux yeux de l'Europe, aux yeux des Allemands surtout, la guerre semblait finie, et la France écrasée n'avait plus qu'à se prosterner aux pieds du vainqueur pour tâcher d'obtenir de lui des conditions moins onéreuses. On allait marcher sur Paris; cette ville, privée de toute armée qui pût manœuvrer sous ses murs, ne pouvant espérer de la province aucun secours, renoncerait même à toute velléité de résistance, et ouvrirait ses portes sans coup férir. Dans le cas même d'une défense improbable, le défaut de subsistances et le manque de combattants ne lui permettraient pas de tenir plus de quinze jours. Ainsi raisonnaient les soldats allemands, qui avaient écrit à leurs femmes pour annoncer leur prochain retour ; ainsi pensaient la plupart des témoins de ce duel gigantesque, et malheureusement aussi, il faut bien l'avouer, quelques Français chez qui la prudence l'emportait sur le patriotisme et sur le sentiment de l'honneur. Comment croire, en effet, qu'une nation qui n'avait plus ni armées, ni généraux, ni artillerie, essayât de résister à un peuple entier armé, bien équipé et qui occupait une notable portion du territoire ? L'état-major de Berlin a lui-même donné les chiffres de son armée qui, à la fin du mois d'août, était de 962,000 hommes; ce nombre s'accrut par la suite, et lors de la signature de l'armistice, les forces totales allemandes présentes en France atteignaient l'incroyable chiffre de 1,333,340 hommes. Or, sait-on ce que la France pouvait opposer à cette invasion sans précédents dans l'histoire ? Le corps du général Vinoy pouvait se monter à 40,000 hommes, auxquels il faut joindre cent mille gardes mobiles des départements. Mais ces forces se trouvaient à Paris, où elles étaient immobilisées. Dans toute la province, il n'existait pas un seul régiment entier, il n'y avait que des hommes disséminés dans les dépôts, et le premier noyau de l'armée de la Loire fut composé de soldats qu'on fit venir d'Afrique en toute hâte. L'artillerie ne comptait pas six pièces prêtes à entrer en ligne. C'est dans cet état de délabrement et de désorganisation qu'on essaya de résister à l'armée la mieux équipée, la plus formidablement armée qui se vît jamais. Folie, dira-t-on ; oui, c'était une folie, mais une de ces folies nécessaires qui grandissent les peuples et les sauvent moralement. La folie a été non pas de tenter cette résistance, mais de ne pas savoir l'arrêter à temps, alors que l'honneur était satisfait et que les impossibilités matérielles démontraient l'inutilité d'un plus long effort. C'est que dans toutes les affaires humaines, surtout aux moments de crises, il est bien difficile de savoir s'arrêter à temps, d'écouter la voix de la justice et de la modération. Aussi, malgré les fautes de ceux qui ont conduit cette seconde partie de la guerre, malgré l'incapacité dont ils ont fait preuve dans la plupart des circonstances, nous ne pouvons leur en vouloir; il ne dépendait pas d'eux de s'improviser généraux, diplomates et hommes d'État ; on ne pouvait leur demander qu'une chose : du patriotisme, et ils en ont montré beaucoup : ce sentiment, lorsqu'il est poussé à l'extrême, doit racheter bien des erreurs. La responsabilité des événements qui vont se dérouler ne doit donc tomber que sur ceux qui en sont la cause première.

Le 9 octobre, Gambetta arriva en ballon à Tours, délégué par le gouvernement pour organiser la défense nationale en province. Il annonça sa mission par la proclamation suivante :

« Citoyens des départements,

« Par ordre du gouvernement de la République, j'ai quitté Paris pour venir vous apporter, avec les espérances du peuple renfermé dans ses murs, les instructions et les ordres de ceux qui ont accepté la mission de délivrer la France de l'étranger.

« Cette situation vous impose de grands devoirs.

« Le premier de tous, c'est de ne vous laisser divertir par aucune préoccupation qui ne soit pas la guerre, le combat à outrance ; le second, c'est, jusqu'à la paix, d'accepter fraternellement le commandement du pouvoir républicain sorti de la nécessité et du droit. Ce pouvoir, d'ailleurs, ne saurait sans déchoir s'exercer au profit d'aucune ambition. Il n'a qu'une passion et qu'un titre : Arracher la France à l'abîme où la monarchie l'a plongée. Cela fait, la République sera fondée et à l'abri des conspirateurs et des réactionnaires.

« Donc, toutes autres affaires cessantes, j'ai mandat, sans tenir compte ni des difficultés ni des résistances, de remédier, avec le concours de toutes les libres énergies, aux vices de notre situation, et, quoique le temps manque, de suppléer, à force d'activité, à l'insuffisance des délais. Les hommes ne manquent pas. Ce qui a fait défaut, c'est la résolution, la décision, et la suite dans l'exécution des projets.

« Ce qui a fait défaut après la honteuse capitulation de Sedan, ce sont les armes. Tous nos approvisionnements de cette nature avaient été dirigés sur Sedan, Metz et Strasbourg ; et l'on dirait que, par une dernière et criminelle combinaison, l'auteur de tous nos désastres a voulu en tombant nous enlever tous les moyens de réparer nos ruines. Maintenant, grâce à l'intervention d'hommes spéciaux, des marchés ont été conclus, qui ont pour but et pour effet d'accaparer tous les fusils disponibles sur le marché du globe. La difficulté était grande de se procurer la réalisation de ces marchés : elle est aujourd'hui surmontée.

« Quant à l'équipement et à l'habillement, on va multiplier les ateliers et requérir les matières premières, si besoin est ; ni les bras ni le zèle des travailleurs ne manquent ; l'argent ne manquera pas non plus.

« Il faut mettre en œuvre toutes nos ressources qui sont immenses, secouer la torpeur de nos campagnes, réagir contre les folles paniques, multiplier la guerre de partisans, et à un ennemi, si fécond en embûches et en surprises, opposer des piéges, harceler ses flancs, surprendre ses derrières et enfin inaugurer la guerre nationale.

« La République fait appel au concours de tous ; son gouvernement se fera un devoir d'utiliser tous les courages, d'employer toutes les capacités. C'est sa tradition à elle d'armer les jeunes chefs : nous en ferons ! Le ciel lui-même cessera d'être clément pour nos adversaires ; les pluies d'automne viendront, et retenus, contenus par la capitale, les Prussiens, si éloignés de chez eux, inquiétés, troublés, pourchassés par nos populations réveillées, seront décimés pièce à pièce ; par nos armes, par la faim, par la nature.

« Non, il n'est pas possible que le génie de la France se soit voilé pour toujours ; que la grande nation se laisse prendre sa place dans le monde par une invasion de cinq cent mille hommes.

« Levons-nous donc en masse et mourons plutôt que de subir la honte du démembrement. A travers tous nos désastres et sous les coups de la mauvaise fortune, il nous reste encore le sentiment de l'unité française, l'indivisibilité de la République. Paris cerné affirme plus glorieusement encore son immortelle devise qui dictera aussi celle de toute la France : « Vive la République une et indivisible ! »

Aussitôt on se mit à l'œuvre ; la besogne n'était pas facile, puisque littéralement on manquait de tout. Non-seulement les documents et le personnel faisaient défaut, mais les objets de première nécessité n'existaient pas. Ainsi on ne trouva pas une seule carte d'état-major, toutes étaient restées à Paris, ainsi que les cartons du ministère de la guerre. La veuve d'un officier prêta un album qui était en sa possession, et, grâce à l'autographie et à la photographie, on tira des cartes qui servirent tant bien que mal, mais qui ne pouvaient lutter avec les excellentes cartes des officiers allemands.

Voici les mesures prises pour hâter la formation et l'équipement de l'armée. On mobilisa toute la population valide de vingt à quarante ans, hommes mariés comme célibataires ;

pour leur instruction, on forma onze camps situés à Saint-Omer, Cherbourg, La Rochelle, les Alpines, Nevers, Bordeaux, Clermont-Ferrand, Toulouse, Montpellier, Sathonay (Lyon) et Conlie (Sarthe). Les quatre premiers étaient camps stratégiques en même temps que camps d'instruction ; ils devaient être fortifiés et pouvaient contenir 250,000 hommes. Leur voisinage de la mer assurait le service des subsistances. Pour se procurer rapidement de l'artillerie, on rendit un décret qui prescrivit à chaque département de mettre sur pied, à ses frais, dans le délai de deux mois, autant de batteries qu'il comptait de fois cent mille âmes. A combien de difficultés de tous genres ne fallut-il pas se heurter ! Ainsi on manquait de papiers découpés et d'ouvriers pour fabriquer les munitions. Ce n'est que grâce à des efforts inouïs d'adresse et de patriotisme qu'on put surmonter ces obstacles. Non-seulement il fallut faire venir les armes de l'étranger, mais encore les harnais des chevaux, qu'on demanda à l'Amérique, laquelle nous expédia, ainsi que l'Angleterre, des centaines de mille de fusils. Et tandis que la France agonisait, tandis qu'elle jouait sa dernière carte, quelques-uns de ses propres agents n'eurent pas honte de spéculer sur sa misère et de faire des profits scandaleux sur les achats d'armes qu'ils faisaient pour son compte. Notre consul à New-York, entre autres, doit-être flétri par le jugement de l'histoire comme il l'a été par celui de la police correctionnelle.

Restait une autre difficulté, celle des cadres. De bons officiers sont tout pour guider, maintenir et conduire une armée ; avec de bons officiers, des soldats médiocres ou inexpérimentés feront des prodiges ; on sait ce que Napoléon Ier a accompli avec des paysans arrachés à leur charrue, dans sa dernière campagne de 1814. De mauvais officiers, au contraire, les capitaines surtout, suffisent pour paralyser l'effort et l'é-

Ranc.

lan des meilleurs soldats du monde. Or, des soldats, on en avait, on en pouvait créer ; mais des officiers, la chose était impossible ; la science, l'expérience, la sûreté du coup d'œil, le sang-froid, ne s'improvisent pas du jour au lendemain ; il faut la patience, le travail, l'habitude enfin pour acquérir ces qualités. Tous nos cadres étaient vides, tous nos officiers faits prisonniers. D'une part, on ne pouvait se passer d'officiers ; d'autre part, on ne pouvait multiplier les grades à l'infini, ce qui eût chargé les cadres, grevé le budget indéfiniment. On eut recours à l'expédient imaginé par l'Amérique dans la guerre de la sécession. Les lois ordinaires de l'avancement furent suspendues ; les officiers furent choisis un peu partout, quelquefois au hasard, mais toujours sous la pression de la nécessité : quand le navire va sombrer, on n'a pas le temps de choisir le meilleur pilote, l'important, c'est qu'une main tienne le gouvernail. Mais ces grades ne furent conférés que pour la durée de la guerre ; une fois ce moment passé, ceux-là seuls qui auraient prouvé mérite, science, aptitude et capacité devaient en recevoir la possession définitive ; les autres rentreraient dans l'état où le commencement de la guerre les avait trouvés.

Grâce à des efforts incessants, la France mit en ligne, en moins de quatre mois, 600,000 hommes et 1,400 pièces de canon. Si un homme s'était rencontré, capable d'utiliser ces forces et de rendre fructueux ce patriotisme, la France était sauvée ; elle pouvait sinon se relever de tous ses désastres, du moins faire une paix honorable. L'effort et le sacrifice n'en subsistent pas moins à l'honneur de notre pays ; et s'il y eut quelque défaillance au milieu de tant de dévouement, si les partis ont cherché quelquefois à déprécier ce qui a été fait alors, les étrangers ont été plus justes. C'est eux qu'il faut interroger, parce qu'ils sont des témoins plus impartiaux et plus désintéressés. Voici ce que dit Rustow, qui n'est pas suspect de partialité à notre égard : « Les Français n'obtinrent pas dans leurs nouvelles organisations les résultats que pouvaient exiger d'eux les gens qui n'aiment pas à étudier les chiffres et les circonstances véritables. Mais celui qui se livre à cette étude, aurait-il eu la plus haute opinion du patriotisme et de la vitalité des Français, conviendra que les républicains français ont dépassé de beaucoup son attente dans leurs organisations nouvelles. Malgré ces grands résultats, certains savants et journalistes allemands auront peut-être encore l'audace de parler des Français comme d'un peuple dégénéré ; mais nous avons du moins la conviction que les soldats allemands n'en parleront pas de la même manière. »

CHAPITRE VII.

Jusqu'à Sedan, jusqu'après la capitulation de Metz surtout, les opérations de l'armée d'invasion étaient de la plus grande simplicité, et les suivre était chose facile. Après Sedan, après Metz surtout, tous ces corps d'armée se fractionnent à l'infini et vont livrer des combats sur tous les points de notre territoire. Dans cet éparpillement, dans ce désordre apparent, il y a un ordre très-grand, un plan très-mûrement combiné. Nous allons l'exposer en quelques mots à nos lecteurs, afin qu'ils puissent suivre plus aisément les opérations multiples qui vont se succéder.

On a vu, dans l'un des chapitres précédents, comment une première colonne d'invasion s'était dirigée sur Paris.

Dès que Strasbourg fut tombé, le général Werder envoya, sous les ordres de Degenfeld, une colonne de Prussiens pour faire la guerre aux francs-tireurs qui abondaient dans les environs, et inspirer aux habitants une salutaire terreur : on sait que ce système était celui de Werder, qui trouva le moyen d'enchérir sur ses compatriotes, et qui s'acquit pendant cette guerre une triste célébrité. Après le 30 septembre, un 14° corps d'armée fut formé pour opérer dans l'est de la France et y étouffer toute velléité de résistance ; ce corps devait aussi s'emparer des places fortes de l'Alsace dont on préparait l'annexion. Cette armée fut mise sous les ordres de Werder.

Après la capitulation de Bazaine, l'armée qui assiégeait Metz fut séparée en trois parties.

La première armée, placée sous les ordres du général Manteuffel, fut composée des 1ᵉʳ, 7ᵉ et 8ᵉ corps d'armée. Elle eut pour mission de monter vers le nord, en longeant la frontière de Belgique, de s'emparer des nombreuses places fortes échelonnées sur ce parcours, et d'écraser la résistance de l'armée du Nord qui commençait à se former sous Bourbaki. Elle devait s'avancer jusqu'à la mer, afin que les armées allemandes pussent au besoin faire venir les subsistances d'Angleterre.

La deuxième armée eut pour chef Frédéric-Charles; elle devait gagner la Seine et se tenir à portée de secourir, soit Werder dans l'est, soit le duc de Mecklembourg qui opérait déjà sur le bord de la Loire. Une partie de cette armée fut envoyée sous les murs de Paris, où elle arriva le 12 novembre.

Ainsi, voici la situation bien nettement déterminée : les armées allemandes vont opérer simultanément autour de Paris, sur la Loire et dans l'ouest, au nord et dans l'est. Nous allons les suivre dans ces marches successives : douloureuses étapes, où la France doit voir succomber, non son honneur, mais sa fortune.

Les Allemands, persuadés que Paris ne pourrait pas tenir plus d'une quinzaine de jours, se contentèrent de l'investir, sans tenter un coup de main qui peut-être eût réussi à ce moment, tant étaient grands le désarroi et la terreur, sans même commencer le siége en règle d'un ou de plusieurs forts, ce qui eût resserré l'investissement et facilité la prise d'assaut ou le bombardement de la ville. Ils furent sans doute arrêtés par la fière contenance des forts, dont l'artillerie, si bien manœuvrée par l'infanterie de marine, sut toujours les tenir à distance. Pendant ce temps, des divisions de cavalerie furent chargées d'éclairer le pays et d'aller de tous côtés faire des réquisitions, pour approvisionner les magasins de l'armée qu'on avait établis à Corbeil.

La 12e brigade de cavalerie, accompagnée de six compagnies d'infanterie, se porta aux Alluets, à Maule et à Herbeville, où eurent lieu plusieurs combats. Indignés de voir que les Français osaient leur résister, les Allemands incendièrent et brûlèrent plusieurs villages. Ils détruisirent le chemin de fer de Rouen, près de Giverny, et occupèrent la petite ville de Mantes. S'avançant ensuite vers Évreux, ils livrèrent plusieurs combats partiels à Pacy et à Aigleville, et revinrent emmenant avec eux d'immenses provisions de fourrage et de bétail.

Une autre division prit la route de Chartres, et livra, le 2 octobre, un combat à Rambouillet à des gardes mobiles. Au bois Saint-Hilarion, nouvel engagement avec des troupes françaises qui ne purent arrêter la marche des Allemands, ni les empêcher d'entrer à Épernon, où ils levèrent d'énormes contributions. Un de leurs détachements qui occupait Ablis, ayant été surpris par les francs-tireurs, fut en partie taillé en pièces. Les Allemands revinrent en force ; ils accusèrent les habitants d'Ablis d'avoir servi de guide aux Français, et froidement brûlèrent le village entier. De plus, ils emmenèrent comme otages tous les conseillers municipaux, prétendant que les francs-tireurs ne respectaient pas les lois de la guerre, et nommant trois prisonniers massacrés par eux. Peu de temps après, le gouvernement français reçut de l'île d'Oleron une lettre de ces prisonniers qui le priaient de rassurer leur famille. Ce fut le commencement du système de terreur que les Allemands allaient adopter dès ce jour pour décourager toute résistance, et dont les exemples vont se multiplier. Le plus célèbre est la ruine et la destruction de Châteaudun que nous allons raconter.

Le premier soin de la défense nationale avait été de former sur la Loire une armée qui pût s'opposer à l'envahissement du centre de la France et aller au secours de Paris. Dans ce but, on avait fait venir d'Algérie toutes les troupes qui étaient disponibles. De cette façon, un premier noyau de trente à quarante mille hommes avait pu être mis sous les ordres du général Lamotterouge. Le général de Tann, qui avait son quartier général à Arpajon, s'avança sur la route d'Orléans, et pour occuper cette ville qui est un point stratégique très-important, et pour écraser dans son germe cette armée dont il ignorait la force et qui eût pu devenir inquiétante pour les opérations allemandes autour de la capitale. L'existence de cette armée avait été révélée aux Prussiens par un échec qu'elle avait fait subir, à Toury, à l'avant-garde de l'archiduc Albert. Le 10 octobre, il rencontra à Artenay la brigade de cavalerie Longuerue, qui était soutenue par quelques compagnies de chasseurs à pied. Un combat s'étant engagé, les Français se maintinrent vaillamment dans leurs positions jusqu'à 2 heures et demie du soir; mais, les Allemands ayant déployé des forces très-supérieures, ils durent rétrograder et se retirer dans la forêt d'Orléans. Le lendemain, la résistance de nos troupes continua et fut très-acharnée sur la route de Chevilly, à Boulay et aux Ormes. Mais enfin, vaincues par le nombre et après avoir vaillamment fait tout ce qui dépendait d'elles, il leur fallut céder le terrain, et le général Lamotterouge ordonna à ses troupes de passer sur la rive gauche de la Loire et de se retirer en Sologne.

La route une fois libre, de Tann se porta sur Orléans, qui fut très-courageusement défendu par le 5° bataillon de la légion étrangère, à la tête de laquelle le commandant Arago se fit bravement tuer; quelques compagnies du 39° et un bataillon de chasseurs à pied aidèrent à la résistance cette population qui se souvenait qu'elle était la patrie de Jeanne d'Arc. Mais que pouvaient le courage et l'héroïsme contre la supériorité du nombre, et surtout contre un ennemi sans foi et sans honneur qui, contrairement à tous les usages de la guerre, se mit à bombarder une ville ouverte. « Orléans, dit le lendemain le général de Tann, sur la mémoire duquel pèse la responsabilité de cet inique bombardement, a été pris d'assaut. C'est la première ville ouverte où l'on ait résisté à l'entrée de nos troupes. »

Loin de respecter ce courage héroïque, les Allemands se conduisirent en vrais goujats.

« Orléans paya cher l'honneur de cette belle défense, dit M. Edouard Fournier; vingt-huit maisons du faubourg des Aydes furent incendiées froidement, avec la main. Ce qui ne brûla pas fut pillé. Pendant trois longues heures, la plupart des maisons du faubourg Saint-Jean et du faubourg Bannier, qui prolonge jusqu'à la ville celui des Aydes, furent mises à sac. La rage du vol et de la dévastation se porta surtout contre les boutiques d'épiciers, de marchands de tabac, de marchands de vin, dont pas un ne fut épargné. De là, dès le soir même, le pillage gagna la ville, qui dut le subir dans toutes ses rues, jusqu'au surlendemain. Les chefs, sans l'avoir absolument permis, faisaient plus que le tolérer.

« L'autorité allemande avait en effet déclaré qu'elle ne se reconnaîtrait responsable que des actes de pillage « commis à partir du 13 octobre, » c'est-à-dire après les deux jours dont les Bavarois profitaient si bien. Pouvait-elle défendre ce qui faisait tant de plaisir à ses officiers et leur permettait de garnir si amplement leurs fourgons! Ils s'étaient logés dans les plus belles maisons, après en avoir chassé à coups de plat de sabre ou à coups de pied, leurs propres soldats qui avaient eu l'audace de les devancer. Ils y firent leur main en maîtres filous et déménageurs experts. »

Une fois Orléans occupé, les Allemands songèrent à Châteaudun, contre lequel leur rage était grande. Cette petite ville était animée d'un grand patriotisme; des bandes de francs-tireurs, des colonnes de gardes mobiles avaient plusieurs fois quitté ses murs pour aller inquiéter les corps bavarois qui se promenaient en faisant des réquisitions dans toute la contrée ; de plus, on savait que, quoique ville ouverte, elle avait crénelé ses maisons, chargé ses rues de barricades, et qu'elle avouait hautement son intention de ne pas ouvrir ses portes à première réquisition. Les bandes de ulhans pillards avaient été reçues à coups de fusil dans les villages environnants. Une telle indignité méritait une prompte vengeance, et c'en était fait de la conquête si chaque ville montrait du patriotisme et faisait de la résistance. Il fallait un exemple terrible. Un corps de 15,000 Bavarois sortit d'Orléans et prit la route de Châteaudun. Deux petits villages, coupables au même chef que Châteaudun, Varize et Civry, ayant refusé de se rendre, furent bombardés et incendiés, les habitants fusillés ; puis on se dirigea vers la ville. Voici sur cet événement, qui est une des choses les plus monstrueuses qu'on ait vues dans notre siècle, et qui restera comme une honte ineffaçable sur le front des Allemands, le récit que le maire de Châteaudun adressa au ministre de l'intérieur :

« Le mardi 18 octobre 1870, à midi, la ville de Châteaudun a été surprise, investie et attaquée par un corps d'armée prussien, dont l'importance, qui ne nous fut connue que plus tard, s'élevait à 12,000 hommes au moins, infanterie et cavalerie, avec vingt-quatre pièces d'artillerie et des mitrailleuses. Aucune déclaration, aucune sommation ne précéda cette agression, dont nous n'avions malheureusement point été informés. — Toutefois, nous étions tenus en éveil, depuis quelques jours, par tout ce qui se passait dans les environs.

« Outre sa garde nationale sédentaire, la ville ne possédait qu'un bataillon de francs-tireurs de Paris, une compagnie de francs-tireurs de Nantes et quelques francs-tireurs du Var, en tout douze cents combattants au plus, qui n'hésitèrent pas à courir aux barricades, dressées depuis quelques jours ; ces barricades se trouvaient alors gardées seulement par des gardes nationaux sédentaires de Châteaudun. Les francs-tireurs de Paris, qui avaient dû quitter notre ville ce jour-là même, à

Le général Changarnier.

dix heures du matin, y avaient été heureusement retenus, grâce à un ordre que j'avais sollicité par télégramme dans la nuit, et obtenu du ministre de la guerre. — Ce même jour, le bataillon des mobiles du Gers était parti de Châteaudun à cinq heures du matin, bien que je leur aie expédié, dès dix heures du matin, un ordre précis du ministre dans ce sens.

« En un instant, l'artillerie ennemie fut mise en batterie, faisant un cercle qui nous enveloppait, à un kilomètre de l'est à l'ouest, et nous bombarda de midi et demi à six heures du soir sans relâche, en nous inondant de projectiles creux, de mitraille et de fusées incendiaires, au nombre de trois à quatre mille, car je pus constater à plusieurs reprises une moyenne de dix coups à la minute. La plupart des maisons furent atteintes et plus ou moins gravement endommagées, mais l'objectif principal était visiblement les édifices publics : les églises de la Madeleine et de Saint-Valérien, l'hôtel de la Sous-Préfecture ; — et, ce qui est triste à dire, l'hôpital a été percé d'une multitude de projectiles. On voudrait, mais on ne le peut, invoquer l'erreur ou le hasard ; sa position isolée, son grand drapeau ne laisse aucun doute sur les intentions de l'ennemi. Les salles exposées au feu ont toutes été traversées par les obus, et l'un de ces projectiles, passant entre le chirurgien qui venait d'amputer un blessé et la sœur qui l'assistait, a jeté dans la salle une terreur telle que tous les blessés, y compris l'amputé, se sont précipités sans vêtements dans les caves.

« L'Hôtel de Ville a été criblé et traversé dans tous les sens ; j'ai considéré que mon poste était là, et j'y suis resté de midi à onze heures du soir, accompagné de M. Humery, conseiller municipal ; nous avons pu préserver cet édifice de l'incendie qui s'y est manifesté plusieurs fois. Les autres conseillers étaient retenus au dehors par leurs devoirs, ou absents en mission ; ceux qui font partie de la garde nationale sédentaire étaient à leur poste de combat.

« On peut dire qu'aucune barricade n'a été enlevée, mais celle de la rue de Chartres put être tournée par suite d'une disposition mal choisie dans sa construction ; ce fut par là, et malgré les pertes énormes qu'ils subirent à cette barricade, que les Prussiens, tenus en échec et décimés de tous les autres côtés, purent entrer vers sept heures et demie et firent irruption dans la ville. La retraite des nôtres se fit alors en bon ordre, et il n'y eut plus que quelques combats partiels dans les rues et surtout sur la place Royale, occupée successivement par les Français et les Prussiens ; les cadavres de ceux-ci, à un certain moment, couvraient littéralement le sol.

« A partir de neuf heures et demie ou dix heures, on n'entendait plus que des coups de fusil isolés tirés par les Prussiens embusqués dans chaque rue. Alors s'élevèrent les flammes de quelques maisons incendiées par des bombes et par des fusées, et alors aussi commença leur œuvre sauvage de destruction : envahissement des maisons à coups de hache, pillage, vols, assassinats, et surtout incendies mis à la main. Toutes ces atrocités se continuèrent pendant la nuit entière et pendant la journée suivante, sous la direction d'une organisation disciplinée, qui en fait remonter la responsabilité jusqu'au gouvernement prussien.

« Longtemps après le combat, dans la nuit et le lendemain, de paisibles habitants, des vieillards, des malades, sont tués chez eux et sur leurs portes à coups de fusil et de revolver ; quelques-uns sont brûlés dans leurs lits sous lesquels le feu est mis ; des blessés sont jetés vifs dans les flammes d'où ils ont été retirés tellement carbonisés qu'il a été impossible de les reconnaître. Une centaine de personne de tout âge, de toute condition, prises au hasard dans la ville, des infirmes, des vieillards, de tout jeunes hommes, presque des enfants, sont enlevés le lendemain du combat et conduits comme prisonniers en Allemagne. Le nombre de captifs était prescrit et devait former un trophée digne d'une telle victoire.

« Ces faits sont de la plus scrupuleuse exactitude.

« Après un bombardement de six heures par 24 canons et

des mitrailleuses, après un combat de neuf heures où, au nombre de douze cents au plus, nous avons lutté contre douze mille, voici quelles ont été nos pertes : Dans le combat, 30 tués et 40 blessés ; au nombre de ces derniers est M. Testanière, le brave commandant de notre garde nationale sédentaire, qui, non content de commander et de diriger ses hommes, les encourageait en faisant, comme eux et avec eux, le coup de fusil. Les pertes des Prussiens ont été énormes, et quoique, suivant leur habitude, ils aient enlevé en toute hâte leurs morts et leurs blessés avec un soin extrême, on a pu avoir des renseignements par des conversations de leurs chefs que plusieurs personnes ont entendues ; leurs appréciations les plus modérées portent leurs tués et blessés à 2,000, dont 30 officiers.

« 235 maisons de Châteaudun sont complétement détruites par l'incendie avec tout ce qu'elles contenaient ; 28 ne le sont qu'en partie. De ce nombre de 235 maisons, 12 seulement ont été incendiées par le bombardement ; toutes les autres l'ont été par la main prussienne, sauf quelques-unes où le feu a pris par communication.

« Douze personnes ont été asphyxiées et brûlées sous les débris de leurs maisons.

« Toutes ces maisons détruites étaient situées dans le quartier principal et presque exclusif du commerce ; et si, par leur nombre, elles ne forment pas la moitié de la ville, elles la représentent par leur importance et par la valeur de ce qu'elles contenaient.

« Le lendemain matin, je pus me mettre en rapport avec les chefs prussiens ; M. le sous-préfet avait bien voulu se joindre à moi, et j'étais accompagné des conseillers municipaux qui avaient pu être réunis à la hâte. Le conseil municipal demeura en permanence comme les jours précédents. — Il nous fallut discuter et subir les exigences et les exactions les plus dures et les plus humiliantes. A trois heures du soir, nous étions sommés, sous les menaces les plus violentes, de compter à six heures une contribution de guerre de 200,000 francs que nous avons pu faire réduire à 52,000 francs, somme encore exorbitante pour notre ville à moitié anéantie et déserte.

« Les humiliations de cette journée nous l'ont fait trouver plus cruelle que celle du bombardement. »

A propos de l'incendie d'Ablis et de ce système de terreur si largement appliqué par les Prussiens, Rustow, qui est un de leurs admirateurs, parle d'une façon qui mérite d'être rappelée. Après avoir essayé de justifier l'incendie de Bazeille et une foule d'autres actes inqualifiables qui avaient marqué la première période de la guerre, il ajoute : « Mais quant à l'incendie d'Ablis, c'est autre chose. Cette destruction ordonnée de sang-froid et avec le plus grand calme doit être envisagée d'une tout autre façon. Des faits semblables vont se reproduire souvent, et nous les verrons rapportés en plein dix-neuvième siècle, avec la même naïveté, la même suffisance, que le grand César avait la bonté d'annoncer au *senatus populusque romanus* qu'il avait fait couper la main droite à quelques milliers de Gaulois qui avaient osé se soulever.

« Nous nous sommes donné la peine de rechercher s'il était un seul cas où cette guerre de terreur eût eu des succès. Nous n'en avons pas trouvé. Le célèbre Manhès lui-même n'en a rien obtenu sur son théâtre de guerre restreint et contre de misérables bandes de brigands. Napoléon Ier s'est beaucoup nui en Espagne par cette manière de faire la guerre. Nous sommes profondément convaincus que les premiers soldats allemands qui furent chargés de détruire de sang-froid des villages inoffensifs, le firent à contre-cœur ; ne devaient-ils pas, en effet, songer à leurs propres cabanes? Bien plus, nous sommes persuadés que les officiers supérieurs allemands qui donnèrent de pareils ordres, le firent aussi à contre-cœur, et qu'ils croyaient fermement que c'était nécessaire.

« Et, cependant, c'est une erreur ; car, en premier lieu, de semblables actes rendent la meilleure armée féroce et indisciplinée ; les hommes s'habituent à tout, et ce que les soldats allemands faisaient ainsi en France par ordre, pourquoi ne le feraient-ils pas ensuite en Allemagne par caprice? On a vu condamner, vers le commencement de notre siècle, des meurtriers dont la parfaite indifférence de cruauté venait du temps où ils étaient soldats de Napoléon Ier et assistaient en Espagne, soit comme auteurs, soit comme acteurs, à des scènes semblables. En second lieu, on n'arrive pas de cette façon à la paix, mais à une suspension d'armes inévitable ; et, à la fin, on a le malheur de voir l'Europe civilisée revenir de deux mille ans en arrière. La destruction d'un peuple civilisé peut-elle être un avantage pour une autre nation civilisée? Certainement non ! »

Cependant, l'occupation d'Orléans rendait la position plus critique. Quelle était la force de l'ennemi? Quelle direction allait-il prendre ? Il pouvait se porter sur Bourges et Nevers pour détruire nos établissements militaires ; ou bien se diriger sur Tours, et enlever la délégation du gouvernement. Après avoir mis en avant plusieurs projets, on s'arrêta à celui de tenter une résistance désespérée à Salbris. Ce point était admirablement choisi pour cet objet : la rive gauche, plus élevée que la rive droite, permettait d'établir des batteries qui balayaient le pays à une grande distance. Le général d'Aurelle de Paladines, qui venait de succéder au général Lamotterouge, fut chargé de cette mission. Sa ferme contenance en imposa à l'ennemi qui n'osa pas s'avancer plus loin. On profita de ce répit pour organiser l'armée de la Loire sur un pied imposant. Le 15⁰ corps compta bientôt 60,000 hommes venus de tous les points de la France. Un 16⁰ corps de 35,000 hommes fut également créé ; il prit position entre Blois et Vendôme, occupa la forêt de Marchenoir, et parvint à couvrir la ville de Tours. Salbris devint un camp où l'armée de la Loire fut exercée ; la main ferme et habile du général de Paladines eut bientôt ramené l'ordre et la discipline dont les derniers événements avaient relâché les liens. Ce ne fut pas toutefois sans être obligé de recourir aux moyens extrêmes ; des cours martiales furent établies, qui prononcèrent plusieurs condamnations capitales. Ces exemples produisirent le meilleur effet. Restait à agir, maintenant qu'on avait une armée constituée ; le temps pressait et les événements marchaient. Pour le plan qui fut adopté par le gouvernement de la défense nationale, nul ne pourra mieux le dire que M. Freycinet, qui était le secrétaire du ministre de la guerre.

« Deux combinaisons se présentaient. L'une consistait à se jeter dans l'Est pour couper les communications de l'ennemi, l'autre à marcher sur Paris pour tenter de le débloquer. Elles avaient chacune leurs avantages. Par la première, si elle réussissait, on inquiétait sérieusement l'armée d'invasion ; on empêchait ses renforts, on compromettait sa retraite, on arrêtait ses vivres et surtout ses munitions. Peut-être même obligerait-on l'ennemi à lever le siége de Metz et alors, en se réunissant à l'armée assiégée, on formait une masse compacte de plus de 200,000 hommes qui, sous la conduite d'un chef hardi et habile, pouvait changer rapidement la fortune des armes. Enfin, ce qui était à considérer, on opérait, au moins pendant les premiers temps, dans une contrée relativement vide de forces ennemies, et l'on évitait ainsi d'engager prématurément des troupes peu aguerries, que le moindre échec pouvait rebuter.

« Ce projet soulevait toutefois de graves objections. Sa réalisation était lointaine. En admettant même qu'on ne fût pas inquiété, il fallait trois semaines pour se rendre à Metz.

« Ces réflexions conduisaient à préférer la marche sur Paris. Tout d'abord on évitait l'inconvénient de découvrir les points qu'on voulait garder, car l'armée, en s'avançant, continuerait de les protéger. Ensuite, puisqu'on cherchait une occasion de relever promptement le moral de la France, cette occasion s'offrirait naturellement. En effet, dans la situation actuelle des troupes, concentrées, comme on l'a vu, en avant de Vierzon et de Blois, pour aller à Paris on passerait par Orléans. La campagne débuterait donc par l'attaque de cette ville, et si l'on était assez heureux pour s'en emparer, on agirait vivement sur l'opinion, qui y verrait une éclatante revanche de l'échec même qu'on venait d'y subir.

« Les dernières hésitations furent levées par une dépêche de M. Jules Favre du 17 octobre, reçue par ballon le 21. Cette dépêche apprenait que dans les vingt jours de sa date, c'est-à-dire vers le 6 novembre, le général Trochu, comptant sur une expédition de la province pour lui donner la main, « serait en mesure de passer sur le corps de l'ennemi. »

« Nous nous occupâmes dès lors d'étudier un plan de marche sur Paris, et il fut convenu qu'aussitôt les idées arrêtées à cet égard, nous nous en entendrions avec le général d'Aurelle, chef désigné de la future expédition.

« L'idée fondamentale du plan était de placer l'armée bavaroise entre deux feux, au moyen d'un mouvement tournant exécuté par une partie de nos forces. Le corps principal d'attaque, chargé d'agir à l'ouest d'Orléans, sur la rive droite, serait formé par les 2ᵉ et 3ᵉ divisions du 15ᵉ corps, réunies au 16ᵉ corps, en tout 70,000 hommes environ, commandés par le général d'Aurelle en personne. Ces forces se concentreraient

Les Garibaldiens autour de Nuits.

à Blois pour de là marcher sur Orléans, en suivant le fleuve. Quant à la manœuvre tournante, elle serait faite par le général Martin des Paillères à la tête de sa grosse division, comprenant plus de 25,000 hommes. Il passerait la Loire au-dessus d'Orléans, à Gien, se rabattrait sur la ville en cheminant entre le fleuve et la forêt, et tomberait à l'improviste sur les derrières de l'ennemi au moment où celui-ci serait le plus fortement engagé avec le général d'Aurelle. On pouvait espérer que l'armée qui gardait Orléans, et que les évaluations les plus exagérées ne portaient pas à 60,000 hommes, ne résisterait pas à une attaque ainsi combinée.

« Malgré des objections, ce plan fut adopté, et le mouvement commença aussitôt. Les deux divisions du 15ᵉ corps, chargées de coopérer avec le 16ᵉ, furent transportées par chemin de fer, de Salbris à Blois et à Vendôme, en passant par Tours. Afin de dissimuler cette concentration à l'ennemi, on feignit d'envoyer toutes les troupes sur le Mans. Cette direction devait paraître d'autant plus vraisemblable qu'à ce même moment l'ennemi exécutait une attaque, peu importante d'ailleurs, sur cette ville. Il n'y avait dès lors rien que de naturel à ce que l'administration de la guerre, s'exagérant la portée de cette attaque, envoyât des renforts. On affecta donc, pour faire croire à un grand mouvement de troupes, d'interdire la circulation des voyageurs sur la section de Tours au Mans, et cette interdiction fut annoncée bruyamment par la voie des affiches et des journaux. Le stratagème réussit, comme on en eut plus tard la preuve. »

Tout était prêt; au dernier moment, le général d'Aurelle de Paladines, montrant cette hésitation, cette incertitude qui l'a caractérisé pendant toute la durée de la campagne, écrivit à Tours qu'il ne pouvait pas partir. Il alléguait le mauvais état des routes, le défectueux équipement d'une partie de la garde mobile, et plusieurs autres raisons qui n'avaient aucune consistance. Le véritable motif de ce retard était la nouvelle de la capitulation de Metz qui venait de se répandre dans le camp. Lorsque cet événement fut devenu certain, un grand abattement affaissa tous les esprits. Loin de réagir contre un pareil sentiment, de relever le moral de ses soldats, de les entraîner en avant par ses exhortations chaleureuses, le général, qui avait le sentiment de son infériorité, se laissa aller à la défaillance générale. Il ne vit pas que la reddition de Metz était une raison de plus pour se hâter avant l'arrivée du prince Frédéric-Charles, et profiter de l'occasion qui ne devait plus se retrouver plus tard. Un général habile l'eût fait ; un général patriote l'eût tenté, au risque d'échouer et de compromettre sa réputation. Le général d'Aurelle de Paladines s'abstint : l'histoire le jugera et appréciera ses motifs. Ainsi, pour la troisième fois, Bazaine concourait à la ruine de la patrie : il avait été cause du désastre de Sedan, il avait livré prisonnière la plus belle armée que la France eût possédée depuis longtemps; il venait, par suite de sa capitulation, d'arrêter un mouvement qui pouvait amener le débloquement de Paris et la fin de la guerre.

C'est en vain que gouvernement de Tours pressa le général de Paladines de se hâter et de ne pas attendre les 200,000 ennemis devenus libres qui allaient arriver ; ce ne fut que le 7 novembre, après dix jours de stationnement, que l'armée se mit en marche.

Elle avançait dans l'ordre suivant : à droite, les deux divisions du 15ᵉ corps, sous les ordres directs du général en chef, s'appuyaient au fleuve. A leur gauche, s'étendait le 16ᵉ corps, commandé par le général Chanzy. A l'extrême gauche, la cavalerie du général Reyau, et plus loin les francs-tireurs du colonel Liposwki avaient pour mission de garantir l'armée de toute surprise, du côté de Châteaudun et de Chartres. Sur l'autre rive de la Loire, en vue de couvrir la droite, les volontaires du colonel Cathelineau fouillaient les bois à une grande distance et jusqu'aux portes d'Orléans.

Quant au général des Paillères, qui avait besoin de vingt-quatre heures de plus pour effectuer son trajet, il avait quitté dès la veille ses positions d'Argent et d'Aubigny pour se diriger sur Gien. Il devait ramasser en chemin le détachement stationné en ce point, et descendre avec toutes ses forces sur Orléans, en suivant la route tracée entre la forêt et le fleuve. En outre, une division d'une douzaine de mille hommes, sous le commandement du général Faye, avait été réunie à Salbris pour garder la position pendant le long arrêt des troupes en avant de Blois. Elle recevait ordre de se porter sur Orléans, en même temps que l'armée, de manière à menacer le pont de pierre qui donne accès à la ville par la route de Vierzon. Cette diversion avait été jugée utile en suite du retard que l'expédition venait de subir. L'ennemi pouvait avoir reçu des renforts, et il importait de les neutraliser en partie par une démonstration. Ce supplément portait l'ensemble des forces pouvant prendre part à l'action à près de cent dix mille hommes.

La journée du 7 fut marquée par le combat de Vallière, qui est ainsi rapporté par le général de Chanzy :

« Une forte reconnaissance s'était mise en marche dès le 7 au matin dans la direction de Verdes, lorsqu'à dix heures et demie on entendit des détonations fréquentes d'artillerie en avant de Saint-Laurent-des-Bois. La canonnade devint bientôt assez vive pour que le général commandant le 16ᵉ corps jugeât nécessaire de se porter sur les lieux, emmenant le 3ᵉ bataillon de chasseurs à pied et deux mitrailleuses, tandis que la brigade Bourdillon se disposait à appuyer le mouvement.

« Une colonne ennemie, composée de deux bataillons du 13ᵉ régiment d'infanterie bavaroise, d'environ 2,000 cavaliers prussiens (cuirassiers, uhlans et hussards) et de dix pièces d'artillerie, venant de la direction de Baccon, s'était, en effet, portée par Villermain sur la forêt, qu'elle semblait vouloir longer pour reconnaître nos positions. Accueillie d'abord par le feu de nos francs-tireurs embusqués aux Boëches et aux Bois-d'Enfer, elle s'était avancée sur Marolles, d'où elle canonnait Saint-Laurent-des-Bois, et marchait sur Vallière, lorsque arrivèrent les premiers renforts expédiés de Marchenoir. Déjà les tirailleurs allemands avaient atteint la lisière de la forêt, incendié la ferme du Bois-d'Enfer et le moulin de Marolles, et ne se trouvaient plus qu'à cinq cents mètres environ de Saint-Laurent. Le 3e bataillon de chasseurs à pied et les compagnies des mobiles de Loir-et-Cher, postés dans le village, n'hésitèrent pas à se porter en avant, bien que sur un terrain découvert et exposés au feu de l'artillerie ennemie, qu'il n'était point encore possible de contre-battre, la nôtre arrivant par les routes de la forêt. Pendant près de deux heures ces troupes tinrent sous le feu le plus violent, aux prises de l'infanterie ennemie qui s'était déployée. Le général Abdelal, qui de son côté avait entendu la canonnade, avait fait rentrer sa reconnaissance, parvenue à Verdes, et dirigé sur Vallière le régiment de dragons, en même temps qu'une batterie à cheval soutenue par un escadron de cuirassiers se portait d'Autainville sur Villegruau par la lisière de la forêt. Ces renforts apparaissaient déjà vers deux heures, lorsque la brigade Bourdillon déboucha de Saint-Laurent. Bientôt une batterie de quatre et les mitrailleuses purent entrer en ligne et ouvrir leur feu, tandis que deux colonnes d'infanterie se portaient résolûment en avant. L'ennemi, après avoir vigoureusement résisté jusque-là, se retira alors sur Vallière, qu'il dut bientôt abandonner en voyant arriver les dragons du général Abdelal, qui entourèrent la partie ouest du village et s'y jetèrent résolûment, faisant prisonnière toute une compagnie bavaroise qui n'avait pas eu le temps d'évacuer.

« La lutte avait été des plus vives et avait duré jusqu'à cinq heures. Nos troupes, admirables d'élan et de sang-froid, n'avaient pas eu un moment d'hésitation dans cette première rencontre, et étaient restées maîtresses du champ de bataille. L'ennemi n'avait pu emporter qu'une partie de ses morts et de ses blessés, nous en abandonnant une centaine sur le terrain. D'après les habitants de Chantôme, qu'il incendia en se retirant, ses pertes en officiers et en hommes auraient été considérables. De notre côté, nous n'avions eu que quatre hommes tués et une quarantaine de blessés, parmi lesquels le commandant Labrune et un lieutenant du 3e bataillon de chasseurs.

« Ce bataillon avait d'ailleurs soutenu seul et pendant longtemps les efforts de l'ennemi, et avait fait preuve de la plus grande solidité; les honneurs de la journée lui revenaient : il fut mis à l'ordre du 16e corps. Ce combat de Vallière était le premier engagement sérieux de l'armée réunie sur la rive droite de la Loire; il fut un véritable succès et eut sur nos jeunes troupes une grande influence. »

Le même jour, le lieutenant-colonel Lipowski avait fait une reconnaissance sur Châteaudun avec les francs-tireurs de Paris, des mobiles du Gers et un peloton de chasseurs. 200 cuirassiers blancs, surpris dans cette marche, avaient eu 25 hommes tués ou blessés et laissé entre nos mains des armes et des chevaux. »

Le 8 fut consacré à avancer et à prendre position. Le soir de cette journée le général d'Aurelle de Paladines, repris par ses hésitations, communiqua ses incertitudes au ministre de la guerre, qui lui donna l'ordre de marcher en avant. Ce fut une heureuse inspiration, car ce jour marqua la première victoire remportée par nos armes dans cette guerre néfaste.

CHAPITRE VII. 351

« ..... L'ordre de marche pour la journée du lendemain (le 9), dit le rapport du général en chef, portait qu'une partie des troupes du général Martineau irait prendre position entre le Bardon, à droite, et le château de la Touanne, à gauche ; que le général Peitavin s'emparerait successivement de Baccon, de la Renardière et du Grand-Lus, pour donner ensuite la main à la droite du général de Chanzy, en vue d'attaquer le village de Coulmiers, où, d'après nos renseignements, l'ennemi s'était fortement retranché. Ma réserve d'artillerie et le général Dariès, avec ses bataillons de réserve, devaient soutenir ce mouvement. Le général de Chanzy devait exécuter par Charsonville, Épieds et Gémigny, un mouvement tournant appuyé sur la gauche par la cavalerie du général Reyau, lequel avait pour instructions de chercher à déborder, autant que possible, l'ennemi par sa droite. Les francs-tireurs de Paris, sous les ordres du lieutenant-colonel Lipowski, avaient l'ordre d'appuyer, sur la gauche, le mouvement de la cavalerie.

« Le 9, dès huit heures du matin, toutes les troupes se mirent en mouvement, après avoir mangé la soupe.

« La portion des troupes du général Martineau, désignée pour agir sur la droite, effectua son mouvement sans rencontrer l'ennemi.

« Une moitié des forces commandées par le général Peitavin, soutenue elle-même par la réserve d'artillerie, enleva d'abord le village de Baccon et se dirigea ensuite sur le village de la Rivière et le château de la Renardière, où l'ennemi était fortement établi dans toutes les maisons du village et dans le parc. Cette position, vivement attaquée par trois bataillons : le 6° bataillon de chasseurs de marche, un bataillon du 16° de ligne, et du 33° de marche, fut enlevée, malgré tous les efforts de l'ennemi pour s'y maintenir. Dans cette attaque dirigée par le général Peitavin en personne, qui ne pouvait être soutenue que très-difficilement par l'artillerie parce que nos tirailleurs occupaient une partie du village, les troupes déployèrent une vigueur remarquable.

« La seconde partie des troupes du général Peitavin se portait en avant, tandis que la position de la Renardière était enlevée, occupait le château du Grand-Lus, sans trouver de résistance, et faisait appuyer sa gauche vers le village de Coulmiers.

« Sur la gauche, les troupes du général Barry marchaient par Champdry et Villarceau qui était le centre de la ligne ennemie et qui était très-fortement occupé. Arrêtées dans leur marche par l'artillerie prussienne, elles ne purent arriver que vers deux heures et demie à Coulmiers, devant lequel se trouvaient déjà les tirailleurs du général Peitavin.

« Ces tirailleurs, auxquels se joignirent les tirailleurs du général Barry, se jetèrent au pas de course, aux cris de : Vive la France! dans les jardins et les bois qui sont au sud de Coulmiers, y pénétrèrent, malgré la résistance furieuse de l'ennemi, mais ne purent se rendre maîtres du village. L'ennemi qui s'y était retranché, et qui avait accumulé sur ce point une grande partie de ses forces et de son artillerie, faisait les plus grands efforts pour s'y maintenir afin de protéger la retraite des troupes de sa gauche, qui se trouvaient d'autant plus compromises que notre mouvement en avant s'accentuait davantage. Pour faire cesser cette résistance, le général en chef appela le général Dariès et la réserve d'artillerie. Cette dernière s'établit en batterie à hauteur du Grand-Lus, et, après un feu des plus violents de plus d'une demi-heure, finit par réduire au silence les batteries de l'ennemi. En ce moment, les tirailleurs, soutenus par quelques bataillons du général Barry, conduits par le général en personne, reprirent leur marche en avant,

Le général Chanzy.

et pénétrèrent dans le village, d'où ils chassèrent l'ennemi vers quatre heures du soir.

« A gauche du général Barry, une partie des troupes du contre-amiral Jauréguiberry, éclairées sur leur gauche par les francs-tireurs du commandant Liénard, traversèrent Charsonville et Epieds et arrivèrent devant Cheminiers, où elles furent assaillies par une grêle d'obus. Elles déployèrent leurs tirailleurs, mirent leurs batteries en position et continuèrent leur marche en ouvrant un feu de mousqueterie. La lutte que soutinrent ces troupes fut d'autant plus sérieuse qu'elles furent longtemps exposées non-seulement aux feux partant de Saint-Sigismond et de Gérigny qui étaient devant elles, mais encore à ceux de Coulmiers et de Rosières qui n'attiraient pas encore l'attention du général Barry. Il était à peu près deux heures et demie. A ce moment le général Reyau fit prévenir le général de Chanzy que sa cavalerie avait éprouvé une résistance sérieuse, que son artillerie avait fait de grandes pertes en hommes et en chevaux, qu'elle n'avait plus de munitions et qu'il était dans l'obligation de se retirer. Pour éviter un mouvement tournant que l'ennemi aurait pu tenter par suite de cette retraite, le général de Chanzy, qui, dans cette journée, a montré du coup d'œil et de la résolution, porta sa réserve en avant dans la direction de Saint-Sigismond, en la faisant soutenir par le reste de son artillerie de réserve.

« Le contre-amiral Jauréguiberry était parvenu à faire occuper le village de Champ par un bataillon du 37°, mais à peine arrivé, attaqué par de l'artillerie et des colonnes d'infanterie qui entraient en ligne, ce bataillon dut abandonner le village. L'énergique volonté de l'amiral parvint cependant à nous maintenir dans nos positions jusqu'à quatre heures et demie, où l'arrivée d'une batterie de 12 réussit à maîtriser l'artillerie ennemie.

« A cinq heures, toutes les troupes de l'amiral Jauréguiberry se portèrent à la fois en avant et s'emparèrent, au pas de charge, des villages de Champ et d'Ormeteau. Après la prise de ces villages dont le dernier avait été soigneusement crénelé et admirablement disposé pour la défense, l'ennemi en pleine retraite fut poursuivi, tant qu'il fit clair, par le feu de notre artillerie.

« En résumé, dans la journée du 9, nous avons enlevé toutes les positions de l'ennemi, qui, d'après l'aveu d'officiers bavarois faits prisonniers, doit avoir subi des pertes considérables. Nous avons eu à lutter contre le 1ᵉʳ corps d'armée bavaroise assisté de cavalerie et d'artillerie prussienne.

« Cette journée eut pour résultat d'obliger l'ennemi à évacuer non-seulement toutes les positions retranchées qu'il occupait derrière la Mauve et dans les environs d'Orléans, mais encore d'abandonner en toute hâte cette ville, pour battre en retraite sur Artenay, par Saint-Péravy et Patay, en laissant entre nos mains plus de 2,000 prisonniers, sans compter les blessés.

« La pluie et la neige qui étaient tombées toute la nuit et dans la journée du lendemain, et qui avaient détrempé les terres, rendirent impossible une poursuite qui eût pu nous donner de plus grands résultats. Malgré ces difficultés, une reconnaissance poussée jusqu'à Saint-Péravy s'empara de deux pièces d'artillerie, d'un convoi de munitions et d'une centaine de prisonniers dont cinq officiers.

« Nos troupes d'infanterie de ligne et nos mobiles, qui voyaient le feu pour la première fois, ont été admirables d'entrain, d'aplomb et de solidité. L'artillerie mérite de grands éloges, car, malgré des pertes sensibles, elle a dirigé son feu et manœuvré, sous une grêle de projectiles, avec une précision et une habileté remarquables.

« Nos pertes, dans cette journée, ont été d'environ 1,500 hommes tués ou blessés. »

Si le général Reyau avait exécuté les ordres qui lui étaient tracés, il pouvait avec sa cavalerie faire prisonnier le corps entier de Tann. Tout imparfait que fût le succès de Coulmiers, il ramena la confiance parmi les troupes et remplit d'espoir la France entière. Orléans fut évacué par les Allemands; au quartier général de Versailles, on conçut de vives inquiétudes, et si le mouvement en avant eût été poussé avec vigueur, le siége de Paris eût été levé, la chose est aujourd'hui certaine. C'était le cas ou jamais de montrer de l'audace, et un coup de main heureux offrait seul en ce moment une chance de succès. Non-seulement le trop prudent général d'Aurelles recula devant ce parti qui était conseillé par la délégation de Tours et par plusieurs officiers supérieurs, mais il voulait évacuer de nouveau Orléans et ramener l'armée dans son ancienne position de Salbris. Cette manière d'agir ayant été unanimement blâmée, on adopta un moyen terme ; on se fortifia à Orléans, à la porte duquel on établit un camp retranché solidement fortifié. C'était une grave erreur stratégique que de vouloir s'établir ainsi près d'une ville ouverte, et en ayant la Loire derrière soi ; de tous les partis c'était le plus mauvais qu'on pût prendre, la suite des événements ne le prouva que trop. Ces jours d'inaction furent employés à garnir de munitions et de canons de marine ce camp qui devait servir si peu, et à former trois nouveaux corps, les 17e, 18e et 20, qui ne tardèrent pas à être échelonnés sur le bord de la Loire. Par cette adjonction l'armée atteignait le chiffre respectable de 200,000 hommes avec 500 bouches à feu.

Cependant les Allemands arrivaient en hâte de Metz. Partis par de petits détachements de 5 à 6,000 hommes et suivant différentes routes, ils s'étaient réunis à Pithiviers le 19 novembre, avec cette régularité et cette précision qui ont été une des forces des troupes allemandes. Malgré les offres du général Martin des Paillères de faire des reconnaissances, de troubler leur organisation, on les laissa se concentrer paisiblement. Seul, le 16e corps eut occasion de livrer quelques combats partiels ; tels furent les coups de main de nos avant-postes sur Viabon, Orgères, le château de Cambrai et Jantilly. Le 17e corps livra aux Allemands, à Yèvres, un combat dans lequel il fut vainqueur, et les poursuivit jusqu'au-delà de Brou.

Ceux-ci, étant revenus en force, réoccupèrent Châteaudun et engagèrent un violent combat à Varize, à la suite duquel nous dûmes nous retirer vers la forêt de Marchenoir. C'est dans cette affaire que la compagnie des francs-tireurs girondins se montra héroïque ; n'ayant pu se retirer assez tôt du parc de Varize, elle s'y défendit avec acharnement jusqu'au soir, perdant presque tout son monde.

Pendant ce temps les armées prussiennes exécutaient en liberté leurs évolutions ; bientôt on s'aperçut qu'elles menaçaient le Mans, Blois et Tours, et que leur intention était de tourner l'armée de la Loire. Pour faire une diversion, pour attirer le grand-duc de Mecklembourg qui s'avançait sur le Mans et se préparait à piller ces riches provinces incapables encore de se défendre, l'armée formée sous les ordres de Fiérech, puis de Jaurès, n'étant pas encore assez aguerrie, on résolut de se porter sur Pithiviers : ce mouvement, dans la pensée de la délégation de Tours, avait la double utilité et de faire diversion en attirant l'ennemi de ce côté, et de se porter en avant de Paris dont on attendait chaque jour la sortie.

Les opérations commencèrent le 24 novembre ; les 18° et 20° corps en furent seuls chargés. A l'approche de nos troupes l'ennemi, qui ne se sentait pas en force, évacua Montargis, se retirant sur Beaune-la-Rolande et sur Pithiviers. Le général Crouzat, qui commandait le 20° corps, et le général Billot, qui commandait le 18°, devaient agir en commun en vue d'occuper Beaune-la-Rolande, Maizières, et Juranville.

Leurs mouvements furent exécutés avec précision. Les journées du 27 et du 28 furent marquées par une succession d'engagements heureux à Ladon, Maizières, Juranville, Beaune-la-Rolande. Sur ce dernier point le 18° corps déploya une très-grande vigueur. Il délogea l'ennemi de toutes ses positions et fut pendant quelques heures maître du village de Cotelles.

Le corps prussien qui l'occupait l'évacua précipitamment devant une audacieuse charge de cavalerie, conduite par le colonel Renaudot. Mais le prince Frédéric-Charles, qui vint commander en personne, ayant fait soutenir ses troupes par la 5ᵉ division d'infanterie et la 1ʳᵉ division de cavalerie, rappelées de Pithiviers, nos troupes se retirèrent à quelque distance. Toutefois les avantages remportés étaient tels que le prince Charles ne crut pas pouvoir conserver sans danger la position de Beaune-la-Rolande. Il l'abandonna pendant la nuit après avoir incendié les maisons qui fournissaient le plus solide point d'appui. Il est probable que si, pendant cet engagement, la division des Paillères avait été lancée sur Pithiviers, elle se serait emparée de cette place et aurait ainsi coupé la retraite aux Allemands venant de Beaune-la-Rolande.

Le 30 novembre on reçut la dépêche de Trochu annonçant la grande sortie de Paris. Cette dépêche était ainsi conçue :
« Les nouvelles reçues de l'armée de la Loire m'ont naturel-
« lement décidé à sortir par le sud et à aller au devant d'elle
« coûte que coûte; c'est lundi (28 novembre) que j'aurai fini
« mes préparatifs poussés de jour et de nuit. Mardi 29, l'armée
« extérieure, commandée par le général Ducrot, le plus éner-
« gique de nous, abordera les positions fortifiées de l'ennemi
« et, s'il les enlève, poussera vers la Loire, probablement dans
« la direction de Gien. J'estime que, si votre armée est décidé-
« ment tournée vers la gauche, elle doit passer la Loire, se
« retirer vers Bourges par Lamothe-Beuvron et Vierzon. Il
« faut prendre garde au Morvan, où l'on dit que pourrait ar-
« river le corps prussien qui allait vers Lyon et dont on n'a
« pas de nouvelles. »

Cette dépêche, partie par ballon le 24 novembre, n'arrivait que le 30, en retard de quatre jours ; le vent avait poussé le ballon en Norwége. C'était un grand malheur, car au moment même où l'on recevait l'annonce de la sortie, cette sortie était déjà commencée, puisque Ducrot quittait Paris le 29 novembre. On n'avait ni le temps de se préparer plus amplement, ni celui de rassembler les vivres nécessaires à une armée qui va déboucher dans un pays dévasté; mais il fallait aller de l'avant, on ne pouvait laisser sans secours cette armée qui venait au prix de si héroïques efforts ; puis c'était le moment de tenter le grand coup dont pouvait dépendre le bonheur de la France. Jamais l'occasion ne se représenterait aussi belle. Quelques-uns des généraux firent des observations très-sages sur les périls de l'entreprise ; mais on n'était pas en temps ordinaire, et à l'audace seule on devait demander conseil.

Les dispositions arrêtées furent les suivantes : quatre corps, les 15ᵉ, 16ᵉ, 18ᵉ et 20ᵉ, ensemble cent soixante à cent soixante-dix mille hommes, formeraient l'armée expéditionnaire proprement dite. Le 17ᵉ corps resterait à Orléans pour garder la position, soutenu au besoin par le 21ᵉ corps qui venait de se constituer sous les ordres du général Jaurès et arrivait en ce moment à Vendôme. Le 16ᵉ corps, pivotant en quelque sorte autour d'Orléans, traverserait la route de Paris entre Artenay et Toury et attaquerait Pithiviers par la plaine, c'est-à-dire sur la rive gauche du ruisseau la Laye. Le mouvement serait appuyé par les 2ᵉ et 3ᵉ divisions du 15ᵉ corps, qui se porteraient au-delà d'Artenay et se rabattraient ensuite sur leur droite. La première division du 15ᵉ corps s'avancerait sur Chilleurs-aux-Bois et de là sur Pithiviers, de manière à menacer la ville par le sud au même moment où les autres forces la menaceraient à l'ouest. Enfin, les 18ᵉ et 20ᵉ corps marcheraient sur Beaune-la-Rolande et Beaumont, et au besoin seraient appelés en tout ou en partie vers Pithiviers, si le général en chef jugeait utile de les faire concourir à l'attaque par l'est ; en tout cas, ils menaceraient l'ennemi et lui fermeraient la retraite sur la droite.

Puis, Pithiviers tombé, l'armée s'acheminerait vers la forêt de Fontainebleau, dans les directions de Malesherbes et de Nemours. Des convois considérables d'approvisionnements, réunis par les soins de l'intendance et pouvant fournir huit jours de vivres à trois cent mille hommes, devaient suivre au moment opportun.

Le 1er décembre, le mouvement commença. Le général Chanzy quitta à 10 heures du matin les positions qu'il occupait de Saint-Péravy à Boulay. La 1re division, commandée par l'amiral Jauréguiberry, formait la gauche, et la 3e division, commandée par le général Morandy, formait la droite. Quant au 17e corps, il venait d'arriver à Coulmiers et devait, en remontant vers Saint-Péravy, prévenir une surprise sur la gauche.

En ce moment, on recevait à Tours, par un nouveau ballon parti de Paris le 30 et tombé à Belle-Isle-en-Mer, les premières nouvelles de la sortie du général Ducrot. Une victoire venait d'être remportée sous les murs de la capitale.

Ces nouvelles, dont on exagéra la portée, furent immédiatement soumises au général d'Aurelles. Ce-luici les communiqua à ses chefs de corps et adressa aux troupes l'ordre du jour ci-après :

« Paris, par un sublime effort de courage et de patriotisme, « a rompu les lignes prussiennes. Le général Ducrot, à la tête « de son armée, marche vers nous ; marchons vers lui avec « l'élan dont l'armée de Paris nous donne l'exemple. Je fais « appel aux sentiments de tous les généraux comme des sol- « dats ; nous pouvons sauver la France. Vous avez devant vous « cette armée prussienne que vous venez de vaincre sous Or- « léans, vous la vaincrez encore. Marchons donc avec résolu- « tion et confiance.

« En avant sans calculer le danger ! Dieu protégera la « France. »

Les Garibaldiens à Villersexel.

En même temps, des dépêches furent adressées au général Briand, à Rouen, et au général Faidherbe, à Lille, qui commandaient des corps de quelque importance, pour les engager à seconder par une marche concentrique sur Paris l'action commune du général Ducrot et de l'armée de la Loire. La diversion du général Faidherbe surtout pouvait être utile ; car il menaçait sérieusement les immenses approvisionnements de l'ennemi au nord-est de Paris.

« Le 1er décembre, dit le général Chanzy, le 16e corps se mit en mouvement à dix heures du matin dans l'ordre prescrit par les instructions qui précèdent, l'infanterie à travers champs, l'artillerie sur les routes et sur les chemins. Bien que la neige couvrît encore le sol, le froid, qui était vif, avait durci le terrain ; le temps était favorable. Arrivé à Patay, le commandant du 16e corps, informé que l'ennemi occupait Guillonville et Gommiers, donna l'ordre au contre-amiral Jauréguiberry de se porter avec sa 1re division sur ces positions et de les enlever; la cavalerie du général Michel, qui se trouvait en avant de la ferme de Pérolait, devait, en tournant la droite des Allemands, faciliter cette opération. Parvenu entre Muzelles et la ferme Guillard, l'amiral fut accueilli par un feu très-vif que les batteries postées à hauteur de Gommiers et de Terminiers dirigeaient sur sa brigade de droite et sur une partie de la cavalerie arrêtée entre Muzelles et Rouvray-Sainte-Croix. En même temps, des groupes de cavalerie ennemie en mouvement sur notre gauche préoccupaient le général Deplanque et l'empêchaient de marcher directement sur les positions indiquées à sa brigade. L'amiral Jauréguiberry, comprenant qu'il fallait brusquer l'attaque et débuter par un coup vigoureux dans les opérations qui s'ouvraient, établit promptement ses pièces pour contrebattre celles de l'ennemi, fit faire face à droite à la brigade Bourdillon, marcher résolû-

CHAPITRE VII.   363

ment en avant la brigade Deplanque, enlever par un bataillon du 39ᵉ de marche la ferme de Guillard fortement occupée, et fermer la trouée qui s'était produite pendant la marche entre ses deux brigades, par ce même bataillon, le 3ᵉ de chasseurs à pied et une batterie de 12 mise à sa disposition par le commandant du 16ᵉ corps.

« Cependant, le général Michel dessinait son mouvement tournant sur la gauche, et ses batteries, tirant sur celles que l'ennemi avait placées près de Gommiers, contribuaient, avec l'artillerie de la 1ʳᵉ division, à éteindre momentanément leur feu. Le village de Gommiers, tourné alors par le bataillon du capitaine Sombret, fut vigoureusement attaqué de front par les chasseurs à pied et enlevé.

« Il était environ trois heures et demie ; l'ennemi se trouvait concentré à Terminiers, Faverolles, Villepion, Nonneville et Chauvreux. Il était en forces ; ses obus tombaient en quantité considérable sur nos emplacements ; mais sur sa droite il avait dû évacuer Guillonville. Pendant que l'amiral prenait ses dispositions pour l'aborder, le commandant du 16ᵉ corps donna l'ordre à la cavalerie de prononcer un mouvement direct sur Loigny. Le général Michel, laissant la brigade de Tucé à gauche de la route de Guillonville, pour observer la direction de Pruneville où l'on signalait des escadrons ennemis, s'avança avec ses deux autres brigades sur Villepion et Faverolles. Accueillie par le feu très-vif d'une batterie placée entre ces deux villages, notre cavalerie dut appuyer à droite pour la tourner et déborder les jardins de Faverolles et le flanc gauche des Allemands, soutenue par son artillerie qui se mit plusieurs fois en position. Cette démonstration hardie, exécutée sous les obus à une distance de 600 mètres, mais assez rapide pour éviter des pertes sensibles, détermina la retraite de la batterie ennemie de Villepion, et contribua puissamment à faciliter à la brigade

Bourdillon sa marche sur Faverolles. Cette brigade dépassait bientôt la route de Gommiers à Terminiers, s'engageait résolûment entre Villepion et Faverolles, tandis que le bataillon du 39ᵉ qui avait enlevé Gommiers, secondé par la batterie de 12 et celle de montagne, poursuivait sans hésiter, avec le 3ᵉ bataillon de chasseurs à pied, son attaque sur Villepion.

« L'amiral faisait en même temps exécuter un mouvement de conversion à la brigade Deplanque pour aborder la droite ennemie ; l'action fut bientôt très-vive de ce côté, à hauteur de Chauvreux. Le jour baissait, il fallait en finir. Le commandant de la 1ʳᵉ division, réunissant les troupes qui lui restaient et se mettant à leur tête, se porta au pas de course sur le parc de Villepion, point central de la résistance, qu'emportèrent d'assaut le bataillon du 39ᵉ de marche, le 2ᵉ bataillon du 33ᵉ mobiles (Sarthe) et les chasseurs à pied. On y fit 40 prisonniers, dont 2 officiers de la garde de Bavière ; une batterie faillit rester entre nos mains, et elle ne dut son salut qu'à l'obscurité ; l'ennemi abandonna dans le château son ambulance et de nombreux blessés.

« A droite, un autre bataillon du 39ᵉ de marche et le 75ᵉ mobiles (Loir-et-Cher et Maine-et-Loire) se précipitaient sur Faverolles à la baïonnette, y faisaient des prisonniers, et s'y installaient, tandis qu'à la gauche le général Deplanque, après une lutte opiniâtre, s'emparait de Nonneville.

« La nuit était complétement venue ; l'amiral établit sa division sur les positions conquises et son quartier général au château de Villepion. La cavalerie, que l'obscurité empêchait de poursuivre l'ennemi, se replia sur son bivouac du matin, entre les fermes de Muzelles et de Pérolait, ayant toujours la brigade de Tucé à l'ouest de la route de Patay à Guillonville, pour observer les directions de Bazoche-en-Dunois et de la Conie.

« Le combat de Villepion était un brillant succès pour le 16° corps ; l'honneur en revenait tout entier à l'amiral et à sa belle division. Ils avaient eu à lutter contre 20,000 Bavarois, qu'ils avaient complétement battus et repoussés successivement de toutes leurs positions solidement fortifiées et vigoureusement défendues.

« Dans la nuit, le général commandant le 16e corps, rentrant à son quartier général de Patay, apprit qu'un poste ennemi était resté dans la ferme de Bourneville : il la fit cerner par une compagnie des francs-tireurs de Paris et un escadron de chasseurs qui y enlevèrent 40 cavaliers bavarois, dont 3 officiers.

« Le 17e corps s'était, de son côté, mis en marche ; le 30 novembre il avait sa gauche à Saintry, sa droite à Montpipeau et son centre à Coulmiers. Malgré la fatigue de ses troupes, et comprenant la gravité de la situation, le général de Sonis, qui le commandait, s'était avancé dans la nuit du 1er au 2 jusqu'à Saint-Péravy, donnant l'ordre à toutes ses divisions de ne pas perdre un seul instant. La brigade Dubois de Jancigny arrivait le 1er au soir à Patay, et prenait position à l'ouest de cette ville. »

Cette journée de Villepion, qui, en somme, avait été favorable à nos armes, n'était que le prélude du lendemain ; les deux armées se trouvaient en présence, et la lutte qui devait décider de la victoire ne pouvait se retarder plus longtemps.

« Pendant la nuit du 1er au 2 décembre, dit le général de Paladines, l'armée française et l'armée prussienne bivouaquèrent à peu de distance l'une de l'autre. La nuit était froide, on apercevait les feux de l'armée ennemie, que les Prussiens ne prenaient pas la peine de dissimuler, contrairement à leurs habitudes. Nos soldats ne furent pas inquiétés pendant la nuit, mais ils étaient fatigués par les combats de la veille et eurent à souffrir de la rigueur de la température.

« Dès qu'il fit jour, le général Chanzy disposa ses troupes pour le combat, d'après les instructions données la veille. La bataille commença vers neuf heures.

« La division Barry se porta avec une grande impétuosité sur le village de Loigny, y trouva peu de résistance, et s'en empara sans pertes sensibles. Encouragée par ce succès et ne rencontrant pas d'obstacles sérieux, elle continua sa marche en avant jusqu'au château de Goury. Les troupes allemandes s'y étaient solidement retranchées, et reçurent l'attaque par de nombreuses décharges d'artillerie. La division Barry, enlevée avec vigueur, parvint cependant à en déloger l'ennemi. Les Prussiens revinrent à la charge avec des renforts considérables et une artillerie trois fois supérieure à la nôtre ; malgré les efforts que nos troupes firent pour se maintenir dans cette position, écrasées sous une pluie d'obus, elles furent obligées de battre en retraite sur Loigny.

« L'amiral Jauréguiberry, voyant la division Barry reculer en désordre, se porte rapidement en avant, oppose à l'ennemi la brigade Bourdillon, composée du 3ᵉ bataillon de chasseurs à pied, du 39ᵉ de marche et du 75ᵉ de mobiles, qui, la veille, par leur vaillante conduite au combat de Villepion, avaient fait l'admiration de l'armée. Ces braves troupes se précipitent sur l'ennemi avec un élan auquel rien ne résiste, pénètrent dans le parc de Goury, s'y maintiennent sous un feu terrible de mitraille et sous une grêle d'obus qui déciment leurs rangs.

« La 3ᵉ division d'infanterie (Maurandy) est arrêtée un moment par le désordre qui s'était manifesté dans la 2ᵉ division ; mais, entraînée par l'exemple de la 1ʳᵉ division, elle recommence l'attaque d'Écuillon et s'empare de ce village.

« Le château de Goury avait été repris par les Prussiens ; les batteries allemandes établies sur ce point croisent leur feu avec les batteries de Lumeau, foudroient la division Maurandy, qui est obligée de reculer jusqu'à Terminiers. La division Barry ne put se rallier malgré les renforts qu'elle avait reçus ; elle battit en retraite jusqu'au château de Villepion, où elle se trouvait vers une heure, mais trop affaiblie pour recommencer la lutte.

« Le général Chanzy mesure d'un coup d'œil rapide la situation critique de son corps d'armée. Il reconnaît l'impossibilité de reprendre une offensive assez vigoureuse pour lui assurer le succès de la journée. Il ne lui reste qu'à défendre avec opiniâtreté les positions qu'il occupe, pour contenir l'ennemi le plus longtemps possible, afin de rallier, à la faveur de la nuit, ses divisions désorganisées. Une lueur d'espérance lui restait encore, c'était l'appui du 17° corps d'armée. Il envoya immédiatement un de ses officiers d'état-major au général de Sonis, pour lui faire connaître sa position presque désespérée, en le priant d'arriver au plus vite avec ses troupes disponibles. Le général de Sonis répondit à cet appel avec cet élan généreux et ce dévouement qu'on était toujours sûr de trouver quand il fallait remplir un devoir. Il se mit en route sur-le-champ.

« Pendant ce temps, les avantages obtenus par l'ennemi l'encouragent : jusque-là il avait gardé la défensive, à son tour il prend une offensive énergique, et dessine un rapide mouvement sur notre flanc gauche, cherchant à tourner la division Jauréguiberry. L'amiral, dont la présence d'esprit grandissait avec le danger, sans s'inquiéter de cette manœuvre, marche au-devant de l'armée prussienne, la déconcerte par ce mouvement hardi, fait avancer la brigade Deplanque, et ouvre sur l'ennemi un feu d'artillerie formidable, utilisant fort à propos une batterie de mitrailleuses qu'il avait sous la main. Le régiment des mobiles de la Sarthe fait à bonne portée un feu roulant de mousqueterie, et paralyse les charges de la cavalerie allemande, qui, venant d'Orgères, débouchait sur le champ de bataille.

« La 3ᵉ division (Maurandy), loin de se rallier, s'était mise en pleine déroute, avait laissé enlever sans les défendre plusieurs pièces de canon ; entraînée par l'exemple toujours de quelques fuyards, elle s'était débandée, malgré les efforts tentés par son chef pour la contenir.

« La première division (Jauréguiberry), accablée par le nombre et par le feu de nouvelles batteries qui ne cessaient d'arriver, dut céder et se retirer en bon ordre. La résistance héroïque opposée par le 3ᵉ bataillon de chasseurs à pied, le 39ᵉ de marche et le 75ᵉ de mobiles, lui permit de conserver sa position à Loigny.

« A ce moment, le 16ᵉ corps faisait son dernier effort : infanterie, cavalerie, artillerie, tout avait été successivement engagé. Il n'y avait plus aucune réserve, et l'armée prussienne redoublait d'efforts pour envelopper nos dernières lignes, qui résistaient encore avec le courage du désespoir.

« Tout à coup une division du 17ᵉ corps arrive à marche forcée, se dirige sur le château de Villepion et ouvre immédiatement le feu. Attaquée par des batteries que les Prussiens venaient d'établir à Chauvreux, elle est soutenue par deux divisons de cavalerie du général Michel, et, cavalerie, infanterie, se portent ensemble sur Loigny, où se concentraient les derniers efforts de la résistance.

« La nuit approche, les Prussiens sont presque maîtres de Loigny, lorsque le général de Sonis apparaît suivi de quelques batteries d'artillerie, de troupes d'infanterie, des zouaves pontificaux, et de plusieurs escadrons de cavalerie. Il examine la position de l'ennemi : « Chacun a son heure marquée, dit-

Le duc d'Aumale.

il, la mienne est venue de vaincre ou de mourir ! » Il se précipite sur Loigny, à la tête de ses faibles troupes, et l'enlève avec un courage héroïque. Il est maître du village, le dépasse et continue de marcher en avant, lorsqu'il est frappé par un obus qui lui broie la cuisse. Le général de Bouillé, son chef d'état-major, et l'intrépide Charette tombent à ses côtés ; tous trois restent comme ensevelis dans leur gloire !

« Les intrépides et héroïques soldats qui les avaient suivis, écrasés par les obus, et sans direction après la perte de leur général, furent tués ou faits prisonniers ; quelques-uns parvinrent à s'échapper à la faveur de la nuit.

« La bataille de Loigny avait duré de neuf heures du matin

à six heures du soir. Les troupes des deux armées bivouaquèrent sur les lieux mêmes où la lutte avait pris fin.

« Pendant que le 16⁰ corps soutenait cette lutte acharnée contre les armées du duc de Mecklembourg et du général de Tann autour de Loigny, les 2ᵉ et 3ᵉ divisions du 15ᵉ corps avaient aussi leur part glorieuse dans les combats sanglants de cette journée du 2 décembre.

« En arrivant à Chevilly, à dix heures et demie du matin, le général en chef, qui avait indiqué que son quartier général y serait établi pour la journée, fut surpris de ne pas y trouver de nouvelles du général Chanzy. Il savait qu'il devait être aux prises, à cette heure, et il n'entendait pas le canon. Que se passait-il donc? Il donna sur-le-champ à son état-major l'ordre du départ pour Artenay, plus rapproché des emplacements du 16ᵉ corps et des 2ᵉ et 3ᵉ divisions du 15ᵉ corps. Il y arriva vers midi. Une certaine agitation régnait dans la ville. Sur la gauche, vers Loigny ou le château de Villepion, on se battait; le canon se faisait entendre, mais le bruit des détonations n'annonçait pas un combat aussi sérieux qu'il l'était en réalité. La 3ᵉ division (Peytavin) du 15ᵉ corps était vivement engagée, en avant de Poupry, avec la partie de l'armée prussienne qui avait forcé à la retraite la 3ᵉ division du 16ᵉ corps.

« Si cet officier général avait pu rallier sa division et la ramener au combat, les Prussiens se trouvaient pris entre deux feux : leur destruction sur ce point paraissait certaine. Une décision prompte et hardie pouvait nous ramener la fortune et influer puissamment sur les résultats de la journée.

« Ce corps prussien, se voyant attaqué sur son flanc, avait abandonné la poursuite de la division Maurandy, et s'était retourné contre la division Peytavin. Au moment de l'arrivée du général en chef, il s'avançait en forces vers Artenay; un seul bataillon gardait cette position. Quelques troupes d'infanterie y furent envoyées à la hâte ; le général en chef fit appeler la réserve d'artillerie. Le colonel Chappe, commandant cette réserve, fit ouvrir un feu bien nourri par ses pièces établies près d'une ferme, où trouvèrent un abri momentané les troupes d'infanterie qui lui servaient de soutien.

« Le général en chef envoya sur-le-champ un officier d'état-major à Ruan, porter l'ordre au général Martineau d'arriver au plus vite, et bientôt notre ligne, si faible d'abord, se retrouva renforcée. Il fit aussi occuper le château d'Auvilliers pour nous couvrir sur la gauche, et ordonna de porter la réserve d'artillerie en avant du village d'Autroches. Une ligne de bataille fut établie à droite et à gauche de ce village, pendant que notre artillerie ouvrait son feu avec deux batteries de 12, et utilisait avec intelligence dix mitrailleuses qui venaient d'arriver.

« Des batteries prussiennes, rapidement envoyées à Milhouard et Mameraut, répondirent à notre feu, et un combat terrible d'artillerie s'engagea. La supériorité de nos batteries de 12, et nos mitrailleuses surtout, produisirent de grands ravages chez l'ennemi : en moins de trois quarts d'heure, les pièces prussiennes furent démontées et réduites au silence.

« Nos troupes d'infanterie, 2ᵉ division, se portèrent en avant pour occuper les villages de Milhouard et de Mameraut. Deux escadrons de cavalerie prussienne firent une démonstration pour charger notre infanterie, mais ils s'arrêtèrent en voyant les dispositions prises pour les recevoir.

« La nuit était arrivée. La réserve d'artillerie s'établit en avant d'Artenay, ainsi que la deuxième division, couvrant la ville contre toute surprise de nuit ; la brigade Dariès de cette division était campée à Dambron ; la 3ᵉ division, près de Poupry.

« Ainsi se termina cette journée du 2 décembre, où les 15ᵉ

et 16ᵉ corps d'armée ajoutèrent deux pages glorieuses mais sanglantes à l'histoire de la première armée de la Loire : la bataille de Loigny et le combat de Poupry. Dans cette dernière action, les 2ᵉ et 3ᵉ divisions du 15ᵉ corps avaient battu l'ennemi; mais sans résultats : nous avions devant nous toutes les forces réunies du duc de Mecklembourg, du général de Tann et du prince Frédéric-Charles. »

En apprenant le résultat définitif de la journée le général de Paladines jugea indispensable de se retirer sur Orléans; il en donna l'ordre aux divers commandants des 15ᵉ, 16ᵉ et 17ᵉ corps, les 18ᵉ et 20ᵉ n'ayant pas servi dans cette journée par suite du plan défectueux imaginé par le général en chef. La retraite ne fut pas sans péril, et à ces deux journées de bataille succédèrent trois jours de luttes, de canonnades et d'escarmouches. Les 18ᵉ et 20ᵉ corps qui formaient l'aile droite, se retirèrent sous les ordres du général en chef lui-même. Le général Martineau, qui avait conduit la retraite, adressa au commandant en chef le rapport suivant sur les divers engagements auxquels son armée avait été mêlée.

« Ce matin, après avoir reçu vos ordres à Artenay, je me suis rendu en avant du village pour donner mes instructions à chacun de nos généraux de brigade. Pendant que j'étais au milieu d'eux, j'ai reçu de bien des côtés des avis de mes éclaireurs indiquant que de fortes colonnes, composées de toutes armes, se dirigeaient d'Oison et de Saint-Lyé sur Château-Gaillard. Effectivement, vers neuf heures, j'entendais mes éclaireurs engagés avec ceux de l'ennemi. A neuf heures et demie, le canon des Prussiens a commencé à tonner devant moi. A ce moment, de nouveaux avis me prévinrent que des colonnes cherchaient à me déborder sur mes deux ailes. Dans la pensée que le général Dariès pourrait être embarrassé, je me suis décidé à rester à Artenay avec la brigade Rébillard.

CHAPITRE VII.   373

« J'ai demandé alors au colonel Chappe de se porter en arrière d'Artenay pour m'appuyer.

« Me voyant à ce moment vivement menacé sur ma gauche, qui était déjà bien débordée, je me suis décidé à prescrire au général Dariès de se replier. Ce mouvement, appuyé par la brigade Rébillard et cinq batteries d'artillerie, a commencé vers dix heures et demie, et s'est exécuté en très-bon ordre. Les troupes ont successivement occupé toutes les positions défensives, sur lesquelles elles ont bien tenu. L'artillerie les protégeait efficacement de son feu. L'ordre a été tel, que je ne suis arrivé à Croix-Briquet qu'à midi et demi. A ce moment, l'artillerie du colonel Chappe est entrée en action. Elle a puissamment contribué à notre défense. Le feu de l'ennemi s'est un instant ralenti; mais tout à coup, vers une heure et demie, des forces nouvelles sont arrivées à l'ennemi, qui a établi sur ma droite une batterie de dix-huit pièces. La canonnade a recommencé, très-forte des deux côtés. J'ai tenu dans cette position jusqu'à trois heures et demie, alors on m'a averti que ma gauche était de nouveau débordée.

« Le général Dariès a dû reprendre son mouvement de retraite. Le général Rébillard, moins menacé sur sa droite, tenait plus aisément. L'artillerie de réserve épuisait ses munitions, et s'est repliée avec le général Dariès. Malgré cela, on se retirait en bon ordre, disputant toujours à l'ennemi chaque position. La batterie de marine nous a été assez efficace dans la défense de Croix-Briquet, mais elle nous a surtout bien appuyés pendant notre retraite de ce point sur Chevilly.

« L'ennemi avançant toujours et le colonel Chappe, qui n'avait plus de munitions, se repliant au trot, et me trouvant encore menacé d'être tourné sur ma gauche par une forte colonne de cavalerie qui était dans la direction de Provenchère, j'ai vu que je ne pourrais rester à Chevilly. J'ai donc informé, vers quatre heures et demie, le général Peytavin que j'allais me diriger sur Cercottes.

« Ma marche sur Cercottes a été aussi lente que possible, et, malgré la nuit, le général Rébillard, appuyé par deux batteries du commandant Venot, a lutté pied à pied. L'artillerie tirait encore à cinq heures et demie. Je bivouaque à Cercottes, me gardant en avant.

Le général Martin des Pallières, de son côté, opéra sa retraite en désordre à la tête du 15e corps. Il fut attaqué assez vivement à Chilleurs, et il perdit même en route deux bataillons du 38e de ligne, qui furent pourtant assez heureux pour échapper à l'ennemi et se rabattre vers Orléans, conduits par le colonel Courtaut. De son côté, Chanzy se retirait sur Beaugency, en imposant aux ennemis par sa fière attitude. Sa retraite fut signalée par la canonnade d'Encornes, par la réoccupation de Châteaudun, et surtout par le combat de Patay.

« Vers huit heures du matin, dit le général Chanzy, la canonnade commença du côté de Patay. C'était une colonne prussienne, avec artillerie, qui se portait sur cette ville, que douze escadrons cherchaient à tourner. Le général de Tucé, plaçant son infanterie aux barricades, disposa sa cavalerie sur la route de Lignerolles, et reçut l'ennemi qui s'avançait avec beaucoup d'entrain, par un feu de tirailleurs disposés dans les jardins et derrière les murs de clôture. Les mobiles de Loir-et-Cher, commandés par le capitaine Malzy, firent bonne contenance, et furent bientôt renforcés par un bataillon du 75e mobiles (Maine-et-Loire), amené au pas de course par le commandant de la Vingtrie. En même temps la batterie d'artillerie, laissée la veille en réserve à Lignerolles, prenait position à droite de Patay et répondait vigoureusement au feu des pièces ennemies, tandis que l'amiral faisait partir un bataillon du 39⁰ de ligne, qui se portait de Saint-Péravy sur Lignerolles pour soutenir les troupes engagées. Avant son arrivée, celles-ci avaient repris l'offensive sous une pluie d'obus qui avait déjà incendié quelques maisons de Patay, et délogé l'ennemi des embuscades où il s'était abrité autour de la ville, après lui avoir tué plus de deux cents hommes et fait une quarantaine de prisonniers, dont quatre officiers.

« Pendant que le général de Tucé se maintenait ainsi à Patay, l'action s'engageait sur la droite, du côté de Huêtre et de Bricy, et devenait de plus en plus vive. La division Barry, aux prises avec des masses considérables, dut céder le terrain et se replier sur Boulay. La division Maurandy était elle-même refoulée ; et, plus à droite, le 15ᵉ corps devait à son tour abandonner successivement toutes ses positions. La cavalerie ennemie pénétrait même jusque sur la route de Châteaudun à Orléans, et nos éclaireurs algériens, qui couvraient la retraite des convois engagés sur cette route, durent à plusieurs reprises repousser des régiments de uhlans et de hussards de la mort qui avaient pénétré jusqu'à hauteur du clos Aubry. Nous étions dès lors débordés ; il ne fallait plus songer à tenir sur les positions avancées de l'aile gauche. A midi, un ordre vint prescrire la retraite sur Orléans. Ce mouvement n'était plus exécutable. »

Le général Chanzy venait en effet de s'apercevoir que les communications avec le quartier général étaient interrompues : l'ennemi avait atteint son but, il avait coupé en deux tronçons l'armée de la Loire. Ne pouvant se replier sur Orléans, déjà en partie occupé par l'ennemi, il alla occuper une ligne s'étendant de Lorges à Beaugency, appuyant sa gauche à la forêt de Marchenoir et sa droite à la Loire ; il établit son quartier général à Josnes et s'occupa de la réorganisation de son armée, en attendant les ordres du ministère de la guerre.

La première idée du général de Paladines avait été de se renfermer dans Orléans avec son armée, ce qui eût été une insigne folie : c'était s'exposer à un nouveau Sedan. La vue de ces bandes de soldats démoralisés et épuisés qui encombraient les routes aboutissant à Orléans, vers lequel ils se hâtaient pour échapper au froid et à la faim, lui montra l'inanité d'un pareil projet. D'ailleurs, on n'eut pas longtemps le loisir de la réflexion ; les Prussiens, qui savent vaincre, c'est-à-dire profiter du temps, étaient aux portes d'Orléans presque en même temps que nous, et sommaient cette ville de se rendre sous peine de bombardement, pillage et incendie. On se borna à protéger la retraite, à faciliter l'évacuation des troupes, évacuation qui ne fut pas complète, puisque les Prussiens y firent plusieurs milliers de prisonniers. Tous ces coûteux préparatifs du camp retranché servirent uniquement à tenir en respect les uhlans pendant une demi-journée : on encloua les canons, on noya les munitions, et Orléans retomba une seconde fois sous l'occupation allemande : cette fois ce n'étaient plus des Bavarois, c'étaient des Prussiens ; les Bavarois n'étaient que pillards, les Prussiens joignirent la cruauté à l'avidité.

Cette brillante armée de la Loire, sur laquelle on fondait de si magnifiques espérances, n'existait plus : les 18º et 20º corps se dirigeaient sur Gien et sur Argent. Le 15º était envoyé au camp de Salbris ; les 16º et 17º devaient continuer leur retraite sur Beaugency et Blois. De ces deux parties ainsi séparées par les opérations du prince Frédéric-Charles, l'une allait devenir l'armée de l'Est, sous les ordres de Bourbaki, l'autre, la seconde armée de la Loire, sous le commandement de Chanzy.

Pendant ce temps on se battait également sous les murs de Paris, et la sortie si longtemps annoncée par le général Trochu avait eu lieu. Dans la nuit du 28 novembre, les forts firent pleuvoir des quantités de projectiles sur les troupes assié-

CHAPITRE VII. 377

Le comte de Chambord.

geantes, soit pour les fatiguer, soit pour se faire entendre de l'armée de la Loire qu'on croyait proche. L'armée du Sud descendit des forts de Bicêtre et d'Ivry, prenant pour objectif de ses efforts les positions de l'Hay, Chevilly et Choisy-le-Roi. Cette action devait être combinée avec un vigoureux effort du côté de l'est et du sud-est ; les eaux de la Marne s'étant subitement élevées, on ne put traverser le fleuve selon le plan adopté, et l'opération fut en partie manquée. Elle fut reprise le lendemain 30 novembre. Sous les ordres des généraux Ducrot et Vinoy, une armée de soixante mille hommes traversa la Marne sur des ponts de bateaux jetés en face de Vincennes, et, après une lutte courte mais sanglante, s'empara avec entrain de

Villiers, Brie et Champigny. Des renforts survenus aux Allemands purent reprendre Villiers, mais Brie et Champigny restèrent à nos troupes, qui couchèrent sur leurs positions. Le 1er décembre, les deux armées restèrent inactives, réparant leurs pertes et relevant leurs blessés. Le 2 au matin fut signalé par un retour offensif de troupes allemandes auxquelles l'ordre avait été donné de reprendre Brie et Champigny, à quelque prix que ce fût. Nos troupes, surprises d'abord par ce mouvement inattendu, reculèrent en bon ordre. Encouragés par ce succès, les Allemands les poursuivirent et voulurent enlever les ponts de la Marne. Mais alors se produisit un coup de théâtre préparé à l'avance. Les forts, les hautes positions avaient été pendant la nuit armés de pièces à longue portée; à un signal donné, elles vomirent sur les assaillants une pluie d'obus et de boulets qui les balaya; en vain voulurent-ils lutter contre cet ouragan de fer, il leur fallut se retirer après avoir fait des pertes énormes et avoir vu des régiments entiers disparaître dans cette tourmente : dans l'après-midi, le drapeau tricolore flottait encore à Champigny et à Brie.

Le froid était devenu très-vif, les nouvelles n'arrivaient pas bonnes du côté de la Loire, aussi le général Trochu, qui n'avait jamais compris une sortie que comme une opération faite de concert avec l'armée de la Loire, donna l'ordre de la retraite. Abandonnant les positions conquises, il fit repasser la Marne à ses soldats, sans être inquiété par un ennemi fatigué de trois jours de luttes incessantes. Cette décision était sans doute celle d'un général prudent, mais la situation demandait autre chose. Dans la nuit du 30 novembre au 1er décembre, le général Ducrot pouvait percer les lignes des assiégeants et retrouver sa liberté d'action; avec de l'énergie et de la rapidité on pouvait se porter sur Lagny, qui était le grand magasin des Prussiens, inquiéter leurs communications et les forcer à lever le siége. L'opération était chanceuse, mais n'était-ce pas le moment de tout risquer alors qu'on ne pouvait plus raisonnablement attendre l'arrivée d'une armée de secours, et que le grand effort fait par la France pour se délivrer venait d'échouer par suite de la défectuosité du plan d'Aurelle de Paladines et de la timidité de Trochu ?

CHAPITRE VIII

PONT-NOYELLES ET BAPAUME

L'armée du Nord. — Bourbaki et Faidherbe. — Marche de l'armée allemande le long de la frontière du Nord. — Combat de Quesnel. — Soissons. — Ham. — La Fère. — Bataille d'Amiens ou de Villers-Brétonneux. — Prise d'Amiens. — Occupation de Rouen et de Dieppe. — Combat de Querrieux. — Bataille de Pont-Noyelles. — Combat d'Achiet-le-Grand. — Combat de Behagnies. — Bataille de Bapaume. — Bombardement de Péronne. — Bataille de Saint-Quentin. — Phalsbourg. — Thionville. — Montmédy. — Mézières. — Rocroy. — Longwy.

Après la chute de Metz, la première armée allemande, composée des 1er, 7e et 8e corps, fut mise sous les ordres du général Manteuffel ; elle dut s'avancer de l'est à l'ouest entre la frontière de Belgique et la basse Seine, pour combattre l'armée française du Nord et s'emparer des places fortes de cette région. Le 7e corps resta d'abord sur la Moselle ; une partie occupa Metz, l'autre alla assiéger Thionville.

Selon leur usage, les Prussiens établirent de fortes batteries tout autour de cette petite ville et se mirent à la bombarder sans pitié du 22 au 24 novembre, tirant méthodiquement, sans interruption, et refusant de laisser sortir de la place les femmes et les enfants. Le 25 au matin, la capitulation fut conclue, et les Prussiens prirent 4,000 hommes et 200 bouches à feu. Le 16 novembre, Soissons s'était rendu au grand-duc de Mecklembourg, après quatre jours de bombardement, laissant entre ses mains 128 pièces de canon et de grandes quantités de munitions qu'on n'avait pas eu la précaution de détruire. Le château de Ham avait été abandonné par sa garnison, et La Fère avait capitulé après deux jours de bombardement.

Libre de ses mouvements, l'armée allemande marcha alors à la rencontre de l'armée française, qui était en voie de formation dans le Nord, sous les ordres de Bourbaki, sorti de Metz le 18 octobre, et dont le gouvernement de la défense nationale avait utilisé le concours. Déjà, le 28 octobre, les premiers détachements prussiens avaient été repoussés avec perte à Formeries, par une poignée de mobiles, et cette attitude énergique avait eu pour résultat de rendre les Allemands plus circonspects et de leur faire attendre l'arrivée du gros de l'armée. C'est ce qui eut lieu après la capitulation de Metz, et le mois de novembre fut marqué par diverses escarmouches aux environs de Gisors et d'Etrepagny. La première affaire sérieuse se passa en avant d'Amiens, le 27 novembre ; elle avait été précédée, le 23, d'un combat sans importance à Quesnel. L'armée française était commandée par le général Faré, qui remplaçait le général Bourbaki, appelé à l'armée de la Loire. Nos troupes étaient établies sur les hauteurs de la rive gauche de la Somme, entre cette rivière et l'Avre. Le général Faré disposait d'environ vingt-cinq mille hommes, y compris huit mille hommes de la garnison d'Amiens commandés par le général Paulze-d'Ivoy. La bataille fut soutenue avec vigueur jusque vers quatre heures. A ce moment la garde mobile, sur la droite de Villers, finit par céder en entraînant les troupes de ligne qui combattaient avec elle. Les munitions commençaient à manquer, et l'ennemi venait de faire entrer en ligne des réserves d'artillerie, notamment une batterie près du village de Cachy, laquelle prenait nos troupes en flanc. Le général Fare ordonna alors la retraite. Les pertes considérables de l'ennemi l'empêchèrent d'inquiéter notre retraite sur Corbie et Longueau.

Les principales causes de notre défaite, dans cette journée de Villers-Bretonneux, où les jeunes soldats combattirent avec la valeur de vieilles troupes et firent essuyer aux Allemands des pertes nombreuses, sont l'infériorité numérique de notre cavalerie et de notre artillerie ; ensuite la ligne de bataille trop étendue prise par le général Fare. Le résultat du combat fut l'entrée des Prussiens à Amiens, et la reddition de la citadelle de cette ville après une résistance de trois jours.

Le 29 novembre, sur un tout autre point, une colonne venant de Rouen, commandée par le général Briant, rencontra l'ennemi retranché dans le village d'Etrepagny. La lutte fut très-vive. Nos soldats, en grande partie des mobiles, montrèrent une grande intrépidité. Malgré la qualité inférieure de leurs armes, ils dirigèrent un tir très-efficace. L'ennemi, qui ne s'attendait pas à cette attaque, perdit une centaine d'hommes tués ou blessés, autant de prisonniers et une pièce de canon.

Mais ce succès ne put prévenir de funestes événements dans la direction de Rouen. Le 1er décembre, pendant que le général Briant recevait l'ordre de réunir toutes ses forces pour se porter le plus rapidement possible vers Paris, on apprit que le corps allemand qui venait de combattre à Villers-Bretonneux se dirigeait en hâte sur Rouen. Ce corps comptait environ 5,000 hommes, 50 pièces d'artillerie et était commandé par le général Manteuffel en personne. Il apparaissait simultanément à Neufchâtel, à Forges et sur les hauteurs de Lyons. Sa marche s'opérait par trois routes, et il convergeait directement sur Buchy, où les forces françaises se trouvaient réunies. Ces forces, qui n'avaient pas encore beaucoup de consistance, comprenaient 15,000 mobiles, 2,000 marins et 1,200 éclaireurs du corps Mocquard, en tout un peu moins de 20,000 hommes et 24 pièces de canon. L'action s'engagea le 4 décembre autour de Buchy. Elle fut assez bien soutenue jusque vers 2 heures de l'après-midi. Les marins avec les éclaireurs volontaires faisaient subir des pertes sensibles à l'ennemi ; mais les mobiles, déconcertés par les obus qui pleuvaient en grand nombre, commencèrent à se débander. Vers 5 heures, les premières troupes en retraite arrivèrent à Rouen, où leur vue fit naître une émotion très-vive. Déjà, pendant la journée, les autorités locales, en proie à une grande anxiété, ne s'étaient arrêtées à aucune mesure défensive. La garde nationale n'était point convoquée ; quelques troupes de ligne, qu'on avait sous la main, n'étaient point utilisées ; les pièces de marine placées en position sur les hauteurs étaient abandonnées. Bref, la ville se trouva comme prise à l'improviste à la nouvelle de la défaite de Buchy. Après un débat tumultueux entre les autorités civiles et militaires, il fut décidé que Rouen se rendrait à l'ennemi.

Manteuffel fit de la ville de Rouen son quartier général ; il donna du repos à ses troupes dans cette riche province qu'il mit au pillage, puis s'empara de Dieppe, qui était un débouché assuré pour faire venir des vivres d'Angleterre, dans le cas où le besoin s'en présenterait. Il ne put pas avoir raison si facilement de la ville du Havre, qui s'était fortifiée et qui devint un centre où se préparaient des forces pour la résistance.

Cependant Faidherbe avait été désigné pour succéder à Bourbaki ; il se rendit à Lille, et son génie organisateur eut bientôt mis sur pied le 22° et le 23° corps, qui constituaient l'armée du Nord forte de 50,000 hommes. C'est avec cette armée formée à la hâte et aguerrie en quelques jours que Faidherbe remporta la victoire de Pont-Noyelles, qui avait été précédée des petits combats de Querrieux et de Bray. Voici la relation de cette journée telle que le général la donne lui-même :

« Vers neuf heures du matin, les grand'gardes placées en avant du bois de Querrieux signalèrent de fortes colonnes prussiennes qui, sortant d'Amiens, se dirigeaient sur nos positions par des routes différentes. Les corps furent immédiatement prévenus et prirent promptement leurs positions de combat sur la rive gauche de l'Hallue, et s'y trouvaient à peu près établis quand l'ennemi envoya ses premiers coups de canon vers onze heures du matin. La 1re division du 23° corps ne put toutefois arriver que vers midi et demi en face de Daours, à la gauche de la ligne de bataille, en raison de la distance de ses cantonnements. En sorte que dans les premiers moments la 2° division du 22° corps dut s'étendre beaucoup ; néanmoins l'attaque fut bien soutenue. Les villages le long de l'Hallue furent défendus par les détachements laissés à cet effet et qui recueillirent les grand'gardes dont la retraite s'effectua avec ordre en tiraillant.

« Les masses considérables envoyées par l'ennemi obligèrent d'abandonner ces villages presque partout en même temps. Bientôt l'action devint générale sur une ligne courbe de plus de douze kilomètres d'étendue depuis Daours jusqu'à Contay. Les hauteurs couronnées d'artillerie, dont la ligne était presque continue sur la rive droite du côté de l'ennemi, nous opposaient 80 pièces environ. Sur la rive gauche, nos batteries étaient plus clairsemées, mais nos lignes de tirailleurs établies sur les pentes présentaient à l'ennemi un cordon de feu non interrompu qui ne lui permit pas de s'avancer.

« L'action atteignit une vivacité extrême vers la gauche du

côté de Daours. Les marins de l'amiral Moulac soutinrent bravement le feu. Quatre batteries, dont deux de 12, qui occupèrent le plateau, eurent beaucoup à souffrir. Plusieurs pièces furent mises hors de service et elles durent se retirer successivement pour se remettre en état d'agir. De fortes colonnes ennemies pénétrèrent dans le village de Daours et serraient de près nos tirailleurs.

« Au même moment, vers trois heures, la lutte n'était pas moins vive vers le centre. L'ennemi, en se massant dans le village de Querrieux, tenta de déboucher par Pont-Noyelles. Il réussit un instant à gravir les pentes et fut sur le point de s'emparer de deux de nos pièces. Mais il fut arrêté à temps, repoussé jusqu'à la rivière par une compagnie de mobiles de Somme et Marne, capitaine d'Hauterive, et par les réserves de la 2ᵉ division, et canonné dans le village de Pont-Noyelles, qui fut incendié. Sur la droite, notre artillerie trouva des positions plus favorables et lutta avec plus de succès contre l'artillerie ennemie sans avoir autant à en souffrir. Les tentatives de l'ennemi pour déboucher de Fréchencourt furent infructueuses. Les mobiles et un bataillon de mobilisés s'emparèrent même de Béhencourt, mais ne surent pas s'y maintenir. Enfin, à l'extrême droite, la division Derroja réussit à empêcher l'ennemi de s'étendre, tant par un bon emploi de son artillerie que par les positions qu'elle sut occuper. Elle maintint deux bataillons sur la rive droite de la rivière, menaçant la gauche de l'ennemi.

« A quatre heures, on résolut de tenter une attaque générale des villages, pendant qu'à l'extrême droite la première division dessinerait un mouvement tournant avec les troupes postées sur la rive droite de la rivière.

« Ce mouvement n'eut qu'un succès relatif, parce que la nuit arriva trop vite et ne permit pas de le pousser assez loin.

CHAPITRE VIII.

Le général de Wimpffen.

L'attaque du village de Bavelincourt réussit pleinement et la première division du 22ᵉ corps s'y maintint. Pont-Noyelles et Daours furent envahis avec vigueur, et le général en chef était convaincu que nous en étions restés maîtres, ayant quitté lui-même à la nuit le village de Daours en y laissant l'amiral Moulac avec quelques bataillons. Mais au milieu de la confusion que fit naître l'arrivée d'une nuit obscure, des Prussiens restés en grand nombre dans les maisons, appuyés par de forts détachements qui tournèrent en silence les villages, parvinrent à les reprendre pour ainsi dire sans lutte et nous enlevèrent environ 200 hommes dans chacun d'eux. Malgré ces incidents qui ne furent connus que pendant la nuit, nos troupes occupaient les positions de combat que nous avions choisies et se considéraient par cela même comme victorieuses. On bivouaqua sur place par une nuit obscure et par un froid de 7 à 8 degrés au-dessous de zéro, sans bois pour faire du feu et avec du pain gelé pour tout aliment.

« Cette cruelle épreuve fut supportée avec une patience et une abnégation qu'on ne saurait assez admirer et qui font autant d'honneur à nos jeunes soldats que leur courage devant le feu de l'ennemi. Le lendemain au jour naissant toutes les troupes étaient en ligne, les munitions avaient été complétées avec nos réserves et nous étions prêts à une nouvelle lutte. Mais l'ennemi ne voulut pas l'entamer. »

Dans cette bataille, livrée le 23 décembre, l'armée française eut 141 tués et 905 blessés ; les Prussiens firent des pertes bien plus considérables sous le feu plongeant de nos tirailleurs.

Cette armée, non encore complétement aguerrie, avait besoin de quelques jours pour se refaire et se ravitailler ; aussi le général Faidherbe la fit cantonner sur la rive droite de la Scarpe, entre Arras et Douai. Les Allemands, n'osant pas venir attaquer l'armée française dans ces fortes positions, se contentèrent de l'inquiéter par leurs coureurs. Pour mettre un terme à ces incursions incessantes, et pour s'opposer au bombardement de Péronne, dont on venait de recevoir la nouvelle, l'armée s'avança dans la région de Bapaume et de Bucquoy. Les combats heureux pour nos armes d'Achiet-le-Grand et de

Béhagnies forcèrent les ennemis à abandonner ces positions et amenèrent la bataille de Bapaume, livrée le 3 janvier.

« Le 3 janvier, dit le général Faidherbe, dès le matin nous commençâmes l'attaque vers le centre. La 2° division du 22° corps, général du Bessol, attaqua le village de Biefvillers, pendant que la 1re division, général Derroja, se dirigeait vers Grevillers. De son côté, la 1re division du 23° corps, commandant Payen, entrait sans coup férir à Béhagnies et Sapignies, se rabattait ensuite sur Favreuil fortement occupé et qu'elle canonnait vivement de deux côtés.

« Les divers villages furent défendus par l'ennemi avec une grande opiniâtreté. Le combat fut surtout acharné à Biefvillers, qui ne fut enlevé qu'après plusieurs retours offensifs, et après avoir été tourné vers la gauche par les troupes du général du Bessol, pendant que le général Derroja appuyait l'attaque sur la droite en enlevant vivement Grevillers.

« Nous trouvâmes le village de Biefvillers et la route qui conduit à Avesnes couverts de morts et de blessés prussiens ; les maisons d'Avesnes en étaient remplies et un assez grand nombre de prisonniers restèrent entre nos mains.

« L'artillerie, portée entre les deux villages, eut à soutenir une lutte terrible contre l'artillerie que l'ennemi avait accumulée près de Bapaume, sur la route d'Albert. Enfin les batteries des capitaines Collignon, Bocquillon et Giron, parvinrent, non sans dommages, à éteindre le feu de l'ennemi et toute la ligne s'avança sur Bapaume. Le petit village d'Avesnes avait été enlevé au pas de course par la 1re division. Une tête de colonne de la 2° division, emportée par son ardeur, se jeta en même temps sur le faubourg d'Arras, mais s'arrêta à l'entrée de la ville. Une vaste esplanade irrégulière, avec des fossés à moitié comblés, remplaçait les anciens remparts de la place, présentant des obstacles sérieux à la marche de l'assaillant, qui restait exposé aux feux des murs et des maisons crénelés par l'ennemi. Il eût fallu, pour le déloger, détruire avec de l'artillerie les abris où il s'était établi, extrémité bien dure quand il s'agit d'une ville française et à laquelle le général en chef ne put se résigner, ne tenant pas essentiellement à la possession de Bapaume. Pendant ce temps, le général Lecointe apprit que le village de Tilloy, qui débordait notre droite, était occupé par l'ennemi et qu'une colonne prussienne avec de l'artillerie s'avançait de ce côté sur la route d'Albert. Il fallait s'opposer à cette tentative de nous tourner par notre droite ; la brigade du colonel Pittié fut immédiatement portée sur le village de Tilloy qu'elle enleva malgré la plus vive résistance et où elle se maintint. Sur la gauche, le général Paulze d'Ivoy n'eut pas moins de succès contre le village de Favreuil.

« La division Robin, restée en grande partie en arrière, fut remplacée par deux bataillons de la 2ᵉ brigade de la division Payen, auxquels se joignit seulement un bataillon de voltigeurs de mobilisés pour l'attaque de gauche, tandis que la brigade du colonel de la Grange attaquait de front. Ces troupes forcèrent ensemble les barricades de l'ennemi et s'emparèrent de toutes ses positions. Cette attaque fut favorisée par une batterie de la 2ᵉ division du 22ᵉ corps, établie sur la route d'Arras à Bapaume, et l'ennemi se mit en pleine retraite de ce côté. »

Cette journée, plus meurtrière que celle de Pont-Noyelles, nous avait coûté 183 tués, 1,136 blessés et 800 disparus. La victoire était si bien restée à nos armes, que pendant la nuit les Allemands évacuèrent Bapaume, persuadés que nous allions les y attaquer. Ils n'y revinrent que quatre jours après, lorsqu'ils furent certains que nos troupes étaient rentrées dans leurs cantonnements. Des considérations de divers genres avaient forcé à prendre ce parti, et à ajourner le secours qu'on voulait porter à Péronne, qui pendant ce temps était forcé de capituler. Les Prussiens avaient établi de nombreuses batteries sur les hauteurs qui dominent cette ville, et s'étaient mis à la bombarder sans relâche pendant dix jours de suite. Ils ne s'attaquèrent ni aux murailles, ni aux fortifications, mais uniquement aux propriétés particulières, aux églises et aux hôpitaux. Le 9 janvier, 70 maisons étaient complétement rasées, 5 ou 600 presque inhabitables et quelques-unes à peine intactes. La capitulation, mise aux voix, fut résolue, malgré l'opposition de plusieurs membres qui représentaient que les défenses étaient intactes, les pièces non démontées et la résistance longtemps encore possible.

Mais un immense effort allait être tenté à Paris : pour y coopérer de son côté, Faidherbe résolut de s'avancer vers Saint-Quentin, pour menacer la ligne de La Fère, Chauny, Noyon et Compiègne. Il savait devoir y trouver les ennemis en nombre considérable, mais il espérait faire une diversion heureuse. Le 18 janvier, un combat assez sérieux à Vermand nous coûta près de 500 hommes, mais nous laissa maîtres de fortes positions. Le lendemain 19, au moment même de la sortie de Montretout, se livrait la bataille de Saint-Quentin.

« La bataille commença du côté du 22° corps. La 2° brigade de la 1re division (Derroja) était à peine rendue à Gauchy, et la 2° division (du Bessol), à Grugis, que de profondes colonnes d'infanterie prussienne, précédées de cavaliers, arrivèrent par la route de Paris, vers Castres.

« L'action s'engagea immédiatement entre les tirailleurs des deux armées, et la batterie Collignon s'établit sur une excellente position, près du moulin dit *A-tout-vent*. On se disputa la possession des hauteurs en avant de Gauchy et l'ennemi mit aussitôt en ligne de nombreuses batteries.

« La 1re brigade (Aynès) de la 1re division, qui avait couché à

Saint-Quentin, arriva alors au pas de course et vint se placer à la gauche des troupes engagées, étendant ainsi notre front de bataille jusqu'à la route de La Fère.

« Pour combattre l'artillerie ennemie, les batteries de Montebello et Bocquillon, la batterie Gaignaud de 12 et plus tard la batterie Beauregard vinrent se placer au centre de la position auprès de la batterie Collignon. Ces cinq batteries arrêtèrent pendant toute la bataille les efforts de l'ennemi, en lui faisant subir des pertes énormes.

« Pour s'opposer à l'attaque de colonnes considérables arrivant d'Ervillers et d'Itancourt, le colonel Aynès, avec une partie de sa brigade, s'avança sur la route de La Fère, où il tomba bientôt mortellement frappé. Il était environ trois heures; l'ennemi nous débordant en ce moment vers la Neuville Saint-Amand, nos troupes se replièrent presque jusqu'au faubourg d'Isle. Le commandant Tramond arrêta ce mouvement rétrograde en se mettant à la tête de ses bataillons du 68° de marche et chargeant l'ennemi à la baïonnette. On regagna le terrain perdu jusqu'à hauteur des batteries qui n'avaient pas cessé leur feu.

« Cependant la lutte continuait avec acharnement à la droite de la division. Les hauteurs avancées de Gauchy furent assaillies six fois par des troupes fraîches qui se renouvelaient sans cesse ; six fois, nos soldats, animés par le courage et l'intrépidité du colonel Pittié, repoussèrent ces assauts ; la cavalerie prussienne ne fut pas plus heureuse devant l'élan et la solidité de notre infanterie. Une charge faite par un régiment de hussards fut, en peu de temps, arrêtée et brisée par des feux d'ensemble bien dirigés par le colonel Cottin. Dans cette lutte, les mobiles du 91° et du 46°, malgré l'infériorité de leur armement, rivalisèrent de courage avec les troupes de ligne, animés par l'exemple de leurs officiers.

« Mais comment résister indéfiniment à des troupes fraîches amenées incessamment, même de Paris, sur le champ de bataille, par le chemin de fer? La 2ᵉ brigade, débordée par sa droite, se vit enfin obligée de céder le terrain. Elle battit en retraite en très-bon ordre. Son mouvement entraîna celui de la gauche de notre ligne, et les batteries, après avoir tiré jusqu'au dernier moment pour protéger la retraite, furent contraintes de se retirer à leur tour par le faubourg d'Isle, sous la protection des barricades établies dans ce faubourg et qui retardèrent la marche de l'ennemi. La nuit, du reste, était venue.

«Au 23ᵉ corps, l'action ne s'était sérieusement engagée qu'entre neuf et dix heures. La division Robin (mobilisés) avait occupé les villages de Fayet, Francilly, Salency, détachant un bataillon dans le village d'Holnon et garnissant par ses tirailleurs les bois en avant de son front. La brigade Isnard s'étendait de Francilly à la route de Savy, et la brigade de la Grange, de la division Payen, formait un échelon à la gauche de la précédente, jusqu'au canal. La 1ʳᵉ brigade (Michelet) de la 1ʳᵉ division était en réserve derrière le centre de la ligne de bataille. La batterie Halphen avait pris une excellente position à gauche de Francilly et y combattit d'une manière remarquable pendant toute la journée. Les batteries Dupuich et Dieudonné s'établirent en arrière de la droite de la division Robin pour défendre la route de Cambrai, par où il était à craindre que l'ennemi ne tentât de nous tourner et de nous couper la retraite. Les batteries de réserve furent placées à la gauche du 23ᵉ corps sur les hauteurs dominant la route de Ham.

« Pendant la première partie de la journée, la lutte ne consista qu'en un combat de tirailleurs et d'artillerie pour la possession des bois et des villages qui se trouvaient entre les deux armées. Mais, vers deux heures, des renforts ennemis venant de Péronne attaquèrent vigoureusement notre extrême droite et enlevèrent le village de Fayet à la division Robin, menaçant ainsi la route de Cambrai. La 1re brigade du commandant Payen, envoyée sur ce point, aborda vivement le village sous la protection d'une batterie et demie d'artillerie de réserve envoyée par le général en chef. En même temps, la brigade Pauly, des mobilisés du Pas-de-Calais, venant de Bellicourt au bruit du canon, prenait la part la plus honorable à cette opération. On réussit à repousser les Prussiens du village ; le 48e mobiles s'y établit et l'occupa jusqu'à la nuit. Quant aux autres troupes, elles prirent position en arrière sur les hauteurs où se trouvaient les batteries Dupuich et Dieudonné et empêchèrent l'ennemi de faire des progrès vers la route de Cambrai.

« Sur la gauche, les brigades Isnard et de la Grange, déployant une grande valeur, pénétrèrent à plusieurs reprises dans les bois de Savy. Mais, vers quatre heures, par l'arrivée de la division Memerly du 1er corps prussien, elles se trouvèrent en présence de forces trop supérieures et se virent obligées de céder peu à peu le terrain.

« Le général Paulze d'Ivoy reçut alors du général en chef l'ordre d'envoyer des renforts à sa gauche, pour arrêter les progrès de l'ennemi sur la route de Ham ; malgré ces renforts, l'ennemi put bientôt s'avancer sur la route et le long du canal et ne fut plus arrêté, jusqu'à la chute du jour qui ne tarda pas à arriver, que par le feu qui partait des solides barricades construites au faubourg Saint-Martin.

« Ainsi, à la nuit, du côté de l'ouest comme du côté du sud, nos troupes, épuisées par une journée entière de combat succédant à trois journées de marches forcées et d'escarmouches, par un temps et des chemins épouvantables, se trouvaient re-

Le général Faidherbe.

jetées sur Saint-Quentin par un ennemi dont le nombre augmentait à chaque instant par les renforts qu'il recevait. La retraite fut alors ordonnée au 22° corps par la route du Cateau et au 23° corps par celle de Cambrai.

« Le général en chef et son état-major, après avoir suivi le 22° corps jusqu'à Essigny, prit avec la cavalerie la route intermédiaire qui passe à Montbrehain. Les têtes de colonnes prussiennes entrèrent à Saint-Quentin par les routes de La Fère et de Ham, lançant quelques obus sur la ville et faisant prisonniers tous les soldats débandés, perdus, éclopés, et quelques compagnies qui se trouvèrent cernées.

« L'ennemi eut, d'après nos informations, dans les journées des 18 et 19, à Vermand et à Saint-Quentin, environ 5,000 hommes hors de combat, et nous environ 3,000 seulement. Cela tient à ce que nos coups portaient sur des masses de troupes doubles des nôtres.

« Le 20, un détachement prussien arriva à la suite de nos colonnes jusqu'aux portes de Cambrai et somma en vain la ville de se rendre. Une autre troupe alla bombarder Landrecies et en fut repoussée par l'artillerie de la place.

« Les ennemis se retirèrent ensuite vers Saint-Quentin et ils furent maintenus dans la limite du département de la Somme par l'armistice proclamé le 29 janvier. »

Ainsi, cette armée du Nord, après avoir, en deux mois, livré quatre batailles et plusieurs combats à l'ennemi, lui avait fait subir des pertes qu'on peut, sans exagération, évaluer à plus de 15,000 hommes.

L'armée prussienne profita de son séjour dans les riches provinces du Nord pour les pressurer et les mettre au pillage. Et l'on ne dira pas que ce furent des faits particuliers ou ignorés de l'admnistration supérieure ; une des plus insignes pilleries fut faite par le comte de Bismark en personne, qui fit mettre en adjudication les forêts des Ardennes et dépouilla la France d'un bois précieux sur lequel il n'avait aucun droit. Dans tout le pays, personne n'ayant voulu se charger de cette spéculation, le noble comte fit venir des juifs de Belgique qui se hâtèrent de perpétrer cet acte de brigandage. D'ailleurs les excès furent tels, ils excitèrent une indignation si grande, ils acquirent un tel caractère d'authenticité, que M. Chaudordy, représentant à Tours du ministère des affaires étrangères, dut envoyer à tous nos agents diplomatiques la circulaire suivante, qui appartient à l'histoire et doit flétrir à jamais ceux qui se sont rendus coupables de pareils excès.

« Le 18 septembre dernier, M. Jules Favre, vice-président du gouvernement de la défense nationale et ministre des affaires étrangères, se rendit à Ferrières pour demander la paix au roi de Prusse. On sait la hauteur avec laquelle on s'en est expliqué avec lui. Les puissances neutres ayant fait comprendre depuis qu'un armistice militaire était le seul terrain sur lequel il fallait se placer pour arriver ensuite à une pacification, le comte de Bismark s'y montra d'abord favorable, et des pourparlers s'ouvrirent à Versailles. M. Thiers consentit à y aller pour négocier sur cette base. Vous avez appris quel refus déguisé la Prusse lui a opposé. On doit reconnaître cependant que les deux plénipotentiaires français ne pouvaient être mieux choisis pour inspirer confiance au quartier général prussien.

« Que veut donc la Prusse? Le souverain auquel il avait été annoncé qu'on faisait exclusivement la guerre est tombé, et son gouvernement avec lui. Il ne reste aujourd'hui que des citoyens en armes, ceux-là même que le roi Guillaume déclarait ne vouloir pas attaquer. Serait-il vrai que nos ennemis veuillent réellement nous détruire? La Prusse n'a plus maintenant devant elle que la France. C'est donc à la France même, à la nation armée pour défendre son existence que la Prusse a déclaré cette nouvelle guerre d'extermination, qu'elle poursuit comme un défi jeté au monde contre la justice, le droit et la civilisation.

« C'est au nom de ces trois grands principes modernes outrageusement violés contre nous que nous en appelons à la conscience de l'humanité avec la confiance que, malgré tant de malheurs, notre devoir imprescriptible est de sauvegarder la morale internationale. Est-il juste, en effet, quand le but d'une guerre est atteint, que Dieu vous a donné des succès inespérés, que vous avez détruit les armées de votre ennemi, que cet ennemi lui-même est renversé, de continuer la guerre pour le seul résultat d'anéantir ou forcer à se rendre par le feu ou la faim une grande capitale toute pleine des richesses des arts, des sciences et de l'industrie? Y a-t-il un droit quelconque qui permette à un peuple d'en détruire un autre et de vouloir l'effacer? Prétendre à ce but, ce n'est plus qu'un acte sauvage qui nous reporte à l'époque des invasions barbares. La civilisation n'est-elle pas méconnue complétement, lorsqu'en se couvrant des nécessités de la guerre on incendie, on ravage, on pille la propriété privée avec les circonstances les plus cruelles? Il faut que ces actes soient connus. Nous savons les conséquences de la victoire et les nécessités qu'entraînent d'aussi vastes opérations stratégiques : nous n'insisterons pas sur ces réquisitions démesurées en nature et en argent, non plus que sur cette espèce de marchandage militaire qui consiste à imposer les contribuables au-delà de toutes leurs ressources. Nous laissons l'Europe juger à quel point ces excès furent coupables. Mais on ne s'est pas contenté d'écraser ainsi les villes et les villages, on a fait main basse sur la propriété privée des citoyens. Après avoir vu leur domicile envahi, après avoir subi les plus dures exigences, les familles ont dû livrer leur argenterie et leurs bijoux. Tout ce qui était précieux a été saisi par l'ennemi et entassé dans ses sacs et ses chariots. Des effets d'habillement enlevés dans les maisons et dérobés chez les marchands, des objets de toute sorte, des pendules, des montres, ont été trouvés sur les prisonniers tombés entre nos mains. On s'est fait livrer et l'on a pris au besoin aux particuliers de l'argent. Tel propriétaire arrêté dans son château a été condamné à payer une rançon personnelle de 80,000 francs; tel autre s'est vu dérober les châles, les fourrures, les dentelles, les robes de soie de sa femme. Partout les caves ont été vidées, les vins empaquetés, chargés sur des voitures et emportés ailleurs ; et pour punir une ville de l'acte d'un citoyen coupable uniquement de s'être levé contre les envahisseurs, des officiers supérieurs ont ordonné le pillage et l'incendie. Toute maison où un franc-tireur a été abrité et nourri est incendiée. Voilà pour la propriété !

« La vie humaine n'a pas été respectée davantage. Alors que la nation entière est appelée aux armes, on a fusillé impitoyablement non-seulement des paysans soulevés contre l'étranger, mais encore des soldats pourvus de commissions et revêtus d'uniformes légalisés. On a condamné à mort ceux qui tentaient de franchir les lignes prussiennes, même pour leurs affaires privées. L'intimidation est devenue un moyen de guerre. On a voulu frapper de terreur les populations et paralyser en elles tout élan patriotique. Et c'est ce calcul qui a conduit les états-majors prussiens à un procédé unique dans l'histoire, le bombardement des villes ouvertes.

« Le fait de lancer sur une ville des projectiles explosibles et incendiaires n'est considéré comme légitime que dans des circonstances strictement déterminées. Mais, dans ces cas mêmes, il était d'un usage constant d'avertir les habitants, et jamais l'idée n'était entrée jusqu'à présent dans aucun esprit que cet épouvantable moyen de guerre pût être employé d'une manière préventive. Incendier les maisons, massacrer de loin les vieillards et les femmes, attaquer pour ainsi dire les défenseurs dans l'existence de leurs familles, les atteindre dans les sentiments les plus profonds de l'humanité, c'est un raffinement de violence calculée qui touche à la torture.

« On a été plus loin cependant. On a osé prétendre que toute ville qui se défend est une place de guerre, et que, puisqu'on la bombarde, on a ensuite le droit de la traiter en forteresse prise d'assaut. On y met le feu, après avoir inondé de pétrole les portes et les boiseries des maisons. Si l'on a épargné le pillage, on n'en exploite pas moins contre la cité la guerre qu'elle doit payer en se laissant rançonner à merci. Et même, lorsqu'une ville ouverte ne se défend pas, on a pratiqué le système du bombardement sans explication préalable, et avoué que c'était le moyen de la traiter comme si elle s'était défendue et qu'elle eût été prise d'assaut. Il ne restait plus, pour compléter ce code barbare, qu'à rétablir la pratique des otages; la Prusse l'a fait : elle a établi partout un système de responsabilités indirectes qui, parmi tant de faits iniques, restera comme le trait le plus caractéristique de sa conduite.

« Pour garantir la sûreté de ses transports et la tranquillité de ses campements, elle a imaginé de punir toute atteinte portée à ses soldats ou à ses convois, par l'emprisonnement, l'exil ou même la mort d'un des notables du pays. Elle a emmené quarante otages parmi les habitants notables des villes de Dijon, Gray et Vesoul, sous prétexte que nous ne mettons pas en liberté quarante capitaines de navires faits prisonniers selon les lois de la guerre.

« Mais ces mesures, de quelques brutalités qu'elles fussent accompagnées dans l'application, laissaient au moins intacte la dignité de ceux qui avaient à les subir. Il devait être donné à la Prusse de joindre l'outrage à l'oppression. On a exigé de malheureux paysans entraînés par force, retenus sous menaces de mort, de travailler à fortifier les ouvrages ennemis et à agir contre les défenseurs de leur propre pays. On a vu des magistrats, dont l'âge aurait inspiré le respect aux cœurs les plus endurcis, exposés, sur les machines des chemins de fer, à toutes les rigueurs de la mauvaise saison et aux insultes des soldats.

« Les sanctuaires, les églises, ont été profanés et matériellement souillés. Les prêtres ont été frappés, les femmes maltraitées, heureuses encore lorsqu'elles n'ont pas eu à subir de plus cruels traitements.

CHAPITRE VIII. 399

« Il semble qu'à cette limite il ne reste plus, dans ce qu'on appelait jusqu'ici du plus beau nom, le droit des gens, aucun article qui n'ait pas été violé outrageusement par la Prusse. Les actes ont-ils jamais à ce point démenti les paroles?

« Tels sont les faits. La responsabilité en pèse tout entière sur le gouvernement prussien. Rien ne les a provoqués, et aucun d'eux ne porte la marque de ces violences désordonnées auxquelles cèdent parfois les armées en campagne. Il faut qu'on le sache bien, ils sont le résultat d'un système réfléchi dont les états-majors ont poursuivi l'application avec une rigueur scientifique.

« La Prusse a non-seulement méconnu les lois les plus sacrées de l'humanité, elle a manqué à ses engagements personnels. Elle prenait le monde civilisé à témoin de son bon droit! Elle conduit maintenant à une guerre d'extermination ses troupes transformées en hordes de pillards. Elle n'a profité de la civilisation moderne que pour perfectionner l'art de la destruction. »

A cet acte d'accusation étaient jointes les pièces probantes : il y avait un gros volume composé des procès-verbaux transmis au gouvernement et attestant l'authenticité de ces faits. Pour toute réponse, le comte de Bismark haussa les épaules ; il avait la force pour lui, et il savait que l'Europe était disposée à tout lui permettre.

CHAPITRE IX

LA CAMPAGNE DE L'EST.

Les Allemands dans les Vosges. — Combats de Raon-l'Etape, Rambervillers, Brouvelieures et Arnould. — Occupation d'Epinal et de Vesoul. — Prise de Dijon. — Combats sur l'Oignon. — Garibaldi. — Autun. — Arnay-le-Duc. — Nuits. — Bourbaki. — Passage de l'Oignon sur la glace. — Villersexel. — Arcey. — Héricourt. — Retraite sur Besançon. — Attaque de Dijon. — Retraite sur Pontarlier. — Armistice. — L'armée passe en Suisse. — Schelestadt. — Neuf-Brisach. — Belfort.

Le lendemain de la chute de Strasbourg, le général Werder envoya une colonne, sous les ordres du général Degenfeld, pour fouiller les Vosges et disperser les bandes de francs-tireurs qui avaient, à plus d'une reprise, inquiété l'armée assiégeante. Celui-ci divisa ses troupes en trois corps, qui devaient se réunir à Raon-l'Étape, dans la vallée de la Meurthe. Cette opération s'accomplit sans trop de difficultés, malgré la destruction des routes. Si les francs-tireurs eussent été plus nombreux et mieux armés, ils eussent pu causer de graves embarras aux Allemands; tout se borna à un petit combat sans importance à Raon-l'Étape, le 5 octobre.

Sur ces entrefaites, le quartier général allemand prescrivit la formation d'un 14ᵉ corps d'armée, composé des troupes qui avaient assiégé Strasbourg, et dont il donna le commandement à Werder. Ses instructions portaient qu'il devait investir et assiéger Schelestadt, Neuf-Brisach et Belfort, couvrir l'Alsace et le flanc de la 2ᵉ armée, occuper Vesoul et Dijon, et se garder vers Langres, Besançon et Belfort. Pour obéir à ces ordres, Werder se porta en avant par les voies que lui avait frayées

CHAPITRE IX.

M. Steenackers, directeur des lignes télégraphiques.

Degenfeld. Il livra sur sa route divers combats à Rambervilliers, Brouvelieures, Arnould et Épinal; le 18 octobre il occupa Vesoul, où il établit son quartier général. Son premier soin fut d'enlever comme ôtage et d'envoyer à Coblentz le préfet, M. Meillier, qui avait refusé de venir au devant de lui. D'ailleurs, la ville de Vesoul eut la chance de posséder des fonctionnaires aussi patriotes qu'intelligents, et si les charges de l'occupation ne pesèrent pas trop lourdement sur elle, elle le doit à l'énergie et à l'habileté de son maire, M. Noirot, dont le courage ne lui fit pas défaut un seul instant.

Le centre de la résistance française était la ville de Besançon, place forte de première classe et entourée de fortifications modernes. Werder résolut de marcher sur elle, non dans l'espoir de la prendre, mais pour attirer nos troupes en rase campagne et donner plus de liberté d'action aux colonnes qu'il laissait en Alsace. Toutefois, il rencontra sur la rivière de l'Ognon une résistance plus forte qu'il ne s'y attendait, et après la bataille de Cuncy, où il fut repoussé, il rétrograda vers Langres et Gray, d'où il se porta sur Dijon. Sans doute pour venger son insuccès, il parcourut la campagne, fusillant les habitants qui lui tombaient sous la main.

Ayant appris que Dijon avait été évacué par les troupes françaises, il vint pour en prendre possession. Les magistrats de cette ville la sachant sans fortifications, peu garnie de troupes, avaient engagé les chefs des mobilisés qui s'y trouvaient à se retirer, afin de ne pas exposer la cité aux représailles d'un vainqueur féroce.

Si toutes les forces éparses dans les environs se fussent trouvées concentrées en cet endroit, on eût pu essayer une résistance efficace. Mais là comme ailleurs la discipline laissait à désirer chez les soldats, et la régularité dans le commandement. Toutefois les ouvriers de Dijon, pris d'un sentiment de patriotisme plus chevaleresque qu'éclairé, ne voulurent pas livrer leur ville à l'ennemi sans essayer de la défendre. Un bataillon de mobiles fut donc rappelé de Beaune, et le colonel Fauconnet organisa la résistance dans les faubourgs de l'est. Malheureusement il succomba au milieu de la bataille. La lutte fut cependant acharnée, et les Allemands y perdirent beaucoup de monde. Voyant qu'ils trouvaient plus de difficultés qu'ils ne s'y étaient attendus, et fidèles à leurs habitudes, ils se retirèrent à une certaine distance, et se mirent à bombarder cette ville ouverte. Bientôt le feu se déclara sur sept points différents, et la capitulation devint une nécessité inévitable.

Une fois maître de Dijon, Werder y établit son quartier général, mais ne chercha pas à descendre vers la Saône et vers Lyon, tenu en respect par Cremer à Beaune et par Garibaldi à Dijon. Le célèbre Italien était accouru aider la France de son épée, ayant auprès de lui ses deux fils, Ricciotti et Menotti, et accompagné de son chef d'état-major, Bordone. Les Prussiens essayèrent, par trois fois, de s'avancer vers le sud et, par trois fois, ils furent repoussés dans les combats d'Autun, d'Arnay-le-Duc et de Nuits, combats qui furent glorieux pour nos armes.

A Autun, les Prussiens attaquèrent les positions de Garibaldi, le 30 novembre, avec 6,000 hommes d'infanterie, 1 régiment de cavalerie et 12 pièces de canon. L'action commença vers deux heures de l'après-midi et se terminait à quatre heures par la retraite des assaillants. Le général Garibaldi montra, en cette circonstance, des ressources stratégiques, car il se trouvait dans des conditions d'infériorité manifestes. Il ne possédait que cinq à six mille hommes de troupes irrégulières, 6 pièces de petit calibre et pas un seul cavalier. Mais il avait étudié le pays et il racheta l'insuffisance des troupes par l'à-propos de ses dispositions.

L'affaire d'Arnay-le-Duc et de Bligny-sur-Ouche, le 3 décembre, eut plus d'importance. Garibaldi fut secondé par le général Cremer, qui, à la tête de cinq mille mobilisés, vint opérer à Bligny pendant que Garibaldi opérait à Arnay. L'ennemi, cherchant sans doute une revanche de l'échec du 30 novembre, s'était engagé dans la vallée de l'Ouche avec des forces plus considérables, dix à onze mille hommes et 24 bouches à feu. Garibaldi, qui avait été informé du mouvement, se concerta avec le général Cremer pour prendre l'ennemi entre deux feux. Il le refoula d'Arnay dans la direction de Bligny, où le général Cremer l'attendait avec ses mobilisés et huit pièces à longue portée. La défaite des Prussiens fut complète; ils eurent près de 400 hommes hors de combat et laissèrent 280 prisonniers. Les troupes de Garibaldi, exaltées par le succès, poursuivirent l'ennemi jusque sous les murs de Dijon et y seraient certainement entrées avec lui, si une diversion avait été faite à temps dans la direction de Nuits.

A Nuits, le 18 décembre, le général Cremer eut les honneurs de la journée. L'ennemi, avec dix-huit mille hommes et 42 pièces d'artillerie, l'attaqua dans trois directions différentes. Les Français étaient au nombre de douze mille et ne possédaient que 18 bouches à feu. Le combat ne finit qu'à la nuit close, alors que notre artillerie, admirablement postée et desservie, ne pouvait plus, par son tir, s'opposer aux mouvements de l'ennemi. Celui-ci prit possession de la ville, mais ne put la conserver, tant ses pertes avaient été cruelles. On parle de 4 à 5,000 hommes hors de combat, parmi lesquels le prince de Bade et plusieurs colonels. De leur côté, les Français perdirent 1,200 hommes, mais ils firent une retraite en si bon ordre qu'ils ne furent pas un seul instant inquiétés. Cette apparente défaite fut, en réalité, une victoire, tant par les pertes infligées à l'ennemi que par la démoralisation qu'elle lui causa pour un assez long temps.

C'est à ce moment que le gouvernement de Tours, qui venait de se transporter à Bordeaux pour éviter une surprise possible, emmenant avec lui tout son personnel, y compris M. Ranc, chef de la police, et M. Steenackers, directeur des télégraphes, mit à exécution le projet déjà plusieurs fois formé d'une campagne dans l'Est. Il en confia le commandement à Bourbaki et à cette partie de l'armée de la Loire qui avait été rejetée sur la rive droite du fleuve et séparée des corps de Chanzy. Voici quel était le plan et l'espoir de ceux qui conçurent cette idée :

On renoncerait, quant à présent, à marcher directement

sur Paris. On séparerait les 18ᵉ et 20ᵉ corps du 15ᵉ, et on les porterait rapidement, en chemin de fer, jusqu'à Beaune. Ces deux corps, conjointement avec Garibaldi et Cremer, seraient destinés à s'emparer de Dijon, ce qui semblait très-réalisable, puisqu'on ferait agir 70,000 hommes environ contre 35 à 40,000 ennemis. Pendant ce temps, Bressoles et son armée se porteraient, par chemin de fer, à Besançon, où ils ramasseraient les 15 à 20,000 hommes de garnison. Cette force totale de 45 à 50,000 hommes, opérant de concert avec les 70,000 victorieux de Dijon, n'aurait pas de peine à faire lever, même sans coup férir, le siége de Belfort, et offrirait une masse compacte de 110,000 hommes, capable de couper les communications dans l'Est, malgré tous les efforts de l'ennemi. La seule présence de cette armée ferait lever le siége de toutes les places fortes du Nord et permettrait, au besoin, de combiner plus tard une action avec Faidherbe. En tout cas, on aurait la certitude de rompre définitivement la base de ravitaillement de l'ennemi. Quant au 15ᵉ corps, séparé des 18ᵉ et 20ᵉ, il aurait pour mission essentielle de couvrir Bourges et Nevers, en se retranchant dans les positions de Vierzon et en occupant solidement la forêt.

Ce plan, très-séduisant en théorie, était très-défectueux dans la pratique, comme les événements ne l'ont que trop prouvé. Le seul but à poursuivre était de débloquer Paris, dont les vivres et les forces s'usaient chaque jour, et dont la capitulation devait forcément amener la défaite définitive : aucune opération n'était plus urgente que celle-là. De plus, avec un peu de réflexion, on eût compris qu'il était chimérique de croire qu'une semblable démonstration pût faire abandonner aux Allemands et leurs conquêtes et le blocus de Paris, pour les forcer à revenir sur leurs pas, quand ils avaient de l'autre côté de la frontière plusieurs centaines de mille hommes parfaitement armés et équipés, et qui n'attendaient qu'un signe pour entrer sur le territoire français. Enfin une opération de ce genre nécessitait une promptitude, une célérité qu'on ne pouvait raisonnablement attendre de nos chemins de fer, dans l'état de désorganisation où ils se trouvaient et dans le désarroi qui avait bouleversé toutes les branches des administrations.

« Tout le monde est d'accord sur la cause du désastre de « cette armée de l'Est, dit un ingénieur placé par le gouverne- « ment auprès des chemins de fer de l'Est pour surveiller le « service des voies ferrées. Son mouvement a d'abord été trop « lent; ensuite c'est le défaut de ravitaillement qui a empêché « le général Bourbaki de poursuivre son succès après avoir « enlevé Arcey, le 13 janvier; les 15, 16 et 17, nos malheureux « soldats se sont bravement battus malgré la faim, malgré la « température extrêmement rigoureuse; enfin le 18, quand le « mouvement de retraite s'est opéré, les vivres ont commencé « à arriver; mais les convois, accumulés sur la route que devait « suivre l'armée en sens contraire, n'ont été pour celle-ci « qu'une cause de désordre. »

En effet, il fallut près de quinze jours pour faire un mouvement de concentration qui aurait dû être opéré en deux ou trois, et ce ne fut que le 5 janvier que les premiers corps d'armée purent se mettre en marche et commencer les opérations.

L'armée de l'Est se composa définitivement de quatre corps d'armée, les 15e, 18e, 20e et 24e, de la division Cremer, forte de 15,000 hommes, et d'une réserve spéciale de 8 à 9,000 hommes, formée avec quelques bataillons d'élite et commandée par le capitaine de vaisseau Pallu de la Barrière. Chacun de ces six corps ou détachements relevait directement du général Bourbaki. Leur ensemble représentait environ cent quarante mille hommes et 400 bouches à feu de tout calibre. Celles-ci étaient principalement des pièces de 4; mais on y comptait aussi 7 batteries de 12, 6 batteries d'obusiers de montagne et plusieurs batteries de mitrailleuses. La division Crémer possédait une batterie de canons Armstrong, du calibre de 9, la seule qu'il y eût dans l'armée. En outre de ces forces, le corps du général Garibaldi, qui ne comptait actuellement que de 13 à 14,000 hommes et 6 batteries, mais que des renforts devaient prochainement porter à plus de 40,000 hommes et à 90 pièces, avait mission de coopérer avec l'armée de l'Est. Pour le moment ce corps occupait Dijon, abandonné précipitamment par les Prussiens.

Le plan adopté par Bourbaki fut le suivant : il résolut de se porter sur Vesoul où s'étaient concentrées les troupes ennemies qui, en présence de notre mouvement offensif, avaient évacué Gray et Dijon. Son but était de les déloger de cette position en s'emparant de Villersexel et d'Esprels, et de couper leurs communications avec Belfort. Après avoir dispersé l'armée de Werder, il comptait fondre sur Treskow et lui faire lever le siége de Belfort.

A l'état major prussien on surveillait attentivement les mouvements de nos armées; on cherchait à deviner ce qu'elles allaient faire afin de paralyser leur action. Quatre éventualités pouvaient se produire, et les voici telles qu'elles sont mentionnées par le major Blume :

1° Offensive combinée de Bourbaki, par la ligne Bourges, Nevers et Montargis, et de Chanzy, par le Mans sur Paris;

2° Jonction de Bourbaki et de Chanzy au Mans, pour opérer ensuite sur Paris;

3° Jonction de Chanzy à Bourbaki, pour opérer par Gien, Montargis ;

4° Mouvement séparé de Bourbaki vers l'est et de Chanzy vers l'ouest.

Les Allemands regardaient comme peu probable cette dernière opération, la trouvant la plus aventureuse; ils redoutaient, au contraire, beaucoup la seconde, qui était indiquée et par les circonstances et par la science militaire.

Ce ne fut que le 5 janvier que Werder eut connaissance du mouvement de Bourbaki, ce qui permet de supposer que, si ce mouvement avait été exécuté avec précision et rapidité, le général allemand eût pu être écrasé et Belfort débloqué. Aussitôt le quartier général allemand prit les mesures nécessaires pour résister à cette nouvelle attaque. L'armée opérant dans l'Est fut renforcée; elle se composa des 2e, 7e et 14e corps, prit le nom d'armée du Sud et fut mise sous les ordres du général Manteuffel. Ordre fut donné à Werder d'empêcher à tout prix la levée du siège de Belfort en attendant les renforts qui allaient lui arriver. Ce point surtout était à cœur au quartier général prussien, et c'était la seule chose qu'il parût redouter dans cette marche inopinée de Bourbaki.

Cependant nos troupes s'étaient mises en marche; le 18e corps avait pu passer l'Ognon sur la glace, tellement la température était rigoureuse. L'armée chemina par Rioz, Montbazon et Rougemont, et arriva devant les lignes de Villersexel et d'Esprels, où l'ennemi s'était soigneusement fortifié.

L'attaque de ces positions eut lieu le 9 janvier au matin. Le général de Werder avait tiré parti de tous les obstacles naturels; les villages étaient barricadés, les maisons crénelées; les points culminants étaient garnis de grosse artillerie. Son armée, forte de 35,000 hommes environ, était distribuée entre Vesoul et Villersexel, occupant tous les points favorables, et, par suite de la configuration du terrain, c'était moins une bataille qu'il fallait livrer qu'une suite de positions retranchées à enlever. Le combat s'engagea avant dix heures du matin et se prolongea jusqu'à sept heures du soir. Le terrain fut disputé pied à pied

CHAPITRE IX.

par l'ennemi. Le village de Villersexel, qui était la clef de la communication avec Montbéliard, fut pris et repris, mais resta en définitive aux Français. Le succès de la journée fut dû principalement à l'intervention personnelle du général Bourbaki, qui ne quitta pas le champ de bataille. Werder essaya de s'attribuer la victoire : l'état de désorganisation dans lequel ses troupes se retirèrent dément suffisamment cette prétention ; toutefois il avait réussi dans son projet, qui était d'arrêter nos troupes afin de laisser aux Allemands le temps d'accourir vers Belfort.

Le 11, l'armée reprit sa marche en avant, et le 13 elle rencontra l'ennemi à Arcey, à peu près à mi-chemin de Villersexel à Héricourt. Cette position était la première ligne de défense d'une série de retranchements élevés par la nature et fortifiés avec soin par les Prussiens jusqu'à Héricourt. Le combat qui s'engagea autour d'Arcey se termina de la même manière que celui de Villersexel, après des phases sensiblement pareilles. L'ennemi, délogé de ses positions, se retira dans la direction d'Héricourt, sans être sérieusement inquiété. Enfin, le 14 au soir, Bourbaki vint s'établir devant Héricourt, qui était la vraie clef de la situation. Héricourt pris, le siège de Belfort était levé nécessairement, et l'armée de Treskow obligée de se réfugier en Alsace, peut-être de repasser le Rhin. L'ennemi ne l'ignorait pas ; aussi avait-il fait d'énormes préparatifs pour garder la position. On peut estimer à quatre-vingt mille hommes le total des forces réunies dans ces parages. Vingt mille environ avaient été laissés pour contenir Belfort ; le reste, ou soixante mille hommes, étaient retranchés autour d'Héricourt et de Montbéliard. Le 15, commença une série d'engagements collectivement désignés sous le nom de bataille d'Héricourt. La lutte dura trois jours, se réduisant sur certains points à de simples duels d'artillerie et prenant sur d'autres le caractère de mêlées d'infanterie, où nos soldats se battirent, dirent les officiers prussiens, avec un acharnement sans exemple dans les annales militaires. La journée du 15 se passa bien. Les premières positions, en avant de la route départementale, furent emportées jusqu'à Chagey. Toutefois, à la gauche, le mouvement tournant ne put s'effectuer en temps opportun et l'ennemi garda les villages d'Étobon et de Chenebier. La véritable cause qui fit manquer ce mouvement paraît être le mauvais état des chemins que le 18ᵉ corps avait à suivre. C'étaient des sentiers très-étroits, rendus glissants par la neige et la glace, sur lesquels les chevaux avaient beaucoup de peine à avancer. Quant au corps Cremer, il fut coupé en deux par le 18ᵉ corps et retardé ainsi de près de trois heures. Son rôle, qui devait être très-important, ne put commencer qu'à 3 heures et demie du soir. A ce moment il atteignit Étobon, d'où sa batterie Armstrong canonna l'ennemi à Chenebier, à 2 kilomètres. Le soir, par une manœuvre qui ne s'explique pas très-bien, on abandonna Étobon pour se concentrer sur le plateau de Thure, à l'est de Chenebier.

La nuit du 15 au 16 fut terrible à passer, à cause du froid, surtout pour les troupes stationnées sur les plateaux. « Ce fut, « dit un correspondant anglais, la plus rude nuit que nous « ayons eue, et il serait impossible de donner la moindre idée « de nos horribles souffrances... Les Prussiens étaient distants « de nos avant-postes de 800 mètres seulement, et, nonobstant « cette proximité et en opposition avec toutes les règles mili- « taires, nous allumâmes des feux avec autant de fagots — tous « de bois vert — que nous pûmes nous en procurer. Autour de « ces feux se confondaient, sans distinction de rang, généraux, « officiers et soldats, et jusqu'à des chevaux, également dési- « reux tous de ne pas mourir de froid. Le thermomètre mar- « quait 18° au-dessous de zéro; un fort vent aigu soufflait sur

« le plateau, chassant devant lui des nuages de neige, nous
« aveuglant et formant autour des hommes de petits tas dans
« lesquels ils étaient enfoncés jusqu'aux genoux. Assis sur nos
« havresacs, nous passâmes la nuit avec les pieds dans le feu,
« espérant conserver ainsi notre chaleur vitale. » Pour comble
de maux, les approvisionnements eurent de la peine à arriver
sur plusieurs points, et, dans le corps Cremer notamment, le
même correspondant assure que la troupe « n'eut rien à man-
« ger pendant 36 heures. »

L'attaque recommença le lendemain, 16. Au centre et à
droite on ne gagna pas de terrain, les positions furent seulement maintenues. Une tentative vigoureuse pour traverser la
Lisaine à Bétoncourt, entre Montbéliard et Héricourt, fut repoussée. Quelques maisons d'Héricourt, un instant occupées,
par la grand'route d'Arcey, ne purent pas être conservées. La
brigade Peytavin s'empara de Montbéliard; mais le château
restait à l'ennemi, ce qui enlevait tout intérêt à cette prise de
possession. A l'extrême gauche seulement, nous eûmes un important avantage qui mérita le nom de « victoire de Chenebier. »
Elle fut due à la division Cremer et à une partie du 18e corps.
Voici comment en rend compte un correspondant anglais présent à l'engagement :

« Le 16, à 7 heures et demie du matin, l'ennemi commença
« par lancer en avant ses tirailleurs et par établir ses batteries
« de 12 à Chenebier. Le général Tevis (du corps Cremer) dé-
« ploya sa brigade sur la crête du plateau (de Thure) et ouvrit
« le feu avec ses pièces de 4. Après deux heures de ce duel
« d'artillerie à courte distance, les canons ennemis furent
« complétement réduits au silence, et, au grand chagrin des
« hommes, Cremer envoya l'ordre à Tevis de cesser le feu,
« bien qu'une colonne d'attaque eût été formée pour prendre
« le village à la baïonnette. Cremer croyait que c'était une

« simple démonstration (de l'ennemi) pour nous empêcher
« d'aller à Chagey appuyer le général Bonnet du 18ᵉ corps,
« dont nous entendions distinctement la fusillade et le canon
« à 3 kilomètres seulement derrière la montagne. Agissant
« sous cette impression, le 32ᵉ fut envoyé par le chef de la
« division pour faire une reconnaissance dans cette direction,
« mais il fut ramené au bout d'une heure environ, et
« alors nous apprîmes que le chemin indiqué par Bourbaki
« pour notre mouvement était un simple sentier à montures,
« absolument impraticable pour l'artillerie, et que le seul moyen
« de sortir de notre posifion était de traverser les lignes ennemies
« à Chenebier. Sur ces entrefaites, de grands renforts d'artil-
« lerie pouvaient être vus distinctement entrant dans le village
« par la route d'Échevanne et défilant sous le couvert des mai-
« sons vers Étobon, sur notre gauche, dans le but de diriger
« un feu croisé sur notre position. La chose avait l'air très-sé-
« rieux, et quand, à 11 heures 30, la canonnade recommença,
« nous reconnûmes que l'ennemi, profitant de l'expérience
« du matin, avait établi ses batteries sur le versant en arrière
« du village, au niveau de notre position et à une distance
« dépassant la portée de nos pièces, sauf les Armstrong; en
« conséquence, le feu des petites pièces fut dirigé exclusivement
« sur l'infanterie. Sur les deux heures de l'après-midi, une
« grêle de balles, d'obus et de boulets balaya si furieusement
« le plateau que nous fûmes tous obligés de nous coucher,
« quoique la première ligne, composée entièrement de la
« 2ᵉ brigade, la seule engagée, maintînt un feu violent sur
« l'infanterie ennemie. Alors Tevis s'aperçut que la gauche
« des Prussiens n'était pas gardée et pourrait être tournée à
« l'abri d'un coteau, et le 83ᵉ régiment fut immédiatement
« lancé à l'attaque. Les hommes avancèrent très-bravement,
« pour de jeunes troupes; mais, dans leur ardeur, ils firent

« feu trop tôt, attirant ainsi l'attention de l'ennemi avant que
« le 57ᵉ de ligne, que le général avait envoyé comme appui,
« pût arriver. Ils souffrirent ainsi beaucoup et rompirent plu-
« sieurs fois, mais ils furent ralliés par leurs officiers et réus-
« sirent à occuper la crête du coteau près d'une heure. Alors
« leur brave colonel, Pech-Lectanière, tomba avec une balle
« dans le cœur, et, comme une colonne badoise tournait leur
« droite, ils se retirèrent en désordre et furent repoussés sur
« la route. Quelques-uns s'enfuirent, mais le grand nombre se
« rallia derrière un monticule, d'où il dirigea un feu très-vif
« sur les tirailleurs ennemis qui fourmillaient à ce moment
« dans les bois, sur le côté opposé d'un ravin à notre droite,
« d'où ils furent délogés par les obusiers de montagne, utilisés
« pour la première fois dans cette campagne. Enfin le bruit
« agréable des tambours du 57ᵉ battant la charge fut entendu,
« et au bas de la pente devant le plateau se répandirent des
« flots d'hommes. Le 1ᵉʳ bataillon du 86ᵉ mobiles se joignit au
« mouvement, ainsi que le bataillon de la Gironde et le reste
« du 83ᵉ, et, avec un cri impétueux de Vive la France! les
« Français se jetèrent dans le village, et la bataille de Chene-
« bier fut gagnée, juste au moment où l'amiral Penhoat trom-
« pait la droite des Prussiens et les chassait d'Étobon.

« Malheureusement, comme tous nos succès dans cette
« guerre, la victoire n'eut pas de suites, et le général Degen-
« feld se retira avec toute son artillerie sur Frahier, ligne de
« retraite qui lui aurait été coupée si le mouvement de la
« 2ᵉ brigade avait été exécuté par la droite comme il avait été
« commencé, au lieu de l'être au centre. Les pertes des deux
« côtés furent à peu près égales: les Prussiens avouèrent
« 1,200 morts et blessés; la nôtre fut peut-être un peu moin-
« dre. La 2ᵉ brigade (à elle seule) perdit 17 officiers et 590
« hommes tués et blessés, la plupart par la mousqueterie. Le

CHAPITRE IX. 415

« général Billot, commandant le 18ᵉ corps, vint après la bataille
« et exprima sa surprise pour la fermeté et la bravoure des ré-
« giments de mobiles, qui avaient supporté le choc de l'action
« et avaient tenu pendant sept heures et demie sous le plus
« violent feu d'obus, de mitraille et de mousqueterie. Le suc-
« cès de la journée est attribué au mouvement de flanc de la
« 2ᵉ brigade, dont le commandant, général Carrol-Tevis, fut
« complimenté devant ses hommes et décoré sur le champ de
« bataille. »

Le 17, le général en chef ordonna une attaque générale sur tout le front de l'ennemi, depuis Montbéliard jusqu'au mont Vaudois. On essaya, mais en vain, de passer la Lisaine à Bethoncourt, Busserel et Héricourt. L'ennemi, qui était sur ses gardes, avait soigneusement occupé ces passages. Une tentative sur le château de Montbéliard échoua; 8 batteries de 24, rangées sur la montagne, en défendaient les abords et défiaient tous les efforts des pièces de 4 et de 12 qu'on leur opposait. A Chagey même, le 18ᵉ corps ne put enlever la position, par suite de l'extrême difficulté d'amener l'artillerie en ligne. Il en résulta que le mouvement tournant de gauche, sur lequel le général en chef comptait toujours, ne put s'effectuer, et cette circonstance acheva de lui faire envisager le succès comme impossible. A l'extrême gauche il n'y eut pas d'engagements importants. Aux premières heures, une tentative des Prussiens pour déloger de Chenebier l'amiral Penhoat fut victorieusement repoussée; mais tout le reste du jour il n'y eut à proprement parler que des escarmouches. En présence de ces résultats négatifs, le général en chef ne crut pas devoir persévérer. Il se découragea juste au moment où le succès allait récompenser tant d'efforts et de souffrances. Personne dans l'armée ne put comprendre ce mouvement en arrière, et tous ceux qui ont écrit sur cette campagne l'attribuent à ce dérangement d'esprit qui devait amener Bourbaki à une tentative de suicide.

Il paraît avéré que, si l'attaque avait été renouvelée, elle aurait abouti. « Ils (les officiers prussiens) se croyaient
« perdus, dit un écrivain suisse, tous leurs préparatifs de re-
« traite étaient faits, lorsque Bourbaki perdit courage d'une
« manière absolument inexplicable et se retira à peu de dis-
« tance, ne pouvant se décider ni à tenter un grand et suprême
« effort, ni à effectuer une retraite qui était parfaitement pos-
« sible, mais qui devait s'accomplir sans retard, car deux corps
« d'armée détachés de devant Paris s'avançaient, sous le général
« Manteuffel, de manière à l'entourer et à lui fermer toutes les
« issues. Ces hésitations le perdirent. Sans doute ses hommes
« avaient beaucoup souffert du froid et de la faim, mais l'inac-
« tion n'améliorait pas leur position. J'ai interrogé à ce sujet
« un certain nombre de soldats et d'officiers qui assistaient
« à ces engagements; ils ont été unanimes à me dire que les
« soldats n'étaient point découragés, qu'ils étaient prêts à
« continuer, que l'attaque s'est faite avec trop de mollesse, en
« y employant trop peu d'infanterie; que c'était le cas ou jamais
« de tenter un assaut en forces, dût-on même y perdre 10,000
« hommes, et que la perte aurait été moindre que dans une
« bataille prolongée où une artillerie de gros calibre, postée
« sur des points dominants, avait fait un mal affreux aux as-
« saillants. »

Il n'y avait que deux partis à prendre : ou bien se dérober rapidement devant Héricourt, en laissant un corps de troupes en observation pour dissimuler le mouvement, et avec le gros de l'armée se porter à la rencontre des renforts annoncés; ou bien ramener toute l'armée sur Besançon et, de là, suivant les événements, se porter sur Lons-le-Saulnier, Dôle ou toute autre direction appropriée. Le général Bourbaki préféra ce dernier parti.

Général Bourbaki.

La retraite sur Besançon commença le 18 au matin. Elle était difficile, surtout pour la gauche de l'armée, qui avait à décrire un arc étendu, à travers des chemins peu praticables. En outre on se mouvait dans une zone étroite où les corps risquaient, plus encore qu'en allant, de se trouver rejetés les uns sur les autres. A l'extrême gauche les empêchements étaient si grands que, malgré la chaude poursuite de l'ennemi, on eut besoin de cinq jours pour atteindre Besançon. Néanmoins le mouvement, dans son ensemble, fut dirigé avec succès. Il s'effectuait entre le Doubs et l'Ognon, le 18ᵉ corps et la division Cremer étant rabattus sur Villargent, à l'est de Villersexel.

Une tentative de l'ennemi, à Villargent, sur l'arrière-garde, fut vigoureusement repoussée. Sur les autres points il ne s'en produisit pas de sérieuses.

Ainsi se passèrent les quatre premières journées, du 18 au 21 inclus, l'armée parcourant en moyenne une quinzaine de kilomètres par jour. Le 21 au soir la situation était relativement bonne. Le gros des forces n'était plus qu'à une journée de marche de Besançon. Le 24º corps, laissé en arrière, gardait les routes de Montbéliard en occupant le Val-Blamont, Pont-de-Roide, Clerval. Une division du 15º corps occupait Baume-les-Dames. Tout le reste était distribué autour de Besançon jusqu'à Pouilley, et la réserve établie entre Châtillon et Miserey, soit à 10 ou 12 kilomètres de la ville et en arrière des trois passages les plus voisins sur l'Ognon, Voray, Cussey et Pin. Besançon se trouvait dès lors entièrement couvert et les divers corps, moins le 24º, pouvaient s'y concentrer en vingt-quatre heures si les circonstances l'exigeaient.

Pendant ce temps d'autres événements se passaient non loin de là, qui allaient influer sur l'issue de la campagne. Garibaldi avait été envoyé à Dijon, avec la mission de garder cette place et d'éclairer le pays jusqu'à Langres pour protéger la gauche de l'armée de l'Est. L'ensemble de l'armée mise sous son commandement, composée en grande partie de gardes nationaux mobilisés, s'élevait à 50,000 hommes avec 90 pièces de canon. Une première faute fut commise par défaut de vigilance : en voyant des uhlans dans la direction de Semur et de Montbard, on crut à une simple démonstration, tandis que c'était un corps d'armée de 45,000 hommes qui s'avançait dans la direction d'Is-sur-Thil, se partageant là en deux colonnes, dont l'une s'avança sur Dijon, l'autre sur Combeaufontaine et Pontailler. Une faute plus grave fut l'abandon de Gray et de Dôle, dont Bourbaki et Garibaldi se rejettent mutuellement la responsabilité. Le 20, les Prussiens arrivèrent en vue de Dijon, et le lendemain ils commencèrent l'attaque. Ils avaient 12,000 hommes d'excellentes troupes, tandis que du côté des Français on ne voyait que 18,000 mobilisés mal équipés et mal armés. Cependant la ville fut admirablement défendue. Garibaldi, encore souffrant, se fit mettre en voiture découverte et conduire au milieu du champ de bataille pour animer l'ardeur de ses troupes. On combattit toute la journée, et les Prussiens furent repoussés. La lutte recommença le lendemain et le surlendemain ; l'avantage resta à nos jeunes soldats, qui s'animèrent peu à peu et se conduisirent comme de vieilles troupes.

Les forces prussiennes qui n'avaient pas pris part à l'attaque de Dijon s'étaient dirigées vers Gray et Pontailler pour mettre obstacle à la retraite de l'armée de l'Est. Lorsque, le 21 au soir, Bourbaki apprit leur arrivée, un grand trouble s'empara de lui. Au lieu de se porter directement sur Dôle, occupé par vingt mille Prussiens sur le ventre desquels il aurait facilement passé, il perdit trois jours à faire des marches et des contre-marches autour de Besançon, fatiguant inutilement ses soldats et leur ôtant, par ses tergiversations, le peu de courage qui pouvait leur rester. Enfin, le 24, apprenant que des forces prussiennes occupaient Dôle, Mouchard et Quingey ; que le 24ᵉ corps, chargé de garder les défilés de Lomont, avait abandonné ses positions sans combattre, laissant le passage libre à toutes les forces allemandes répandues à Héricourt ; qu'enfin les troupes qui avaient combattu à Dijon se dirigeaient vers lui pour l'envelopper et lui couper toute retraite vers Lyon, il crut son armée perdue et décida la retraite sur Pontarlier. Le 26, elle commença ; lui-même donna ses ordres, surveilla le défilé ; puis le soir, succombant aux émotions et aux revers de tous genres qui l'avaient accablé depuis le commencement de cette campagne, il se tira un coup de pistolet. Le commandement fut alors donné au général Clinchant. Les choses étaient alors trop avancées pour éviter la retraite sur Pontarlier; il aurait fallu cinq ou six jours pour déboucher par la plaine en avant de Besançon. Rien ne pouvait donc arrêter le mouvement commencé. Restait à l'exécuter le mieux possible ; un déplorable incident vint l'entraver.

Pour faciliter la retraite de l'armée par les crêtes du Jura et lui permettre de se frayer une route par Bourg jusqu'à Lyon, on donna l'ordre à Garibaldi de se porter sur Dôle et d'inquiéter l'armée ennemie. Celui-ci avait déjà commencé le mouvement ; il était aux portes de Dôle, dont il allait s'emparer, quand l'armistice vint l'empêcher de poursuivre son succès. On sait que, dans la conclusion de l'armistice, le négociateur français avait été indignement trompé par le négociateur allemand ; enfermé dans Paris, privé de toutes communications avec l'extérieur, il ne connaissait pas la position de nos armées, et il dut s'en rapporter à ce sujet à M. de Bismark. Ce fut le général de Molkte qui traça la délimitation qui devait exister entre les deux armées, prenant pour lui les positions les plus favorables et s'attribuant plusieurs points stratégiques qui n'étaient point en son pouvoir. Par une singularité qui n'a pas été expliquée, l'armée de l'Est fut exclue de l'armistice, et dans cette partie de la France les opérations durent continuer. Le négociateur français croyait-il au succès de Bourbaki, qui eût rendu les Prussiens moins exigeants ? on ne sait. M. de Bismark se garda bien de le détromper, et M. Jules Favre accorda ce que M. de Bismark n'aurait pas osé demander. En effet, si l'armistice pouvait être utile, c'était à l'armée de l'Est ; toutes les autres étaient à l'abri derrière de solides lignes de défense, celle-là au contraire se voyait sur le point d'être enveloppée, après avoir supporté des fatigues et des privations sans nombre. A cette première fatalité vint s'en joindre une autre. Le gouvernement de Paris télégraphia à celui de Bordeaux la nouvelle et les conditions de l'armistice, mais il oublia de dire que cette suspension d'hostilités n'existait pas pour les régions de l'Est. Cette dépêche fut confiée à M. de Bismark, qui seul pouvait l'envoyer ; mais le chancelier allemand se garda bien de réparer l'omission, chose qu'eût dû faire un homme loyal, puisque c'était lui qui était chargé de faire connaître l'armistice. Ce dernier trait n'achève-t-il pas de mettre en relief la perfidie prussienne, que nous avons pu constater tant de fois dans le cours de cette guerre ?

Ce qui arriva était facile à prévoir : Garibaldi et Clinchant suspendirent aussitôt tous mouvements, Manteuffel et Werder, au contraire, continuèrent et accélérèrent le leur, enveloppant un ennemi qui restait immobile et se pressant pour lui fermer la retraite. En vain les généraux français voulurent arguer de l'armistice, les généraux allemands répondirent qu'ils n'avaient pas reçu d'ordre et refusèrent de traiter. Ce ne fut qu'au bout de cinq jours que la vérité fut connue ; mais alors il n'était plus temps, des troupes étaient accourues de Paris pour achever la perte de l'armée de l'Est, se hâtant de profiter de l'erreur que le télégraphe prussien lui-même avait commise. L'histoire jugera cette conduite.

Il ne restait donc à l'armée de l'Est qu'à se retirer en Suisse, pour échapper à une capitulation désastreuse.

Elle s'y résigna. Ce fut un spectacle lamentable que celui de cette retraite faite dans la neige, au milieu de montagnes escarpées, au milieu des alertes de tout genre. De l'autre côté de la frontière, l'hospitalité la plus noble attendait ces malheureux qui avaient tant souffert.

Avec cette armée de 200,000 hommes, qui venait pour ainsi

dire de se fondre, disparaissait tout espoir de résistance, et s'imposait la nécessité de la paix à quelque prix que ce fût.

Un seul point en France faisait encore résistance, c'était Belfort, car Schelestadt et Neuf-Brisach avaient capitulé depuis longtemps. Assiégée depuis le 3 novembre, Belfort n'avait cessé de se défendre contre les cent mille Allemands qui vinrent l'entourer dans les derniers temps. A moitié détruite, mais non vaincue, elle ne capitula le 15 février que sur un ordre du gouvernement. Le siége avait duré cent trois jours, dont soixante et treize d'un bombardement continu, qui avait jeté sur la place plus de cinq cent mille projectiles. Sous l'action de ce feu terrible, du froid et des maladies, le cinquième de la garnison avait péri. Le reste, composé de 12,000 hommes, en grande partie des mobilisés du Rhône, sortit avec les honneurs de la guerre, emportant armes et bagages.

CHAPITRE X

BEAUGENCY, VENDÔME, LE MANS

SOMMAIRE : La deuxième armée de la Loire. — Engagement de Vallière. — Combats de Langlochère, de Messas, de Villechaumont et de Cravant. — Bataille de Villorceau. — Combats de Cernay, de la Villette, de Tayers, de Villejouan. — Bombardement de Blois. — Retraite sur Vendôme. — Combats de Morée et de Fretéval. — Bataille de Vendôme. — Évacuation de Vendôme. — Retraite sur le Mans. — Combat de Courtalin. — Combats de Saint-Quentin, de Belair, de Courtiras, de Lancé, de Villethion et de Villechauve. — Combats de Nogent-le-Rotrou, du Theil, de Thorigné. — Combats de Parigné-l'Évêque, de Changé, de Saint-Hubert, de Champagny. — Bataille du Mans. — Abandon de la Tuilerie. — Retraite sur la Mayenne. — Bataille de Sillé-le-Guillaume et de Saint-Jean-sur-Erve.

Après les combats de Villepiou et d'Artenay, après l'évacuation d'Orléans, l'armée de la Loire, divisée en deux parties par le cours du fleuve, forma deux armées bien distinctes. La première, composée des 15e, 18e et 20e corps, fut mise sous les ordres du général Bourbaki et devint cette armée de l'Est dont nous venons de raconter la campagne ; la deuxième, formée des 16e, 17e et 21e corps, fut commandée par le général de Chanzy.

C'est sur cette dernière armée, qui occupait la rive droite de la Loire, que le prince Frédéric-Charles dirigea ses efforts, espérant anéantir avec elle le reste des forces françaises. C'est en lui disputant le terrain pied à pied, sans se laisser entamer ni tourner, que la seconde armée de la Loire et son général allaient se couvrir de gloire. Nous suivrons le récit fait par le général de Chanzy lui-même de ces quinze journées de combats opiniâtres.

« Les journées du 5 et du 6 furent employées à rapprocher les diverses parties de l'armée. L'ennemi, qui avait été lui-même fort éprouvé par les combats soutenus devant Orléans, n'apporta pas une très-grande chaleur à cette première partie de la poursuite. Le général Chanzy put rallier son monde et le grouper convenablement, son quartier général à Josnes, sa gauche reliée à la forêt de Marchenoir, et sa droite appuyée sur la Loire, à Meung. Le 7, dès le matin, la 3e division du 21e corps eut à repousser une forte reconnaissance en avant de la forêt de Marchenoir : deux colonnes, dont la plus faible était d'environ 2,000 hommes, se portaient sur Marolles et sur Vallière. Le général Guillon, qui occupait la ferme du Bois-d'Enfer et Saint-Laurent-des-Bois, soutint vigoureusement leurs attaques. L'affaire fut assez chaude à Vallière, et l'ennemi, se repliant après avoir eu une de ses pièces démontée par notre artillerie, fut poursuivi jusqu'à Binas, qu'il dut abandonner. Cette démonstration sur notre gauche avait évidemment pour but de détourner notre attention d'un mouvement principal qui devait se préparer sur un autre point de nos lignes. Elle avait été combinée avec une tentative faite du côté de Villermain contre la 3e division du 17e corps.

Dès le matin, le général Camô, informé de la réapparition de l'ennemi en avant de Meung, avait fait prévenir l'amiral, qui se tenait prêt à lui porter du renfort. Vers midi, en effet, l'ennemi commença à canonner nos positions de droite; mais notre artillerie, bien placée, l'obligea bientôt à diminuer son feu, et nos tirailleurs purent s'approcher assez près des siens pour engager avec eux une fusillade qui les força à se replier.

Au premier coup de canon, l'amiral avait dirigé le général Deplanque, avec la 1re division du 16e corps, sur Messas. Au moment où il débouchait du Mée, l'ennemi, renforcé lui-

CHAPITRE X. 425

Le colonel Bordone.

même, refoulait nos tirailleurs, s'emparait de Langlochère, de Baulle, et menaçait sérieusement Foinard. L'arrivée du général Deplanque permit au général Camô de reprendre l'offensive : une attaque combinée du 51ᵉ de marche et du 88ᵉ mobiles (Indre-et-Loire) sur Langlochère, eut un plein succès : ce point fut repris ; il en fut de même de Baulle, et Foinard fut dégagé. La colonne mobile de Tours allait continuer son mouvement en avant, lorsque l'ennemi se présenta en force entre Messas et Beaumont. L'amiral fit alors déployer la division Deplanque et engagea un combat de tirailleurs qui continua dans l'obscurité, car la nuit approchait. Une batterie du général Camô venait d'être assaillie par des tirailleurs bavarois, et aurait été enlevée sans l'énergie de nos canonniers, qui se défendirent à coups de crosse de mousqueton, jusqu'au moment où les chasseurs à pied du 16ᵉ bataillon purent les dégager complétement. Néanmoins le général Camô fut forcé de se replier devant une nouvelle attaque des Allemands, tandis qu'à sa gauche le 33ᵉ mobiles et le 37ᵉ de marche se retiraient également.

Pendant ces engagements sur notre droite, le général en chef, voulant appuyer le mouvement en avant de la division Deplanque, avait dirigé la division Roquebrune entre Villevert et Villechaumont, pour repousser des colonnes qui débouchaient de Beaumont et de Cravant. Assaillie par des masses considérables, la première ligne de la division Roquebrune soutint énergiquement le choc; à un feu de mousqueterie à bout portant succéda bientôt un combat corps à corps, jusqu'à ce que les troupes de la deuxième ligne, que le bruit de cette fusillade avait rendues un instant indécises, s'avancèrent pour prendre part à l'action. Le combat fut dès lors des plus acharnés. La 19ᵉ batterie du 7ᵉ régiment d'artillerie, entourée par des fantassins allemands, ne fut sauvée que par l'énergie du capitaine Rouvillois, qui, avec une compagnie du 11ᵉ bataillon de chasseurs, dégagea ses pièces et fit une vingtaine de prisonniers. L'ennemi dut enfin plier devant l'élan de nos troupes et abandonner Cravant et Beaumont pour se mettre en retraite sur Baccon, poursuivi par nos colonnes jusqu'au Grand-Châtre.

On aurait pu se maintenir sur cette position jusqu'au lendemain, si, après le mouvement en arrière du général Camô et d'une partie de la 1ʳᵉ division du 16ᵉ corps, l'amiral n'avait jugé utile de replier également le reste de cette division. La nuit était d'ailleurs très-obscure ; une méprise, toujours possible avec des troupes aussi peu exercées que les nôtres, pouvait amener de grands désordres : le commandant en chef, jugeant le général de Roquebrune trop en flèche, lui donna l'ordre de cesser la poursuite, et prescrivit à tous les corps engagés de reprendre les positions qu'ils avaient quittées le matin. Le résultat de la journée avait néanmoins été bon pour nous, et notre mousqueterie avait causé d'énormes ravages dans les rangs de l'ennemi.

Le 8 avant le jour, toutes les positions indiquées par le général en chef avaient été prises, les convois engagés sur les directions qu'ils devaient suivre en cas de retraite, et les troupes étaient partout sous les armes, lorsque l'ennemi fut signalé sur tout notre front. Les avant-postes de cavalerie de Villermain l'indiquaient marchant sur Poisly, tandis que les éclaireurs algériens, qui avaient couché au Grand-Châtre, annonçaient des colonnes nombreuses marchant sur Cravant. C'était une attaque générale qui se préparait. Elle commença à huit heures sur la division Collin par trois batteries prussiennes qui, s'établissant à droite du village de Villermain, ouvrirent un feu violent sur Poisly. Notre artillerie leur répondit énergiquement jusqu'à dix heures, mais elle fut forcée de se retirer un moment sur la route de Lorges, pour faire face à un feu d'écharpe que l'ennemi dirigeait sur l'angle de la forêt de Marchenoir : aidée par deux pièces de 12 de la réserve, elle éteignit bientôt ce feu et reprit sa position primitive. La 3ᵉ division du 17ᵉ corps se portait alors sur Cravant, en avant duquel l'ennemi avait disposé des batteries qui ne purent l'arrêter. Ce mouvement laissait une trouée entre le 21ᵉ et le 17ᵉ corps. Les Allemands, voulant en profiter, lancèrent leur cavalerie sur Lorges; mais, accueillis par le feu bien dirigé d'une batterie de 4, leurs escadrons se virent obligés de se replier. La 3ᵉ division du 17ᵉ corps continuait sa marche sur Cravant ; ses têtes de colonne étaient déjà maîtresses du village, quand, attaquées de front par une artillerie imposante, de flanc par les batteries de Villermain, manquant bientôt de munitions, elle dut se retirer sur Ourcelles, continuant néanmoins à appuyer du feu de ses mitrailleuses la 2ᵉ division du 21ᵉ corps.

L'infanterie prussienne s'avança jusqu'à la ferme de la Motte, en avant des lignes du 21ᵉ corps. Elle ne put y tenir longtemps devant l'attaque vigoureuse du 49ᵉ mobiles (Orne), qui occupa le plateau avec ses trois bataillons. Tout n'était pas cependant fini sur ce point. Vers deux heures, l'ennemi essaya un retour offensif et dirigea une canonnade des plus nourries sur les deux divisions des 17ᵉ et 21ᵉ corps. Ce fut à ce moment que le général Jaurès, prévenu à Marchenoir de l'attaque de Lorges et Poisly par le commandant en chef, déboucha avec sa réserve pour appuyer sa 2ᵉ division et força l'ennemi à se retirer.

Ces attaques sur notre gauche n'étaient point l'effort principal des Allemands. Cet effort, ils le firent entre Villorceau et Villevert, avec l'idée de percer notre centre, et s'acharnèrent, de neuf heures du matin jusqu'au soir, à obtenir ce résultat.

Dès le matin, la 1ʳᵉ division du 17ᵉ corps (général Roquebrune) s'était avancée au-delà de Villemarceau sur Villevert et Villechaumont avec tant de promptitude et d'ensemble, que l'amiral n'hésita pas à lui faire commencer l'attaque dès qu'il s'aperçut qu'un bataillon du 51ᵉ de marche de la 2ᵉ division venait d'enlever Cernay. Ce mouvement offensif, bien conduit par le général de Roquebrune, nous porta jusqu'à Beaumont. Là l'ennemi, renforcé vers midi, disputa vivement le terrain et refoula même un moment nos colonnes. L'amiral donna alors au général Deplanque l'ordre d'appuyer cette colonne avec toute sa division, qui repoussa les Allemands jusqu'au Mée. Ce secours permit au général de Roquebrune de rallier ses troupes et de porter en avant celles qu'il avait tenues jusquelà en réserve. Pendant ce temps, la 2ᵉ division du 17ᵉ corps, déployée en arrière de Cernay, se maintenait en position, et le tir bien réglé de ses pièces faisait taire les batteries de Cravant, dont le matériel eut beaucoup à souffrir. Toutefois, rien ne se dessinait; le général en chef songea alors avec la cavalerie du 17ᵉ corps à percer le centre de l'ennemi sur ce point qui paraissait le plus faible, et où son feu s'était considérablement ralenti. Néanmoins, avant de tenter ce mouvement, les éclaireurs algériens furent lancés en avant pour reconnaître le terrain. Les premiers arrivés sur la crête aperçurent des colonnes profondes et de nombreuses batteries qui accueillirent par une grêle d'obus et de mitraille l'escadron dès qu'il apparut. L'ennemi était donc trop fort pour lancer sur lui la cavalerie. La 2ᵉ division du 17ᵉ corps reçut alors l'ordre de se porter en avant de Cernay et de Villechaumont. Il y eut un moment de désordre : le bataillon du 51ᵉ, qui de Cernay se portait sur Cravant, accueilli par un feu très-vif de mousqueterie, se replia avec précipitation sur Cernay, qu'il dépassa. Le 10ᵉ bataillon de chasseurs à pied essaya en vain de reprendre ce village; il ne put y parvenir, et un mouvement de recul sensible se produisit dans les 2ᵉ et 3ᵉ divisions du 17ᵉ corps.

Il était trois heures environ : sur la droite, les troupes, qui n'avaient cessé de soutenir la lutte, se fatiguaient et commençaient à plier; l'amiral fit alors avancer celles qu'il avait tenues jusque-là en réserve : c'étaient les bataillons de la mobile de l'Yonne et du Cantal. Ils se portèrent en avant sans hésitation. Le combat recommença plus violent que jamais. La route de Cravant à Beaugency fut bientôt de nouveau franchie, et on s'empara de Beaumont, en faisant un assez grand nombre de prisonniers. Plus à droite, la division Deplanque, longtemps arrêtée par un feu violent d'artillerie, enlevait le village de Mée à la baïonnette et refoulait les Allemands.

Les troupes du général Camô, sur notre extrême droite, tenaient moins solidement et abandonnaient le village de Vernon. D'un autre côté, la 2ᵉ division du 17ᵉ corps se retirait et évacuait Villechaumont, qu'un effort vigoureux de la division Roquebrune finit par reprendre à la tombée du jour.

Si la 2ᵉ division du 17ᵉ corps n'avait pas perdu de terrain, nos lignes restaient intactes; il devait en être ainsi pour bien affirmer aux yeux des Allemands que nous avions le succès de la journée. Cette division reçut donc l'ordre de se reporter en avant et de réoccuper Cernay avant le jour. A minuit elle l'avait repris et s'y retranchait.

Tout eût donc été pour le mieux, sans un incident qui vint compromettre le sort de l'armée. Des troupes allemandes s'étaient emparées de Beaugency et l'occupaient. Averti de ce contre-temps, le général Chanzy dut modifier son plan et les positions de ses troupes. Pendant que ces changements se faisaient le 9 au matin, il y eut quelques engagements à Cernay et à la Villette, mais le calme existait sur tout le reste de nos lignes. A trois heures le commandant en chef, qui examinait avec l'amiral les travaux de défense en avant de la ferme du Grand-Mizian, vit déboucher des colonnes ennemies s'avançant en masses profondes sur le ravin de Tavers. Elles avaient pu se masser, sans être aperçues, et marchaient résolûment, croyant nous surprendre. C'était évidemment, pour les Allemands, l'attaque principale de la journée, ils la préparaient depuis le matin en attirant notre attention par des démonstrations faites en avant de Poisly; leur but était de nous tourner en longeant la chaussée du chemin de fer et la grande route d'Orléans à Blois. Le temps était sombre; nos troupes, un instant, purent croire que ces bataillons, qui s'approchaient avec tant de calme, appartenaient à la colonne du général Tripart, lorsque les têtes de colonne se déployèrent et firent cesser tout doute en ouvrant le feu à douze cents mètres. Notre artillerie et nos tirailleurs furent prompts à répondre; les bataillons prussiens, pris d'écharpe par nos mitrailleuses, étaient décimés, mais se reformaient et s'augmentaient constamment de nouvelles troupes. Ils continuèrent à s'avancer avec la plus grande bravoure; une partie franchit même le ravin de Tavers. La brigade Bourdillon ouvrit alors des feux d'ensemble qui les arrêtèrent de front, tandis que le lieutenant-colonel Faussemagne formait sa brigade à la tête du ravin et sur leur flanc. Les Allemands démasquèrent à ce moment sur la droite de Villemarceau plusieurs batteries qui commencèrent leur tir sur la brigade Faussemagne, mais que l'artillerie du général de Roquebrune réduisit bientôt au silence. Le combat ne finit néanmoins qu'à la nuit close; nos troupes avaient repassé le ravin, et les 75ᵉ et 76ᵉ régiments prussiens, les plus engagés, durent se retirer en désordre, laissant le champ de bataille jonché de leurs morts et de leurs blessés.

Le succès de l'aile droite était donc complet.

Au centre, l'ennemi avait appuyé le mouvement de son aile gauche sur Tavers par une attaque de front, et à quatre heures, la 2ᵉ division du 17ᵉ corps était assaillie à Villorceau et à Villemarceau et devait se retirer en désordre. La deuxième ligne, prise à revers par les feux de l'artillerie ennemie, reculait de son côté, et, sans quelques compagnies du 48ᵉ de marche et des chasseurs à pied qui firent bonne contenance au-delà d'Origny, ce mouvement rétrograde eût dégénéré en déroute. La 2ᵉ division tout entière, après avoir abandonné Origny, se trouvait à neuf heures du soir à hauteur de Josnes, tandis que la troisième division s'était maintenue à Ourcelles.

Dès qu'il put se rendre compte de cet incident, qui pouvait avoir, pour la sûreté de l'armée, les plus graves conséquences, le général Chanzy donna l'ordre au général Guépratte de reprendre Origny avant le jour, quels que dussent être les efforts à faire. Cette opération fut exécutée avec un plein succès par la 2ᵉ division, qui répara ainsi sa faute de la veille. Les Prussiens, surpris dans le village, laissèrent entre nos mains, en l'évacuant, deux cents prisonniers, parmi lesquels plusieurs officiers et un chef de bataillon.

Le ministre de la guerre, M. Gambetta, était arrivé le 9 au quartier général. La situation fut exposée et discutée avec lui. Les troupes pouvaient tenir encore, mais leur résistance avait pour limite leurs forces. L'ennemi avait beaucoup souffert, mais les forces considérables dont il disposait lui donnaient la possibilité de n'en mettre en ligne, chaque jour, qu'une portion et de laisser reposer le reste, tandis qu'à la fin de chaque journée toutes nos troupes avaient été forcément engagées. Il fallait donc prendre un parti.

Tout en se décidant à la retraite sur le Loir, le général Chanzy voulut néanmoins essayer encore de tenir tête à l'ennemi. Il fallait, du reste, préparer l'opération si délicate de cette retraite, et faire refouler de Mer et de Blois, sur la nouvelle base d'opération, le matériel et les approvisionnements de toutes sortes qui y étaient accumulés.

Le village d'Origny avait été repris, nous l'avons dit, le 10, à 5 heures du matin. La 3ᵉ division du 17ᵉ corps, stimulée par ce succès, porta ses efforts sur Villejouan, s'appuyant sur la 2ᵉ, établie en arrière d'Origny. Cette attaque fut très-bien conduite par le colonel de Jouffroy. Dans l'après-midi, l'ennemi fit une tentative sur Villejouan, qu'il reprit sur un bataillon du 51ᵉ de marche. Ce régiment tint néanmoins à Origny

CHAPITRE X. 433

malgré de grandes pertes que lui fit éprouver le feu des batteries allemandes de Villorceau et de Villechaumont. Sur ce point la situation resta jusqu'à la nuit, et ce soir-là encore, les 2e et 3e divisions du 17e corps bivouaquèrent de Prenay à Origny par le Plessis et Ourcelles, ayant leurs avant-postes presque mêlés à ceux des Prussiens.

La 1re division n'était pas restée inactive, elle s'était portée en avant et s'était maintenue constamment à hauteur des deux autres. Vers quatre heures l'ennemi engagea une violente canonnade, dirigée principalement sur le château de Serqueu. Notre artillerie répondit avec avantage et sans perdre de terrain.

A l'extrême gauche le 21e corps était de son côté fortement engagé. Le général Collin, commandant la 2e division, ayant appris par ses reconnaissances que l'ennemi occupait fortement la ligne de Cravant au château du Coudray, dirigea un bataillon d'infanterie de marine de la 1re brigade sur Villermain, où il s'établit avec deux pièces, poussant ses tirailleurs jusqu'au château du Coudray.

La 2e division du 17e corps se porta comme la veille sur ses positions de combat, s'appuyant sur les réserves que le général Jaurès avait maintenues à Lorges. A huit heures, l'action commença à la droite et au centre; nos tirailleurs suffirent pour contenir l'ennemi. A la gauche, le bataillon d'infanterie de marine put s'emparer du château du Coudray et forcer l'ennemi à reculer les batteries qu'il avait en position à Poisioux et à Montigny. Au bruit du canon, le général Guillon, commandant la 3e division du 21e corps, s'était avancé jusque sur une crête entre Poisly et Villermain, avec deux bataillons de mobiles et un de fusilliers marins, appuyés par de l'artillerie, faisant ainsi une diversion très-utile à la 2e division; il resta dans cette position jusqu'à ce qu'il fût certain qu'aucun mouvement tournant ne le menaçait sur sa gauche. Se portant alors en avant, il poussa ses batteries sur Villermain, appela à lui le reste de sa division, et n'hésita pas à s'engager contre des colonnes massées à hauteur de Mézières. La lutte continua ainsi jusqu'au soir, sans que les Allemands pussent reprendre les positions qu'ils avaient perdues. La journée du 10 était donc encore favorable à nos armes, malgré des pertes assez sérieuses éprouvées sur plusieurs points.

Si une diversion sérieuse avait pu être faite par la première armée de la Loire, on eût refoulé les Allemands sur Orléans. Malheureusement le 15ᵉ corps s'était trouvé dans un tel désarroi qu'il avait été impossible au général Bourbaki de tenter quoi que ce soit. Cette impuissance, et le mouvement tournant essayé par les Allemands pour envelopper la seconde armée de la Loire, achevèrent de décider Chanzy à opérer sa retraite.

Le prince Charles avait reçu par Chartres et Châteaudun de nouveaux renforts. Il se grossissait également des forces envoyées dans les directions de Gien et de Salbris, et, ne laissant dans Orléans qu'une faible garnison, il voulait tourner l'ennemi qu'il ne pouvait vaincre. Il achemina donc sur la rive gauche de la Loire un corps de 20,000 hommes, qui descendait par Saint-Hilaire, Cléry, Saint-Laurent-des-Eaux. Ce corps avait pour mission de s'emparer du pont de Blois, de traverser le fleuve et de tourner la forêt de Marchenoir. Le 9, l'avant-garde pénétrait inopinément dans le parc de Chambord, qui commande la route ; le général Morandy, apprenant au dernier moment la présence de l'ennemi, se retira précipitamment sur Amboise. Le 10, l'ennemi se présenta à la tête du pont de Blois et menaça la ville d'un bombardement si l'on ne réparait pas immédiatement l'arche qu'on venait de faire sauter pour interdire le passage du fleuve. La ville n'était gardée que par des forces insignifiantes. Les autorités locales hésitaient, lorsque M. Gambetta, qui survint, opposa un refus énergique. Quelque pénible qu'il pût être d'attirer les horreurs de la guerre sur une ville ouverte, on ne saurait qu'applaudir à cette résolution. Il y allait du salut de l'armée de Chanzy, qui aurait été infailliblement tournée si l'ennemi avait pu traverser la Loire. Après beaucoup de menaces, les Allemands jetèrent quelques obus, qui firent d'ailleurs peu de mal, et se retirèrent sur Amboise. Mais là, le passage fut également refusé, et pour trouver un pont praticable, l'ennemi fit mine de venir jusqu'à Tours. Ce mouvement fut arrêté par une démonstration restreinte faite par Bourbaki dans la direction de Blois. Il s'était avancé par Bourges et par Vierzon jusqu'à Romorantin, et aussitôt, le corps allemand rebroussait chemin pour passer la Loire à Meung.

Le 11 décembre, la retraite commença. L'ennemi, qui n'avait rien pénétré de nos projets, fut longtemps avant de se rendre compte de ce qui se passait. Vers trois heures, toutes les troupes étaient établies au bivouac sur les positions assignées. Une heure après, une colonne allemande s'avançait sur Seris et s'emparait de la ferme de Mortais. Le 11° bataillon de chasseurs à pied, envoyé à la hâte, essayait en vain de reprendre la ferme. Il était cependant de toute nécessité de déloger l'ennemi de ce point qui dominait une partie de nos positions; il fallait aussi continuer à le tromper sur le mouvement qui s'opérait. Le général de Roquebrune reçut en conséquence l'ordre de réoccuper Mortais ; cet ordre fut exécuté d'autant plus facilement, que l'ennemi évita cette nouvelle attaque de nuit et se retira.

Dès le 12 au matin, l'armée reprit son mouvement. L'ennemi ne fit nulle part de tentative sérieuse pour attaquer nos tirailleurs. Il occupa successivement Mer et les points intermédiaires, et s'avança jusqu'au village de Maves, où une de nos grand'gardes eut à se défendre assez sérieusement. Au centre, le convoi de la 3⁰ division du 17⁰ corps fut assailli auprès du hameau de Nuisement ; mais les gendarmes attachés au convoi se réunirent et firent bonne contenance jusqu'au moment où deux escadrons de cavalerie purent arriver et les dégager. La marche s'effectua depuis lors avec assez de régularité, et le soir tous les corps étaient établis sur les positions qui leur avaient été assignées.

Le 13, cette périlleuse retraite semblait achevée, et l'armée occupait de fortes positions autour de Vendôme. Là, on réorganisa les corps, on se pourvut de munitions et d'artillerie. Mais le 14, des colonnes apparurent dès le matin sur le front du 21⁰ corps, menacèrent Morée, et attaquèrent Fréteval. Le général Rousseau se porta sur Saint-Hilaire, passa le Loir avec une partie des troupes de sa division, et marcha sur Morée. Un instant, l'artillerie allemande établie sur les hauteurs le força à reculer, mais la nôtre put enfin prendre de bonnes positions et tenir tête, ce qui permit à l'armée française de se reporter en avant, et de bivouaquer sur la rive gauche.

L'action était plus sérieuse sur le front de la 3⁰ division. Le général Guillon, qui la commandait, ayant rappelé à lui sa 1ʳᵉ brigade, n'avait plus dans Fréteval qu'un bataillon de marins, lorsqu'au jour ce point fut attaqué par de fortes colonnes. Les marins furent obligés d'abandonner la position, malgré les efforts les plus énergiques et l'aide que leur apportèrent leur 2⁰ bataillon et une batterie envoyés à leur secours. Une division bavaroise, profitant de la situation dominante de coteaux qui commandent la vallée, et des bois qui couvrent tout le terrain, avait pu ainsi arriver jusqu'au pont et occuper Fréteval, la gare seule restant encore en notre possession.

Le général Jaurès, comprenant toute l'importance de Fréteval, prescrivit vers le soir un nouvel effort pour le reprendre. Le colonel du Temple, commandant la 2⁰ brigade, fut chargé de cette mission avec quatre bataillons, ayant comme soutien, sur sa droite, les marins sous les ordres du commandant Collet. Malheureusement, ce dernier se laissa entraîner par son ardeur, et, devançant le moment de l'attaque, se lança sur le village avec quatre compagnies seulement. Il put y pénétrer, mais, écrasés par des forces supérieures, ses marins furent contraints de se replier. Cette audace coûta la vie au commandant Collet. L'ennemi étant dès lors sur ses gardes, le colonel du Temple dut renoncer à une surprise et rentra sur ses positions.

D'après les renseignements parvenus pendant la journée, l'aile droite de l'ennemi marchait sur le Loir, au-dessus de Vendôme, avec l'intention évidente de franchir cette rivière, et de tourner notre gauche, tandis que le prince Frédéric-Charles se préparait à une attaque directe sur Vendôme.

Chanzy se prépara donc à défendre cette ville, et, comme première précaution, il ordonna la destruction du pont de Fréteval.

Les divers mouvements commandés par le général en chef étaient commencés depuis midi, lorsque les escadrons de Villeromain annoncèrent l'approche d'une colonne ennemie marchant sur Vendôme. L'ordre fut dès lors donné de suspendre le passage des troupes qui devaient occuper la rive droite, et de reporter sur leurs positions premières celles qui n'avaient pas encore traversé les ponts. L'amiral avait à peine achevé de placer ses troupes sur les positions où elles allaient combattre, que notre cavalerie, qui se repliait, démasqua bientôt de fortes colonnes ennemies s'avançant par la route de Blois à Vendôme. Le 59⁰ fut déployé à cheval sur cette route, les gendarmes à pied et le régiment de l'Isère à sa gauche, le 62e de marche à sa droite, les 39e et 32e de marche et le 16e bataillon de chasseurs à pied en avant du château de la Chaise, avec une batterie de 4 placée derrière des épaulements à peine ébauchés. Le reste de l'artillerie prit position, les mitrailleuses et trois batteries en avant du Temple, battant le plateau, une section de 4 sur la route même de Blois, pour l'enfiler dans toute sa longueur, et enfin, à l'extrême gauche, six pièces de 4 fouillant le ravin de la Houzée et le bois de Pézery.

L'ennemi avait été assez long à mettre ses pièces en batterie, par suite des difficultés qu'il avait à les mouvoir dans un terrain détrempé par les pluies et la neige. Il avait commencé par déployer ses colonnes du côté de Sainte-Anne, et cherchait à s'avancer à la faveur des bouquets de bois qui couvrent cette partie de la plaine. D'autres colonnes apparaissaient en même temps en avant de Rocé et de Villetrun.

Des ordres furent donnés au 17e corps pour appuyer de suite les deux bataillons et la batterie établie à Bel-Essort. Reçu par le feu bien nourri de nos tirailleurs et criblé par nos mitrailleuses, l'ennemi ne put continuer sa marche en avant. Il essaya alors, en s'étendant sur sa gauche, d'occuper la route de Tours et de déborder notre droite. Cet effort avait été prévu ; le 37e de marche, avec le 7e bataillon de chasseurs, se portant sur les bois de la Guignetière, le contraignirent à reculer.

A la nuit, les Allemands, voyant que leurs efforts pour nous refouler restaient sans résultat, se mirent en retraite, laissant sur le terrain une partie de leurs morts. Nos pertes avaient été peu sensibles, excepté pour l'artillerie, qui avait souffert plus que les autres corps. Notre aile droite coucha donc sur ses positions ; la brigade Deplanque, qui vers le soir avait franchi le Loir pour venir soutenir le général Bourdillon et s'opposer au mouvement tournant, s'établit également sur la rive gauche.

CHAPITRE X.

Les choses avaient moins bien tourné au-delà de la Houzée. Les bataillons et la batterie qui occupaient les hauteurs de Bel-Essort, attaqués par de fortes colonnes, avaient dû reculer, malgré l'énergie du chef de bataillon Prudhomme. La brigade Pâris, arrivée trop tard, n'avait pu qu'appuyer la retraite, qui s'était effectuée en bon ordre, sous la protection des batteries de la rive droite et par le pont de Meslay, qu'on avait brûlé après le passage des dernières troupes.

La nuit ne fut troublée par aucune tentative de l'ennemi ; néanmoins elle ne fut pas un repos pour les troupes, qui, campées dans la boue sans pouvoir allumer les feux de bivouac, eurent beaucoup à souffrir du froid et de l'humidité.

Il y avait évidemment chez elles une lassitude qui ne permettait pas d'attendre de leur part une grande vigueur, si la lutte devait recommencer avec le jour. Les chefs de corps ne dissimulaient point leurs appréhensions à ce sujet et pressaient pour prendre une décision. Suivant eux, il fallait trouver une base d'opérations autre que Vendôme, qui n'était plus tenable, battre en retraite, et encore, pour qu'elle fût possible, il était indispensable de la commencer dès le jour et de profiter d'un brouillard qui devait en cacher les premiers mouvements à l'ennemi. Le général en chef se rendit à cet avis, et la retraite recommença.

Quand tous les convois eurent quitté Vendôme, et lorsqu'ils furent bien engagés sur toutes les directions qu'ils avaient à suivre, les avant-postes du plateau de Sainte-Anne et les troupes en position en avant du Temple se retirèrent successivement, pendant que dans la ville le génie achevait de préparer la destruction des ponts.

Jusque vers neuf heures, les Allemands, qui ne s'étaient aperçus de rien, ne parurent pas. A ce moment, le brouillard se dissipant, on put voir leurs têtes de colonne apparaître sur la rampe du Temple et sur les crêtes de la rive droite, mais le bruit de plusieurs explosions annonçait en même temps que les ponts venaient de sauter. Tout était donc sur la rive droite.

Les 16° et 17° corps continuèrent dès lors leur mouvement de retraite sous la protection des batteries, qui restèrent en position en face de Vendôme jusqu'à ce que toutes les colonnes fussent engagées sur les routes qu'elles avaient à suivre.

Commencé avec ordre, le mouvement de l'aile droite ne continua malheureusement pas avec la même régularité. On entrait dans un pays d'un aspect tout nouveau, accidenté, coupé de haies et de talus en terre, qui rendent la marche impossible ailleurs que sur les chemins. Les colonnes s'allongèrent; des corps, cherchant des passages, s'écartèrent de leur direction; quelques-uns d'entre eux commirent la faute de se diriger directement sur le Mans, sans plus se préoccuper de l'armée, qu'ils précédèrent ainsi d'au moins deux jours. Le Mans était devenu, en effet, une attraction à laquelle un grand nombre d'hommes ne put résister. C'était pour eux le repos, le bien-être, et tout au moins un répit pendant lequel ils n'entendraient plus ce canon, qui tonnait constamment depuis le 28 novembre. Un grand nombre de mobiles et de soldats de ligne se répandirent sur tous les chemins. Il fallut envoyer en avant, pour arrêter ces fuyards, les régiments de gendarmerie; mais ils ne purent surveiller tous les chemins qui sillonnent le pays, et le Mans fut bientôt encombré par cette foule débandée. Il est consolant toutefois de pouvoir dire que les gens de cœur qui restaient dans le rang, et c'était le plus grand nombre, cachaient à l'ennemi, par l'ordre dans lequel ils marchaient et leur vigueur à le repousser, ces défaillances, qui ne s'expliquent que par la jeunesse et l'inexpérience du métier militaire.

Cependant, après avoir longtemps observé nos mouvements,

Le colonel Denfert

l'ennemi finit par descendre les rampes qui du Temple mènent à Vendôme, et à s'engager dans les rues de la ville. Certain dès lors que notre retraite était bien réelle, il se porta sur les ponts, en trouva un incomplétement détruit, le répara à la hâte, et eut bientôt sur la rive droite des uhlans et de l'infanterie. Ces éclaireurs se mirent à suivre nos colonnes, s'emparant d'un certain nombre de voitures, que les charretiers abandonnaient parce que leurs chevaux épuisés ne pouvaient remonter les pentes glissantes qui se présentaient à chaque instant.

Néanmoins la retraite s'acheva sans trop de difficultés ni d'encombrement. Le 17, l'armée couchait à Épuisay, le 18 à Ardenay, et le 19 elle était au Mans.

Une fois son quartier général établi, le général Chanzy s'occupa activement de réorganiser l'armée. Grâce aux recrues qu'on lui envoyait de divers côtés, il eut bientôt un effectif de 130,000 hommes avec 350 pièces de campagne. Il pouvait donc songer à reprendre les opérations. Son but était de tenter, par Chartres, de débloquer et de ravitailler Paris. Les événements lui montrèrent trop tôt qu'il ne s'agissait pas pour lui d'attaquer, mais de se défendre.

Pour renforcer l'armée de Chanzy, on avait mis sous ses ordres la colonne du général Ferry-Pisani, restée à Langeais, et les troupes que le général de Curten réunissait à Poitiers. Tous donc reçurent l'ordre de se porter sur Château-la-Vallière. De ce point ils pouvaient menacer sérieusement l'ennemi, maintenir les communications entre Tours et le Mans, et au besoin se réunir facilement au gros de l'armée. Deux colonnes mobiles, sous les ordres des généraux Jouffroy et Rousseau, furent chargées d'inquiéter les troupes allemandes et de s'opposer à leur marche en avant. Ces précautions rendirent l'ennemi plus circonspect, lorsqu'il vit qu'on lui opposait une sérieuse résistance et qu'il eut essuyé des pertes sérieuses dans plusieurs combats, parmi lesquels il faut citer ceux de Courtalin, de Saint-Quentin, de Belair, de Courtiras, de Danzé, de Mazangé, de Varennes, de Lancé, de Villethiou et de Villechauve.

Toutefois, les différents corps dont se composait l'armée de Chanzy n'avaient pas entre eux la cohésion nécessaire pour opposer un rempart à ces masses ennemies qui arrivaient sur le Mans par toutes les routes. De 90,000 hommes, chiffre auquel l'armée de Frédéric-Charles était descendue depuis la retraite de Chanzy, elle était remontée à 180,000. Aussi, dès les 7 et 8 janvier, à la résistance que trouvaient les colonnes mobiles, on pouvait bien se douter qu'on avait devant soi des masses compactes, et, à leurs procédés, on pouvait reconnaître des Prussiens. Le 25 décembre, en effet, ils étaient entrés à Saint-Calais, pillant les maisons, maltraitant les habitants et exigeant 17,000 fr. de la municipalité. Aux observations faites par les notables, qui rappelaient les soins donnés aux blessés allemands, l'officier prussien répondit en leur jetant 2,000 fr. pris sur la contribution qu'il venait de lever.

Le 7, des forces jugées très-importantes avaient attaqué les avant-postes français dans les environs de Vendôme et les avaient obligés à reculer. Le lendemain, la colonne établie à Château-Renaud fut violemment pressée sur toute la ligne de Saint-Cyr du Gault à Authon et ne put conserver ce dernier village. En même temps un engagement assez vif avait lieu près du Theil, à la suite duquel le général Rousseau s'était replié. Tout présageait donc une attaque générale.

Elle commença dans la journée du 10. L'ennemi avançait sur deux colonnes, la principale dans la direction de Saint-Calais, commandée par le prince Charles ; la seconde, dans la direction de la Ferté-Bernard, sur la rive gauche de l'Huisne commandée par le duc de Mecklembourg. En même temps, le prince Charles, par une manœuvre rapide, avait lancé des troupes le long du Loir, dans la direction de Château-du-Loir, de manière à séparer définitivement les généraux Jouffroy, de Curten et Cléret, du gros de l'armée. L'action dura jusqu'à la nuit close. Elle fut des plus vives à Montfort, Champagne, Parigné-l'Évêque, Jupilles, Changé. Sur ce dernier point, la brigade Ribel, après une vigoureuse résistance de plus de six heures, dut abandonner le village.

Rien n'était terminé, et tout annonçait une grande bataille pour le lendemain. Elle eut lieu, en effet, par un temps clair et froid. A neuf heures du matin, le général Collin était aux prises, à Colcom et au Chêne, avec des colonnes qui s'avançaient protégées par le feu de deux batteries établies sur les hauteurs de Connerré, et couvertes par la chaussée du chemin de fer. A midi, l'action était générale sur tout le front de la 2ᵉ division. A droite, le 56ᵉ de marche souffrait beaucoup du feu combiné de l'artillerie et de l'infanterie prussiennes ; le général Collin dut le faire soutenir par quatre compagnies du 10ᵉ bataillon de fusiliers marins. Au centre, le bataillon d'Ille-et-Vilaine luttait courageusement pour se maintenir ; il en était de même au Chêne et à Colcom. Partout là fusillade était vive, meurtrière. Jugeant qu'il ne pourrait conserver toutes ses positions, trop étendues pour le nombre de troupes dont il disposait, le commandant de la 2ᵉ division se décida à se replier sur la seconde ligne qui lui avait été assignée. Ce mouvement s'exécuta avec beaucoup d'ordre sous la protection de trois bataillons d'Eure-et-Loir, échelonnés sur les crêtes à l'ouest de Grands-Veaux, tandis que la 2ᵉ brigade venait occuper les hauteurs et les bois que traverse la route de Saint-Célerin à Lombron. Le lieutenant-colonel Des Moutis sut contenir de ce côté les efforts de l'ennemi. Malheureusement, à la fin de la journée, la 1ʳᵉ brigade se replia, prématurément, sur les coteaux de Lombron, que le général Collin essaya en vain de lui faire reprendre au moment où le jour finissait.

Sur l'Huisne, l'ennemi allait faire de sérieux efforts contre le plateau d'Auvours et les hauteurs d'Yvré-l'Évêque, défendus par la 2ᵉ division du 17ᵉ corps et la division de Bretagne du 21ᵉ.

La lutte commença de bonne heure. La batterie du Luart ripostant difficilement à une batterie prussienne postée sur un mamelon couvert qui commande les Arches, le général Chanzy fit avancer, vers deux heures, une section de 12, qui contre-battit avantageusement l'artillerie ennemie et put prendre d'écharpe les pièces que les Allemands disposaient à droite et à hauteur de Changé. En même temps, on apercevait un grand nombre de tirailleurs précédant des colonnes qui, profitant des peupliers et des nombreux bouquets de bois dont le terrain est couvert, marchaient dans la direction d'Yvré-l'Evêque sur la gare du chemin de fer. Chaque fois que ces masses apparaissaient distinctement à travers les éclaircies du paysage, le feu des batteries de la division de Bretagne, et principalement celui des mitrailleuses, les mettait en désordre et les forçait à se rejeter en arrière. Le combat se soutint ainsi, avec avantage pour nous en avant d'Yvré, jusqu'à la nuit.

Il n'en était pas de même au plateau d'Auvours. Vers midi, les troupes de la gauche du général Goujard avaient évacué Champagné, attaqué par des forces très-supérieures, et s'étaient repliées sur le pont de Parence, qu'elles gardaient. Sur le plateau, le 51° avait perdu du terrain, mais jusqu'à deux heures l'affaire se borna à des combats d'avant-postes, tous à notre avantage. A deux heures, l'ennemi ayant pu se tenir à Champagné et y organiser une attaque, gravit les pentes d'Auvours et déboucha brusquement sur le plateau. Pendant une heure, les mobiles du corps de Bretagne et le 51e, soutenus par des mitrailleuses, résistèrent énergiquement, mais ils finirent par lâcher pied. Installés dès lors sur la position, perpendiculairement à nos lignes, les Allemands purent battre le plateau dans toute sa longueur, tandis que leur artillerie de la plaine le battait de face. — Cette situation ôta à nos jeunes troupes le sang-froid et la hardiesse qui leur eussent été nécessaires. Leur mouvement de retraite s'accentua de plus en plus ; il devint définitif après l'échec d'un bataillon du 48e qui essaya en vain de reprendre l'offensive.

Le général Goujard défendait cependant vigoureusement les ponts d'Yvré. Devant la panique de la 2e division, le général de Colomb donna au commandant des troupes de Bretagne l'ordre de reprendre Auvours, coûte que coûte. Le général Goujard, se mettant lui-même à la tête d'une colonne d'attaque d'environ deux mille hommes, composée du 1er bataillon des volontaires de l'Ouest, des mobiles des Côtes-du-Nord et de quelques débris du 17e corps, aborda résolûment la position et la reprit après une action des plus brillantes. Les volontaires de l'Ouest s'étaient montrés héroïques. Ils avaient soutenu sans hésitation la terrible fusillade qui les accueillit et s'étaient battus corps à corps. Les autres troupes les avaient imités.

Ainsi donc, sur les deux rives de l'Huisne, le général Jaurès et le général de Colomb étaient, à la nuit encore, maîtres des positions qui assuraient la défense du Mans de ce côté.

Sur la droite de nos lignes, le succès était des plus satisfaisants.

Parti le matin à quatre heures de Château-du-Loir, l'amiral Jauréguiberry arrivait à neuf heures à Pontlieue, ramenant neuf mille hommes des colonnes Bérard et Jobey, qu'il avait dès la veille dirigées sur le Mans. En outre, il donnait l'ordre au colonel Marty de hâter sa marche de Marigné sur la position qu'il devait occuper, mais sur laquelle il ne put déboucher avant trois heures et demie.

Vers huit heures du matin, la batterie du capitaine Delahaye, composée de trois mitrailleuses (19e du 10e régiment), placée derrière des épaulements sur la route de Parigné-l'Évêque, avait ouvert son feu sur des colonnes ennemies qui traversaient la route pour se porter sur les points où les attaques de la journée devaient se produire. Ce tir à bonne portée avait jeté un grand désordre dans ces colonnes.

Les troupes de la division Jouffroy prenaient alors leurs positions au-dessus de Changé, appuyant leur droite à la gauche de la division Roquebrune à cheval sur la route de Parigné. La

CHAPITRE X.   447

division Deplanque, 1er du 16e corps, bordait ensuite le chemin aux Bœufs jusqu'à la Tuilerie, qu'occupaient les nouveaux contingents de Bretagne du général Lalande se reliant sur leur droite aux troupes du général Barry, auxquelles était confiée la mission de défendre le terrain entre les routes de Tours et de la Flèche, en s'appuyant sur la Sarthe au-dessus d'Arnage et en couronnant les escarpements qui dominent le chemin aux Bœufs. A midi, l'action, dans le secteur aux ordres de l'amiral, se dessina sur la gauche par une vive fusillade partant des bouquets de pins aux abords de Changé. Deux régiments de la division de Jouffroy soutenaient ce premier effort. L'intention de l'ennemi paraissant être de tourner notre gauche et de pénétrer dans la vallée de l'Huisne, l'amiral y porta la brigade Desmaisons, en même temps qu'il faisait appuyer de ce côté une partie de la division Roquebrune. Le combat s'étendit bientôt jusqu'à la route de Parigné, devint de plus en plus acharné, et se continua avec des alternatives de succès et de revers. Vers trois heures, la gauche tenait bien, mais au centre, nos troupes, qui avaient brûlé une grande partie de leurs munitions, commençaient à faiblir entre Changé et la route de Parigné. L'ennemi avait même pu se glisser dans les bois très-touffus en avant de ces positions, et s'approcher assez près de nos batteries de la route de Parigné pour faire craindre qu'il ne les enlevât. Les troupes du colonel Bérard venaient heureusement d'arriver; le 41e de marche tomba à la baïonnette sur les assaillants, qu'il força à reculer après leur avoir fait des prisonniers, et put s'établir sur la route même, à douze cents mètres en avant de nos batteries, position qu'il conserva toute la journée, en repoussant avantageusement toutes les nouvelles attaques que les Allemands purent essayer.

Sur la gauche, le général Desmaisons était entré en ligne. Nos troupes, qui s'étaient un instant retirées faute de munitions, ayant été réapprovisionnées, l'offensive fut reprise avec entrain, et l'ennemi fut maintenu depuis le Tertre jusqu'aux bords de l'Huisne.

L'action dura sur toute la ligne jusqu'à six heures du soir. La nuit était venue, nous étions restés maîtres de toutes nos positions, de ce côté comme au plateau d'Auvours et sur la rive droite de l'Huisne. Notre seul échec sérieux avait été l'évacuation momentanée d'Auvours, mais il avait été rapidement et brillamment réparé. L'ennemi avait fait de grands efforts sur tout le front de nos lignes depuis le Tertre-Rouge jusqu'à la gauche du 21e corps. Si nos pertes étaient sérieuses, les siennes étaient plus considérables.

Ainsi, la position était excellente et tout faisait espérer qu'on s'opposerait victorieusement aux tentatives de l'ennemi, lorsqu'un incident inattendu vint changer la face des choses et compromettre irrémédiablement la situation. La bataille était terminée, les troupes songeaient à prendre un moment de repos, lorsqu'une colonne prussienne fit soudain irruption sur l'importante position de la Tuilerie, à la droite de notre armée. Etonnés de cette attaque imprévue, les mobiles de Bretagne s'enfuient, laissant la place à l'ennemi, sur lequel il fut impossible de reprendre cette forte position. La situation, par suite, devenait grave, la défense du Mans impossible; de plus, les fuyards avaient répandu la panique sur leur route et débandé nombre de corps qui se dirigeaient de l'autre côté de la Sarthe. Dans cette occurrence, la retraite devenait une nécessité; le général Chanzy donna des ordres en conséquence. Mais elle ne put s'effectuer sans encombre, et on fut obligé d'abandonner à l'ennemi nombre de malades et de prisonniers qui n'avaient pu sortir à temps de la ville. Les ponts avaient été détruits, mais imparfaitement; aussi des colonnes prussiennes ne tardèrent-elles pas à se mettre à la poursuite de notre armée, qui se retirait dans un désarroi indescriptible. Les 16ᵉ et 17ᵉ corps surtout étaient complétement désorganisés, et sans la fermeté du 21ᵉ corps, commandé par le général Jaurès, la retraite pouvait se changer en un véritable désastre. Deux combats la signalèrent, celui de Sillé-le-Guillaume et celui de Saint-Jean-sur-Erve ; ces deux engagements, où nous conservâmes l'avantage, empêchèrent les Prussiens de pousser leur poursuite plus loin.

Le 17, l'armée avait passé la Mayenne. C'est dans un nouveau travail de réorganisation que l'armistice vint la surprendre.

CHAPITRE XI

L'ARMISTICE.

Sommaire. — Le siége de Paris. — Bataille du Bourget. — Bombardement de Paris. — Bataille de Buzenval. — Insurrection du 22 janvier. — Démission du général Trochu. — Négociation de l'armistice. — L'armistice. — Elections du 8 février. — L'Assemblée nationale à Bordeaux. — Le traité de paix. — Insurrection de la Commune. — La convention du 29 juin 1871. — L'emprunt de trois milliards. — Conclusion.

Le jour suprême était venu ; la dernière heure de cette héroïque résistance qui avait étonné et l'Europe et nos ennemis eux-mêmes, venait de sonner. L'armée de la Loire avait pu se réfugier derrière la Mayenne, celle du Nord chercher un abri derrière les murailles de Lille, celle de l'Est passer sur le territoire suisse ; mais Paris était à bout de ressources, et cette capitale allait forcément tomber entre les mains de l'armée assiégeante, après s'être défendue pendant cent trente-cinq jours. Notre part de succès est assez restreinte dans cette guerre pour que nous ne revendiquions pas tous les actes héroïques qui ont signalé la défense de Paris : elle restera dans nos annales comme un des faits les plus mémorables, malgré l'incapacité de ceux qui l'ont conduite, malgré les émeutes qui l'ont affaiblie. Ces fautes ne sauraient faire oublier le patriotisme et la patience que montra la population parisienne pendant la durée de ce long siége. Paris est, avec Belfort et Phalsbourg, la seule place forte qui ait fait son devoir jusqu'au bout. Si tout d'abord on ne lui a pas rendu justice, c'est surtout à cause des événements qui ont suivi. Mais ce fut un objet d'étonnement et d'admiration pour toute l'Europe que la patience et l'abnégation montrées par cette population habituée à une vie de luxe et de plaisir, que personne ne croyait capable de résister aux privations et aux rigueurs du blocus. Elle l'a fait pourtant, et ce n'était pas peu de chose. Qu'on juge ce qu'il a fallu de soins, de peines, d'habileté de tout genre pour administrer, calmer et soutenir une ville de deux millions d'habitants, qui peu à peu manquèrent de viande, de chauffage et de pain. Les registres des décès sont là pour l'attester : la mortalité, qui est ordinairement de sept à huit cents par semaine, atteignit, vers la fin du siége, le chiffre de quatre mille sept cents. Au milieu de tant de souffrances, pas une voix cependant ne s'éleva pour demander la capitulation ; le bombardement ne fit que donner une sorte d'exaltation à ce sentiment d'abnégation, et les égarés eux-mêmes qui, par deux fois, tentèrent de renverser le gouvernement de la défense nationale, ne le faisaient qu'en réclamant la résistance à outrance.

Les souffrances furent grandes, et l'histoire comme le philosophe comprennent à peine, même aujourd'hui, comment elles furent supportées avec tant de patience et de stoïcisme.

Dans une ville de moyenne grandeur, comme Strasbourg par exemple, il y a unité dans la population, et il se forme un sentiment public qui sert de guide et de règle à toutes les actions. Rien de semblable dans une cité comme Paris, où il y a dix villes dans une seule, et où vivent des populations non-seulement étrangères, mais même hostiles les unes aux autres. M. de Bismark avait raison de croire à des luttes intestines et à des dissensions civiles : mais dans son calcul il n'avait oublié qu'une chose, le patriotisme, qui a été le plus fort et qui l'a emporté sur les mauvaises passions.

Au lendemain de la bataille de Sedan, on avait bien fait entrer dans Paris la plus grande quantité de vivres possible, et des affiches avaient bien engagé les citoyens à faire des provisions de bouche, mais l'investissement était venu arrêter cet effort de ravitaillement ; pourtant les ressources de la ville se trouvèrent être plus considérables qu'on n'eût osé l'espérer.

Dès le commencement d'octobre il fallut rationner la viande : d'abord la quantité de bœufs et de moutons renfermés dans Paris n'était pas inépuisable, puis une grande quantité succombaient à une épidémie amenée par l'insuffisance des fourrages. Chaque habitant eut d'abord cinquante grammes de viande par jour, quantité qui fut bientôt réduite à trente grammes : qu'était-ce que cela pour des gens habitués à une nourriture substantielle, abondante et en rapport avec la somme de forces et d'activité dépensée chaque jour ? Le pain fut livré à discrétion, on ne le rationna que sur la fin du siège : ce fût un grand tort, car cette précaution eût valu peut-être quinze jours de plus de résistance. Il y avait en effet dans Paris un grand nombre de chevaux; le fourrage étant très-cher, et leur nourriture revenant à 10 francs par jour, les propriétaires préféraient les nourrir avec du pain, ce qui ne leur coûtait que 3 francs environ. On prétend que, pendant trois mois, trente à quarante mille chevaux ont été nourris de cette façon. Peu importait aux malheureux qui agissaient ainsi de prodiguer des provisions plus précieuses que l'or, et dont dépendait peut-être la vie de leurs concitoyens : l'égoïste ne connaît d'autre règle que son intérêt personnel, et, comme on l'a si bien dit de lui, il mettrait le feu à la maison du voisin pour faire cuire un œuf. Les faits monstrueux qu'on a vus en ce genre, et qui contrastent si douloureusement avec l'effort patriotique de la cité, ont démontré que ce n'était pas au figuré, mais au propre qu'il fallait prendre cette expression. Tandis que de pauvres petits êtres, faute de lait, s'éteignaient étiolés sur le sein flétri de leur mère, les concierges, les vieilles femmes, les commères de tout rang savaient trouver du lait pour leur chat ou pour leur chien.

Ce serait une erreur de croire que toutes les classes de la population ont également souffert et ont montré la même abnégation. La vie sociale se trouvant brusquement interrompue, les règles ordinaires ne pouvaient subsister. Il fallait faire vivre cette population privée tout d'un coup de travail et de relations avec la province. On établit des cantines municipales, dans lesquelles tous ceux qui en faisaient la demande furent nourris gratuitement. Plus de la moitié de la population subsista ainsi pendant la durée du siége, et bien des gens eurent recours à ce moyen qui auraient pu s'en passer, tandis que bien d'autres, retenus par la honte, préférèrent s'imposer les privations les plus dures. Les classes riches (celles du moins qui n'avaient pas abandonné Paris, car dans leurs rangs la désertion avait été presque générale, et ceux qui nous avaient lancés dans cette funeste guerre nous quittaient au moment du danger) les classes riches, disons-nous, n'eurent guère à souffrir, et jusqu'au dernier jour avec de l'argent on put trouver amplement de quoi satisfaire ses besoins et même atteindre au confortable.

La classe la plus éprouvée, celle qui se montra héroïque d'un bout à l'autre, ce fut la classe bourgeoise, cette classe qui vit de son travail, de son intelligence, de son industrie. Elle mit son honneur à faire face à ces nécessités imprévues ; non-seulement elle dépensa toute son épargne, mais encore elle s'endetta, engageant un avenir des plus incertains, et cela pour vivre avec une sobriété excessive. Avec ses trente grammes de viande par jour, ses provisions vite épuisées, il lui arriva plus d'une fois de se contenter de pain trempé dans du vin sucré, et d'envier les repas servis à ceux qui mangeaient dans les cantines et qui avaient tous les jours du bouillon, de la viande, des légumes et parfois du beurre et du fromage. Nombre de gens passèrent plusieurs mois sans toucher à ces deux derniers aliments, qu'on apercevait encore sur le marché, mais en quantité infinitésimale et à des prix fabuleux. Dans la dernière quinzaine de décembre, le beurre frais se payait 70 francs le kilo, le fromage de Gruyère, 20 francs la livre, les pommes de terre 35 francs le boisseau, ce qu'au mois d'octobre on avait encore pour 3 francs. Un chou se vendait 15 francs, le persil 6 francs la livre, la salade et les autres légumes en proportion, et si l'on voyait encore un peu de verdure, c'était grâce aux plantations faites dans des terrains avoisinant les fortifications ; un restaurateur acheta deux lapins pour 120 francs ; et les Anglais qui, se trouvant à Paris, voulurent célébrer la fête de Noël suivant le rite ordinaire durent payer les oies de 150 à 200 francs.

A ces privations vinrent s'en joindre d'autres non moins dures : le charbon et le bois manquèrent absolument, et l'hiver se trouva être d'une rigueur exceptionnelle et inaccoutumée. Pour y suppléer, on abattit les arbres des promenades et des boulevards, les clôtures en planches furent arrachées, les bancs démolis. Mais ces ressources étaient bien insuffisantes ; que pouvait faire une poignée de bois vert parcimonieusement mesurée à chacun, et obtenue non sans peine et après un stationnement de plusieurs heures dans la rue, par un froid de 10 ou 15 degrés? De la fumée et une flamme à peine assez ardente pour faire cuire les maigres aliments, voilà où en étaient réduits la plupart des ménages ; quant à se chauffer, il n'y fallait pas songer : vieillards, enfants, malades, grelottaient sous leurs couvertures, dans leurs chambres glacées. L'aspect des rues n'était ni plus gai, ni plus réjouissant. A la place du gaz, qu'on ne pouvait plus fabriquer faute de charbon, des lanternes fumeuses répandaient une douteuse clarté sur les rues silencieuses et couvertes de neige; tous les magasins étaient fermés, seuls, une boutique de marchand de vins, un café interrompaient parfois cette ligne sombre. Point de théâtres; peu de passants, presque pas de voitures, et celui qui s'attardait le soir dans ces grandes voies, jadis si animées, se serait cru dans une nécropole, si le bruit du canon, grondant incessamment sur tous les points de l'enceinte, n'était venu le rappeler à la triste réalité.

De toutes ces souffrances, la plus rude encore consistait dans la séquestration, dans la privation des nouvelles du reste de la France. La plupart des gens renfermés à Paris avaient leur famille en province, et ils s'en trouvaient plus profondément séparés que si les deux océans se fussent trouvés entre eux. Que se passait-il derrière cette muraille de fer qui nous enserrait? Que faisait l'armée de la Loire? Accourait-on à notre secours? Chaque jour partaient des ballons, emportant lettres, journaux et missives, mais, hélas! ils ne revenaient pas !

C'est ce moment que les Prussiens choisirent pour commencer le bombardement de Paris. C'était le moment *psycho-*

logique, selon leur expression, c'est-à-dire celui où la population, ébranlée par les souffrances physiques et morales, serait définitivement domptée par les menaces de mort et d'incendie. Le résultat fut entièrement opposé; cet acte de sauvage barbarie n'excita que le mépris et l'indignation, et fortifia l'idée de la résistance. Dans la nuit du 5 au 6 janvier, les obus commençaient à pleuvoir sur la ville, dans le quartier sud, sur la rive gauche de la Seine qu'ils avaient choisie comme l'endroit le plus approprié à leur dessein. On crut d'abord à une méprise, mais bientôt il ne fut plus possible de s'abuser, en voyant les projectiles se succéder avec une régularité inexorable, rares dans le jour, mais très-nombreux pendant la nuit. En vain on envoya au quartier général prussien, pour protester contre un procédé inouï chez toutes les nations civilisées, le bombardement devant être, selon les lois de la guerre, précédé d'un avertissement, d'une sommation préalable; en vain les ministres, en vain les membres de l'Institut, protestèrent contre ce bombardement, qui s'attaquait surtout aux ambulances, aux édifices civils et religieux, aux monuments scientifiques; les Prussiens n'en continuèrent pas moins leur œuvre, et ces amis de la science, ces représentants de la civilisation détruisirent les riches collections du Muséum, absolument comme des Sauvages eussent pu le faire.

Du 5 au 26 janvier, les projectiles prussiens ont frappé plus de cent monuments ou grands établissements publics et privés, savoir : six ambulances, neuf casernes, cinq couvents, huit écoles, sept églises, seize hospices, trois institutions, quatre lycées, six musées, quatre prisons, sept établissements de subsistances. On a constaté sur ces édifices la chute de plus de 1,600 obus : 700 dans le cimetière Montparnasse, 139 sur l'asile Sainte-Anne, 80 sur le Jardin des Plantes, 80 sur le Luxembourg, 75 sur le Val-de-Grâce, 60 sur la gare de

l'Ouest, 47 sur l'hôpital de la Pitié, 31 sur la Salpêtrière.
Un écrivain allemand, le major Blume, dit que nous devons
remercier les Allemands qui nous ont ménagés : « On se proposait, ajoute-t-il, en parlant du bombardement de Paris, d'inquiéter les habitants, dont une partie était forcée d'émigrer,
d'ébranler leur esprit de résistance sans causer de dommages
matériels sérieux. » Le résultat de ce prétendu ménagement a
été la chute sur la ville de 20,000 projectiles, qui ont endommagé 1,400 immeubles, tué ou blessé 400 personnes et allumé cinquante incendies. L'histoire sera d'autant plus sévère pour la Prusse, que ce bombardement a été une cruauté
gratuite, et qu'il est arrivé au moment où le manque de vivres
allait forcer la ville à se rendre. C'était un acte de vengeance
contre cette glorieuse capitale, à l'assaut de laquelle les armées allemandes n'avaient pas eu le courage de s'élancer.

Il a manqué à Paris ce qui a fait défaut dans tout le reste de
la France : l'obéissance et l'esprit de discipline chez la population, la capacité et l'énergie chez les chefs. L'histoire peut
dès aujourd'hui se prononcer sur le compte du général Trochu et lui attribuer la part de responsabilité qui lui revient
dans les désastres de la dernière période de la guerre. Cet officier, qui avait de l'instruction et de l'intelligence, mais encore
plus de confiance en lui, était manifestement au-dessous du
rôle qu'il a joué : deux choses lui manquaient, choses indispensables dans le poste de gouverneur de Paris et de directeur
suprême des opérations militaires : la pratique du commandement que rien ne saurait remplacer, et l'énergie sans laquelle
il n'y a ni guerres ni armées possibles. Et cependant, tel est le
malheur des temps où nous vivons, qu'après ce dont on avait
été témoin dans la première partie de la guerre, même aujourd'hui, on ne saurait regretter que le pouvoir ait été mis entre
les mains de cet homme incomplet sous beaucoup de rapports,

mais d'une loyauté et d'une honnêteté incontestables. Que Trochu se montrât ferme et énergique, et les choses pouvaient changer de face. Pourquoi n'avoir pas profité du premier élan de patriotisme pour appeler tous les citoyens à la défense, les armer, les discipliner et en faire, au bout d'un mois ou deux, des soldats capables d'exécuter de constantes et vigoureuses sorties. Il le pouvait alors; le sentiment public eût été avec lui, l'enthousiasme débordait de toutes les poitrines et eût forcé à se taire les réclamations des timides et des lâches. Mais il fallait pour cela une volonté énergique, une main de fer; il fallait fusiller une dizaine des fuyards de Châtillon, il fallait passer par les armes une vingtaine des meneurs du 31 octobre, émeute complexe où il y avait des égarés, des violents et aussi des complices de M. de Bismark. Aujourd'hui, la chose n'est plus niable, la Commune et les journées du 31 octobre et du 22 janvier sont en partie l'œuvre du diplomate prussien ; ses flatteurs le proclament hautement, ils exaltent en cela son habileté, et la comparent à celle que déploya le cardinal de Richelieu en suscitant la guerre de Trente Ans à la maison d'Autriche. Il faut être Allemand pour faire des rapprochements aussi monstrueux. La guerre de Trente Ans fut un acte de haute et avouable politique, dont le but était d'empêcher l'écrasement de l'Allemagne par l'Autriche et de sauvegarder la liberté religieuse, tandis que fomenter une insurrection chez son ennemi pour l'empêcher de se défendre est une manœuvre déloyale au premier chef.

Une autre erreur de Trochu fut de croire que l'important pour lui était de se tenir sur la défensive ; certes Paris se trouvait à l'abri d'un coup de main, et les forts détachés formaient autour de lui un rempart presque impénétrable. Ce qu'il fallait, ce qui est le rôle de l'assiégé, c'est de harceler sans cesse l'ennemi par des sorties, de détruire ses ouvrages, de lui tuer le plus possible de monde ; cette tactique est bien plus utile à tous égards que celle des sorties à grand fracas, dont le succès est presque toujours impossible. C'est ce que Trochu ne fit pas, au grand détriment de la défense de Paris et des armées de la Loire et de l'Est. Un fait incontestable aujourd'hui, c'est que de grandes masses des troupes assiégeantes furent détachées dès le commencement de janvier pour combattre Chanzy au Mans et Bourbaki à l'Est; c'est pour masquer cet affaiblissement du cordon d'investissement que commença le sauvage bombardement qui dura un mois tout entier, et qui est une iniquité de plus de cette guerre si féconde en actes déloyaux. Paris, qui comptait cinq cent mille combattants dans son sein, ne fit pas ce qu'avait fait Toul et Verdun avec des garnisons insignifiantes, aucune sortie nocturne ne fut tentée pour éteindre les batteries et détruire les ouvrages. L'impéritie saurait-elle aller plus loin ? N'est-il pas étonnant qu'en apprenant ces faits incroyables, on ait d'abord douté du courage de Paris, tandis que c'était seulement la capacité de ses chefs qu'il fallait accuser.

Toujours pour obéir à son système erroné, le général Trochu se décida à tenter une nouvelle sortie, annoncée deux jours d'avance comme à l'ordinaire, afin que les Prussiens en fussent prévenus. Son but n'était pas de franchir les lignes, mais bien d'attirer l'ennemi dans la plaine et de le combattre avec son infanterie, lui ôtant ainsi la supériorité de sa redoutable artillerie. Il fallait une dose de naïveté bien grande pour croire que l'ennemi se rendrait à cet appel en champ clos, et abandonnerait immédiatement ces fortes positions, ces maisons et ces murs crénelés qui formaient sa première ligne de défense. On le vit bien en effet ; tout un jour on fit des efforts pour prendre et reprendre le Bourget, cette position que deux mois auparavant on avait abandonnée d'une façon si incompréhensible; les Allemands, dans leurs ouvrages, ont dit combien la perte de ce point les eût gênés pour la continuation et le maintien du blocus. Le seul résultat de cette sortie, que le froid fit encore interrompre, fut la prise du plateau d'Avron, qui était exposé aux feux de l'ennemi et qu'on dut évacuer au bout de quelques jours.

Une dernière tentative fut faite, non-seulement pour satisfaire l'opinion publique qui la réclamait énergiquement, mais aussi pour obéir à ce précepte de Turenne : « Tirez jusqu'à votre dernier boulet, c'est peut-être celui-là qui doit vous délivrer. » Elle eut le tort de venir à contre-temps et alors que toute occasion propice avait disparu. Une sortie par Châtillon était projetée pour le 10, le jour même de la bataille du Mans; mais, les Prussiens en ayant été avertis et ayant pris leurs précautions, on avait dû y renoncer. Le 18, on tenta de la faire par Buzenval et Montretout : cette bataille non-seulement était inutile, mais encore elle fut conduite d'une façon déplorable. Commencée beaucoup trop tard, elle fut dès le premier moment compromise par le général Ducrot, qui arriva trois heures en retard. Cette fois du moins on avait réuni une quantité de troupes suffisantes, mais on ne les utilisa pas, et leur accumulation dans un espace très-restreint n'eut d'autre effet que d'en faire un objectif commode aux boulets de l'ennemi. La bonne tenue de la garde nationale dans cette journée prouva qu'un chef énergique et capable eût pu en tirer un excellent parti pour la défense de Paris.

Trois jours après, les émeutiers tâchaient de nouveau de s'emparer de l'Hôtel de Ville; mais cette fois ils furent repoussés. Le même jour, le général Trochu donnait sa démission, et le général Vinoy était mis à la tête de l'armée. Mais le moment de combattre était passé; il ne fallait plus songer qu'à négocier, car il n'y avait plus que pour huit jours de vivres, et ce n'était pas en quelques heures qu'on pouvait faire venir des approvisionnements pour une cité de deux millions d'hommes. M. Jules Favre se rendit au quartier général prussien, et, après trois jours de pourparlers, la convention suivante fut conclue :

« Art. 1er. — Un armistice général, sur toute la ligne des opérations militaires en cours d'exécution entre les armées allemandes et les armées françaises, commencera pour Paris aujourd'hui même, dans les départements dans un délai de trois jours ; la durée de l'armistice sera de vingt et un jours, à dater d'aujourd'hui, de manière que, sauf le cas où il serait renouvelé, l'armistice se terminera partout le 19 février, à midi. Les armées belligérantes conserveront leurs positions respectives, qui seront séparées par une ligne de démarcation. Cette ligne partira de Pont-l'Évêque, sur les côtes du département du Calvados, se dirigera sur Lignières, dans le nord-est du département de la Mayenne, en passant entre Briouze et Fromentet; en touchant au département de la Mayenne, à Lignières, elle suivra la limite qui sépare ce département de celui de l'Orne et de la Sarthe, jusqu'au nord de Morannes, et sera constituée de manière à laisser à l'occupation allemande les départements de la Sarthe, Indre-et-Loire, Loir-et-Cher, du Loiret, de l'Yonne, jusqu'au point où, à l'est de Quarré-les-Tombes, se touchent les départements de la Côte-d'Or, de la Nièvre et de l'Yonne. A partir de ce point, le tracé de la ligne sera réservé à une entente qui aura lieu aussitôt que les parties contractantes seront renseignées sur la situation actuelle des opérations militaires en exécution dans les départements de la Côte-d'Or, du Doubs et du Jura. Dans tous les cas, elle traversera le territoire composé de ces trois départements, en laissant à l'occupation allemande les départements situés au nord, à l'armée française ceux situés au midi de ce territoire. Les départements du Nord et du Pas-de-Calais, les forteresses de

Givet et de Langres, avec le terrain qui les entoure à une distance de dix kilomètres, et la péninsule du Havre, jusqu'à une ligne à tirer d'Étretat, dans la direction de Saint-Romain, resteront en dehors de l'occupation allemande. Les deux armées belligérantes et leurs avant-postes, de part et d'autre, se tiendront à une distance de dix kilomètres au moins des lignes tracées pour séparer leurs positions. Chacune des deux armées se réserve le droit de maintenir son autorité dans le territoire qu'elle occupe, et d'employer les moyens que ses commandants jugeront nécessaires pour arriver à ce but. L'armistice s'applique également aux forces navales des deux pays, en adoptant le méridien de Dunkerque comme la ligne de démarcation, à l'ouest de laquelle se tiendra la flotte française, et à l'est de laquelle se retireront, aussitôt qu'ils pourront être avertis, les bâtiments de guerre allemands qui se trouvent dans les eaux occidentales. Les captures qui seraient faites après la conclusion et avant la notification de l'armistice seront restituées, de même que les prisonniers qui pourraient être faits, de part et d'autre, dans des engagements qui auraient lieu dans l'intervalle indiqué. Les opérations militaires sur le terrain des départements du Doubs, du Jura et de la Côte-d'Or, ainsi que le siége de Belfort, se continueront, indépendamment de l'armistice, jusqu'au moment où on se sera mis d'accord sur la ligne de démarcation dont le tracé à travers les trois départements mentionnés a été réservé à une entente ultérieure.

« Art. 2. — L'armistice ainsi convenu a pour but de permettre au gouvernement de la défense nationale de convoquer une Assemblée librement élue, qui se prononcera sur la question de savoir si la guerre doit être continuée, ou à quelles conditions la paix doit être faite. L'Assemblée se réunira dans la ville de Bordeaux. Toutes les facilités seront données par les commandants des armées allemandes pour l'élection des députés qui la composeront.

« Art. 3. — Il sera fait immédiatement remise à l'armée allemande, par l'autorité militaire française, de tous les forts formant le périmètre de la défense extérieure de Paris, ainsi que de leur matériel de guerre. Les communes et les maisons situées en dehors de ce périmètre ou entre les forts pourront être occupées par les troupes allemandes, jusqu'à une ligne à tracer par des commissaires militaires. Le terrain restant entre cette ligne et l'enceinte fortifiée de la ville de Paris sera interdit aux forces armées des deux parties. La manière de rendre les forts et le tracé de la ligne mentionnée formeront l'objet d'un protocole à annexer à la présente convention.

« Art. 4. — Pendant la durée de l'armistice, l'armée allemande n'entrera pas dans la ville de Paris.

« Art. 5. — L'enceinte sera désarmée de ses canons, dont les affûts seront transportés dans les forts à désigner par un commissaire de l'armée allemande.

« Art. 6. — Les garnisons (armée de ligne, garde mobile et marins) des forts et de Paris seront prisonnières de guerre, sauf une division de douze mille hommes que l'autorité militaire dans Paris conservera pour le service intérieur. Les troupes prisonnières de guerre déposeront leurs armes, qui seront réunies dans des lieux désignés et livrées suivant règlement par commissaires, suivant l'usage; ces troupes resteront dans l'intérieur de la ville, dont elles ne pourront pas franchir l'enceinte pendant l'armistice. Les autorités françaises s'engagent à veiller à ce que tout individu appartenant à l'armée et à la garde mobile reste consigné dans l'intérieur de la ville. Les officiers des troupes prisonnières seront désignés par une liste à remettre aux autorités allemandes. A l'expiration de l'armistice, tous les militaires appartenant à l'armée consignée dans

Paris auront à se constituer prisonniers de guerre de l'armée allemande, si la paix n'est pas conclue jusque-là. Les officiers prisonniers conserveront leurs armes.

« Art. 7.— La garde nationale conservera ses armes; elle sera chargée de la garde de Paris et du maintien de l'ordre. Il en sera de même de la gendarmerie et des troupes assimilées, employées dans le service municipal, telles que garde républicaine, douaniers et pompiers ; la totalité de cette catégorie n'excédera pas trois mille cinq cents hommes. Tous les corps de francs-tireurs seront dissous par une ordonnance du gouvernement français.

« Art. 8.— Aussitôt après la signature des présentes et avant la prise de possession des forts, le commandant en chef des armées allemandes donnera toutes facilités aux commissaires que le gouvernement français enverra, tant dans les départements qu'à l'étranger, pour préparer le ravitaillement et faire approcher de la ville les marchandises qui y sont destinées.

« Art. 9.— Après la remise des forts et après le désarmement de l'enceinte et de la garnison stipulés dans les articles 5 et 6, le ravitaillement de Paris s'opérera librement par la circulation sur les voies ferrées et fluviales. Les provisions destinées à ce ravitaillement ne pourront être puisées dans le terrain occupé par les troupes allemandes, et le gouvernement français s'engage à en faire l'acquisition en dehors de la ligne de démarcation qui entoure les positions de l'armée allemande, à moins d'autorisation contraire donnée par le commandant de ces dernières.

« Art. 10. — Toute personne qui voudra quitter la ville de Paris devra être munie de permis réguliers délivrés par l'autorité militaire française, et soumis au visa des avant-postes allemands. Ces permis et ces visas seront accordés de droit aux candidats à la députation en province et aux députés à l'Assemblée. La circulation des personnes qui auront obtenu l'autorisation indiquée ne sera admise qu'entre six heures du matin et six heures du soir.

« Art. 11. — La ville de Paris paiera une contribution municipale de guerre de la somme de deux cents millions de francs. Ce paiement devra être effectué avant le quinzième jour de l'armistice. Le mode de paiement sera déterminé par une commission mixte allemande et française.

« Art. 12. — Pendant la durée de l'armistice, il ne sera rien distrait des valeurs publiques pouvant servir de gages au recouvrement des contributions de guerre.

« Art. 13. — L'importation dans Paris d'armes, de munitions ou de matières servant à leur fabrication, sera interdite pendant la durée de l'armistice.

« Art. 14. — Il sera procédé immédiatement à l'échange de tous les prisonniers de guerre qui ont été faits par l'armée française depuis le commencement de la guerre. Dans ce but, les autorités françaises remettront, dans le plus bref délai, des listes nominatives des prisonniers de guerre allemands aux autorités militaires allemandes à Amiens, au Mans, à Orléans et à Vesoul. La mise en liberté des prisonniers de guerre allemands s'effectuera sur les points les plus rapprochés de la frontière. Les autorités allemandes remettront en échange, sur les mêmes points, et dans le plus bref délai possible, un nombre pareil de prisonniers français, de grades correspondants, aux autorités militaires françaises. L'échange s'étendra aux prisonniers de condition bourgeoise, tels que les capitaines de navires de la marine marchande allemande, et les prisonniers français civils qui ont été internés en Allemagne.

« Art. 15. — Un service postal pour des lettres non cachetées sera organisé, entre Paris et les départements, par l'intermédiaire du quartier général de Versailles.

« En foi de quoi les soussignés ont revêtu de leurs signatures et de leur sceau les présentes conventions.

« Fait à Versailles, le vingt-huit janvier mil huit cent soixante et onze.

« *Signé* : Jules Favre.   Bismark. »

Le 8 février, des élections générales eurent lieu dans toute la France, et l'Assemblée se réunit à Bordeaux le 15. M. Thiers, nommé à l'unanimité chef du pouvoir exécutif, débattit avec M. de Bismark les clauses d'un traité de paix. Ce traité, qui nous enlevait l'Alsace et la Lorraine et nous imposait une contribution de guerre de cinq milliards, fut voté en silence par l'Assemblée, et, le 1er mai, à Francfort, il fut ratifié par les plénipotentiaires des deux nations.

En voici la teneur :

« Art. — 1er. La France renonce, en faveur de l'Empire allemand, à tous ses droits et titres sur les territoires situés à l'est de la frontière ci-après désignée : La ligne de démarcation commence à la frontière nord-ouest du canton de Cattenom, vers le grand-duché de Luxembourg, suit, vers le sud, les frontières occidentales des cantons de Cattenom et Thionville, passe par le canton de Briey en longeant les frontières occidentales des communes de Montois-la-Montagne et Roncourt, ainsi que les frontières orientales des communes de Marie-aux-Chênes, Saint-Ail, atteint la frontière du canton de Gorze, qu'elle traverse le long des frontières communales de Vionville, Chambley et Onville, suit la frontière sud-ouest resp. sud de l'arrondissement de Metz, la frontière occidentale de l'arrondissement de Château-Salins jusqu'à la commune de Pettoncourt, dont elle embrasse les frontières occidentale et méridionale, pour suivre la crête des montagnes entre la Seille et Moncel, jusqu'à la frontière de l'arrondissement de Strasbourg au sud de Garde. La démarcation coïncide ensuite avec la frontière de cet arrondissement jusqu'à la commune de Tanconville, dont elle atteint la frontière au nord ; de là elle suit la crête des montagnes entre les sources de la Sarre blanche et de la Vezouse jusqu'à la frontière du canton de Schirmeck, longe la frontière occidentale de ce canton, embrasse les communes de Saales, Bourg-Bruche, Colroy, la Roche, Plaine, Ranrupt, Saulxures et Saint-Blaise-la-Roche du canton de Saales, et coïncide avec la frontière occidentale des départements du Bas-Rhin et du Haut-Rhin jusqu'au canton de Belfort, dont elle quitte la frontière méridionale non loin de Vourvenans pour traverser le canton de Delle, aux limites méridionales des communes de Bourgone et Froide-Fontaine, et atteindre la frontière suisse, en longeant les frontières orientales des communes de Jonchéry et Delle. La frontière, telle qu'elle vient d'être décrite, se trouve marquée en vert sur deux exemplaires conformes de la carte du territoire formant le gouvernement général d'Alsace, publiée à Berlin en septembre 1870 par la divison géographique et statistique de l'état-major général, et dont un exemplaire sera joint à chacune des deux expéditions du présent traité. Toutefois, le traité indiqué a subi les modifications suivantes de l'œuvre des deux parties contractantes : dans l'ancien département de la Moselle, les villages de Marie-aux-Chênes, près de Saint-Privat-la-Montagne et de Vionville, à l'ouest de Rezonville, seront cédés à l'Allemagne. Par contre, la ville et les fortifications de Belfort resteront à la France avec un rayon qui sera déterminé ultérieurement.

« Art. 2. — La France paiera à S. M. l'Empereur d'Allemagne la somme de cinq milliards de francs. Le paiement d'au moins un milliard de francs aura lieu dans le courant de l'année 1871, et celui de tout le reste de la dette dans un espace de trois années, à partir de la ratification du présent article.

« Art. 3. — L'évacuation des territoires français occupés par les troupes allemandes commencera après la ratification du présent traité par l'Assemblée nationale siégeant à Bordeaux. Immédiatement après cette ratification, les troupes allemandes quitteront l'intérieur de la ville de Paris, ainsi que les forts situés à la rive gauche de la Seine; et dans le plus bref délai possible, fixé par une entente entre les autorités militaires des deux pays, elles évacueront entièrement les départements du Calvados, de l'Orne, de la Sarthe, d'Eure-et-Loir, du Loiret, de Loir-et-Cher, d'Indre-et-Loire, de l'Yonne, et, de plus, les départements de la Seine-Inférieure, de l'Eure, de Seine-et-Oise, de Seine et-Marne, de l'Aube et de la Côte-d'Or, jusqu'à la rive gauche de la Seine. Les troupes françaises se retireront en même temps derrière la Loire, qu'elles ne pourront dépasser avant la signature du traité de paix définitif. Sont exceptées de cette disposition la garnison de Paris, dont le nombre ne pourra dépasser quarante mille hommes, et les garnisons indispensables à la sûreté des places fortes. L'évacuation des départements situés entre la rive droite de la Seine et les frontières de l'Est, par les troupes allemandes, s'opérera graduellement après la ratification du traité définitif et le paiement du premier demi-milliard de la contribution stipulée par l'art. 2, en commençant par les départements les plus rapprochés de Paris, et se continuera au fur et à mesure que les versements de la contribution seront effectués. Après le premier versement d'un demi-milliard, cette évacuation aura lieu dans les départements suivants : Somme, Oise et les parties des départements de la Seine-Inférieure, Seine et-Oise, Seine-et-Marne, situées sur la rive droite de la Seine, ainsi que la partie du département de la Seine et les forts situés sur la rive droite. Après le paiement de deux milliards, l'occupation allemande ne comprendra plus que les départements de la Marne, des Ardennes, de la Haute-Marne, de la Meuse, des Vosges, de la Meurthe, ainsi que la forteresse de Belfort avec son territoire, qui serviront de gage pour les trois milliards restants, et où le nombre des troupes allemandes ne dépassera pas cinquante mille hommes. S. M. l'Empereur sera disposé à·substituer à la garantie territoriale, consistant en l'occupation partielle du territoire français, une garantie financière, si elle est offerte par le Gouvernement français dans les conditions reconnues suffisantes par S. M. l'Empereur et Roi pour les intérêts de l'Allemagne. Les trois milliards dont l'acquittement aura été différé porteront intérêt à cinq pour cent, à partir de la ratification de la présente convention.

« Art. 4. — Les troupes allemandes s'abstiendront de faire des réquisitions, soit en argent, soit en nature, dans les départements occupés. Par contre, l'alimentation des troupes allemandes qui restent en France aura lieu aux frais du Gouvernement français dans la mesure convenue avec l'intendance militaire allemande.

« Art. 5. — Les habitants des territoires cédés par la France, en tout ce qui concerne leur commerce et leurs droits civils, seront réglés aussi favorablement que possible lorsque seront arrêtées les conditions de la paix définitive. Il sera fixé, à cet effet, un espace de temps pendant lequel ils jouiront de facilités particulières pour la circulation de leurs produits. Le Gouvernement allemand n'opposera aucun obstacle à la libre émigration des habitants des territoires cédés, et ne pourra prendre contre eux aucune mesure atteignant leurs personnes ou leurs propriétés.

« Art. 6. — Les prisonniers de guerre qui n'auront pas déjà été mis en liberté par voie d'échange, seront rendus immédiatement après la ratification des présents préliminaires. Afin d'accélérer le transport des prisonniers français, le Gouvernement français mettra à la disposition des autorités allemandes, à l'intérieur du territoire allemand, une partie du matériel roulant de ses chemins de fer, dans une mesure qui sera déterminée par des arrangements spéciaux et aux prix payés en France par le Gouvernement français pour les transports militaires.

« Art. 7.— L'ouverture des négociations pour le traité de paix définitif à conclure sur la base des présents préliminaires aura lieu à Bruxelles, immédiatement après la ratification de ces derniers par l'Assemblée nationale et par S. M. l'Empereur d'Allemagne.

« Art. 8.—Après la conclusion et la ratification du traité de paix définitif, l'administration des départements devant encore rester occupés par les troupes allemandes sera remise aux autorités françaises ; mais ces dernières seront tenues de se conformer aux ordres que le commandant des troupes allemandes croirait devoir donner dans l'intérêt de la sûreté, de l'entretien et de la distribution des troupes. Dans les départements occupés, la perception des impôts, après la ratification du présent traité, s'opérera pour le compte du Gouvernement français et par le moyen de ses employés.

« Art. 9. — Il est bien entendu que les présentes ne peuvent donner à l'autorité militaire allemande aucun droit sur les parties du territoire qu'elles n'occupent point actuellement.

« Art. 10.— Les présentes seront immédiatement soumises à la ratification de l'Assemblée nationale française siégeant à Bordeaux et de S. M. l'Empereur d'Allemagne.

« En foi de quoi, les soussignés ont revêtu le présent traité préliminaire de leurs signatures et de leurs sceaux.

« Fait à Versailles, le 26 février 1871.

« A. Thiers.

« V. Bismark,   Jules Favre. »

Ecrasée par la guerre étrangère, déchirée par la guerre civile, la France semblait ne pas devoir se relever de longtemps d'un aussi terrible coup. Grâce à l'habileté du gouvernement de M. Thicrs, grâce au patriotisme déployé par l'Assemblée et par la nation, un an après ce désastreux traité de paix, les deux premiers milliards étaient payés, et, sur les seize départements occupés d'abord par l'ennemi, six seulement continuaient à l'être. C'est alors qu'intervint une nouvelle convention qui, adoucissant les conditions premières du traité du 26 février 1871, prorogeait le terme du paiement, promettait l'évacuation au fur et à mesure des versements de l'indemnité de guerre, et acceptait une garantie pour le dernier milliard. Au lendemain de cette convention, signée le 29 juin 1872, la France fit un emprunt de trois milliards cinq cents millions le plus formidable qui ait jamais été fait : la confiance était revenue, et les souscriptions s'élevèrent au chiffre incroyable de quarante-quatre milliards. Cette victoire pacifique récompensait la France de sa dignité à supporter ses malheurs et de sa bonne foi à tenir les engagements qu'elle avait contracté.

Nous n'avons rien à ajouter à ce douloureux récit qui porte avec lui sa moralité. La guerre, chose barbare qui déshonore les nations civilisées et démoralise les hommes, ne profite à personne, et les vainqueurs n'y perdent guère moins que les vaincus. La France a vu lui échapper deux provinces, des sommes immenses et sa prépondérance en Europe. La Prusse, elle, a perdu plus de cent mille hommes, et un bien plus grand nombre de ses enfants restent infirmes pour le reste de leur vie. Enivrée de sa grandeur, elle se précipitera dans de nouvelles aventures, où elle trouvera tôt ou tard la chute qui termine fatalement l'existence des nations conquérantes. L'Europe n'a eu souci ni de la justice ni de la modération, elle ne tardera pas à porter la peine de son égoïsme : l'équilibre européen, si péniblement édifié, d'abord en 1648, puis en 1815, est désormais détruit ; deux des cinq grandes puissances sont descendues du premier rang, et notre continent reste livré en proie à l'ambition de trois peuples chez lesquels l'avidité égale l'absence de scrupule et de moralité en matière politique. L'ère des guerres européennes n'est pas terminée, et le temple de la Paix n'est pas près de se rouvrir.

FIN

TABLE DES MATIÈRES

CHAPITRE I.

LES ORIGINES DE LA GUERRE.

Les effets et les causes. — Conséquences d'une usurpation. — Les guerres du second Empire. — Le Sleswig-Holstein. — Sadowa. — L'achat du Luxembourg. — L'incident Hohenzollern. — La guerre à tout prix. — A diplomate diplomate et demi. — Protestation de M. Thiers. — Un ministre au cœur léger. — Déclaration de guerre. — A qui la responsabilité ?........................ 1

CHAPITRE II.

WISSEMBOURG. — REISCHOFFEN. — FORBACH.

Sagesse d'un souverain. — Les équipages impériaux. — Le roi Guillaume. — Bismark. — Moltke. — L'armée française et l'armée allemande. — Plan de campagne. — Les alliances. — Prélude de Saarbrück. — Wissembourg. — Reischoffen. — Forbach. — L'artillerie prussienne. — Les uhlans. — Les espions 15

CHAPITRE III.

BORNY. — REZONVILLE. — SAINT-PRIVAT.

Effet produit par les dernières défaites. — Chute du cabinet Ollivier. — Les Vosges faciles à défendre. — Proclamation du roi Guillaume. — Marche en avant des armées allemandes. — Hésitations à Metz. — Retraite sur Verdun. — Combat de Borny. — Bataille de Gravelotte. — Incompréhensible conduite de Bazaine. — Bataille de Saint-Privat. — L'armée du Rhin enfermée autour de Metz........ 63

CHAPITRE IV.

SEDAN.

Emotion dans la capitale. — Fausses nouvelles données par le gouvernement. — Emeute à la Villette. — Conseil de guerre tenu à

Châlons. — Le retour sur Paris est décidé. — Efforts de la régence pour contrarier cette marche. — M. Rouher à Châlons. — Le général Trochu à Paris. — Une dépêche de Bazaine. — Situation et marche des armées allemandes. — Plan de défense. — Marche en avant. — Combat de Busancey. — Bataille de Beaumont. — Bataille de Sedan. — Préliminaires de la capitulation. — Capitulation. — Le village de Bazeilles. — Cruauté envers les prisonniers. — Entrevue de l'Empereur avec M. de Bismark et le roi Guillaume. — Résultats de cette funeste journée. — Causes générales de la catastrophe... 106

CHAPITRE V.

TENTATIVES DE NÉGOCIATIONS.

Invasion. — Le tunnel de Saverne. — Administration des villes occupées. — Les uhlans. — Une ville fortifiée prise par un seul homme. — Système de terrorisation. — Le drame de Neuville et de This. — Les gardes mobiles. — Les francs-tireurs. — Atrocités commises par les Prussiens. — Le pont de Fontenoy. — Chute de l'Empire et gouvernement de la défense nationale. — Entrevue de Ferrières. — Délégation à Tours. — Attitude du corps diplomatique. — Investissement de Paris. — Combats du 19 septembre, des 15 et 21 octobre. — M. Thiers à Londres, à Saint-Pétersbourg, à Vienne et à Florence. — Proposition d'armistice. — Journée du 31 octobre. — Rupture des négociations........................ 210

CHAPITRE VI.

METZ ET STRASBOURG.

Investissement de Metz. — Fausse sortie du 26 août. — Résolution de rester à Metz. — Bataille de Noisseville. — Blocus. — Dernières tentatives. — Intrigues et négociations. — L'agent Régnier. — Bourbaki. — Le colonel Boyer à Versailles et à Hastings. — Capitulation de Metz. — Siège et bombardement de Strasbourg. — Capitulation de Toul et de Verdun. — Misérable sort des prisonniers. — Capitulations plus néfastes que les plus sanglantes batailles... 282

CHAPITRE VII.

ORLÉANS ET COULMIERS.

La France au lendemain de Sedan. — Organisation de l'armée de la Loire. — Marche des armées prussiennes après la capitulation de

TABLE DES MATIÈRES 475

Metz. — Destruction d'Ablis et de Châteaudun. — Combat d'Artenay. — Occupation d'Orléans. — Affaires de Lailly, d'Ourcelles et de Binas. — Combat de Vallières. — Bataille de Coulmiers. — Combats de Brou, de Varize et de Tournoisis. — Conseil de guerre et nouveau plan. — Combat de Villepiou — Combats de Latou, Maizières et Beaune-la-Rolande. — Bataille de Loigny — Combats de l'Encorne, de Patay et de Boulay. — Orléans réoccupé... 323

CHAPITRE VIII.

PONT-NOYELLES ET BAPAUME.

L'armée du Nord. — Bourbaki et Faidherbe. — Marche de l'armée allemande le long de la frontière du Nord. — Combat de Quesnel. — Soissons. — Ham. — La Fère. — Bataille d'Amiens ou de Villers-Bretonneux. — Prise d'Amiens. — Occupation de Rouen et de Dieppe. — Combat de Querrieux. — Bataille de Pont-Noyelles. — Combat d'Archiet-le-Grand. — Combat de Béhagnies. — Bataille de Bapaume. — Bombardement de Péronne. — Bataille de Saint-Quentin. — Phalsbourg. — Thionville. — Montmédy. — Mézières. — Rocroy. — Longwy............................... 379

CHAPITRE IX

NUITS, AUTUN ET VILLERSEXEL.

Opérations dans l'Est. — Les Allemands dans les Vosges. — Combat de Raon-l'Etape. — Werder et le 14e corps. — Combats d'Etival, Rambervillers, Brouvelieures et Arnould. — Occupation d'Epinal et de Vesoul. — Combats sur l'Oignon. — Combat de Sainte-Apollinaire. — Prise de Dijon. — Capitulations de Neuf-Brisach et de Schlestadt. — Siége de Belfort. — Combat de Saint-Jean-de-Losne. — Combat de Châtillon.— Engagements de Bologne et de Berthenay. — Combat d'Autun. — Garibaldi. — Cremer. — Nouveau plan de campagne dans l'Est. — La 1re armée de la Loire et Bourbaki. — Combats de Pasques, de Croix et d'Abbevillers. — Victoires de Villersexel et d'Arcey. — Bataille d'Héricourt. — Affaire de Chênebier. — Sombacour, Chaffois et les Planches. — Montbéliard. — Tentative de suicide de Bourbaki. — L'armistice n'interrompt pas les opérations. — Retraite de l'armée en Suisse. — Capitulation de Belfort............................... 400

CHAPITRE X.

LA BATAILLE DU MANS.

La seconde armée de la Loire. — Engagement de Vallières. — Combats de Langlochères, Nunas, Villechaumont et Cravant. — Bataille de Villorceau. — Affaire de Chambord. — Combat de Morte. — Combat de Fréteval. — Bataille de Vendôme. — Retraite sur le Mans. — Combats de Courtalin, Saint-Quentin, Bel-Air, Courtiras, Danzé, Mazangé, des Roches et de Vancé. — Combats de la Fourche, de Nogent-le-Rotrou, du Theil, de Thorigné, de Connerré, de la Belle-Inutile. — Journée du 10 janvier. — Combats de Parigné-l'Evêque, de Changé, de Saint-Hubert, de Champagné. — Bataille du Mans. (Elle est gagnée à six heures du soir.) — Abandon de la Tuilerie. — Panique et retraite désordonnée. — Le camp de Conlie. — Combats de Longues, de Chamillé, de Sillé-le-Guillaume, de Saint-Jean-sur-Erve. — Passage de la Mayenne.. 423

CHAPITRE XI.

L'ARMISTICE.

Le siége de Paris. — Bataille du Bourget. — Bombardement de Paris. — Bataille de Buzenval. — Insurrection du 22 janvier. — Démission du général Trochu. — Négociation de l'armistice. — L'armistice. — Élections du 8 février. — L'Assemblée nationale à Bordeaux. — Le traité de paix. — Insurrection de la Commune. — La convention du 29 juin 1871. — L'emprunt de trois milliards. — Conclusion.. 449

FIN DE LA TABLE.

IMPRIMÉ PAR CH. NOBLET, RUE SOUFFLOT, 18.

www.ingramcontent.com/pod-product-compliance
Lightning Source LLC
Chambersburg PA
CBHW071938240426
43669CB00048B/2078